제11판

현대인간관계론

박연호 · 이종호 · 임영제 공저

박영사

지난 2018년에 나온 제10판을 이번에 3년여 만에 개정을 하게 되었다. 이전과 마찬가지로 새로운 이론들을 선별하여 포함시키고 일부 내용은 축약하거나 삭제하였으며, 그림과 표를 추가하여 해당 내용의 이해를 높이고자 시도하였다. 또한 일부 시대에 뒤떨어진 서술이나 사례는 삭제하거나 수정하였다. 이번에 개정을 하면서 새롭게 추가되거나 내용이 수정·보완된 주요 부분은 다음과 같다.

먼저 기존 6부 16개장에서 1개장을 삭제하여 6부 15개장으로 편제를 바꾸고, 몇몇 절(節)의 위치를 수정하거나 삭제하였다.

내용 면에서 보면 제1부에서는 제2장을 삭제하고, 기존 제2장의 제1절을 제1장의 제4절로 위치를 변경하였으며 제2절을 삭제하였다. 제2부에서는 기존 제3장(개정이 되면서 제2장으로 변경됨, 이하 별도의 표현이 없으면 기존 장·절을 의미함)의 제3절을 삭제하였다. 제4장 개인행동의 이해에서는 지능에 대한 설명을 일부 삭제하고 문장을 다듬었다. 또한 인지학습에 그림을 추가하여 내용의 이해를 높이고자 시도하였다. 제3부는 문장을 추가하거나 일부 절의 사례를 수정·삭제하고 표를 추가하였다. 제4부에서는 기존 제9장 갈등해결의 방법 제2절 협상을 통한 갈등해결을 전면 삭제하고, 공격성의 감소를 통한 갈등해결을 새 원고로 추가하였다. 제10장 자발적 의욕(동기)을 이끌어 내는 방법에서는 목표설정이론을 추가하였다. 제5부는 제12장 화목한 직장을 만드는 방법에서는 제2절의 직장에서의 효과적 면담의 일부 내용을 삭제하였고, 제3절과 제4절을 통합하여 정리하였다. 제13장 창의적 문제해결의 방법에서는 일부 내용과 제3절을 삭제하고, 집단의사결정의 장단점을 새로운 원고로 대체하였다. 제6부 제15장과 제16장은 일부 문장을 삭제하거나 다듬어 이해를 제고하고자 하였다.

아울러 설명이 부족했거나 문장만으로 상대적으로 이해가 어려운 부분은 가필·수정하고 일부 오탈자를 바로 잡았다. 지금까지와 마찬가지로 앞으로도 이 분야의 새로운 이론을 소개할 필요가 있거나 새롭게 고쳐야 할 점이 발견되면 계속적으로 수정·보완하고자 한다.

끝으로 본서의 발간을 위해 힘써 주신 박영사 안종만 회장님, 마케팅팀 손준호 과장을 비롯한 관계자 여러분들의 후의와 편집을 맡아 수고해 주신 편집팀 양수정 님의 노고에 진심으로 감사드린다. 아울러 이 책에 대해 지속적인 성원을 보내주신 독자 여러분들과 필자들에게 조언과 격려를 주신 많은 분들께도 깊은 사의를 표한다.

2021년 12월
저자 연구실에서
공저자 씀

　　인류의 역사가 시작된 이래 인간에 관한 연구는 많은 사람들에 의하여 수없이
이루어져 왔다. 그러나 조직 속에서의 인간행동에 관한 실험적 연구는 호손실험이
최초라고 할 수 있다. 사실 오늘날 인간관계론 또는 조직행동론으로 알려져 있는
학문적 연구는 바로 호손실험을 기점으로 하고 있다. 이 실험에서의 발견을 토대로
하여 성립된 소박한 초기의 인간관계론이 1930년대와 1940년대에 미국의 산업계
에 선풍적인 인기를 몰고 온 것이다. 1950년대에 출현된 행동과학론은 이러한 인
간관계론의 사상적 연장선상에서 발전된 것이며 그것은 인간행동에 관한 연구를
가일층 과학화시켰다. 이러한 인간관계론이 우리나라에 도입된 것은 1950년대 후
반인데, 저자는 이 학문을 접하면서 1962년에 한국생산성본부의 도움으로 「인간관
계의 이론과 실제」_{생산성 전서 제8권}라는 책을 출간한 바 있다. 그 뒤 독자들의 성원에
힘입어 1966년에 내용을 보충하여 宣明文化社에서 「인간관계론」을 출간하였으며,
1977년에는 개정된 내용의 「인간관계론」을 博英社에서 출간하였다. 1988년과 1991
년에 각각 개정판을 낸 바 있으나 독자들의 기대에 못 미친 것으로 생각하고 있다.
　　오늘날 우리나라에서 바라는 인간관계론에 관한 교재는 조직 속에서의 인간행동
의 개선뿐만 아니라 일반적인 사회생활상의 대인관계의 개선에도 도움이 되어야
하는 것으로 생각한다. 이 두 개의 문제의식을 하나의 이론체계로 묶는다는 것은
至難한 문제라고 생각한다. 그것은 주로 과학적 검증에 관계되는 문제점을 내포한
다. 그러나 이 두 개의 문제영역 속에서도 공통되는 것이 없는 것은 아니다. 그래
서 각각의 특색을 살려가면서 논술하기 위하여 I부는 조직행동 연구와 그 응용에
초점을 두고, II부는 대인관계에 초점을 둔 새로운 인간관계론의 저술을 시도해 보

았다. 이 「현대인간관계론」은 이러한 시도의 산물이다.

대학에서 교양으로서의 인간관계를 가르칠 때에는 Ⅱ부에 중점을 두고, 행정 또는 경영학과에서 전공과목으로 가르칠 때에는 Ⅰ부에 중점을 두도록 계획하였다. 그러나 Ⅰ, Ⅱ부가 상통되는 면이 많으므로 어떤 제목에서는 양쪽의 내용을 공히 참조케 하는 것이 좋다고 생각한다. 특히 Ⅰ부 조직행정론을 배우는 학생도 Ⅱ부 1, 2장을 먼저 읽어 볼 것을 권한다. 이런 관점에서 대인관계의 1, 2장과 Ⅰ부 현대인간관계론^{조직행동론}의 1, 3장을 공통적으로 가르치는 것이 바람직하다고 하겠다. 또한 Ⅱ부, 즉 대인관계의 4장과 Ⅰ부의 4장, 그리고 Ⅱ부의 5장과 Ⅱ부의 13장, Ⅱ부의 7장과 Ⅰ부의 7, 11, 16장을 그리고 Ⅱ부의 9장과 Ⅰ부의 8, 11장을 관련지어 가르치는 것이 바람직하다고 할 수 있다. 또한 각 학교마다 요구하는 바가 다르므로 필요에 맞게 몇 개 장을 뽑아서 가르치는 것도 좋다고 생각한다.

이 책을 펴내면서 새삼스럽게 저자의 淺學과 능력의 한계를 느끼면서 독자 여러분들의 叱正이 있기를 바라며 그동안 보내 준 많은 성원에 깊이 감사를 드린다. 끝으로 원고정리에서 교정에 이르기까지 많은 조력을 아끼지 않은 경희대학교 대학원 행정학과 박사과정에 재학 중인 이기종, 장덕제, 김병식, 임영제, 정주석 군과 석사과정생인 이숙영 양에게 감사한다. 특히 김병식 군은 컴퓨터에 의한 자료정리와 출판사와의 모든 연락을 도맡아 주었다. 또한 본서 발간을 위하여 노고를 아끼지 않은 博英社 諸位의 후의에 대하여 충심으로 감사를 드린다. 이 외에도 저자에게 많은 도움을 준 여러 사람들에게도 아울러 감사를 드린다.

1994년 정월
고황산 기슭 연구실에서
著 者 識

|차 례|

PART 3   대인관계의 기본원리

PART 3-4

대인관계의 심리학적 이해

PART 3-5

인간관계형성의 과정 : 관계형성의 단계

PART 3-6

자기이해와 자기노출

PART 4　대인관계의 기술

PART 4-7
의사소통의 방법

PART 4-8
갈등해결의 방법

PART 5-13

스트레스 관리의 방법

PART 6　행복한 인생과 가정의 인간관계

PART 6-14

우정과 친구관계

PART 1
인간관계론의
학문적 전개와 적용

MODERN HUMAN RELATIONS
MODERN HUMAN RELATIONS
MODERN HUMAN RELATIONS
MODERN HUMAN RELATIONS
MODERN HUMAN RELATIONS
MODERN HUMAN RELATIONS
MODERN HUMAN RELATIONS
MODERN HUMAN RELATIONS
MODERN HUMAN RELATIONS
MODERN HUMAN RELATIONS
MODERN HUMAN RELATIONS
MODERN HUMAN RELATIONS
MODERN HUMAN RELATIONS
MODERN HUMAN RELATIONS
MODERN HUMAN RELATIONS
MODERN HUMAN RELATIONS
MODERN HUMAN RELATIONS
MODERN HUMAN RELATIONS
MODERN HUMAN RELATIONS
MODERN HUMAN RELATIONS
MODERN HUMAN RELATIONS
MODERN HUMAN RELATIONS
MODERN HUMAN RELATIONS
MODERN HUMAN RELATIONS
MODERN HUMAN RELATIONS
MODERN HUMAN RELATIONS
MODERN HUMAN RELATIONS
MODERN HUMAN RELATIONS
MODERN HUMAN RELATIONS
MODERN HUMAN RELATIONS
MODERN HUMAN RELATIONS
MODERN HUMAN RELATIONS

인간관계론의 학문적 전개

제1절 초기인간관계론의 등장

넓은 의미에서의 인간관계는 조직 속의 관계이든 개인적인 것이든, 또는 갈등관계이든 협력적 관계이든 두 사람 이상의 상호작용을 일컫는 말이다Benton, 1998: 4. 그런데 인간관계라는 용어가 학문적으로 사용된 것은 1930년대 미국의 벨식 전화기 제조회사인 웨스턴 일렉트릭사의 호손공장에서 이루어진 이른바 호손실험Hawthorne Experiment, 1927~1932에서 채택된 인간관계적 접근방법human relations approach으로부터 유래되었다. 이 실험에서 종업원들의 정감적 요인이 생산성 향상에 중대요인이었다는 사실이 밝혀지면서 종업원의 정감적 요인을 중시하며, 따라서 그들의 사회심리적 만족에 중점을 두는 관리를 인간관계론이라고 부르게 된 것이다.

그 당시 이러한 인간관계는 테일러Taylor의 과학적 관리가 초래한 인간소외현상에 대한 해독제로 인정되어 산업계에 선풍적인 인기를 몰고 왔으며, 급기야 인간의 정감을 중시하는 인간관계론이 사회 모든 분야에 많은 영향을 미쳤던 것이다. 그후 1950년대에 행동과학론의 대두로 인간행동에 대한 과학적 지식이 증가되었으며, 이를 토대로 한 인간관계론은 그 차원을 한층 높이게 되었다. 즉 인적 자원모형에 입각한 인간관의 탄생이다. 학자들은 이러한 인간관계론을 후기인간관계론 또는 현대인간관계론이라고 부르기도 하며 인적 자원론적 접근방법이라고 부르기도 한다.

미국에서 이 분야의 권위자인 데이비스K. Davis에 의하면 현대인간관계론은 다음과 같은 두 가지 측면을 갖고 있다고 한다. 그 하나는 실증적 연구를 통하여 인간 행동의 인과관계를 이해하고 기술하며 확인하는 일이며, 또 하나는 그런 지식을 실제적인 상황에 응용하는 데 관련된 것이라고 한다. 그는 전자를 조직행동론이라고 하며, 후자를 인간관계론이라고 명명하면서 이들이 상호보완적으로 사용되고 있음을 밝히고 있다Davis, 1967: 3-4.

사실 인격존중과 인적 자원모형에 입각한 동기부여론에 기초를 둔 이러한 현대 인간관계론은 조직관리나 경영에 있어서뿐만 아니라 의료, 교육을 포함한 모든 사회조직에 파급되기에 이르렀으며, 오늘날 그 가치가 더욱 높게 평가되고 있다. 여기에서는 이러한 의의를 갖는 현대인간관계론의 역사적 전개를 개괄적으로 고찰하고, 인간관계론의 한국에로의 도입에 대하여 살펴보고자 한다.

인간관계론이 학문적으로 시작된 계기가 된 것은 미국의 웨스턴 일렉트릭사에서 1927년부터 1932년까지 5개년에 걸쳐 호손공장의 종업원을 대상으로 행해진 일련의 인간관계에 관한 조사연구인 호손실험이다. 호손실험의 내용은 크게 다음과 같은 네 단계로 나누어진다.

① 조명실험(Illumination Experiment): 이는 1924년에 공장 내의 조명도와 종업원의 생산능률과의 상관관계를 연구하고자 하였던 것으로, 정확히 말해서 인간관계에 관한 실험이라고 볼 수는 없다.

② 계전기 조립작업실험: 이 실험은 계전기 조립작업에 종사하는 여공 6명으로 이루어진 소집단을 대상으로 한 실험1927. 4~1929. 6인데, 근무조건의 변경과 능률과의 상관관계를 규명하기 위하여 실험기간 중 휴게시간의 제공, 간식공급, 작업시간과 일수의 단축 등 여러 가지 작업조건의 변화요인을 도입하여 어떠한 시간이 피로와 권태감을 적게 하여 생산능률을 최대로 올릴 수 있는가를 발견하려고 한 것이었다. 실험기간 중 나타난 생산고의 증가1인당 주 평균 생산고가 2,400개로부터 3,000개로 증가는 물리적 작업조건보다도 인간의 안정감, 책임감, 만족감 등 감정적·심리적 요인에 기인한 것이라는 것을 깨닫게 하였다.

③ 면접계획(면접실험): 1928년 9월부터 1930년 9월까지 약 2년간 실시된 면접실험은 생산능률을 향상시킴에 있어서 물적 작업조건 외에 인간관계의 중요성을 발견하였다는 데 큰 의의가 있다고 볼 수 있다. 즉 면접을 통하여 얻어진 자료의 분석결과에 의해 생산능률의 저하는 물적 작업조건이나 피로에만 기인하는 것이 아니

라 주위의 인간적·사회적 환경에 대한 개인의 균형이 잘 유지되지 못할 경우에 초래된다는 사실을 발견했으며, 면접 자체가 감정의 순화작용catharsis 효과가 있다는 사실을 발견하였다. 또한 종업원의 태도나 감정은 그의 개인적 경력과 직장의 정황에 비추어서만이 비로소 이해될 수 있다는 것도 알게 되었다.

④ 배전기 권선작업 관찰실 실험: 이 실험은 배전기 권선작업에 종사하는 14명의 남공집단을 대상으로 관찰과 면접을 병행하였다. 실험의 결과 직장에서는 집단적 신념과 감정을 기초로 하여 자연발생적인 자생적 조직비공식적 조직이 생성된다는 사실이 입증되었으며, 그러한 조직 가운데는 어느 특유한 행동 기준이 발생하고 또한 집단적 압력에 의하여 집단구성원의 행동이 강력히 규제되고 있다는 사실이 밝혀졌다.

이와 같은 호손실험의 결과 밝혀진 사실을 요약해 보면 첫째, 인적 요인의 중요성 인식, 둘째, 인간의 태도 또는 감정의 이해, 셋째, 인간관계적 존재로서의 인간 파악, 넷째, 자생적 조직의 발견 및 기능에 대한 이해 등을 들 수 있으며, 이러한 발견을 토대로 하여 소박하나마 초기인간관계론이 성립되었던 것이다.

제2절 행동과학의 출현과 후기인간관계론(현대인간관계론)의 대두

제2차 세계대전 후의 기술혁신을 계기로 하여 산업화가 고도로 진행됨으로써 산업구조의 고도화·복잡화가 이루어지고 이는 국제 간, 사회계층 간, 조직 간, 개인 간 등 모든 수준에서의 상호의존도를 높이는 한편 이해의 상극·왜곡 등 인간을 둘러싼 갖가지 긴박한 문제를 대두시켰다. 그런데 이러한 문제를 종래의 개별적 사회과학만으로는 해결하기가 곤란하게 되자 학자들은 학제 간 공동연구의 필요성을 절감하게 되었고, '인간의 행동'에 초점을 두고 모든 영역에 적용될 수 있는 인간행동의 일반적 원리를 발견하려는 움직임을 보였다. 이와 아울러 사회적 인간의 행동을 과학적으로 구명하고자 하는 필요성이 행동과학behavioral science을 탄생시켰다.

행동과학의 학문적 영역에 관해서는 명확한 정의는 없으나 특히 심리학, 사회학, 인류학을 주축으로 하여 정신분석학, 경영학, 정치학 등을 포함시키기도 한다. 행동과학이 학문분야로 성립되기 위해서는 기본적으로 인간행동을 연구대상으로 하여야 하며 또한 방법론적인 면에서도 과학적 접근법을 적용할 수 있어야 한다. 1950년대에 이르러 이러한 요건을 갖춘 행동과학의 출현과 더불어 많은 새로운 인간관과 관리모형이 출현하게 되었다.

[표 1-1] 초기인간관계론과 인적 자원접근법의 비교

	초기인간관계론	인적 자원접근법
인간에 대한 태도	1. 우리의 문화배경 속에 사는 사람들은 공통의 욕구를 가진다. 즉 귀속욕, 애정을 받고 싶은 욕구, 존경을 받고 싶은 욕구이다. 2. 그들은 개인으로서 인정을 받기를 원하지만 그보다 더 조직에서, 그리고 자기가 속하고 있는 작업집단이나 부문에서 유용한 존재가 되기를 바라고 있다. 3. 그들은 이러한 중요한 욕구가 충족된다면 조직의 목표에 적극 협조·순응한다.	1. 귀속과 존경에 대한 공통의 욕구를 가지고 있는 이외에 우리의 문화배경 속에서 살고 있는 대부분의 사람들은 가치 있는 목적을 수행하는 일에 효율적으로 또한 창의적으로 공헌하기를 바라고 있다. 2. 대다수의 우리나라 노동자들은 현재의 그들의 작업이 요청하는 또는 허용하는 정도 이상의 능동성, 책임성, 창의성을 발휘할 수 있는 능력이 있다. 3. 이러한 능력은 현재 낭비되고 있는 미개발의 자원이다.
참여의 종류와 정도	1. 관리자의 근본임무는 부서 내의 각 성원으로 하여금 그가 부서의 팀을 구성하는 유용하고도 중요한 일원으로 되어 있음을 믿게 하는 데 있다. 2. 관리자는 자기의 의사결정에 관하여 설명하며 또한 자기계획에 대한 하위자의 반대의견을 듣기를 바라야 한다. 일상업무에 관하여 하위자로 하여금 계획의 수립과 여러 가지 문제에 대한 해결방안 선택에 참여하도록 장려하여야 한다. 3. 좁은 한도 내에서 작업집단이나 개개인의 하위자들이 계획의 수행에 있어서 자율적인 판단과 행동을 하도록 허용해야 한다.	1. 관리자의 기본과업은 그의 하위자들의 조직목적을 달성하는 데 모든 재능을 바칠 수 있는 환경을 창조하는 일이다. 그는 하위자들의 창조적 자원을 발굴·개발하는 데 힘쓰지 않으면 안 된다. 2. 관리자는 하위자들이 일상의 의사결정뿐만 아니라 중요한 사항에도 참여할 수 있도록 허용하고 장려하여야 한다. 사실상 어떠한 결정이 관리자에 대하여 중요한 것일수록 관리자는 그 자원을 개발하는 데 더욱 노력하여야 한다. 3. 관리자는 그의 하위자들이 보다 훌륭한 통찰력과 능력을 발전시켜 발휘할 수 있도록 해야 한다.
기대가능성	1. 하위자와 정보를 나누며 그들로 하여금 부서의 의사결정에 참여케 하면 그들의 귀속감과 개인으로서 인정을 받고 싶어하는 기본적 욕구에 대한 만족을 주는 데 도움이 될 것이다. 2. 이러한 욕구의 만족으로써 하위자들의 사기는 앙양되며 공식조직상의 권한에 대한 반항이 줄어들 것이다. 3. 조직성원의 높은 사기와 공식조직상의 권한에 대한 반항의 감소는 부서의 작업진행에 좋은 영향을 준다. 부서 간에 마찰을 감소시킴으로써 관리자의 임무수행을 쉽게 만들 수 있다.	1. 관리자가 부서의 가능한 모든 경험, 통찰력, 창의력을 최고도로 활용하게 될 때 의사결정과 업무수행은 개선될 것이다. 2. 하위자들은 자기가 이해하고 있고 또 그것을 설정하는 데 도움을 준 가치 있는 목적을 달성하는 길이라면 책임성과 자율성을 가지고 행동할 것이다. 3. 향상된 업무수행의 부산물로서 하위자의 만족은 커지며 더욱 창의적인 공헌을 할 수 있는 기회도 커진다.

주: 마일스는 논문의 부기에서 그가 여기서 제시하는 인간관계모형은 이 분야의 선구적 개척자들의 연구결과들을 실제상 통속화시킨 것이라고 하면서 초기인간관계론의 어떤 결과들은 여기서 제시한 인적 자원모형에 포함될 수 있는 것들도 있다고 한다.

이 가운데 마슬로우A. H. Maslow의 동기이론은 특기할 만하다. 마슬로우 자신은 조직관리에 일차적 관심을 갖지는 않았는데 그의 이론은 당대의 조직심리학자들, 특히 맥그리거D. Mcgregor, 아지리스C. Argyris, 베니스W. Bennis, 리커트R. Likert, 허즈버그F. Herzberg 등의 연구에 많은 영향을 미쳤다. 1965년에 발표된 마일스Miles의 "Human Relations or Human Resources" 제하의 논문이 초기인간관계론과 후기 또는 현대인간관계론이 철학적 기반으로 하는 인간관의 차이를 잘 보여 주고 있다.

제3절 인간관계론의 한국에로의 도입

인간관계론이 함축하고 있는 민주적 인간관리 철학이 우리나라에 도입된 것은 1950년대 후반이다. 물론 그 이론의 전모가 어떤 학술적인 체계를 갖추고 전달된 것이 아니라 단편적인 지식의 전달이었다 하더라도 그 당시 권위주의적 풍토에 찌든 관료사회에 신선한 충격을 주기에 족했을 것이라고 생각된다. 여기에서는 인간관계적 관리방법 도입에 앞장섰던 국립공무원 훈련원현 중앙공무원 교육원의 전신의 노력과 한국생산성본부의 초창기 활동을 중심으로 살펴보고 현재 각 대학에서 실시되고 있는 인간관계론 교육현황을 살펴보기로 한다.

1) 국립공무원 훈련원

1959년 초부터 가동된 고급관리자 과정의 대인관계＝인화론이 본격적인 인간관계론 보급의 시작이었다. 1950년대 후반기에 이루어졌던 교육훈련이었음에도 불구하고 그 짜임새라든가 훈련방법이 매우 섬세했으며 직장의 민주화, 인간화를 겨냥한 훌륭한 훈련과정이라는 평을 받게 되어 서울에 있는 중앙행정기관의 국장급들이 모두 자원했으며, 또한 과장급을 위한 훈련과정이 별도로 설치되어 앞을 다투어 교육훈련에 참여하였다. 그 후 5.16 군사쿠데타를 겪고 1961년 중앙공무원 교육원으로 개칭된 후, 인간관계론 강좌가 지속되었다. 1967년부터는 인간관계론이 '행정관리론10시간' 속에서 교육되거나 '지도성과 인간관계6시간' 등의 과목명으로 계속해서 강의되었다. 이 중 특이한 점으로는 1991년에 이르러 초급관리자 과정 속에 '호감받는 대인관계'가 포함되어 있는데, 이는 인간관계론의 연구범위를 관리기술에 한정하지 않고 개인의 인성개발의 영역에까지 확장시켜 나갈 필요성을 느끼고 있다는 것을 의미하는 것이기도 하다.

2) 한국생산성본부

한국생산성본부는 우리나라 기업경영의 합리화를 촉진하기 위하여 1956년에 재단법인으로 설립된 기관으로서 선진국의 경영이론을 도입하는 데 앞장섰으며 생산성 전서를 발간하였다. 1962년에 「인간관계론의 이론과 실제」박연호 저를 생산성 전서 제8권으로 출간하여 산업계에 널리 보급하였다. 또한 한국생산성본부에서는 경영자학원을 설치하여 공·사기업체의 간부 및 일선감독자를 대상으로 교육훈련과정을 운영하기도 하였는데, 이러한 과정 속에서 인간관계론이 널리 소개되었으며 오늘에 이르러 급속한 사회시민화와 더불어 새로운 시각에서 인간관계의 연구 필요성이 대두되고 있다.

3) 각 대학 및 기업체에서의 인간관계론 교육

우리나라에서 처음으로 인간관계론을 행정학과와 경영학과의 전공과목으로 개설한 대학은 명지대학교1964년이며, 이어 1977년에는 서울 시내 10여 개 대학교를 포함하여 전국적으로 약 30여 개 대학교에서 전공과목 또는 교양과목으로 개설하였으며, 이러한 움직임은 인간관계론의 학문적 성장에 많은 기여를 한 바 있다. 이후 여러 대학에서 비서행정학과라든가 청소년 관련 학과들에서도 인간관계론을 중심과목으로 채택하고 있는 한편, 교육대학원 등에서도 주로 교사와 학생 간의 인간관계라는 측면에 초점을 두어 설강한 바 있으며, 각 대학교 사회복지학과 및 경영대학원, 행정대학원, 사회복지연수원, 기업체연수원, 각급 공무원교육원 등에서 이 과목을 개설하는 등 많은 관심을 이어나가고 있다.

제4절 사회적응과 인간관계 교육

현대인간관계론의 핵심부분을 살펴보면 초기 호손실험은 생산현장에 있어서의 인간정감의 중요성을 인정했으며, 이는 인격존중, 인간의 동기부여, 개인차의 이해 등 인간이해에 의한 인간관리의 필요성을 구체적으로 입증한 것이었다. 그리고 그 후 인간의 행동연구를 위한 다학문적인 접근방법으로서의 행동과학을 낳게 하였다.

오늘날까지 이러한 행동과학이 많은 실효를 거둘 수 있는 곳은 기업조직 속에서였으며 이는 학문적으로 조직행동론으로 정착화되었다. 그러나 인간관계 연구는 여기에만 머무를 수 없으며, 또 다른 분야에도 많은 적용가능성을 갖고 있다고 할 수 있다. 그 첫째가 현대 정보사회에서의 개인의 사회적 적응에 관한 문제, 둘째가 폭력화되어 가는 인간감정의 순화문제인데 이를 구체적으로 정리하면 다음과 같다.

1. 개인의 사회적응

산업화·기계화·물질주의의 팽배 등으로 인해 나날이 비인간화되어 가고 삭막해지고 있는 현대사회에서 사회적응을 위한 대인관계능력의 향상을 위한 교양으로서의 인간관계의 필요성이 절실히 요구된다고 볼 수 있다. 교양으로서의 인간관계론은 예를 들어 친교의 방법, 상대방에게 좋은 인상을 심어 줄 수 있는 방법인상관리 등, 커뮤니케이션과 대화의 방법, 상호신뢰와 협력의 구축방법, 사람을 지도하는 방법, 정서와 감정의 관리방법감정관리, 직장에서의 동료와의 원만한 관계직장예절 형성 등 더불어 살아가는 지혜를 향상시키는 것을 주요 내용으로 한다.

인간관계는 기본적으로 타인과의 상호작용의 과정이다Ellenson, 1982: 11. 이러한 인간관계에 있어서 긍정적인 인간관계의 기술은 인간으로 하여금 생산적으로 협동하고 효과적으로 배울 수 있는 분위기에서 타인과 의사소통하도록 돕는 역할을 하게 되므로 이를 체계적으로 학습·훈련시키는 교양인간관계론의 역할은 앞으로 중요한 의미를 갖게 될 것이다.

2. 학교생활과 인간관계

교육은 원래 개인적인 구전과 손을 잡아 지도하는 전수에서 출발하였으며 단순한 지식이나 기술의 학습뿐 아니라 학생은 교사의 인격을 배우는 것이었다. 그래서 학교는 우선 학생과 교사의 만남의 장으로서 중요한 가치를 가지는 것이다^{박연호,} 1989: 89. 지금도 그것이 교육의 중핵임에는 변함이 없다. 교사와 학생이 직접적으로 인간관계를 맺으면서 비로소 교육이 이루어지는 것이다.

그러면 오늘날 학생들은 학교생활을 즐거워하고 있으며 개선의 여지는 없는 것인가를 한번 생각해 볼 필요가 있다. 본래 학습이나 공부는 억지로 노력하는 면이 많기 때문에 학교생활의 전체가 여가생활처럼 안이한 즐거움일 수는 없다. 여기서 우리가 명백히 해야 할 문제는 무엇이 학생들의 학교생활의 즐거움을 방해하고 무엇 때문에 교사는 교육목적 달성에 방해를 받는 것일까 하는 것이다.

전통적으로 유교문화에서는 교사가 부모와 동일시되었고, 따라서 교사와 학생 간의 관계는 바로 부모와 자녀의 관계와 같은 것으로 인식되었다. 이러한 문화에서는 교사의 권위가 높이 인정되었을 뿐만 아니라 상대적으로 학생의 욕구는 관심의 대상이 되지 못하였다. 이런 상황으로 인해 교사와 학생의 관계는 수직적이고 일방적인 관계에 머물렀다설기문, 1997: 26.

이러한 저해요인이 학교 내에 허다하게 남아 있다는 것을 교사나 학부모는 알아두어야 한다. 또한 그중에서는 인간관계적 요소가 의외로 많다는 사실을 간과해서는 안 될 것이다. 다음에서 인간관계적 요인을 좀 더 세밀히 기술해 보고자 한다.

(1) 급우관계의 요인

급우관계는 즐거운 학교생활을 위한 요인이 되기도 하지만 어떤 경우에는 학교생활에 있어서 즐거움을 방해하는 요인이 되기도 한다. 급우관계가 중요시되는 것은 초등학교 중반부터라고 할 수 있다. 이 시기는 급우관계가 교사나 부모와의 관계보다 더 중요하다. 학교생활이 무엇인지 알게 되고 교사나 부모가 바라는 것이 무엇인가를 너무나 잘 알고 있는 반면 친구들로부터 따돌림 당할 염려가 그들을 강력히 압박하는 것이다. 뿐만 아니라 급우관계는 교실에서 학교 밖으로까지 연결되므로 대단히 중요한 문제가 된다.

특히 청소년기의 급우관계는 다른 어떤 인간관계보다도 그들에게 중요한 것임을 알 수 있는데, 한 조사결과에 의하면 청소년들은 동성친구34.1%, 이성친구23.9%, 가족관계22.2%, 사제관계6.4% 등의 순으로 고민하고 있는 것으로 나타나 이러한 점을 실증적으로 뒷받침해 주고 있다.

또한 초등학교 학생들에 있어서 학급에 좋지 못한 친구의 존재는 학교생활을 불안으로 끝나게 하고 중학교 내지 고등학교 학생들에게 있어서는 크게 탈선하는 요인이 되기도 한다. 그것은 처음에는 학생 본인도 '이래서는 안 되는데' 하면서도 그와 같은 친구와의 접촉의 횟수가 잦을수록 그들과 함께 함으로써 즐거움을 얻고 안심을 하게 된다. 이렇게 되면 학교는 점점 싫어지고 학생의 신분을 망각한 채 탈선의 길을 걷게 된다. 여기서 더욱 심각한 점은 학생 자신이 그와 같은 길을 걷고 있으면서 그가 옳다고 믿는 것이며, 부모도 자기 자식은 착한 학생인데 다른 친구들이 잘못되어 있으며 그들이 자기 자식을 그렇게 만들었다고 생각하는 것이다.

(2) 교사관계의 요인

학생들이 상급학생이 될수록 교사와 학생들 간의 인간관계는 중요시된다. 학생들의 마음은 항상 교사에게 향해 있고 교사로부터 인정을 받고 싶어 하는 것이 공통된 심리이다. 따라서 선생님의 일거동을 배우고 인격을 연마하면서 좋은 관계를 유지해 가는 학생이 있는가 하면 '선생님이 편애한다', '열심히 가르치지 않는다', '가르치는 방법이 서툴다', '비인격적으로 학생을 다룬다'는 등의 불평을 함과 동시에 교사로부터 멀어져 가는 학생도 있다. 이와 같은 두 가지 양상은 결국 교육성과면에서 큰 차이를 가져오게 된다.

후자의 경우와 같이 교사와 학생 간의 인간관계가 부정적일 때 일차적으로 교사가 인식하지 못했거나 반성이 없었던 탓도 있겠지만, 이차적으로는 학생이 선생님을 받아들이는 자세 내지 방법에도 문제가 있을 수 있다. 이러한 문제를 근본적으로 해결하기 위해서 교사와 학생들에게 인간관계의 지식과 기술을 체계적으로 교육하는 것이 바람직할 것이다.

최근 들어 학생들 간의 집단 따돌림왕따이 더욱 심해서 사회문제로 부각되고 있다. 여기에서는 한국심리교육연구소에서 개발한 간단한 체크리스트를 소개하기로 한다.

각 문항마다 '자주'는 2점, '때때로'는 1점, '그렇지 않다'는 0점씩 매긴 뒤 영역별 점수를 합산한다.

:: 학교적응력
① 아침마다 학교에 가기 싫어 늑장 또는 꾀병을 부린다.
② 학년 초 반이 바뀌는 것에 대해 걱정한다.
③ 전학하고 싶다는 말을 종종 한다.
④ 선생님 말씀을 잘 듣지 않거나 수업에 적응하지 못한다.

:: 자기통제력
① 잘 울고 짜증을 부린다.
② 친구가 놀리면 화를 잘 낸다.
③ 거짓말을 잘 한다.
④ 하지 말라 꾸중해도 소용이 없다.

:: 감정관리
① 사소한 일로 토라진다.
② 화가 나면 오래간다.
③ 겁이 많고 혼자 있는 것을 두려워한다.
④ 친구와 가끔 싸움을 벌인다.

:: 친구사귀기
① 새로운 친구를 잘 못 사귄다.
② 친구에게 양보하거나 배려하는 것이 부족하다.
③ 특별히 친한 친구가 없다.
④ 자기만 알고 질투가 많다.

:: 책 임 감
① 자기 방을 정리 정돈하지 못한다.
② 공부를 스스로 하지 못한다.
③ '이거하면 안 돼?', '친구와 놀면 안 돼?'란 말을 자주 한다.
④ 미래에 대해 지나치게 걱정한다.

:: 발달과정

① 자기보다 어린아이하고만 놀려고 한다.

② 신체정서발달상 어딘가 문제가 있는 것 같다.

③ 감정표현이 서툴고 상황판단을 잘 못한다.

④ 남의 말에 귀를 기울이지 않고 관심사만 이야기한다.

:: 평가영역별 점수가 4점 이상이면 지도가 필요, 5점 이상은 전문가의 심리치료가 요구된다.

△ 왕따 주의보 = 합산 점수가 8점 이상이면 사회성 부족으로 왕따가 될 가능성이 있다.

△ 왕따 경보 = 15점 이상은 집단 따돌림의 표적이 될 가능성이 있다.

△ 나 왕따예요 = 20점 이상은 이미 왕따일 가능성이 높다. 전문가를 찾아가는 것이 좋다.

3. 직장생활과 인간관계

직장에서의 인간관계도 나날이 그 중요성이 더해지고 있다. 최근 S전자 수원사업장 사보인 「디지털 이밸리」에서 대리급 직원 158명을 대상으로 조사한 바에 따르면 '조직 내 인간관계 갈등29%'이 직장 생활에서 가장 힘든 점 1위에 올랐다. '대화가 안 통하는 상사와 일할 때'라고 답한 사람도 8%여서 총 37%가 인간관계가 가장 힘든 점이라고 답한 셈이다. '인맥관리에서 가장 중요한 점'을 묻는 질문에는 '조직에서 만난 인연'이라고 답한 사람이 95%인 반면, 학연과 지연이라고 답한 사람은 단 한 명도 없었다. 사적인 관계보다는 능력을 최우선시하는 S전자의 사풍이 반영된 수치다. '인간관계 유지 노하우는 무엇인가'라는 물음에는 '개인적인 대화자리 마련45.5%', '회식 참여14.4%' 등의 답변이 나왔다고 한다문화일보 2007. 1. 4.일자. 직장에서의 인간관계의 중요성을 보여 주는 한 사례라 할 수 있겠다.

그런가 하면 한때 각광받았던 이른바 '튀는 직장인'이 아닌 '인화人和형 직장인'이 환영을 받고 있다는 보도도 있다조선일보 2007. 6. 7.일자. 다음의 사례를 보자.

대기업 H사(社)에 다니는 김 모 씨(34). 입사 성적 1등에다 3년 차에 팀장을 맡을 만큼 업무 실적도 뛰어나지만 동료들 사이에선 '기피 대상 1호'다. 자기 말이 모두 옳고 남의 말은 무시하기 일쑤여서 동료들이 "그와 대화하면 하루 종일 우울하다"고 할 정도다. 처음엔 "똑똑하고 추진력 있다"고 좋아했던 상사들도 생각을 바꿨다. 김씨 한 명의 태도가 다른 직원들의 사기에 악영향을 미치고 조직 화합을 해쳐 결국 생산성을 떨어뜨린다고 판단한 것이다. 끝내 김씨는 얼마 전 팀장 자리를 내놓고 다른 팀에 배치됐다.

사례에서 보는 것처럼 '뛰는 직장인'들이 일터에서 환영받지 못하는 분위기가 확산되고 있다는 것이다. 반면 더불어 일하는 분위기를 만드는 '인화형' 직장인의 주가가 오른다. 최근 직장 내 경쟁이 치열해지고 대화가 줄어들면서 '뛰는 형'은 많아졌지만 '인화형'은 감소하고 있기 때문이다. 기업들은 인화형 인재를 키우는 프로그램을 속속 도입하고 있다. 로버트 서튼Sutton, 2007에 의하면 영국에서는 "남을 존중하지 않는 직원들이 회사에 끼치는 손실을 비용으로 계산하면 기업당 연간 75만 달러에 이른다"는 연구결과가 나왔다.

'인화형' 직원 선호 경향은 신입사원 채용에도 반영되고 있다. 취업 정보회사 코리아리크루트가 기업 인사 담당자 237명을 대상으로 한 설문조사에서는 "신입사원들의 인성과 예절을 가장 중요하게 본다"는 대답이 39.7%로 1위를 차지했다. '가장 비호감인 신입사원'은 '예절과 기본 인성이 부족한 사람'이라는 대답이 44.9%[106명]로 1위였다. 코리아리크루트 홍보팀 관계자는 "업무능력과 강한 추진력을 갖춘 인재도 필요하지만 최근에는 원만한 대인관계와 인성人性을 갖춘 인재를 중시하는 기업이 늘고 있다"고 말했다고 한다.

즉 과거에 선호받던 투철한 경쟁의식을 가지고 동료와 어울리기보다 일이 우선인 직장인보다는, 동료의 일도 내 일처럼 생각하고 동료의 기분을 파악하며 동료에게도 예의를 지킬 줄 아는, 일만큼 화합을 중요하게 생각하는 인화형 직장인, 즉 인간관계를 이해하고 실천하는 직장인이 각광을 받고 있는 것이다.

PART 2
인간과 행동

MODERN HUMAN RELATIONS
MODERN HUMAN RELATIONS
MODERN HUMAN RELATIONS
MODERN HUMAN RELATIONS
MODERN HUMAN RELATIONS
MODERN HUMAN RELATIONS
MODERN HUMAN RELATIONS
MODERN HUMAN RELATIONS
MODERN HUMAN RELATIONS
MODERN HUMAN RELATIONS
MODERN HUMAN RELATIONS
MODERN HUMAN RELATIONS
MODERN HUMAN RELATIONS
MODERN HUMAN RELATIONS
MODERN HUMAN RELATIONS
MODERN HUMAN RELATIONS
MODERN HUMAN RELATIONS
MODERN HUMAN RELATIONS
MODERN HUMAN RELATIONS
MODERN HUMAN RELATIONS
MODERN HUMAN RELATIONS
MODERN HUMAN RELATIONS
MODERN HUMAN RELATIONS
MODERN HUMAN RELATIONS
MODERN HUMAN RELATIONS
MODERN HUMAN RELATIONS
MODERN HUMAN RELATIONS
MODERN HUMAN RELATIONS
MODERN HUMAN RELATIONS
MODERN HUMAN RELATIONS
MODERN HUMAN RELATIONS
MODERN HUMAN RELATIONS
MODERN HUMAN RELATIONS
MODERN HUMAN RELATIONS
MODERN HUMAN RELATIONS

인간행동의 원리

제1절 인간행동의 개관

  인간의 행동은 무엇을 원동력으로 하고, 무엇에 의해서 규정되어지며, 어떤 방식으로 행하여지는가, 또한 인간의 행동을 통해서 '생물학적 존재'로부터 '사회적 존재'로 되는 과정은 어떤 과정으로 포착할 수 있는 것인가? 인간은 누구나 허기나 갈증과 같이 생사와 관련된 욕구로부터 자아실현의 욕구에 이르기까지 여러 가지 욕구를 가지고 있다. 그러나 이런 욕구들이 항상 활동하고 있는 것은 아니다. 하나의 욕구가 전면에 표출되고 있을 때, 다른 욕구는 이면에서 잠자고 있는 것도 많다. 잠자고 있는 욕구는 여러 가지의 자극을 받아 행동을 개시하게 되는데, 이러한 자극은 인간의 내부로부터 오는 경우도 있으며, 내외의 자극이 하나가 되어 욕구에 작용을 해서 영향을 미치는 경우도 있다. 어쨌든 이러한 자극에 의해서 일어난 욕구는 그 자체가 하나의 힘이 되어 인간에게 작용하여 인간을 행동케 한다. 이와 같이 인간을 움직이게 하는 원동력이것을 행동의 동기라고 부른다이 되는 욕구는 일단 활동을 개시하게 되면 그 만족을 요구하게 된다.

  그런데 욕구의 만족은 대부분이 환경과의 교섭에 의하지 않고서는 달성될 수가 없다. 허기나 갈증을 가시게 하는 음식물은 우리의 외부에만 존재한다. 물론 공복에 사로잡힌 사람이 잠시나마 음식물에 대한 공상을 통해서 일시적으로 시장기를 가시게 할 수 있는 경우도 있겠지만 그것이 근본적인 욕구만족에까지 이르지는 못한다. 또한 그의 머리에 떠오른 어떤 종류의 음식물조차도 사실상 환경적 조건에 의해서 규정된다고 할 수 있다. 즉 미개인의 경우는 시장기가 심한 경우 뱀이 음식물로 떠오를 수도 있겠지만, 우리들의 경우 산속에서 심한 허기증에 시달리기 전에는 뱀을 음식물로 생각하는 일은 없을 것이다.

따라서 자기의 내부로부터 작용해서 일어나는 욕구에 의해서 작동되는 인간은 반드시 환경과의 교섭을 갖지 않으면 안 된다. 즉 인간은 욕구충족을 위해서 자기 마음대로 어떤 행동이든지 취할 수 있는 것은 아니다. 인간의 행동은 환경의 조건에 의해서 일정한 제한을 받고 있는 것이다. 위의 예에서와 같이 시장기를 가시게 하는 행동은 환경적 조건에 의하여 한정되어지는 것이다.

요컨대 인간의 행동이란 욕구만족을 위한 반응체계이며 그 발현은 환경과의 관계에서 이루어지고 환경의 제 조건에 의해서 일정한 방향으로 지향된다고 말할 수 있다. 따라서 이러한 행동은 행위자 측에서 본다면 대체적으로 다음과 같은 과정으로서 포착할 수 있을 것이다. 즉 인간의 욕구가 여러 가지의 자극을 받아서 움직이게 되면, 그는 어떤 방법으로든지 그 욕구를 만족시키지 않으면 안 될 상태에 놓이게 된다. 이러한 상태에 처한 인간에 대해서 환경은 여러 가지 단서를 제공해 준다. 그는 이들 단서 가운데서 적절하다고 생각되는 것에 대해서 반응을 하게 된다. 이 반응이 결국 그가 세운 목표의 달성을 성공또는 실패으로 이끌게 하면, 여기에서 욕구만족에의 과정은 일단 종결되거나 유보하게 된다. 즉 행동은 어떤 형태로든지 보상을 받기도 하고 또 받지 못하기도 한다. 일단 어떤 행동이 욕구만족에 성공해서 보상을 받으면, 인간은 그 후에도 역시 동일한 방향으로 행동을 반복하게 될 것이다. 이것은 과거의 성공의 경험이 어떠한 경우에 어떤 행동을 취하는 것이 좋은가를 가르쳐 주기 때문이다.

이러한 경험에 의한 학습이 행동을 일정한 방향으로 유도한다고 하는 것이 반드시 그 개인의 생활경험에만 한정되어 있는 것은 아니다. 인간은 비록 이전에 자기 자신이 직접 경험해 보지 못한 사태에 처하게 될지라도 그가 속한 집단에 축적되어 있는 과거의 문화가 가르치는 바에 따라 어떠한 경우에는 어떠한 행동을 취하는 것이 바람직한가를 결정할 수도 있는 것이다.

이렇게 해서 일정한 상황에서는 일정한 방향으로의 행동이라는 절차가 확립된다. 이러한 절차channel가 완성되면 이에 입각한 행동은 비교적 원만하게 자동적으로 그런 과정을 밟게 된다. 그리하여 여기에 습관이라는 것이 생겨나게 되는 것이다. 물론 이러한 절차는 인간과 환경과의 함수관계에서 포착되어야 하기 때문에 당연히 각 개인에 따라 다소 그 구조에 차이가 있을 수 있다. 그러나 인간 및 환경의 상태는 기본적으로 유사하기 때문에 각자의 행동양식 속에서 상당한 정도의 보편성을 인정할 수도 있을 것이다.

인간은 '습관의 결정체'라는 말이 있다. 또 그 사람이 어떤 인물인가 하는 것은 그가 어떠한 환경 속에서 생활을 하며그 결과 환경 속에서 어떤 위치를 견지하고 그래서 항상 어떤 경향의 행동양식을 보이는가라는 것에 의해서 파악할 수도 있다. 즉 퍼스낼리티의 원형적 형태는 이렇게 해서 포착되는 것이다.

위에서 살펴본 바와 같이 우리는 인간행동의 과정을 욕구-동인-행동-학습-습관-퍼스낼리티라는 단계에 따라서 생각해 보았다. 이것을 다른 측면에서 본다면 인간행동이 환경에 의존하고, 또한 그것에 의해서 규정되는 과정이기도 하다. 그런데 우리의 환경은 물리적이라기보다는 오히려 사회적이고 문화적이다. 인간의 행동에 대해 규제적인 작용을 행사하는 환경을 구성하고 있는 것은 우리가 소위 타인들이라고 말하는 사람들과 더불어 만든 사회와 문화인 것이다. 이렇게 생각하면 인간의 행동이란 생물학적인 인간이 사회 문화의 상태를 자신의 행동의 자극으로 받아들이고, 그런 다음에 사회적·문화적 존재로 되어 가는 과정이라고 볼 수 있다. 인간은 사회 속에서 생활함으로써 개체생물학적 존재로부터 개인사회적 존재으로 되어 가는 것이다. 이러한 과정을 사회화 과정이라고 말할 수 있다.

제2절 인간행동의 과정(행동하는 인간의 측면에서 본 과정)

1. 욕 구

인간의 욕구에는 어떤 것이 있는가? 수면·휴식을 취하고 싶다는 욕구도 있지만 타인으로부터 사랑을 받고 싶은 욕구도 있을 것이다. 편의상 처음에는 욕구를 선천적생득적인 것과 후천적습득적인 것으로 구분해서 그 종류를 살펴보기로 한다.

영K. Young은 선천적 욕구생물학적 욕구 내지 제1차적 욕구는 첫째, 인간 이외의 동물에게도 존재한다는 점에서 생물계통사적인 연속성을 갖고 있으며, 둘째, 시간과 장소를 불문하고 모든 인간에게서 이 기본적인 욕구가 인지될 수 있다는 점에서 보편성을 지니고 있다고 한다. 그래서 이러한 욕구를 다음과 같이 세 종류로 분류하고 있다.

① 체내의 변화에 의해서 발생하는 생리적 욕구

_ 호흡, 순환, 체온의 안정

_ 신체의 유지, 허기와 갈증

_ 호흡, 배설, 발한에 의한 불필요한 물질의 배제

_ 피로와 기관소모의 영향을 없애기 위한 수면과 휴식

_ 생식, 즉 청년기에 완전한 성숙에 도달하려는 욕구

② 체외의 변화에 의해서 발생하는 생리적 욕구

_ 고통을 주는 자극으로부터의 회피와 그것으로부터의 도피

_ 따뜻함, 안락함, 휴식처, 유쾌한 자극

_ 신체의 유지를 만족시키는 경우 얻을 수 있는 특수한 만족

_ 성감대의 자극으로부터 얻을 수 있는 성적 쾌감

③ ①과 ②에 관련된 표출적인 욕구

_ 우발적인 발성

_ 우발적인 근육운동

_ 감정이나 기분의 움직임으로부터 발생하는 외적 반응

다음에는 후천적 욕구를 분류한 예를 들어 본다. 일찍이 토마스와 즈나니에키^{Tho-mas & Znaniecki, 1927: 72-74}는 인간 의식의 총체가 다음과 같은 네 가지의 욕구로 나타난다는 이론을 제시하였다.

① 감정적 반응을 요구하는 욕구

② 사회적 인정을 요구하는 욕구

③ 새로운 경험을 요구하는 욕구

④ 안정을 요구하는 욕구

이 중 감정적 반응에의 욕구는 전체욕구 중에서 가장 사회적인 것이다. 이것은 본래 애정과 깊이 연결되어 있기도 하고, 타인과의 관계에서도 깊은 감명의 유지를 상대편으로부터 구하고 또한 스스로 그것을 상대에게 주려고 하는 경우에 나타나

는 욕구로서 프로이드학파가 성적 충동으로 분류한 것이 대체적으로 포함되어 있지만, 그것에만 한정되어 분류된 것은 아니다. 이 욕구에는 아래로는 가장 노골적인 성적 욕구로부터 위로는 고도로 세련된 아름답고 훌륭한 인간관계에 의한 욕구까지 가지각색의 욕구를 볼 수 있다.

사회적 인정의 욕구는 타인의 인지, 칭찬 등을 얻고 싶어 하는 욕구로서, 감정적 반응애정의 욕구를 수평적인 작용이라고 한다면 이것은 수직적인 작용이라고 할 수 있다.

새로운 경험의 욕구는 호기심으로부터 예술적 창작욕구에까지 이르는 욕구이고, 안정의 욕구는 신체의 안전을 구하려는 생리적인 것으로부터 생활의 안정을 요구하는 사회적인 것에까지 이르는 욕구이다. 욕구분류의 또 다른 예는 마슬로우의 욕구단계설을 들 수 있다.

이러한 욕구분류에서 우리가 각별히 유의하여야 할 것은 인간욕구의 총체를 동태적으로 파악해야 한다는 것이다. 특히 행동 발생의 전全 단계에 있어서의 욕구의 역할을 인식하고 욕구가 동물적 인간과 사회적 인간의 근본을 관통하여 나타난다는 것, 이른바 생득적인 욕구도 실제 생활에서는 사회적인 욕구의 형태로 나타난다는 것과 또 반대로 사회적인 욕구도 프로이드학파가 지적하는 바와 같이 생리적인 욕구에 그 기본 형태를 두고 있다는 것 등을 잊어서는 안 된다.

2. 동인(動因)

지금까지 살펴본 바와 같이 인간은 많은 욕구를 가지고 있다. 그러나 단순히 욕구가 존재한다는 것만 가지고 행동의 발단이나 방향을 바로 설명할 수는 없다. 그중 한 가지 또는 몇 가지의 욕구가 무엇인가에 의해서 눈을 뜨게 되는 경우, 비로소 그것은 인간을 행동으로 전환시키는 것으로 작용하게 된다. 이른바 '동인'이 되는 것이다.

비교적 기본적 욕구 내지 생리적 욕구에 있어서 동인에 관하여 우리는 다음과 같은 경우를 생각해 볼 수 있다. 즉 배고픔의 욕구는 위 속에 음식물이 없을 때 수축되는 위벽의 수축작용에 자극을 받아 눈을 뜬다. 그리하여 그것은 인간으로 하여금 무엇을 먹게 하는 구체적인 행동으로 향하게 하는 동인이 된다. 이것은 갈증의 경우도 마찬가지이며 또한 비교적 고차원의 욕구, 즉 애정을 요구하는 경우에서도 일정한 결핍상태예컨대 어머니가 안 계신다든가 하는 경우가 의식될 때 그런 의식은 감정의 움직임, 즉 불안이나 슬픔을 동반하고 그 아이로 하여금 어머니를 찾아 나서게 하는 행동을 취하도록 한다.

이와 같이 행동은 욕구에 그 출발점을 두고 있다. 그러나 우리의 행동 중에는 욕구를 직접적인 출발점으로 하지 않는 것도 있다. 예컨대 정오쯤 되면 별로 시장기를 느끼지 않는데도 발걸음이 저절로 식당으로 향하는 경우가 그것이다. 그러나 이러한 행동도 숨은 원인을 탐구한다면 배고픔이라는 데서 찾을 수 있겠지만, 발걸음이 저절로 향해졌다고 하는 경우 그러한 방법으로 원인을 규명하는 것보다 오히려 습관이 이러한 행동의 동인이 됐다고 설명하는 것이 더 적절할지도 모른다. 사실상 아침에 일어나 잠이 덜 깬 상태에서 세수를 하러 가는 행동 등은 청결을 통한 생명유지 욕구보다 오히려 습관적인 행동으로 설명하는 것이 타당할 것이다. 이것은 바로 학습에 의한 행동양식의 확립이라는 것과 깊은 관련성을 갖고 있다.

3. 학 습

학습과정에 있어서 네 가지 요소 내지 요인은 동인drive─단서cue─반응response─보상reward이다. 이러한 계열 가운데서 특히 중심이 되는 것은 단서와 반응과의 결합의 강화이며, 이것을 학습의 강화reinforcement라고 한다. 이것을 알기 쉽게 이해시키기 위하여 밀러와 돌라드Miller & Dollard, 1953: 13-17는 유명한 「사회적 학습과 모방」이라는 저서에서 실험 예를 들고 있는데 그 내용을 보면 다음과 같다.

우리는 여자아이를 방으로 데리고 왔다. 우리는 이 아이가 배가 고파서 사탕을 먹고 싶어 한다는 것을 잘 알고 있다. 방에는 서가가 있고 거기에는 언뜻 보아 똑같은 책들이 나란히 꽂혀 있다. 우리는 그 여자아이에게 "저 서가의 어떤 책 밑에 사탕이 숨겨져 있단다. 찾을 수 있으면 찾아보지 않겠니"라고 말하였다. 물론 그 아이는 열심히 사탕을 찾기 시작하였다. 서가의 여러 단(段)들과 여기저기 책을 뒤적여 보았으나 사탕은 좀처럼 나오지 않았다. 그 아이는 우리를 뒤돌아보면서 사탕이 있는 곳을 물었으나 우리는 아무런 대답도 하지 않았다. 그 아이는 간신히 210초 후에 사탕을 찾아내고 몹시 기뻐하면서 그것을 먹었다. 우리는 그 아이를 밖으로 내보내고 사탕을 또 같은 장소에 숨기고 제2차 실험을 하였다. 그 아이는 역시 같은 일을 되풀이했으나 이번에는 제1차 때보다 훨씬 빠른 87초 만에 목적을 달성하였다. 제3차 실험에서 이 아이의 행동은 거의 직선적이었다. 소요시간은 불과 11초였다. 그러나 제4차에서 이 아이는 이렇게 생각했는지 모른다. '아까 사탕을 빨리 찾은 것은 우연일 수도 있다. 아마 이번에는 숨긴 장소가 변경되었을지도 모른다'. 그래서 그 아이는 86초 후에 사탕을 같은 장소에서 찾아내었다. 그러나 제5차 이후의 실험에서 이 아이의 행동은 점차 개선되어 제10차에서는 불과 2초밖에 소요되지 않았다.

학습에 내포되어 있는 제1의 요소는 동인이다. 이 실험을 시작하기 전에 실험자는 이 아이가 사탕을 갖고 싶어 한다는 점을 확실히 해 놓았다. 만약 이 아이가 그와 같은 동기를 부여받지 않았다고 하면, 이 실험은 실패로 끝나고 말았을 것이다. 동인은 인간을 행동 또는 반응으로 몰아넣는다. 이러한 반응이 학습에 내포되어 있는 제2의 요소이다. 책을 집어 올리는 행동은 이 아이의 반응의 레퍼토리가 되어 사탕을 찾는 방법을 그에게 가르쳐 주었을 것이다. 반응은 여러 가지 단서에 의해서 유도된다. 학습에 포함된 제3의 요소는 이러한 단서이다. 이 사례 속에서 말한다면, 사탕이 방의 서가에 꽂혀 있는 책 중의 어느 책 밑에 숨겨져 있다는 지시, 또 방 전체의 분위기 등이 단서가 된다. 이 아이는 이러한 상황에서 사탕을 손에 넣었다. 요컨대 보상을 받게 된 것이다.

성공을 가져오지 못하는 반응은 약하며 반복도 되지 않는다. 이렇게 되면 다른 반응이 기회를 얻어 일어나게 된다. 즉 이 아이의 경우 질문을 하기도 하고, 다른 쪽을 바라보기도 하고, 주저앉아 버리기도 하고, 또는 책을 들어 보기도 하는 등 여러 가지의 반응을 나타낼 수 있다. 이러한 것을 일반적으로 모색적 행동random behavior이라고 부른다. 그런데 어떤 행동을 하게 되면 그것을 먹을 수 있게 된다. 이것이 보상이다. 그리하여 그 후의 시도에서는 보상을 수반한 반응이 다시 일어나기가 용이하다. 요컨대 보상이 단서와 보상받는 반응과의 결합을 강하게 하는 것이라고 할 수 있다. 따라서 보상은 학습에 내포되어 있는 제4의 요소이다.

이상을 요약하면 인간의 행동은 보상을 받는 방향에서 강화되고 보상을 받지 못하는 경우에는 다음번에 소거되며, 또한 벌을 받는 경우에는 목표로부터 멀어지며, 반대의 방향으로 향하게 된다. 아무튼 보상을 받는 행동은 강화되어 일정한 절차 속으로 들어가게 된다. 이러한 설명의 근저에는 자극stimulus, 욕구를 동인화하는 자극과 단서로서의 자극과 반응response이 보상을 매개로 하여 결합되어 있다는 사고방식S-R이론이 가로 놓여 있다.

다음으로 반응방향의 선정에는[1] 어떤 방법이 있는가를 고려해 볼 때, 첫째, 시행착오trial and error가 있을 수 있고, 둘째, 모방imitation을 들 수가 있고, 셋째, 예상과 예기anticipation에 의해서 방향이 정해지는 경우가 있을 수도 있고, 넷째, 자극-반응의 적절한 결합을 일거一擧에 이해함으로써 적절한 행동의 방향을 결정하는 경우도 있을 수 있다.

4. 습 관

앞에서도 이미 서술한 바와 같이 일정한 방향으로 향하게 된 행동계열은 그 확립과정에 작용한 제 요인이 변화되지 않는 한 좀처럼 변동되지 않는 것이다. 요컨대 인간이 지니고 있는 욕구가 그다지 크게 변동되지 않고, 환경의 조건도 대체로 동일하고, 또 여기에 덧붙여 일단 습득된 반응계열에 따르기만 하면 거의 보상을 받는 확률이 높다고 인지되는 경우, 이 행동계열은 반복될 것이고 이러한 반복에 의하여 행동계열은 더욱더 강화되어 일정한 틀을 확립하게 될 것이다. 이와 같이 변동을 나타내지 않는 행동양식을 이른바 습관習慣이라고 한다.

---

1 이것은 행동하는 사람 측에서 본다면 어떤 방향에서 반응해야 목표에 도달해서 보상을 획득할 수 있는가를 결정하는 것이라고 할 수 있다.

개인행동의 이해

제1절 서로 다름의 이해: 개인차

1. 개인차의 의의

동일한 유전적인 소질을 똑같이 소지한 개인은 존재할 수 없으며, 또한 개인의 환경은 특정인에게만 한정된 고유하고 독특한 것이기 때문에 각자의 심리과정이나 상태는 상이한 것이 당연하다. 그러므로 조직이나 직장 내에서의 개인 간의 개별적 차이는 참으로 많다. 예컨대 신장, 연령, 용모, 욕구, 능력, 지능, 소질, 흥미, 경험, 교육, 감정, 기술사상, 종교, 감각 등등 헤아리기 어려울 정도로 많으며, 또한 그 분류방법도 학자에 따라 다양하다.

이러한 개인차를 어떻게 측정하느냐 하는 것은 심리학의 주요 과제로 오랫동안 많은 연구자들의 관심의 대상이 되어 왔다. 특히 최근에 이 문제는 더욱 중요시되어 왔다. 그 이유는 사회가 복잡해지고 직업이 분화됨에 따라 인간의 다양한 능력이 각 분야에서 요구되기 때문이다. 따라서 인간의 능력을 과학적으로 측정하여 인재를 적합한 위치에 배치함으로써 개인의 능력을 최대로 활용한다는 것은 오늘날의 경영 또는 행정에 있어서 중요한 문제가 되고 있다.

1) 개인차의 측정

지능, 적성, 성격 등의 차이에 관해 많이 알면 알수록, 개인이 가진 신체적·정신적 자원을 최대로 활용할 수 있도록 인간을 훈련시키고 지도할 수 있다는 사실이 요즘에 와서 더욱 분명해지고 있다. 그러나 개인 간의 차이만 아는 것으로는 충분하지 않고 집단 간의 차이까지도 알아야 그 사람을 다른 사람과 비교하여 능력을 정확히 판단할 수 있음은 분명한 사실이다. 개인 또는 집단의 능력, 적성, 성격 등을 측정하는 도구를 일반적으로 심리검사라 일컫는다.

모든 심리검사는 인간행동의 표본을 측정하는 객관적이고 표준화된 척도를 가지고 있어야 한다. 이러한 검사에 포함된 내용들은 그 검사가 측정하고자 하는 행동유형들의 작은 표본에 지나지 않는다. 따라서 심리검사가 객관성을 유지하기 위해서는 이러한 표본이 객관성을 유지해야 하는데, 이러한 검사를 표준화 검사라고 일컫는다.

2) 표준화 검사

심리검사의 결과가 행동을 진단하거나 예언하는 가치를 갖기 위해서는 검사의 절차를 표준화시켜야 한다. 즉 표준화 검사란 전문가가 오랜 기간을 통해 연구하여 제작한 검사로서 그 실시방법, 응답방법, 반응시간, 채점방법 등이 정해져 있고, 그 결과를 객관적으로 비교할 수 있는 규준을 가지고 있는 검사이다. 심리검사는 거의 모두가 표준화 검사이다. 표준화 검사가 갖추어야 하는 조건은 다음과 같은 것들이다.

(1) 규준(norms)

검사를 실시하고 나면 각 피검사자에 대한 점수가 나온다. 이 점수 속에는 정확히 답한 문항의 전체 숫자, 그 검사를 완성하는 데 소요된 시간, 그리고 각 검사내용에 적합한 여러 가지 객관적 지표 등이 포함된다. 이것들을 원점 또는 소점이라 한다. 그러나 이 원점수는 그 자체만으로는 아무런 의미가 없다. 이 원점수는 각 검사결과를 활용하기 전에 미리 객관적으로 정해 놓은 규준에 비추어 평가해야 한다. 규준이란 각 검사에 대한 정상 또는 평균점수를 뜻한다.

(2) 신뢰도(reliability)

신뢰도란 같은 피검사자에게 같은 검사를 다시 받게 했을 경우 그가 받는 점수의 항상성을 뜻한다. 검사의 신뢰도를 측정하는 방법에는 세 가지가 있다.

① 검사-재검사 신뢰도test-retest reliability: 이는 같은 사람에게 두 번 실시하여 그 결과를 비교하여 얻은 일치도를 말한다.

② 반분신뢰도split-half reliability: 이는 각 문항이 검사하고자 하는 목적을 대표할 수 있는가를 알아보는 내적일관성 신뢰도internal/consistency reliability를 측정하는 데 가장 널리 쓰이는 것으로 이 방법은 여러 개의 문항으로 된 검사를 두 부분으로 나누어 각각의 반쪽짜리 검사상의 얻은 결과를 서로 비교하는 방법이다.

③ 동형 검사 신뢰도identical forms test reliability: 이는 내용이 같은 문항을 다른 검사지로 만들어 비교하는 것이다.

(3) 타당도(validity)

어떤 검사가 측정하고자 하는 것을 실제로 얼마나 잘 측정하느냐의 정도를 타당도라 한다. 이를 측정하는 방법은 세 가지가 있는데, ① 목적에 부합하는 문항들로 구성되었는가를 주관적으로 판단하는 내용타당도content validity, ② 검사결과가 피검사자의 장래를 얼마나 잘 예측해 주느냐 하는 예측타당도predictive validity, ③ 검사결과가 측정하고자 하는 속성에 대한 이론적 체계에 얼마나 적합한가의 정도를 측정해 주는 구성타당도construct validity 등이 있다.

개인차를 측정하기 위해서 심리검사라는 여러 가지 측정도구가 개발되어 있다. 개인의 어떤 측면의 차이를 측정하고자 하느냐에 따라 지능검사, 적성검사, 성격검사, 정서반응검사, 욕구진단검사 등으로 구분된다.

개인차는 편의상 지능면·신체면·성격면·사회면으로 구분할 수 있다. 여기서 사회면에 있어서의 차이란 생활환경·생활 정도·교우관계·종교 및 사회적 활동면에 있어서의 차이를 말하며, 그것이 우리들의 인간관계에 미치는 영향에 관해서는 이미 잘 알고 있는 것이므로 이하에서는 지능면, 감성면, 신체면, 가치관면, 성격면에 관해서만 자세히 살펴보기로 한다.

2. 지능·감성·신체면의 특징

1) 지 능

지능이 무엇이냐에 대해서는 명확한 정의를 내릴 수 없다. 어떤 사람은 새로운 환경에 적응하는 능력이라고 했고, 또 다른 사람들은 새로운 것을 학습하는 능력 또는 복잡하고 추상적인 자료를 적절히 취급하는 능력이라 하였다. 우리가 인간의 지능을 평가할 때는 흔히 지능계수, 즉 IQ 얼마라는 방법으로 말하는데, IQ에 대한 일반적 의미를 좀 더 명확히 이해하기 위하여 여기서 상대적 비교표를 제시하면 다음 [표 3-1]과 같다.

[표 3-1] IQ의 분류등급 비교표(단위: 명)

IQ	120 이상	110~119	90~109	80~ 89	80 이하
분류등급	우 수	보통(상)	보통(중)	보통(하)	열 등
전체 인구의 대략적 비교	10%	15%	50%	15%	10%

주: 상기 IQ비교표는 미국의 전반적 인구를 대상으로 한 것이다.
자료: Ecker. et al., 1959: 78.

그런데 지능의 본질적인 문제를 살펴볼 때, 기억력이 좋은 사람이라고 해서 반드시 지능이 높은 사람이라고 할 수가 없다. 지능이란 개념 속에는 지각·기억력·상상력·판별력·판단력·추리력 등이 포함되어 있으므로, 이들이 통합되어 있을 때만이 비로소 머리가 좋은 사람이라고 할 수 있다. 따라서 지능의 개념에 포함되어 있는 각각의 요소를 측정하기 위해서는 지능검사라고 하는 도구를 사용한다. 지능검사는 수 개의 정신적 요소의 배합으로 이루어지며, 그들 요소는 검사 목적에 따라 배합을 달리하기도 한다. 여기서 지능검사를 구성하는 정신적 요소심적 요소와 그의 측정방법을 간략히 살펴보면 다음 [표 3-2]와 같다.

[표 3-2] 지능검사를 구성하는 정신적 요소와 측정방법	
정신적 요소	측정방법
언어적 요소(언어이해력)	어휘에 의하여 측정
수리적 요소(숫자취급능력)	숫자의 가감승제에 있어서 정확성과 속도에 의하여 측정
지각적 요소(지각의 요소)	도안에 있어서의 작은 차이를 식별하는 속도에 의하여 측정
추리적 요소(추리력)	단어 또는 숫자적 사항에 있어서 상호관련성을 찾아내는 능력에 의하여 측정
공간적 요소(공간지각)	공간에 배열된 사물의 배열상태를 연상하는 능력에 의하여 측정
기억력	지난 일을 기억할 수 있는 능력에 의하여 측정

자료: Harrel, 1959.

이 밖에도 조사의 목적에 따라 기계적 능력 또는 판단력 등을 측정할 수 있는데, 기계적 능력에 대한 검사는 개인의 능력뿐만 아니라 습득된 경험까지도 측정하게 된다. 이러한 검사를 흔히 습득검사라고 부른다. 오늘날 사용하고 있는 형태의 지능검사는 비네검사와 웩슬러검사, 집단검사 등이 있다.

2) 정 서

최근 개인의 차이를 측정하는 도구로서 IQ의 단점을 보완하는 정서지수Emotional Quotient: EQ가 주목을 받고 있다. EQ는 1990년 미국 예일대학교의 피터 샐로비 P. Salovey와 뉴햄프셔대학교의 존 메이어J. Mayor 교수의 공동연구로 고안되었다. 그리고 이를 대중화시킨 사람은 심리학 박사이자 뉴욕타임즈 과학기자인 대니얼 골먼Daniel Goleman이다. 그의 저서가 1995년 10월에 출간되자 타임지Time에서 이를 커버스토리로 다루면서 세계적으로 큰 반향을 불러일으켰다. 정서지능emotional intelligence이란 한마디로 타인의 감정과 자신의 감정을 적절히 이해하고 대처하는 능력이라고 할 수 있겠다.

다음은 이들이 인터넷을 통해 비공식적으로 실시한 설문조사에서 사용한 질문을 정리한 것이다.

:: 당신의 행동에 가장 근접한 질문을 고르시오.

1. 당신은 지금 극심하게 흔들리는 비행기 안에 앉아 있다. 어떻게 행동할 것인가?
   ① 대수롭지 않게 생각하고 조용히 읽던 책을 계속해서 읽는다.
   ② 스튜어디스의 태도를 통해 상황의 심각성을 확인해 보면서, 신중을 기하기 위해 구명조끼를 한번 만져본다.
   ③ ①과 ②의 중간.
   ④ 모르겠다.

2. 당신은 딸을 데리고 이웃들과 함께 놀이터에 갔다. 갑자기 한 아이가 울기 시작하였는데 다른 아이들이 같이 놀려고 하지 않았기 때문이다. 당신은 어떻게 행동하겠는가?
   ① 간섭하지 않는다.
   ② 어떻게 하면 다른 아이들이 그 아이와 같이 놀아줄까 하고 우는 아이와 같이 생각해본다.
   ③ 그 아이에게 울지 말라 친절히 이야기한다.
   ④ 장난감을 가지고 우는 아이를 달랜다.

3. 당신이 중간고사 시험을 망쳤다면 어떻게 하겠는가?
   ① 다음번 시험에서 만회하기 위해 계획을 세우고, 이 계획을 철저히 지켜야겠다고 결심한다.
   ② 앞으로 더 열심히 노력하겠다고 결심한다.
   ③ 스스로에게 그 과목은 중요하지 않다고 말하며, 그 대신 성적이 더 잘나온 과목에 집중한다.
   ④ 교수와 면담을 하고 성적처리 재고를 요청한다.

4. 전화를 통해 물건을 판매하고 있는데, 이미 15명의 고객이 퇴짜를 놓았다. 어떻게 행동할 것인가?
   ① 오늘은 포기하고 내일은 운이 좋겠지 하고 생각한다.
   ② 성공하지 못한 원인에 대해 골똘하게 생각한다.

③ 다음번에는 다른 방식을 시도하고, 그렇게 빨리 포기해서는 안 된다고 생각한다.

④ 이것이 자신에게 옳은 직업인지를 자문해 본다.

5. 여자 친구가 자동차를 몰고 가는데, 바로 앞에 끼어든 차 때문에 몹시 흥분했다. 그
   녀를 달래기 위해 어떻게 행동할 것인가?

   ① 잊어버리라고 위로한다.

   ② 그녀가 좋아하는 음악테이프를 틀어 준다.

   ③ 그녀의 욕설에 동조한다.

   ④ 당신도 최근 비슷한 경험을 했는데 알고 보니 그 차가 구급차였다고 이야기해 준다.

6. 당신이 다른 사람과 언쟁을 벌이고 있는 중이다. 어떻게 행동할 것인가?

   ① 20분간 휴식을 제의하고, 그 뒤 토론을 계속한다.

   ② 싸움을 중지하고 더 이상 아무 말도 하지 않는다.

   ③ 유감스럽다고 말하고 상대방의 용서를 청한다.

   ④ 정신을 차리고 잠시 숙고한 뒤 당신이 할 수 있는 범위에서 다시 설명한다.

7. 당신의 아들이 수줍음을 많이 탄다. 어떻게 대처할 것인가?

   ① 그 아이가 선천적으로 수줍음을 많이 탄다는 사실을 인정하고 그를 어떻게 보호
      할 수 있을까를 곰곰이 생각한다.

   ② 아동심리학자와 상담한다.

   ③ 아이를 새로운 사람 및 상황과 많이 직면하게 하여 불안을 떨치게 한다.

   ④ 아이에게 타인과 많이 어울릴 수 있도록 용기를 주는 경험을 하게 한다.

8. 당신이 어렸을 때 피아노를 배웠으나 근래에는 치지 않았다. 어떻게 하면 다시 피아
   노를 칠 수 있겠는가?

   ① 매일 일정한 시간을 연습한다.

   ② 어려우나 배울 수 있는 곡을 선택하여 연습한다.

   ③ 실제로 피아노를 치고 싶을 때만 연습한다.

   ④ 상당한 노력을 들여야만 칠 수 있는 매우 어려운 곡을 선택하여 연습한다.

샐로비와 메이어는 정서지능의 개념이 특히 가드너Gardner, 1983의 다중지능이론 Multiple Intelligence Theory의 일곱 가지 지능 중에 개인지능personal intelligence과 중첩된 다고 말한다. 가드너의 다중지능이론에서 개인지능은 다시 개인 내적 지능intra-personal intelligence과 대인지능interpersonal intelligence으로 구분되며, 개인지능의 어떤 측면이 정서와 관련이 있으며 정서기능과 유사하다고 보고 있다. 개인지능은 자기 자신의 감정과 강도에 접근하고, 감정들을 즉각적으로 구분해 내고, 자신의 행동을 구체적으로 이해하고 이끄는 수단으로 그 감정을 이용하는 능력이다. 가장 원시적 인 형태의 개인내적 지능은 기쁨의 감정과 고통의 감정을 구별해 내는 능력이고, 가장 진보된 형태의 개인내적 지능은 개인내적 지식을 통해서 복잡하고 매우 분화 된 감정의 조합을 상징화하고 감지하는 능력이다.

정서는 신체외부 혹은 내부의 자극에 대한 주관적 반응으로서 신체적·생리적 반응을 동반하는 데 비해 감정은 신체적·생리적 반응을 수반하지 않는 단순한 느 낌이다. 하지만 이러한 용어의 구분은 애매모호하다. 정서의 구체적 특성을 구체적 으로 제시하면 다음과 같다최승희·김수욱, 2011: 278-281.

① 정서는 개인마다 차이가 난다. 정서는 개인의 감각경험, 지각양식, 인지양식,

신체적 특성, 학습경험, 성숙정도, 문화양식 등에 따라 차이가 난다.

② 정서는 신체변화를 가져온다. 예를 들어 아이들도 기분이 좋을 때는 신나서 빠르게 움직이지만 야단을 맞으러 갈 때는 어슬렁거리며 늦게 움직인다. 즉, ① 혐오자극을 받을 때 얼굴표정이 굳어진다거나, 경련이 일어나거나 심하게 떨린다거나, 머리 뒤를 긁는다거나 등의 안면근육의 변화, ② 화가 나거나 공격표현을 할 때는 눈을 날카롭게 뜨거나 흘겨보며, 기쁠 때는 눈동자의 크기가 커지는 등 눈동자의 변화, ③ 싫어하는 사람과는 멀리 거리를 유지하고, 자기를 좋아하는 사람과는 가까운 거리를 유지하려고 하는 등의 신체적 변화가 있다.

③ 정서는 강도가 있다. 예를 들어 열심히 공부를 하고자 하나 정서 때문에 집중이 안 될 때가 있다. 지나치게 높은 각성은 과제 수행을 떨어뜨리고, 너무 낮은 각성도 정신적 과제수행을 떨어뜨린다. 이러한 정서의 강도와 과제수행도의 상호작용에 관한 법칙을 여크스-닷슨법칙Yerkes-Dodson Law라고 한다.

한편 처음의 정서적 자극은 최고의 강도로 정서적 반응을 일으키나 어느 정도 시간이 지난 후 빠르게 정서적 자극이 사라지면 반대과정으로 정서가 서서히 변화된다. 최초의 정서경험과 여러 번의 정서경험은 강도가 다르다. 사랑하는 친구를 만날 때 최초의 정서반응은 황홀감과 기대감이 크나 자주 만나다 보면 처음의 정서경험보다는 강도가 차츰 낮아진다. 그러다가 뜻하지 않게 사랑하는 친구를 잃어버리면 어느새 기쁨이 고독감, 슬픔으로 돌변하게 될 것이다.

정서는 인지, 동기와 함께 마음의 세 가지 요소로 불린다. 정서는 보통 의식되는 감정적 체험을 지칭하지만, 감정의 의식적 체험에는 신체적 흥분과 동기화된 행동이 수반되므로 정서를 정서체험과 신체적 흥분, 그리고 동기화된 행동의 세 요소로 정리하기도 한다권석만 외, 2000: 255. 살로비와 메이어는 정서기능을 자신과 타인의 정서에 대한 평가와 표현, 자신과 타인의 정서 조절, 문제해결에 있어서의 정서의 사용으로 설명한다. 골만은 자신의 정서에 대한 이해, 정서의 조절, 자기동기화, 공감, 대인관계 능력 등의 다섯 가지 요인으로 정서기능을 말한다.

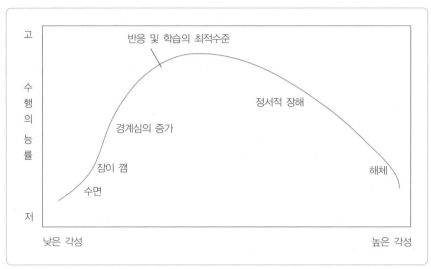

▼ 그림 3-1 여크스-닷슨 법칙

고

수행의 능률

저

반응 및 학습의 최적수준

정서적 장해

경계심의 증가

잠이 깸

수면

해체

낮은 각성   높은 각성

자료: 최승희·김수욱(2011: 281).

정서기능의 구성요소에 대해 샐로비와 메이어Salovey & Mayer, 1990: 185-211의 모형을 살펴보면 다음과 같다.

① 정서의 인식과 표현능력기능appraisal and expression of emotion: 이 기능은 가장 기본적이면서 중요하다. 자신의 정서를 보다 빠르게 지각하고 반응하는 사람이 자신의 감정에 보다 적절하게 반응하며, 나아가 타인에게 자신의 정서를 보다 잘 표현할 뿐만 아니라 타인의 감정과 기분을 이해하며 공감할 수 있는 능력이기 때문이다.

② 정서조절능력regulation of emotion: 이는 특정목표에 도달하기 위해서 자신의 기분과 정서 상태를 적응적으로 이끌어내는 능력이며, 감정이나 기분상태를 처리하는 과정에 초점을 둔다.

③ 정서지능 활용능력utilizing emotional intelligence: 사고, 추리, 문제해결, 창의적 과제에서 정서를 적응적으로 활용하는 능력을 말하며, 문제의 성격에 따라 자신의 정서와 기분을 적응시킬 수 있는 능력이다.

이렇게 EQ 열풍이 불고 있는 이유는 각박해진 인간사회에 대한 불안심리 때문인 것으로 분석된다. 즉 사회에 적응하지 못하면 낙오자가 될 수밖에 없는 현실이

EQ에 대한 관심을 불러일으키는 원인이라는 것이다. EQ가 주요 지표로 내세우는 자기통제, 열정, 인내력, 자신에 대한 동기부여 등은 인간관계론의 주요 내용과 거의 일치함을 알 수 있다.

참고로 한 연구소에서 개발한 EQ 가정교육 십계명을 소개하고자 한다.

① 자녀들과 즐겁게 대화하라.
② 자녀들에게 책을 읽어 주어라.
③ 심부름을 자주 시켜라.
④ 집에서 만든 음식을 먹여라.
⑤ 신체접촉으로 사랑을 표현하라.
⑥ 노는 것을 가르쳐 주어라.
⑦ 힘든 과제를 주는 데 인색하지 말라.
⑧ 실패했을 때 격려하라.
⑨ 다른 가족들과 어울리게 하라.
⑩ 한 가지 소망을 가지게 하라.

최근 골먼Goleman, 2006은 EQ의 개념을 확장시킨 '사회지능Social Quotient: SQ'의 중요성을 강조하고 있다. '정서지능'이 인간 개체가 갖는 능력을 다루었다면 사회지능은 사람들이 '연결'될 때 일어나는 일들을 주목한다. 따라서 21세기에는 SQ가 높은 사람이 성공한다는 것이다.[2]

사회지능이란 겉에서 바라보는 외적 관계에서뿐만 아니라 안에서 바라보는 내적 관계에서도 깊은 이해를 갖고 있는 것을 의미한다. 즉 사회지능이란 상대방의 감정과 의도를 읽고 타인과 잘 어울리는 능력을 말한다.[3] 골먼이 한 잡지에 기고한 글을 보면 SQ가 다른 사람의 감정과 의도를 감지하는 능력에서 더 나아가 자신과 상

---

2 사실 사회지능은 새로운 개념이 아니고 1920년 심리학자 손다이크(Thorndike)가 고안한 개념이다. 손다이크는 사회지능을 '남자와 여자를 이해하고 다루는 기술'이라고 정의를 내렸는데 이는 인간이 세상을 살아가는 데 필요한 능력이라고도 할 수 있다; Goleman(2006: 11).
3 이런 점에서 SQ는 EQ의 개념이 진화된 확장개념이라고 할 수 있다. EQ가 개인의 능력을 의미했다면, SQ는 인간과 인간 간의 관계의 능력을 의미한다는 점에서 차이가 있다. 이른바 '인맥관리'로 대표되던 'NQ'(Network Quotient, 공존지수) 역시 인간 간의 관계를 강조한다는 점에서 유사성을 찾을 수 있다.

대방의 감정을 연결시켜 주는 능력도 포함하고 있다는 것이다. 또 그는 "사람을 새로 채용하거나 고위직으로 승진시킬 때 SQ와 EQ가 탁월한 사람을 찾는 회사들이 많아졌다"고 주장하고 있다.

아울러 골먼은 "SQ는 다른 사람에게 좋은 인상을 주고 상대방의 감정과 의도를 감지하는 능력에서 더 나아가 자기 두뇌의 신경회로를 상대방 두뇌의 신경회로와 눈에 보이지 않게 연결하는 능력도 포함하고 있다"고 주장했다. 물론 이런 사실이 신경과학계의 최근 연구를 통해 밝혀졌다는 말도 덧붙였다. 또 이메일 등을 통한 원거리 협업이 늘고 인적 네트워크가 다양화되는 현대사회일수록 SQ가 뛰어난 사람에 대한 수요가 늘 수밖에 없다는 게 골먼의 설명이다. 물론 일각에서는 SQ에 관한 이러한 주장은 다소 무리가 있다고 지적하고 있다.

3) 신 체

사람은 신체에 있어서 여러 가지 개인차를 갖고 있다. 즉 키가 큰 사람도 있고 뚱뚱한 사람도 있고 홀쭉한 사람도 있다. 또 힘이 센 사람도 있고 약한 사람도 있으며, 인상이 남에게 명쾌한 기분을 주는 사람도 있고 불쾌감을 주는 사람도 있다. 이러한 신체적 차이는 물론 당사자에 대하여도 중요하지만, 그를 직접 감독하는 상사에 대하여도 대단히 중요한 것이다.

신체에 있어서의 차이에는 이와 같이 육안으로 식별할 수 있는 차이뿐만 아니라 감각의 차이도 포함시킬 수 있다. 즉 사람들은 시각·청각·촉각·내장감각·평형감각·미각·후각 등등에 있어서도 다양한 개인차를 가지고 있다. 이러한 개인차는 육체적인 특징 못지않게 중요성을 갖고 있다.

3. 가치관의 차이

1) 가치관의 의의

개인이 나름대로 가지고 있는 가치에 대한 관념을 일반적으로 가치관이라 한다. 이때 가치는 바람직한 것에 관한 사람들의 관념으로서 사람들의 행동에 영향을 미치는 힘을 지니는 것이다_{오석홍·정홍익, 1997: 50}. 즉 가치관이란 여러 가지 대안 행위 중 하나를 선택할 때 사용되는 판단의 기준이나 표준이라 볼 수 있는 것이 다_{백기복, 2007: 59}.

우리가 갖고 있는 가치관은 주로 우리 주위의 사람들과 대중매체 등을 통해 영향을 받고 형성된다. 따라서 각자의 살아온 인생궤적이 모두 차이가 나기 때문에 개인의 가치관은 약간씩 다를 수밖에 없다. 그런데 이러한 가치관은 비교적 계속적이고 안정적인 속성을 갖고 있다. 또 위에서 살펴본 바와 같이 각 개인마다 다른 가치관을 갖고 있다. 이와 같은 가치관은 태도, 지각, 성격, 동기부여 등의 이해를 위한 기초가 되기 때문에 인간관계에 있어서 중요한 의미를 갖는다.

2) 가치관의 유형

가치관을 기준으로 하여 개인을 범주화시킬 수 있는데, 그중 그레이브즈_{Graves, 1970: 131-155}의 유형을 소개하면 다음과 같다. 이와 같은 가치관의 유형분류는 조직 내에서 서로 다른 가치관을 가지고 있는 사람들의 문제를 분석하는 데 유용하다. 즉 사람들이 왜 각기 다른 태도를 가지고 있으며 각기 다양한 행동을 하는가에 대한 이유를 설명해 주는 데 많은 도움을 준다_{박내회, 1992: 98}.

① 욕구반응적(reactive) 유형: 이는 갓난아이를 통해서 가장 잘 설명되는 가치관으로서 이러한 가치관을 소유하고 있는 사람들은 인간으로서의 자기 자신이나 다른 사람들을 의식하지 않고 기본적인 생리적 욕구에 반응하는 사람들이다. 이러한 사람들은 조직 내에서는 찾아보기 힘들다.

② 의존적(tribalistic) 유형: 이러한 가치관의 소유자는 고도의 의존성을 나타내 보이며, 전통과 권위에 의해서 강하게 영향을 받는다.

③ 자기중심적(egocentrism) 유형: 이는 미숙한 개인주의를 신봉하는 사람들로서 공격적·이기적이고 권력에 민감하다.

④ 동조적(conformity) 유형: 이러한 가치관을 가진 사람들은 자신과 다른 가치관을 가지고 있는 사람을 수용하는 데 곤란을 느끼며 타인들이 자신의 가치관을 수용하기를 바란다. 아울러 모호성에 대하여 관대하지 못한다.

⑤ 조작적(manipulative) 유형: 조작적 가치관을 소유하고 있는 개인은 물질주의적

이고 능동적이며 보다 높은 지위와 안정을 추구하는 경향이 있으며, 이들은 타인을 교묘히 이용하여 자신의 목표를 달성하려고 시도한다.

⑥ 사회중심적(sociocentric) 유형: 이들은 남을 앞서는 것보다 타인의 사랑을 받고 그들과 잘 어울려 지내는 것에 가치를 둔다. 또 물질주의를 배격하며 마키아벨리적인 조직적 가치관과 동조적 가치관을 배격한다.

⑦ 실존적(existential) 유형: 실존적 가치관을 갖고 있는 사람들은 유연성이 없는 경직된 체제, 규제적인 정책, 지위·신분의 상징, 권력남용 등에 대해 직언을 하는 사람들로서, 모호함에 대해 관대하고 자기와 다른 가치관을 갖고 있는 사람들을 포용한다.

3) 개인의 가치관 갈등유형

조직의 구성원들은 일반적으로 다음과 같은 세 가지 유형의 가치관의 갈등을 경험할 수 있다이학종·박헌준, 2005: 102-103.

① 개인 내부적 가치관 갈등(intrapersonal value conflict): 이는 개인의 가치체계 내에서의 갈등을 의미하는데, 이러한 갈등은 수단적 가치체계 내에서 발생할 수도 있고 최종가치체계 내에서 일어날 수도 있으며 수단적 가치와 최종가치가 마찰을 일으켜 나타날 수도 있다.

② 개인 간 가치관 갈등(interpersonal value conflict): 이 유형은 개인들이 각자 소유하고 있는 가치관의 차이로 발생하는 갈등이다. 조직의 관리자가 종업원들 간의 갈등을 해소하려고 할 때는 이러한 가치관의 차이를 반드시 고려해야 한다.

③ 조직과 개인 간의 가치관 갈등(individual-organization value conflict): 조직이 추구하는 것과 개인이 추구하는 바가 서로 상이할 때 조직과 개인 간의 가치관 갈등이 생성된다. 이러한 유형의 갈등이 발생했을 때 다음과 같은 세 가지 방법을 이용할 수 있다. 첫째는 그 조직의 문화에 자신의 가치관을 맞추는 것이며, 둘째는 그 조직을 떠나는 것이며, 셋째는 그 문화와 투쟁하는 방법이다.

4. 성격의 특징과 차이

1) 성격의 정의와 특징

구성원의 여러 가지 개인차 중에 있어서 아마도 성격의 차이가 관리상 가장 많은 영향을 미칠 것이다. 인간의 성격에 관하여는 오래전부터 여러 학자들에 의하여 많은 연구가 이루어져 왔으며 성격의 차이를 분류하는 방법도 여러 가지가 있다. 성격이란 말은 원래 라틴어의 'personare'에서 유래되었는데, personare는 per through, ~을 통하여와 sonare speak, 말하다의 합성어로 무대에서 배우가 쓰는 가면이나 탈을 뜻한다. 그러므로 이 말이 처음에 의미하는 것은 거짓 모양이고, 눈에 나타나기는 하지만 속이는 것이다. 이후 personare는 가면이라는 뜻에서 점차 변화하여 로마시대에는 배우 그 자신, 즉 고귀한 성질을 가진 개인을 의미하는 말로 사용하였다. 그러나 오늘날에 와서는 다른 사람에게 준 인상이나 가면으로 보는 것이 아니라, 그 가면 뒤에 숨겨져 있는 것, 즉 타인과 구별할 수 있는 인상 전체를 뜻하는 말로 사용하게 되었다 Luthans, 1989: 117.

성격의 정의에 대해서는, 심리학자들의 나름대로의 정의는 많으나 보편적으로 받아들여지는 대답을 찾기는 어렵다. 비교적 자주 사용되는 성격의 정의는 올포트 Allport, 1937: 48의 정의인데, 그는 '성격이란 환경에 대한 개인의 독특한 적응을 결정하는 정신-물리적 psycho-physical 제 조직의 역동체적 체제'라 하고, 호젯트 Hodgetts와 헤가 Hegar는 '성격은 사람들 간에 유사성과 차이성을 결정하는 비교적 안정적 stable인 일련의 특성과 경향성이다'라고 정의하고 있다 Hegar, 2012: 105. 또한 도슨 Dawson, 1985: 167은 '개인의 자신에 대한 전체적인 자각 total awareness이며 그것은 개인의 자질과 행동의 특정한 유형이다'라고 하며, 로빈스 Robbins & Judge, 2015: 154는 '개인이 반응 react하고 상호작용하게 되는 방법의 종합적인 전체 total를 의미한다'라고 정의하고 있다.

여기에서는 여러 정의를 토대로 하여 성격을 '환경에 대한 개인의 적응을 특징짓는 비교적 일관성 있고 독특한 행동양식과 사고양식'이라고 정의하기로 한다 이수원, 1993: 255.

성격의 정의를 통해서 볼 때, 다음과 같은 몇 가지 특징을 찾아낼 수 있다.

① 성격은 행동이나 사고 그 자체가 아니라 행동이나 사고에 나타나는 특징적인

양식, 즉 경향성을 가지고 있다. 즉 성격은 관찰되어지는 것이 아니라 관찰되어진 행동이나 사고를 토대로 하여 추리되어진 경향성 또는 양식을 뜻한다. 예컨대 어떤 사람이 싸우는 것을 관찰했을 때, 싸움 자체가 그의 성격을 나타내는 것이 아니라 그 싸움을 통해서 추리된 그의 내부의 공격적인 경향성 또는 성향이 그의 성격을 구성하는 것이다.

② 성격은 항상 일관성을 유지한다. 상황이 바뀔 때마다 다른 방식으로 행동한다면 그것은 그의 성격의 산물이라기보다는 상황 자체의 속성 때문이라고 할 수 있다.

③ 성격은 개인마다 어느 정도 독특성을 지닌다. 모든 사람이 동일하게 생각하고 행동한다면 거기에는 성격은 존재하지 않는다. 그것은 오히려 어떤 규칙이나 규범 때문이다.

2) 성격의 결정요인

초기성격연구에 있어서는 개인의 성격이 유전heredity의 결과냐 아니면 환경의 결과냐가 주요논쟁이 되었다. 즉 성격은 태어날 때부터 정해지는가 아니면 자신의 환경조건과의 상호작용의 결과인가 하는 것이다. 성격은 이들 두 가지의 상호결합의 결과이다. 또한 최근에는 제3의 요인인 '상황situation'에 대하여 관심이 고조되고 있다. 따라서 성인의 성격은 유전과 환경의 결정체라고 일반적으로 간주되고 또 이와 더불어 상황적 조건도 고려되고 있다Robbins & Judge, 2009: 139.

또한 레윈K. Lewin은 'B=f(P·E)'라는 도식을 통하여 성격의 결정요인을 설명하고[4] 던컨W. J. Duncan은 생물적 존재와 경험의 종합이라고 성격의 결정요인을 설명하고 있다. 또한 헤리겔과 슬로컴Hellriegel & Slocum, 2007: 312-315은 유전, 문화, 가족, 집단 구성원, 그리고 생활경험을 결정요인으로 들고 있다.

여기에서 대표적인 요인으로 분류할 수 있는 유전, 상황, 경험에 관하여 설명하면 다음과 같다.

| 4 B=behavior, P=personality, E=environment의 약자(사람의 행동은 성격과 환경의 함수이다).

(1) 유전(heredity)

몸의 형태, 성별·근육 및 신경계 등은 주로 유전에 의하여 결정된다. 또한 유전의 결과로 사람은 학습의 잠재력, 생리적 순환, 운동시간, 좌절에 대한 내성 등을 변화시키고 있다. 이와 같은 특징이 욕구와 기대치에 영향을 미치게 된다. 또한 타인과 비교되는 외모와 육체적 능력도 성격형성에 영향을 미친다.

(2) 상황(situation)

상황은 성격형성에 있어서 유전과 환경의 효과에 영향을 미친다. 개인의 성격은 일반적으로 안정적이고 지속적인 반면에 다른 상황에서 변화할 수 있다. 다른 상황에서 다른 요구는 개인의 성격의 다른 면을 요구한다. 따라서 우리는 고립상태에서 성격을 보지 말아야 한다Robbins & Judge, 2009: 139.

상황이 개인의 성격에 영향을 미치게 될 것이라는 것은 매우 논리적으로 보일지라도, 우리가 상황의 다양한 유형의 영향이라고 말하는 일목요연한 분류도식은 지금까지 대두되지 않고 있다. 분명히 우리는 체계적으로 연구된 상황이론을 갖지 못하고 있다. 하지만 우리는 어떤 상황이 성격에 영향을 미치는 데 있어서 다른 상황보다 더 적절한가를 알고 있다. 더군다나 어떤 세대에도 성격으로 인한 중요한 개인의 차이는 있는 것이다.

(3) 생활경험(life experience)

다른 성격결정요인과 더불어 각 개인의 생활은 특별한 사건과 경험에 대하여 독특한 반응을 나타낸다. 이러한 사건과 경험은 성격형성에 있어서 중요한 요소이다. 예를 들면 자존심self-esteem의 발달은 다른 사람에게 유익한 감정과 중요한 영향을 미치는 명백한 능력, 그리고 기대와 목표를 성취할 기회를 포함하는 일련의 경험에 의존한다. 따라서 다른 사람과의 일련의 복잡한 사건과 상호작용은 성인 성격에 있어서 자존심의 수준을 높이도록 한다. 물론 생활경험과 환경은 다른 성격결정요인과 함께 일어난다Hellriegel & Slocum, 2007: 314.

3) 성격연구의 이론

성격은 어느 정도 안정된 개인의 특성으로서 개인으로 하여금 환경에 적응하여 나가도록 해 주는 동태적인 심리-생리적 시스템이라 할 수 있다이학종·박현준, 2005: 83. 이렇게 볼 때 성격이론은 인간의 행위에 대한 일반이론이라는 것과 개인의 차이를 나타내 주는 데에 그 중요성이 있다. 성격연구의 접근법은 다양하나 여기서는 성향 이론, 정신역동이론, 학습이론, 현상학적 이론으로 알려진 대표적인 네 가지 접근 방법에 대해 살펴보고자 한다Toss, Rizzo & Caroll, 1986: 130-133.

(1) 성향이론(disposition theories)

성향이론에 의하면 개인은 행동을 예측할 수 있는 기본적인 내적인 경향을 갖는다는 사고에 기초하고 있다. 여기에는 특질론trait theories과 욕구이론needs theories이 있다. 특질론은 성격연구에서도 가장 오래된 접근방법이다. 올포트는 말하기를 성격은 특질의 기본요소로 일반화될 수 있으며, 특정한 개인을 특징지을 수 있는 것이라고 한다. 욕구이론은 성격의 성향을 나타내는 다른 방법이다. 욕구는 개인의 열망을 나타내는 내적 상태이다. 만족되지 않은 욕구는 긴장을 야기하고 욕구를 만족시키기 위한 동기부여를 한다. 욕구는 목표를 향한 행동의 계기가 된다.

(2) 정신역동이론(psychodynamic theories)

정신역동이론은 인간의 성격이 개인 내부의 상황과 갈등에 의해 발전된다는 것을 전제한다. 프로이드S. Freud의 심리분석론은 가장 잘 알려진 예이다. 그는 인간의 행동을 지배하는 근본적인 동기는 무의식적인 요소라고 하였다. 이에 따르면 성격은 세 부분으로 구성된다.

원초아id는 성격의 무의식적인 부분으로 기본욕구들의 저장고이며 성격의 기초가 된다. 이것은 자기만족만을 추구하며 성적 본능과 공격적 본능이 이에 속한다. 자아 ego는 원초아로부터 분화된 것으로 바람직스럽지 않은 결과를 초래하지 않으면서 동시에 원초아의 충동을 만족시키는 행동을 선택하는 역할을 한다. 초자아superego 는 도덕, 가치관 등을 포함하는 데 일반적으로 양심이라고 할 수 있다.

프로이드에 의하면 성격의 역동성이란 긴장발산을 추구하는 원초아와 이 충동을 억제하려는 초자아 간의 계속적인 상호작용과 갈등을 포함한다고 하였다.

한편 칼 융Carl Jung은 유전적·본능적 요인보다 사회적·환경적 요인을 강조한다. 그는 성격발달을 지속적인 과정으로 보았다. 융은 자아의 기본기능을 사고, 감정, 감각, 직관으로 보고 여기에 내향성-외향성의 개념을 도입하였다. 그의 접근법은 분석심리학으로 알려져 있다.

에릭슨E. Erikson은 심리사회적인 측면을 강조한 성격이론을 전개하였다. 그의 성격수명주기이론life cycle theory of personality은 인간의 생애를 여덟 단계로 나누고, 각 단계에서 인간이 직면해야 하는 심리적 위기를 양극개념으로 설명하고 있다.

(3) 학습이론(learning theoies)

학습이론은 성격을 학습의 총체로 보는 접근방법이다. 따라서 자아와 초자아, 특질들은 학습을 통하여 획득된다고 본다. 고전적 학습이론은 학습과정에서 충동, 단서, 강화를 강조한다Berkman & Neider, 1987: 46.

충동은 개인의 행동을 야기하는 유발 메커니즘이다. 1차적 충동은 배고픔, 성욕, 고통의 회피와 같은 생리현상을 포함한다. 2차적 충동은 이전의 학습을 통해 획득되고 개인에게 반영되는 사회적·문화적 영향으로 명예나 애정에 대한 욕구 등과 같은 것이다. 단서는 개인의 환경에서 발견되는 충동을 유발하는 자극이다. 강화는 대응이나 충동의 감소에 대한 보상이다.

학습이론의 하나인 사회적 학습이론은 행동의 결정자로서 상황요인을 강조한다. 즉 환경조건들이 학습을 통해 개인의 행동을 결정하며 개인의 행동은 다시 환경조건을 형성하게 된다. 사회학습이론은 자극과 반응을 연결하는 인간의 인지적 기능을 강조하여 직접적인 강화 없이 대리적 학습vicarious learning을 통해 행동이 습득될 수 있다고 본다. 이 이론은 인간의 인지기능과 법칙, 상징과정들을 중시한다.

(4) 현상학적 이론(phenomenological theories)

현상학적 이론은 현상에 대한 지각이 성격에 미치는 영향을 분석하는 것이다. 현상학에 따르면 개인의 행동은 행위자의 시각으로 보지 않으면 이해될 수 없다. 즉 개인이 세상을 어떻게 지각하고 해석하는지에 관심을 가진다. 로저스C. Rogers의 자아이론self theory은, 성격이론의 핵심개념을 자아self와 유기체organism에 두고 있다.

자아란 '나'가 지니는 특징들에 대한 지각, 그리고 타인과의 측면에 대한 '나'의 관계성에 대한 지각과 가치관들로 구성된다. 유기체는 모든 경험의 소재지이며 이러한 경험의 총화가 현상의 장phenomenal field을 구성한다. 현상의 장이란 인간이 주관적으로 지각한 현실을 말한다.[5]

4) 조직행동에 영향을 미치는 주요성격

(1) 권위주의적 성격(authoritarian personality)

권위주의적 성격을 가진 사람은 권위에 대한 복종과 강자가 약자를 이끌어야 한다는 것을 믿는다. 이러한 사람들은 권력에 대해 지나친 관심을 가지며, 특정한 사람은 다른 사람보다 우월하기 때문에 이들이 다른 사람들을 이끌어야 한다고 믿는다. 이러한 성격유형은 조직의 의사결정에 종업원을 포함시키려는 민주적·참여적 기법의 시도에 잘 따르지 않는 경향이 있다임창희, 2009: 109.

(2) 관료적 성격(bureaucratic personality)

이 유형은 규칙, 규제, 명령을 선호하는 신념과 가치를 갖는다. 이 성격을 가진 사람은 복종, 규율에의 순응과 공식적 관계를 중요시한다. 따라서 고위직의 사람들이 중요한 의사결정의 특권을 가지며 아랫사람들은 조직의 요구에 따라야 한다고 한다. 관료적 성향이 강한 사람들은 군대와 같이 많은 규칙, 절차, 규제를 갖는 조직을 선호한다. 정형화되고 반복적인 업무는 이러한 성향을 가진 관리자에 의해 더 잘 감독될 수 있다홍용기, 2008: 60.

(3) 마키아벨리즘(machiavellianism)

이 유형의 연구는 최근의 일이지만, 이 개념은 16세기 마키아벨리Niccolo Machiavelli의 저술에서 최초로 설명되었다. 이 성향이 강한 사람은 자존감과 자부심이 강하고

| 5 현상의 장은 개인의 준거틀로서 개인의 행동방식은 이에 따르게 된다.

자신의 이익을 위해 행동한다. 그들은 다른 사람들에게 냉정하고 계산적으로 보이며, 타인을 통해 이익을 얻으려고 한다. 이러한 사람들은 자신의 목표에 도움이 되는 때에는 타인과 동맹을 한다. 이러한 성향이 강한 사람은 거짓말과 속임수, 타협을 이용하며 다른 사람을 조종하기 위해 과장된 칭찬을 사용한다. 이러한 사람들은 자신의 권모술수를 사용할 상황을 선택할 수 있다.

마키아벨리즘 성격측정 설문지

:: 다음 각 항목에 대해 찬성과 반대의 정도(1점: 적극반대, 2점: 약간반대, 3점: 반대도 찬성도 아님, 4점: 약간찬성, 5점: 적극찬성)에 따라 점수를 기입하여 주십시오.

( ) 1. 사람을 다루는 최선의 방법은 상대에게 듣기 좋은 말을 하는 것이다.
( ) 2. 누군가에게 무엇을 부탁할 때 허풍을 떠는 것보다, 참다운 이유를 설명하는 편이 가장 좋다.
( ) 3. 누군가를 전적으로 믿는다는 것은 화를 불러들이는 것이나 다름없다.
( ) 4. 술수를 쓰지 않고는 남보다 앞서기가 어렵다.
( ) 5. 모든 사람은 악한 성향을 갖고 있으며 기회만 주어지면 악한 행색을 드러낸다는 것은 올바른 말이다.
( ) 6. 사람은 도덕적으로 올바른 일이라고 확신할 때만 행동을 해야 한다.
( ) 7. 대다수의 사람들은 근본적으로 양순하다.
( ) 8. 남에게 거짓말을 한다는 것은 용서할 수 없는 일이다.
( ) 9. 대다수의 사람들은 재산의 손실보다 자신들의 아버지의 죽음을 더 쉽게 잊는다.
( ) 10. 일반적으로 말해서 사람들은 강제하지 않으면 열심히 일을 하지 않는다.

:: 채 점
문항 2, 6, 7, 8번은 기입한 점수를 다음과 같이 바꾸고(5→1, 4→2, 3→3, 2→4, 5→1), 나머지 문항은 기입한 점수를 그대로 사용하여 합을 내십시오. 점수가 높을수록 마키아벨리 성향이 높다고 할 수 있습니다.

(4) A형 · B형

A형의 성격은 보다 적은 시간에 보다 많은 것을 달성하기 위해 끊임없이 노력한다. 이 성격의 특징은 ① 시간에 대한 만성적인 절박감, ② 적대적일 정도의 경쟁, ③ 나태에 대한 반감, ④ 과업달성에 대한 장애물을 참지 못하는 것 등이다. 극단적인 A형은 빨리 말하고, 삶에 불만족하고, 양적으로 평가하는 경향이 있다. 의학적 연구에 따르면 이러한 유형이 다른 사람보다 스트레스를 많이 받는다고 한다.

B형은 보다 많은 목표의 달성이나 많은 활동에의 참여는 거의 원하지 않는다. 이러한 유형은 상황에 과도하게 반응하거나 경쟁적이거나 공격적인 행동을 잘 취하지 않는다. B형은 목표를 달성할 시간이 충분하다고 느끼지만 이것이 성공에 대한 갈망이 적다는 것을 의미하지는 않는다. 일반적으로 인구의 40%가 A형으로, 60%가 B형으로 분류된다. A형의 관리자는 B형보다 고혈압이나 심장병에 걸릴 확률이 높다고 한다Berkman & Neider, 1987: 53.

(5) 내재적 통제론자(internalizers)와 외재적 통제론자(externalizers)

성격유형의 또 다른 측면은 개인이 자기가 얻는 결과를 스스로 얼마나 통제할 수 있다고 믿는지에 따라서 나누는 것이다. 내재적 통제론자는 자신을 자율적인 인간으로 보고 자신의 운명과 상황을 통제할 수 있다고 믿는다. 이에 반하여 외재적 통제론자는 자기의 운명과 삶의 결과는 외부의 요소에 의해 결정된다고 믿는다. 즉 통제의 소재가 외부에 있다고 믿는 것이다. 연구결과에 의하면 내재적 통제론자는 외재적 통제론자에 비하여 직무만족도가 높고 적극적이고 참여적이며, 정서적으로도 안정되어 있어 일반적으로 높은 성과를 보이고 있다. 반면에 외재적 통제론자는 정서가 불안하여 스트레스에 약하며 구조적인 직무환경을 선호하는 경향이 있다Slocum & Hellriegel, 2007: 318-319.

(6) 내향성(introversion)과 외향성(extraversion)

이것은 가장 보편화된 성격유형의 하나로 주어진 상황에 대한 반응에 있어서 내부와 외부의 어느 쪽을 더 지향하는가를 말하는 것이다. 내향성은 추상적 사고와 개인의 감정에 보다 민감하며, 개인의 행동경향이 내부로 향하는 것이다. 외향성은 행동경향이 다른 사람, 사건, 사물로 향하는 경향이다. 내향성은 감각적 자극이 적은 곳에서의 직무수행에 뛰어난 반면 외향성은 감각적 자극이 많은 환경에서의 업무수행을 잘한다. 재무, 회계, 기술직에는 일반적으로 내향성인 사람이 적합하고 판매, 영업, 일반관리직에는 외향성인 사람이 더 적합한 것으로 나타나고 있다Toss, Rizzo & Carroll, 1986: 45-46.

5. 성격과 문제해결

다양한 성격의 차이에서 일정한 유형을 찾아내고 이 유형과 사람들의 생활양식 간의 밀접한 관계를 찾아낸 사람은 칼 융이다.

1) 칼 융의 성격유형

융은 인간의 성격이 네 가지 심리적 기능으로 이루어진다고 보았는데 이 네 개의 기능을 리비도가 밖으로 흐르느냐 안으로 흐르느냐에 따라 다시 여덟 개의 유형으로 분류하였다Myers & McCaulley, 1989: 12. 융의 심리학적 유형론의 특징은 심리학적 경향의 역동적인 관계를 파악하는 것으로서 구조 간의 역동적인 관계를 설명함과 동시에 비합리적인 기능을 합리적인 기능과 함께 설명하고 있다. 즉 성격의 기능으로 합리적인 기능인 사고 및 감정기능과 함께 비합리적인 기능인 감각과 직관을 인정했다.

네 가지 기능이란 변화하는 상태하에서 근본적으로 같은 행위를 나타내는 심리행위의 특수한 행태라고 했으며 그의 분류척도는 다음과 같다.

(1) 지각기능(perception)

사물이나 사람, 사건, 생각을 지각하는 과정으로 외부로부터 정보를 수집하거나 감각을 추구하는 행위, 자극의 선택 등 비이성적 기능을 말하고 감각과 직관으로 분류된다.

① 감각(sensation): 감각은 오관을 통한 인지를 말한다. 이것은 존재에 기초를 둔

다. 즉 감각은 현재의 순간에서 일어나고 있는 것만을 인지할 수 있으므로 감각형의 사람은 즉시적인 경험에 초점을 맞추며 현재의 순간을 즐긴다거나, 현실주의, 관찰능력, 상세한 기억과 실용성에 관련된 특성을 발전시킨다.

② 직관(intuition): 직관은 통찰을 통해서 가능성, 의미, 상호관계 등을 인지하는 것이다. 융은 직관을 무의식에 의한 지각기능으로 보고 있다. 직관형의 사람은 풍부한 상상력, 이론, 추상성, 미래지향적, 창조성 등과 관련된 특성을 발전시킨다.

(2) 판단기능(judgement)

지각한 정보에 대해 평가를 하고 결론을 내리는 기능이다. 이것을 행함에 있어서 이러한 판단기능은 사건들이 이성에 맞게 조화를 이루도록 지시하는 이성적인 기능이다.

① 사고(thinking): 이론적 관계로 생각들을 연결하는 기능으로 원인과 결과의 원칙에 입각하여 공평하게 한다. 이 기능의 특성은 사고와 관계되는 개성이 개발되어 분석능력, 객관적 정의와 공평주의적 비판에 능하고 과거-현재-미래로 연결되는 시간과 관련하여 사고한다.

② 감정(feeling): 어떤 문제와 관계되는 가치와 쟁점을 계산하여 결정을 내리는 기능으로, 개인과 단체의 중요도를 이해하는 데 의거한 판단기능이다. 따라서 사고기능보다 훨씬 주관적·개인적인 기능이므로 이 기능은 자타를 모두 중요시하면서 사람을 이해하며 문제에 대한 기술보다는 인간을 기준으로 협력하고 온화하며 조화를 원하고 과거의 가치를 중요시한다.

(3) 태도(attitudes)

인간발달에 제일 처음 나타나는 기능은 외향성과 내향성이다. 즉 두 개의 외·내적인 태도가 상호보완적이며 일생 동안 살아가기 위해 개인과 사회가 필요로 하는 긴장을 야기하는 것으로 본다.

① 외향성(extraversion): 외부세계 지향성으로서 외부세계의 사람과 외부환경에 초점을 두는 경향이 있다. 그리고 외부세계로 에너지가 향하게 되고, 글보다는 말로 의사소통을 하기를 좋아한다. 외향성의 지각기능과 판단기능은 사람과 사물에 중점을 둔다.

② 내향성(introversion): 내적세계 지향성으로 자신의 내면세계에 더욱 초점을 둔다. 내향적인 사람은 과업이 자신의 머릿속에서 조용히 이루어지게 될 때 더 재미있어 하고 만족해 한다. 이들은 지식과 판단기능을 활용하는 데 있어서 개념과 관념의 내면적 세계를 중요시한다.

2) MBTI(Myers-Briggs Type Indicator)

이사벨 마이어스Isabel Myers는 *Introduction to Type*이라는 소책자를 발간하면서 본격적으로 칼 융의 유형론을 연구하였는바, 캐더린 브릭스Catherine Briggs와 함께 융의 이론을 정밀화하고 조작화하여 바로 1960년대에 MBTI를 완성시켰다. 융은 그의 저서 *Psychological Types*에서 EI, SN, TF만을 명확하게 기술했고 JP의 중요성에 대해 함축적으로 썼다. 이 함축적인 것을 마이어스가 MBTI를 개발하여 명확히 하였다.

JP는 외부세계에 대해 채택하는 생활양식이나 이 외부세계에 대응하는 방법을 말한다. 즉 외부세계에 대해서, 주로 판단사고 또는 감정(鑑定)하는 태도를 취하느냐 지각감각 또는 직관하는 태도를 취하느냐 하는 것이다.

(1) 판단(judging)

판단태도를 가진 사람은 삶을 규제하고 통제하기 위하여 계획되고 질서 있는 생활을 하는 경향이 있다. 판단기능을 사용할 경우에는 과감하게 의사결정을 하며, 빨리 결론에 이르고, 과업을 박력 있게 추진한다. 판단기능을 선호하는 사람은 구조화하고 조직화하기를 선호하고 일을 해결하기를 좋아한다.

(2) 지각(perception)

외부세계를 접할 때에 지각과정을 선호하는 사람은 신축성 있고 즉흥적으로 살기를 좋아한다. 지각을 사용할 때는 정보를 수집하면서도 계속 대안에 대하여 마음의 문을 열어 놓고 있다. 지각을 선호하는 사람은 삶을 통제하기보다는 이해하려고 노력한다.

3) 유형이란 무엇인가

한 사람의 '유형'이란 MBTI를 적용해 보았을 때, 그 사람이 선택하게 되는 네 개의 선호도의 결합과 상호작용을 말한다. 즉 상호작용이 바로 자신의 유형이 되는 것이다. 마이어스와 브릭스는 이러한 유형의 형성에 있어서 다음과 같은 가정을 전제로 유형공식을 만들었다Myers & McCaulley, 1989: 15-16.

① 각 유형에는 한 가지 기능이 우세한 주요기능이 있다.

② 각자는 자신의 주요기능을 선호하는 태도내향, 외향와 함께 사용한다.

③ 주요기능에 대하여 보조기능이 있어서 균형을 이루도록 한다.

④ 각 보조기능은 외향성과 내향성 간에 균형을 이루도록 한다.

⑤ 각 보조기능은 지각과 판단에 균형을 준다.

⑥ 주요기능의 상대기능은 최저로 개발되거나 열등기능이 된다.

⑦ 보조기능의 상대기능은 3차기능이 된다.

이상과 같은 가정으로 16개 유형의 주요기능, 보조기능, 3차기능, 열등기능을 사용하여 식별하는 [그림 3-2]와 같은 유형공식을 사용할 수 있다.

[그림 3-2]에서 도출되는 16개 유형의 설명은 [표 3-3]과 같다.

▼ 그림 3-2 MBTI 성격유형도

[표 3-3] 성격유형별 특징			
ISTJ 내향성 감각형	ISFJ 내향성 감각형	INFJ 내향성 직관형	INTJ 내향성 직관형
세상의 소금형 한번 시작한 일은 끝까지 해내는 사람들	임금 뒤편의 권력형 성실하고 온화하며 협조를 잘 하는 사람들	예언자형 사람과 관련된 뛰어난 통찰 력을 가지고 있는 사람들	과학자형 전체적인 부분을 조합하여 비전을 제시하는 사람들
ISTP 내향성 사고형	ISFP 내향성 감정형	INFP 내향성 감정형	INTP 내향성 사고형
백과사전형 논리적으로 뛰어난 상황적 응력을 가지고 있는 사람들	성인군자형 따뜻한 감성을 가지고 있는 겸손한 사람들	잔다르크형 이상적인 세상을 만들어 가는 사람들	아이디어 뱅크형 비평적인 관점을 가지고 있는 뛰어난 전략가들
ESTP 외향성 감각형	ESFP 외향성 감각형	ENFP 외향성 직관형	ENTP 외향성 직관형
수완 좋은 활동가형 친구, 운동, 음식 등 다양한 활동을 선호하는 사람들	사교적인 유형 분위기를 고조시키는 우호적인 사람들	스파크형 열정적으로 새로운 관계를 만드는 사람들	발명가형 풍부한 상상력을 가지고 새 로운 것에 도전하는 사람들
ESTJ 외향성 사고형	ESFJ 외향성 감정형	ENFJ 외향성 감정형	ENTJ 외향성 사고형
사업가형 사무적·실용적·현실적으 로 일을 많이 하는 사람들	친선 도모형 친절과 현실감을 바탕으로 타인에게 봉사하는 사람들	언변 능숙형 타인의 성정을 도모하고 협동하는 사람들	지도자형 비전을 가지고 사람들을 활력 적으로 이끌어 가는 사람들

자료: 한국심리검사연구소(KPTI)

▼ 그림 3-3 MBTI의 네 가지 선호경향

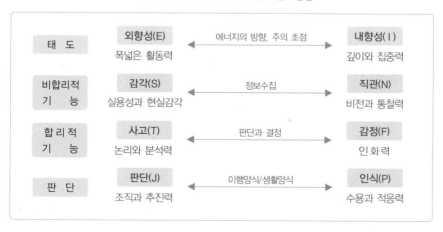

4) 문제해결과 성격유형

앞에서 살펴본 바와 같이 칼 융은 인간의 성격을 사고thinking, 감정feeling, 감각sen-sing, 직관intuition의 네 가지 기본기능의 표현으로 보았다. 감각과 직관은 개인이 정보를 수집하는 것과 관련이 있으며, 사고와 감정은 정보를 평가하는 것과 관련이 있다. 감각은 가능성보다는 알려진 사실을 선호하는 것이며, 직관은 있는 사실보다 가능성을 보는 것이다. 사고는 개인적 가치보다는 분석과 논리에 의해 판단하는 것이고, 감정은 판단의 기초를 개인적 가치에 두는 것이다.

▼ 그림 3-4 기본기능 네 가지 성격유형

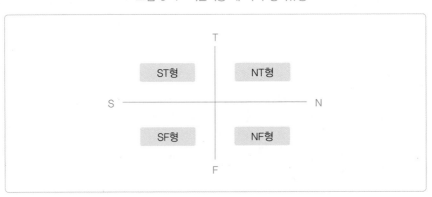

이러한 네 개의 성격의 기본기능을 양축으로 하여 [그림 3-4]와 같이 네 가지의 성격유형이 나타날 수 있다이들 네 개의 성격유형을 포함하는 16개 유형 모두의 문제해결 스타일을 설명하는 것은 생략하고 여기서는 주요기능과 보조기능을 주축으로 한 ST형, NT형, NF형, SF형의 문제해결상의 특징을 살펴본다.

(1) 감각적 사고형(sensation thinking style: ST형)

ST형은 조직의 안정성을 부여하기 위해 건전한 규칙과 규정을 수립하는 데에 효과적인 관리자이다. 이러한 관리자는 단호하고, 사실의 정확한 해석을 포함하는 결정에 탁월하다. 과업의 소요시간에 대해 실제적으로 사고하며 실수하는 것은 드물다. 결정을 하기 전에 이들은 비용과 편익을 계산해 보고 실제적인 효과를 알려고 노력한다. 또한 시간을 잘 지키고 작업을 계획표에 따라 수행하는 경향이 있다. 이러한 관리자가 없다면 조직은 능률적이고 효과적으로 운영되기 어렵다. 이러한 유형의 관리자는 충분히 보상받을 가치가 있다고 믿지 않으면 보상받기를 꺼린다. 그들은 명예나 트로피 같은 상징적 보상보다는 언어적·금전적 보상을 선호한다.

감각적 사고형의 관리자는 사업계획의 지연을 참지 못한다. 때때로 그들은 너무 빨리 행동과정을 결정하기 때문에 주의가 필요한 복잡한 사항이나 새로운 상황을 알아차리지 못하기도 한다. 이러한 관리자는 어떤 사람은 좋고 어떤 사람은 나쁘며 또 나쁜 사람은 처벌을 받아야 한다고 믿는다. 따라서 다른 사람들과의 관계는 긴장되어 있으며, 그들의 방법대로 일이 이루어지지 않으면 타인을 비난하는 경향이 있다. 그들은 부정적 결과의 가능성에 대해 지나치게 관심을 갖는다.

이러한 유형의 사람은 회계, 생산, 품질관리, 컴퓨터 프로그래밍, 원고편집, 입안, 공학, 통계, 증권거래인, 응용과학의 분야에 관심을 갖는다. 대부분의 조직은 감각적 사고형의 문제해결방식의 개발과 사용을 강조한다.

(2) 직관적 사고형(intuition thinking style: NT형)

NT형은 진보와 이념의 설계자이다. 이러한 사람들은 조직이 수립되는 원리와 사건이 발생하는 이유에 관심을 갖는다. 부서 간의 관계를 볼 수 있는 능력은 이러한 관리자들이 조직에서 일어나는 사건을 이해하도록 해 준다. 이들은 가능성에 초점을 두지만 그것들을 객관적으로 분석한다. 또한 이들은 기술적·관리적 사항에 있어 탁월한 개혁가이다. 이러한 유형의 관리자가 없는 조직은 최소한의 변화만을 가져오며 조만간 조직의 이익은 감소할 것이다. 만약 조직의 목표가 안정적이고 현상유지적이라는 것을 지각하면 이들은 권태로운 규칙과 절차를 무시하는 경향이 있다.

그들은 다른 직관적 사고형의 관리자와 함께 일하기를 선호하나 사업계획이나 아이디어의 세부사항을 수행할 참모의 지원을 받아야 한다. 이러한 유형은 다른 사람의 새로운 아이디어에 잘 반응하며 새로운 문제의 해결을 즐긴다. 동료가 문제에 직면했을 때 해결해 주기보다는 해결하도록 고무한다. 이러한 유형은 타인의 이성, 논리, 지성을 존중하기 때문에 타인의 기여를 최소화할 필요를 느끼지 못한다. 조직에서 이러한 관리자는 'idea people'로 불린다. 이들은 규칙과 절차보다 결과에 초점을 맞추는 조직에 있을 때 편안함을 느낀다. 그들은 타인이 중요하다고 여기는 사회적 관습을 존중해야만 한다. 이들은 타인의 사고나 기여에 감사하더라도 이것을 표현하는 데 실패할 수도 있다. 이들은 원리나 추상적 사고에 초점을 두기 때문에 타인의 감정을 잘 인식하지 못할 수도 있다. 그러한 관리자는 타인의 지적인 능력을 지각하지 못한다면 그들을 가치 있다고 생각하지 않을 수도 있다. 따라서 이러한 관리자는 대인관계에 문제가 있을 수 있다.

이러한 유형의 관리자에게는 새로운 가능성이나 비정형화된 과업을 다루는 지위가 흥미를 끈다. 예를 들면 경제, 경영, 철학, 법학, 수학과 같은 분야와 직업으로서 기업가, 체제설계와 분석가, 순수과학분야의 학자나 교사와 같은 직업을 선호한다.

(3) 감각적 감정형(sensation feeling style: SF형)

SF형은 방법론에 있어 구체적인 문제를 다루는 실용주의자이다. 이러한 관리자는 쉽게 타협하며 타고난 조정자이고 외교가이다. 이러한 유형의 관리자는 조직이 운영되는 세부사항을 빈틈없이 관찰하기 때문에 다른 유형의 관리자보다 조직을 잘 이해한다. 그는 현 체제의 실체를 변화시키려는 시도보다 문제해결에 유용한 방법을 사용한다. 또한 그는 행동을 동기보다 의미 있는 사실로 받아들이며, 과업이 완수되었을 때에만 보상을 준다. 이들은 기념배지, 옷깃에 꽂는 핀과 같은 상징적 보상을 선호한다.

감각적 감정형의 관리자는 타인의 사고가 구체적일 때에만 반응한다. 이들은 계산된 위험을 받아들이기 때문에 자신이나 타인의 실패가능성은 이들을 위협하지 못한다. 이러한 관리자들은 변화되고 새로운 상황이 발생했을 때 자신의 입장을 쉽게 변화시킨다. 이러한 유형은 급격하고 새로운 이론의 수용을 꺼릴 수 있으며, 추상적 사고를 싫어한다. 그들은 익숙하지 않은 것을 싫어하고 극단적인 변화에 대해 부정적으로 반응한다. 그들은 철학적 진술을 실제 세계의 문제해결과는 관련이 없는 단순히 학문적인 것으로 간주한다. 이들은 체제의 규칙과 절차의 한계점까지는 대단히 적응적이다.

이러한 관리자는 조직에서 타인이나 고객과의 대인관계가 필요한 직업에 흥미를 느낀다. 그들은 판매, 직접적인 감독, 상담, 중재, 인사와 같은 분야에서 탁월하다. 이들은 타인과의 대화를 즐긴다. 이들은 조직의 효과성은 종업원의 충성심, 태도, 불만, 이직, 결근에 의해 결정되는 것으로 본다.

(4) 직관적 감정형(intuition feeling style: NF형)

NF형은 개인의 카리스마적 자질과 그들이 이끄는 사람들의 헌신에 의존한다. 이러한 관리자는 조직에서 응원단장과 같다. 이들은 고객, 종업원, 정부기관에게 조직을 선전하는 최고관리자로서 탁월하다. 직관적 감정형의 관리자가 없는 조직의 종업원은 분위기가 냉정하고, 메마르고, 즐겁지 않고, 활기가 없다고 느낀다.

이러한 유형의 관리자는 부하의 경력과 성장을 고무하기 위해 노력한다. 이들은 타인과의 관계가 원활하며 가장 대중적인 관리자로 보인다. 이러한 유형은 성과의 측정에 기초하기보다 개인적인 호불호에 기초하여 의사결정을 할 수도 있다. 그들은 에너지를 재충전하기 위한 주기적인 휴식이 필요하며, 부하와 상관 모두의 승인을 필요로 한다. 이들은 타인의 요구에 너무 민감해서 자신의 가치, 신념, 목표를 상실할 수도 있다.

이러한 유형의 관리자는 밀접한 개인적 접촉이 없는 조직의 인간적 측면을 다루는 직업을 선호한다. 이들은 공중관계PR, 정치, 광고, 인적 자원관리와 같은 직업에서 탁월하다. 이들은 조직의 효과성은 고객의 만족, 사회적 책임, 문제나 새로운 기회를 규명하는 능력, 삶의 질, 조직과 관련된 공동체의 만족을 반영하는 것이라고 믿는다.

6. 개인차와 인간관계

지금까지 우리는 사람의 여러 가지 개인차를 살펴보았다. 만일 우리들이 모두 동일한 역량, 동일한 의욕, 동일한 취미, 동일한 지식 등을 가진 인간이라면 감독자의 과업이 훨씬 용이할 것이며, 또한 어느 모로 볼 때에 감독이라는 것이 전혀 불필요할지도 모른다. 일정한 공식만을 가지고 모든 사람들에게 일정하게 적용하면 될 것이다. 그러나 인간은 개인차라는 것을 가졌기 때문에 인간이라고 부를 수 있고, 또한 삶의 보람을 느낄 수 있다는 것을 잊어서는 안 된다. 이러한 개인차는 확고부동하게 개인 속에 고정되어 있는 것이 아니라 학습·경험·환경 등에 따라 변하는 면도 있다고 보아야 한다. 그러므로 지난날의 개인차가 오늘의 개인차와 필연적으로 동일할 수는 없다. 상사는 부하직원의 이 모든 개인차를 업무감독면에서 적절히 고려해야 한다. 인간은 모두 동일한 인간이 되기를 원치 않는다. 즉 인간은 어디까지나 자기의 개성을 살리기를 원한다.

만일 우리 사회가 똑같은 사람들만으로 구성되어 있다면, 세상은 너무나도 단조롭기 때문에 곧 염증이 날 것이다. 이러한 의미에서 우리는 자기와 더불어 사회생활을 하고 있는 여러 종류의 사람들의 존재를 고맙게 생각해야 한다. 요컨대 사회는 자기 혼자 사는 곳이 아니며, 자기와 마찬가지로 생존의 권리를 가진 여러 종류의 사람들이 공동으로 생활하는 곳이다. 따라서 우리는 여러 사람들과 더불어 만족스럽게 지내기 위하여 개개인의 차이를 너그럽게 이해해야 하며, 타인의 개성을 존중할 줄 아는 아량을 가져야 한다.

사람들은 보통 한 가지 사물을 관찰할 때에도 본인의 특유한 가치판단 또는 선입관념에 의하여 해석하고자 하는 경향이 농후하며, 이것은 업무에 대한 본인의 사고방식과 태도에 중대한 영향을 미치게 되는 것이다. 이로 미루어 볼 때, 각 직원은 직장에 있어서 야기되는 여러 가지 문제를 보는 관점도 다르려니와 또한 그들의 작업동기를 일으키게 할 수 있는 유인incentive 자체도 다른 경우가 많다는 것을 알 수 있다.

인간의 역량이나 능력에는 육체적·정신적 한도가 있다. 사실상 수많은 불평불만이라든가 또는 업무에 대한 의욕상실은 일을 분담시킬 때에 그것을 실행하는 사람의 개별적 특색을 조금도 고려치 않았다든가 또는 육체적·정신적 역량의 한도를 초과할 때에 야기된다. 그러므로 상사는 부하직원들의 개별적 차이를 적절히 이해함으로써만 적절한 업무를 부과할 수 있는 것이며, 그의 능률을 기대할 수 있다. 또한 관리자가 가져야 할 중요한 태도는 특정한 부하직원에 대하여 호불호를 나타냄이 없이 누구든 자기와 더불어 일하는 사람들에 대하여 흥미를 가져야 한다는 것이다. 그런데 사람에 대하여 흥미를 갖는다 하더라도 그들과의 좋은 우호관계를 맺는다는 것은 실제적으로 부하직원의 개별적 차이의 이해를 통하여 이루어질 수밖에 없다.

특히 개인의 차이는 목표지향적인 인간관계 형성에 있어서 개인에게 알맞은 동기부여의 필요성을 더욱 강조하고 있다. 그러나 너무 지나친 개인차의 허용은 공동목표 달성을 위한 조직생활에 장애가 될 때가 있다. 따라서 조직생활에 있어서 바람직스럽지 못한 개인의 격차를 해소 또는 감소시킬 수 있는 방법은 조직구성원의 일체감을 높이는 직장에서의 교육훈련과 다양한 개성에 알맞은 여러 가지 커뮤니케이션 방법 및 리더십 기술의 터득을 통해서 가능하다. 요컨대 직장을 배경으로 한 인간 또는 인적 자원을 대상으로 하는 인간관계 관리는 개인차를 적절하게 활용하면서 개인의 목표와 직장의 목표를 일치시키는 방향으로 고려해야 할 것이다.

 MBTI 성격유형측정 설문지

:: 다음 각 문항의 (a, b) 가운데 당신의 선호와 부정의 정도에 따라 답안지에 점수를 기입하여 주십시오. 점수를 기입할 때, 가장 선호하면 5점, 가장 부정하면 0점을 기입하여야 합니다. 만약 문항 1번의 a, b를 비교하여 1a가 2점이면 1b는 3점을 또는 1a가 0점이면 1b는 5점을 기입하여야만 합니다.

1a. 나는 상상적이고 직관적이라고 불리기를 선호한다.

1b. 나는 실제적이고 신중하다고 불리기를 선호한다.

2a. 나는 조직 속에서 사람에 관해 결정을 할 때, 이용 가능한 자료와 상황에 대한 체계적인 분석을 기초로 하여 결정내리기를 선호한다.

2b. 나는 조직 속에서 사람에 관해 결정을 할 때, 동정과 감정 그리고 사람들의 욕구와 가치의 이해를 기초로 하여 결정내리기를 선호한다.

3a. 나는 임무를 수행할 때 효과적이라고 믿는 방법의 사용을 선호한다.

3b. 나는 임무를 수행할 때 기존의 방법과는 다른 새로운 방법을 생각해 내기를 선호한다.

4a. 나는 비감정적인 논리와 신중한 분석을 기초로 하여 결론을 내리기를 선호한다.

4b. 나는 상황과 사람에 관해 내가 느끼고 믿는 것을 기초로 하여 결론을 내리기를 선호한다.

5a. 나는 가능성에 대하여 생각하기를 선호한다.

5b. 나는 사실적인 것들을 다루기를 선호한다.

6a. 나는 사고적인 사람으로 생각되기를 선호한다.

6b. 나는 정감적인 사람으로 생각되기를 선호한다.

7a. 나는 추상적이고 이론적인 것을 선호한다.

7b. 나는 구체적이고 실제적인 것을 선호한다.

8a. 나는 타인이 그들의 감정들을 만끽하는 것을 돕기를 선호한다.

8b. 나는 타인이 논리적인 결정을 하는 것을 돕기를 선호한다.

9a. 나는 가능한 한 전체적인 관점을 선호한다.

9b. 나는 이용할 수 있는 실제적이고 상세한 내용을 선호한다.

10a. 나는 결정을 하기 위하여 상식과 신념을 사용하기를 선호한다.

10b. 나는 결정을 하기 위하여 자료와 분석 그리고 이성을 사용하기를 선호한다.

11a. 나는 관념들을 선호한다.

11b. 나는 사실들을 선호한다.

12a. 나는 신념들을 선호한다.

12b. 나는 증명할 수 있는 결론들을 선호한다.

13a. 나는 정확하면서도 상세하게 기술되어 있는 계획들을 수행하기를 선호한다.

13b. 나는 계획들을 수행하는 것보다 계획들을 기획하기를 선호한다.

14a. 나는 논리적인 사람을 선호한다.

14b. 나는 정감적인 사람을 선호한다.

15a. 나는 존재하지 않는 것을 상상하기를 선호한다.

15b. 나는 실질적인 사항들을 검증하기를 선호한다.

16a. 나는 감상적인 상황들과 토론 그리고 영화구경을 선호한다.

16b. 나는 상황을 분석하는 나의 능력을 사용하기를 선호한다.

:: 답안지

직관(N) 문항	감각(S) 문항	사고(T) 문항	감정(F) 문항
1a __	1b __	2a __	2b __
3a __	3b __	4a __	4b __
5a __	5b __	6a __	6b __
7a __	7b __	8a __	8b __
9a __	9b __	10a __	10b __
11a __	11b __	12a __	12b __
13a __	13b __	14a __	14b __
15a __	15b __	16a __	16b __
합계 __	합계 __	합계 __	합계 __

제2절 이미지 형성의 과정: 지각

1. 지각의 의의와 과정

1) 지각의 개념

지각이란 사람이 놓여 있는 환경에 대하여 의미를 부여하기 위하여 그의 감각적 자극sensory impressions을 조직화하고 해석하는 과정이다Robbins & Judge, 2009: 173. 달리 말하면 그것은 외부세계에 대한 내적 표현의 창출과정이라고 할 수 있다Toss, Rizzo & Carroll, 1986: 140. 지각은 인지과정의 중요한 부분을 차지할 뿐만 아니라 개인행동형성의 중요한 요소로 작용한다. 지각의 개념정의에 있어 핵심단어는 선택과 조직화이다. 같은 상황에 대해서도 사람들은 서로 다르게 지각할 수 있다. 사람들은 오감을 통해 환경으로부터의 자극을 지각하지만 특정한 측면을 선택적으로 지각한다. 그런 다음 선택된 자극을 의미 있는 패턴으로 조직화한다. 자극에 대한 선택은 명확한 행동이나 동기, 태도, 느낌과 같은 것을 유발할 수 있다Slocum & Hellriegel, 2007: 340.

감각은 대체로 가공되지 않은 정보가 감각기관에 들어오는 투입이다. 인간은 정보투입을 받아들여 그것을 감각에서 지각으로 변환시키고 그에 관련된 산출을 하는 개방체제이다. 이러한 산출은 환류작용에 의하여 재수정될 수 있다.

감각을 지각으로 변환시키는 과정은 다음과 같은 기능을 수행한다.

① 많은 감각적 정보 중에서 필요한 것만을 선택하여 취하는 기능을 한다. 예를 들면 우리의 귀에 전달되는 무수한 소리 중에서 필요한 사람의 음성만을 선택하여 조직해 줌으로써 말의 의미를 파악할 수 있다.

② 인간이 감각하는 가공되지 않은 정보를 의미 있는 정보로 형성하게 한다. 즉 모호한 감각적 정보만으로도 그에 관련된 사물을 이해할 수 있게 해 준다. 예를 들면 코끼리의 한쪽 다리를 보고서도 전체 모습을 생각할 수 있게 해 준다.

2) 지각의 과정

지각이란 외부환경의 자극을 받아들여 그것에 대한 하나의 상을 형성하는 것으로서, 환경과 개인을 일차적으로 연결시켜 주는 인간의 심리적 과정의 하나이다. 즉 그것은 환경에 대한 영상을 형성하는 데 있어서 외부로부터 들어오는 감각적 자극을 선택, 조직, 해석하는 과정인 것이다. 이러한 지각과정을 간단하게 나타내면 [그림 3-5]와 같다.

▼ 그림 3-5 지각의 과정

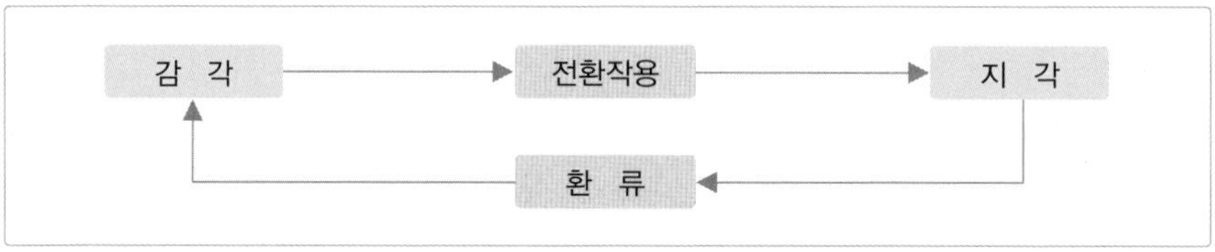

3) 지각에 영향을 미치는 요인

인간은 항상 많은 외부의 환경적 자극을 받고 있다. 이러한 많은 자극 중에서 우리에게 일정한 시간에 몇 가지 자극만을 선택하게 하는 지각선택에 영향을 미치는 요소를 외적 요인, 내적 요인과 상황적 요인으로 구분하여 살펴보면 다음과 같다.

(1) 외적 요인(external factors)

외적 지각요인은 외부환경으로부터의 자극이 지각에 영향을 미치는 요인을 말하는데, 여기에는 강도, 규모, 대비, 반복, 움직임, 신기함, 친밀함 등과 같은 것들이 있다.

① 강도(intensity): 외부의 자극이 강하면 강할수록 지각이 잘 된다.
② 규모(size): 사물이 크면 클수록 더 잘 지각된다.

③ 대비(contrast): 다른 대상 또는 배경과의 대비는 지각에 영향을 미친다. 즉 배경과 반대로 서 있거나 익숙하지 않은 외부자극에 관심이 더 많이 집중된다는 것이다.

④ 반복(repetition): 반복적 외부자극은 단일자극보다 더 많은 관심을 확보할 수 있다. 또한 반복은 감각과 자극에 대한 기민성을 증가시킨다.

⑤ 움직임(motion): 정태적인 것보다는 시야 내에서 움직이는 것이 더욱 주의를 끈다.

⑥ 신기함(novelty): 사람들은 특이하고 신기한 것을 잘 지각한다. 즉 외부상황이 신기하거나 특이할수록 주의를 더 끌 수 있다는 것이다.

⑦ 친밀함(familiarity): 친밀한 것은 잘 지각된다. 따라서 친한 친구의 얼굴은 많은 사람들 속에서도 쉽게 찾을 수 있다.

이러한 요인들이 결합하여 지각에 영향을 미치게 된다. 특정한 시기에 지각자의 내적 요인과 결합된 외적 요인은 자극이 잘 지각될 것인지 아닌지를 결정하게 된다.

(2) 내적 요인(internal factors)

지각의 내적 요인은 지각자의 내적 측면에서 지각에 영향을 미치는 요인이다.

① 동기(motivation): 특정한 시기에 만족되지 않은 욕구는 개인의 지각에 영향을 미친다. 예를 들어 배고픈 사람은 음식냄새에 보다 민감하다.

② 성격(personality): 성격도 동기와 밀접한 관계를 가지며 인간의 지각선택에 큰 영향을 미친다. 성격은 지각에 의해 형성되지만 또한 지각에 영향을 미친다. 어떤 사람은 대상을 차이와 구별로 지각하고 어떤 사람은 전체로서 지각한다. 사람들은 자신의 방어 메커니즘과 여과체제를 가지고 있다. 따라서 동일한 대상에 대한 지각도 사람에 따라 달라질 수 있다. 예를 들면 권위주의적 성격의 소유자는 민주적 성격의 소유자보다 권력에 더 매력을 느끼기 때문에 이와 관련되는 상황의 변동에 더 많은 관심을 기울일 것이며, 인간관계에서 상대방의 인격적인 면보다 출신지나 학력, 가문 등에 더 많은 관심을 기울일 것이다.

③ 학습(learning): 학습은 어떤 방법으로 지각하게 준비시키거나 지각을 기대하게 함으로써 사물지각에 영향을 미친다. 지각은 과거의 경험이나 경험으로부터의 학습에 의해 많은 영향을 받는다. [그림 3-6]을 보면 통계적으로 60%가 이 사람을 매력적이고 부유한 젊은 여인으로 보고 40%가 추하고 가난한 늙은 여인으로 본다. 이 그림이 어떻게 보이느냐는, 보는 사람의 준비 또는 마음이 젊고 아름답거나,

늙고 추한 여인으로 지각되도록 기울여져 있느냐의 여부에 달려 있다. 그리고 이는 그의 과거경험과 학습에 의하여 많은 영향을 받는다Luthans, 2005, 149-150; Slocum & Hellriegel, 2007: 345.

④ 이해관계(interests): 개인의 주의의 초점은 이해관계에 의해 영향을 받는다. 개인의 이해관계는 상당히 다르기 때문에 같은 상황도 사람에 따라 다르게 지각할 수 있는 것이다.

▼ 그림 3-6 젊음과 늙음이 모호한 그림

⑤ 기대(expectations): 기대는 보고자 기대하는 것을 보도록 만들어 지각을 왜곡할 수 있다. 만약 개인이 경찰관은 권위적이고 공직자는 권력에 굶주린 사람이라고 기대한다면 그 사람들의 실제 특성과는 상관없이 그렇게 지각하게 될 것이다.

(3) 상황적 요인(situational factors)

장소, 빛, 열과 같은 상황적 요인들은 대상의 지각에 영향을 미친다. 따라서 다른 조건하에서의 같은 사건은 다르게 지각될 수 있다. 부엌에서 칼을 들고 있는 사람과 자정에 공공장소에서 칼을 들고 있는 사람은 똑같이 지각될 수 없다. 이것은 지각자나 대상이 바뀌었기 때문이 아니라 상황이 변하였기 때문이다Toss, Rizzo & Carroll, 1986: 143.

2. 지각의 조직화(perceptual organization)

사람들은 자극을 단편적인 부분보다 의미 있는 전체로 지각하는 경향이 있다. 책을 볼 때 우리는 분리된 글자를 보는 것이 아니라 전체로서의 단어를 보게 된다. 지각의 조직화는 환경으로부터의 자극을 인식할 수 있는 패턴으로 집단화하는 과정으로서Woodman, 1987: 68, 각각 분리된 여러 조각의 정보를 보다 쉽게 처리할 수 있도록 한 조각의 정보로 모으는 과정을 말한다황규대 외, 2007: 259.

1) 전경-배경의 원리(figure-ground principle)

사람들은 대상을 지각할 때 배경과 구별되는 전경을 지각하는 경향이 있다. 책은 흰색 배경에 검은 글자로 되어 있다. 그러나 이 두 가지를 혼돈하지 않고 흰색의 배경으로부터 글자를 구별하여 인식한다. [그림 3-7]은 언뜻 보기에는 흰색의 화병으로 보인다. 그러나 흰색을 배경으로 본다면 두 개의 옆모습을 볼 수 있다. 유사한 경우로서 옆의 그림에서 검은색을 배경으로 지각한다면 FLY라는 글자가 나타날 것이다.

▼ 그림 3-7 전경-배경의 원리의 예

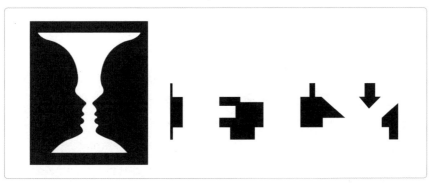

자료: Robbins(1983: 112).

2) 지각적 집단화(perceptual grouping)

이는 개별자극을 의미 있는 패턴으로 형성하는 경향을 말한다Toss, Rizzo & Carroll, 1986: 143. 지각의 집단화는 복잡한 감각자료들을 단일한 물체로 종합하고 이에 대해 용이하게 반응하도록 한다. 집단화의 원리에는 ① 근접성, ② 연속성, ③ 유사성, ④ 완결성 등과 같은 것이 있다김종재, 2006: 196-198.

3. 대인지각(person perception)

1) 대인지각의 과정

대인지각 또는 사회적 지각은 사람들이 서로 어떻게 지각하는가에 관한 것이다. 대인지각의 과정도 관찰, 선택, 조직화, 해석, 반응의 연속이지만 지각대상이 다른 사람이라는 점에서 차이가 있다. 대인지각은 특정한 사람에게 특성이나 자질을 귀속시키는 과정이다. 따라서 대인지각의 과정은 귀인attribution과정과 밀접하게 연관되어 있다. 일반적으로 대인지각에 영향을 미치는 요인은 피지각자의 특성, 지각자의 특성, 상황으로 범주화할 수 있다Slocum & Hellriegel, 2007: 346-347.

(1) 피지각자의 특성

개인은 타인을 지각할 때에 얼굴표정, 일반적인 인상, 피부색, 나이, 성별, 목소리 등과 같은 많은 단서들을 이용한다. 사람들은 신체적 특성이나 성격상의 특질이 다른 것과 관련된다는 성격론을 취하고 있는 것 같다. 이러한 신념과 가정은 개인을 어떻게 보고, 다루고, 기억하는가에 영향을 미친다. 사람들의 특성과 자질은 지각을 조직화하고 이해하는 데 도움을 주지만 상동적 태도와 같은 지각적 오류를 유발할 수도 있다.

(2) 지각자의 특성

자신의 친구의 성격을 묘사하라고 하는 경우 말하는 것이 자신의 성격인 경우가 있다. 이것은 지각이 성격, 학습, 동기와 같은 지각자의 내적 요인의 영향을 받기 때문이다. 내적 요인은 대인지각에 있어 특히 중요하다. 타인을 어떻게 지각하는가는 자신의 성격, 자질, 가치, 태도, 과거의 경험 등에 의해서 결정된다. 타인의 자질이나 행동을 자신의 문화적 경험, 태도, 가치 등에 비추어 해석하는 것이 적절할 수도 있으나 문화가 다른 사람의 성격이나 행동을 판단할 때에는 타당하지 않을 수도 있다.

(3) 상 황

상황은 개인이 타인을 어떻게 지각하는가에 영향을 미친다. 이것은 특히 첫인상을 이해하는 데에 있어 중요하다. 예를 들어 어떤 사람을 처음 만났을 때 자신이 존경하는 사람과 함께 있었다면 그 사람에 대한 평가는 긍정적일 것이다. 반면에 자신이 지극히 싫어하는 사람과 동행했다면 부정적인 인상을 받을 것이다. 물론 긍정적이든 부정적이든 이러한 초기의 지각은 다양한 상황에서 접촉함에 따라 변화한다. 그럼에도 불구하고 첫인상은 이후의 지각에 영향을 미치게 된다.

2) 귀인이론(attribution theory)

자신의 행동이나 타인의 행동에 대하여 원인과 결과를 밝히는 것을 귀인歸因이라 한다백기복, 2007: 79. 즉 특정한 결과에 대해서 그러한 것이 왜 일어났다고 보는지에 관한 것으로, 사람들의 행동이나 말의 인과관계에 대한 지각을 다룬다. 이것은 지각의 문제이기 때문에 '실제로 어떻게 해서 그런 말이나 행동이 나오게 되었는가' 하는 객관적 문제를 다루는 것이 아니라 '어떻게 나오게 되었다고 보느냐'의 주관적 문제를 다루는 것이다. 어떤 사람의 행동과 상황을 보고 이를 귀인시킬 때에는 크게 두 가지 방향으로 원인의 귀착이 일어난다. 하나는 행동을 한 당사자의 성격, 능력, 동기 등에 돌리는 것으로 이를 내부귀인이라고 부른다. 이와는 반대로 환경, 상황, 타인, 우연 등의 탓으로 돌리게 되는 경우로 이를 외부귀인이라고 부른다. 사람은 일반적으로 타인의 행동은 내부귀인하는 반면, 자신의 행동은 외부귀인하는 경향이 있다.[6] 귀인에 영향을 미치는 요소들은 다음과 같다Kelly, 1971; 백기복, 2007: 80.

▼ 그림 3-8 귀인에 영향을 미치는 요소

자료: Griffin & Moorhead(2014: 78).

① 합의성(consensus): 동일한 상황에서 서로 다른 사람들이 같은 방식으로 행동하는 정도를 의미하며, 하나의 특정한 사건에 대하여 다른 사람들이 얻은 결과와 비교하여 귀인하려는 성향을 말한다.

② 일관성(consistency): 같은 사람이 서로 다른 시간예컨대 과거와 현재에도 동일하게 행동하는 정도로서, 한 사건에 대한 과거의 사건과의 비교를 통하여 귀인하려는 경향을 의미한다.

③ 특이성(distinctiveness): 같은 사람이 다른 상황에서도 동일하게 행동하는 정도를 말하며, 한 사건의 결과를 비슷한 다른 사건의 결과와 비교하여 귀인하려는 성향을 뜻한다.

4. 지각 오류(perceptual errors)와 감소방안

1) 지각 오류

개인은 자극을 해석, 평가하게 되고 그 과정에서 여러 가지 지각 오류를 범하게

---

6 또한, 성과에 대한 귀인에서 성공은 내적 요인으로, 실패는 외적 요인으로 지각되는 경향이 있으며, 여성의 업적에 대한 평가는 외부귀인되는 경향이 있다. 즉 남성에 비해 여성의 평가는 능력보다 상황의 탓으로 돌리는 경우가 더 많다.

된다. 흔히 나타나는 지각 오류를 살펴보면 다음과 같다.

(1) 선택적 지각(selective perception)

이것은 환경으로부터의 모든 자극을 다 감지하지 않고 개인 자신의 준거틀에 유리한 자극만을 수용하려는 경향이다. 이로 인하여 상황에 대한 완전한 해석과 평가가 어려워지고 객관적 지각이 불가능해진다. 예를 들면 회사의 재무보고서를 읽고 있던 주주가 당해 연도의 이익배당금이 거의 없을 것이라는 항목을 보고 새로운 상품을 개발했기 때문에 앞으로 회사의 수익이 급격히 늘어날 것이라는 정보를 간과해 버린 가운데 회사의 미래를 평가한다면 선택적 지각의 오류를 범하게 된다.

(2) 상동적 태도(stereotyping)

이것은 개인의 지각과정에서 일관성을 유지하려는 경향에서 나타나는 현상이라고 할 수 있다. 즉 지각대상으로부터 중요한 특성만을 지각하여 이를 토대로 지각대상을 범주화하고 평가하려는 경향이다. 상동적 태도에 의한 지각은 인간에 대한 경직적인 편견을 갖는 지각이다. 즉 어떤 사람이나 사물을 볼 때 그들이 속한 사회적 집단에 대한 고정관념에 비추어 지각하는 것이다. 예를 들면 어떤 독일인을 소개받고 그가 부지런한 사람이라고 생각하는 것은 독일인이라는 집단이 과거 라인강의 기적을 이룩한 근면한 국민이라는 고정관념 때문일 것이다.

(3) 후광효과(halo effect)

이는 지각대상의 어느 한 특성을 중심으로 대상 전체를 평가하는 지각경향을 의미한다. 예를 들면 옷차림이 단정치 못한 학생을 보고 성적도 형편없을 것이라고 판단하는 경우를 들 수 있다. 지각된 특성이 전체적인 특성을 반영하지 않거나 평가되어야 할 특성과 관련성이 없는 경우에는 행동상의 과오를 초래할 수 있다.

(4) 방어적 지각(perceptual defense)

이것은 지각자가 사물을 보는 습성 또는 그의 고정관념과 일치하지 않는 정보를 회피하거나 그것을 자기의 고정관념에 부합되도록 왜곡시키기 때문에 일어나는 지각적 오류이다. 예를 들면 어떤 공장장이 종업원들에게 깊은 배려를 하고 있기 때문에 그들이 행복해 하고 있다는 긍지를 느끼고 있는데, 공장장에 대한 불만으로 파업이 일어난다면 이를 일부선동자에 의한 것이라고 판단할 수도 있다. 이는 평소에 인자하다고 생각한 공장장 자신의 자화상과 일치하지 않는 데서 초래되는 결과이다. 방어적 지각을 넓게 보면 상동적 태도나 투사가 이에 포함되는 것으로 볼 수 있다.

(5) 기대(expectancy)

이는 사물의 특성 또는 사건의 발생에 관해 미리 가진 기대에 따라 무비판적으로 사실을 지각하기 때문에 생기는 지각적 오류로서 자기완성적 예언self-fulfilling prophecy이라고 부른다. 예를 들면 실험용 쥐를 두 집단에 나누어 주면서 한 쪽은 영리하도록 기른 쥐고 다른 쪽은 어리석도록 기른 쥐라고 일러 주면서 어느 쪽이 영리한가를 실험해 보라고 하면 영리하게 길렀다는 쥐가 영리하다는 결론을 내릴 가능성이 매우 크다.

(6) 투사(projection)

이것은 자기에게 속하는 특성이나 태도를 타인에게 귀속시키거나 전가하려는 경향이다. 머레이Murray는 어린이를 두 집단으로 나누어 한 집단의 어린이들에게 살인자놀이를 하게 한 뒤에 사진을 보여 주며 평가해 보라고 했을 때 그 아이들은 그렇지 않은 아이들보다 그 사진의 인물에게 더 많은 악의를 품었다는 사실을 발견했다. 이는 지각자의 현재의 정서상태가 타인의 평가에 영향을 주는 투사 때문이다.

(7) 주관적 표준(subjective norms)

지각과정에서 개인은 자신의 특성을 표준으로 삼고 이를 기준으로 하여 다른 사람들을 평가하는 경향이 있다. 즉 개인은 지각대상으로부터 자신의 특성과 비슷한 특성을 선택하여 지각하고, 지각된 특성에 대하여도 자신을 기준으로 평가하게 된다.

(8) 매체(media)에 의한 오류

개인은 옷차림이나 신체적 특징 등 표면적으로 나타나는 단서를 통하여 지각대상에 대한 인상을 갖게 되는데, 이것은 행동에 영향을 미치게 된다.

2) 지각 오류의 감소방안

이상에서 살펴본 지각 오류를 완전히 없앤다는 것은 인간으로서는 불가능하다. 그러나 지각과정의 메커니즘을 잘 살펴봄으로써 오류가 발생하는 원인을 알게 되며, 따라서 누구나 그런 오류를 범할 수 있다는 것을 깨닫게 된다. 이러한 자기이해와 성찰이 지각 오류를 극소화시킬 수 있다.

랜돌프Randolph, 1985: 101-102는 지각적 오류의 감소방안으로 다음과 같은 다섯 가지를 제시하고 있다.

① 지각의 과정이 어떻게 작용하는지를 잘 살펴보면 지각적 오류가 어디서 일어나는지를 알 수 있게 되며, 따라서 그 오류의 영향을 극소화할 수 있게 된다.

② 자신의 지각과 타인의 지각을 비교하기 위해서 또한 자신의 지각이 보다 정확한 것이 되도록 하기 위해서 타인과의 의사소통의 기회를 증대한다.

③ 타인들의 관점을 이해하려고 노력한다. 여기에서 중요한 것은 타인에게 자신이 옳다는 것을 믿게 하려고 노력하기보다는 그들을 이해하는 일이다.

④ 새로운 정보를 접하면 자기 자신의 지각을 기꺼이 바꾼다. 그렇게 하면 상동적 태도와 현혹효과 및 방어적 지각과 같은 오류를 극소화할 수 있게 된다.

⑤ 세계를 동태적인 관점에서 본다. 이것은 지금의 지각이 옳다고 하더라도 시간이 지나서 현상이 바뀌어짐에 따라 그것이 옳지 않은 것이 될 수도 있다는 것을 인정하는 것이다.

제3절 행동변화의 전략: 학습

1. 학습의 개념과 과정

1) 학습의 개념

일반적으로 학습은 경험의 결과로 발생되는 비교적 영구적인 행동의 변화라고 정의할 수 있다Robbins & Judge, 2009: 88. 이렇게 볼 때 학습은 세 가지 구성요소를 갖는다고 볼 수 있다.

① 학습은 변화를 포함한다. 이것은 조직의 입장에서 보면 좋은 것일 수도 있고 나쁜 것일 수도 있다.

② 변화는 비교적 영구적이어야 한다. 일시적인 변화는 단순히 반사적인 것이고 학습을 나타낸다고 볼 수 없다.

③ 이러한 정의는 행동과 관련된다. 학습은 행동의 변화가 일어나는 곳에서 발생한다.

인간의 행동이 어떠한 과정을 통하여 학습되고 변화되는가 하는 데에는 기본적으로 두 가지 관점이 있다. 즉 학습을 자극과 반응의 연상聯想으로 파악하는 행태론적 학습behavioral learning과 자극과 반응을 연결시키는 데 있어 사고과정을 포함시키는 인지론적 학습cognitive learning이 있다. 그러나 모든 유형의 학습을 설명해 줄 수 있는 단일이론이 나오지 못하고 있으며 위의 두 이론이 설명해 줄 수 있는 학습의 측면이 각기 존재한다고 할 수 있다신유근, 1993: 142.

2) 행태론적 학습과정

인간의 행동에는 두 가지 유형이 있다. 하나는 반사적 또는 반응적 행동respondent behavior이고 또 하나는 자발적 또는 작동적 행동이다. 반응적 행동이란 환경에 있어서의 특별한 자극변화로 인해서 나타나는 인간의 모든 반응을 말한다. 예를 들면 어두운 곳에서 불을 켤 때 우리의 눈이 수축하는 것이 그것이다. 반면에 작동적 행동이란 사람이 외부세계에 대해서 무언가를 행사하거나 작용을 가할 때 나타나는 반응이다. 인간의 많은 행동은 반응적 행동이라기보다 이러한 작동적 행동이라 할 수 있다.

반응적 행동을 습득하거나 학습하는 과정은 작동적 행동을 습득, 학습하는 과정과는 다르다. 전자를 가리켜 고전적 조건형성이라고 하고 후자를 작동적 조건형성이라고 한다. 여기에서 조건형성이란 자극과 반응의 연상을 통하여 하나의 행동패턴을 발전시키는 것을 말한다. 따라서 학습이란 상황에 맞게 구체적인 방식으로 행동하도록 개인을 조건화하는 과정이라 할 수 있다.

(1) 고전적 조건화(classical conditioning)

고전적 조건화는 개인이 반사적 행동 또는 반응적 행동을 학습하는 과정이다. 반사는 개인의 의식적인 행동하에 있지 않은 비자발적이고 자동적인 반응이다.

고전적 조건화와 관련되어 가장 유명한 것은 러시아의 생리학 노벨 수상자인 파블로프Ivan P. Pavlov의 개에 관한 실험이다. 그의 실험결과를 살펴보면 다음과 같다. 실험실에 종이 울리고 몇 초 후에 고기를 제공한다. 배가 고픈 개는 고기를 먹는다. 그러면 자동기록장치에는 분비된 타액량이 기록된다. 종이 울리면 고기를 제공하고 개가 고기를 먹는 절차를 여러 번 반복한 뒤, 실험자는 종을 울리지만 고기는 제공하지 않는다. 그럼에도 불구하고 개는 타액을 분비하여 종소리와 음식물을 결합하는 학습을 함으로써 조건을 형성한 것이다. 즉 이전에는 침을 흘리지 않던 종소리에 대하여 침을 흘리는 반응을 학습하게 된 것이다.

▼ 그림 3-9 고전적 조건화과정

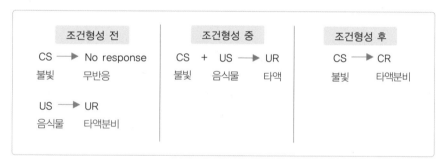

인간이나 동물은 음식을 먹으면 자동적으로 타액을 분비하게 된다. 따라서 음식물을 무조건자극Unconditioned Stimulus: US이라고 하고 타액반응을 무조건반응Unconditioned Response: UR이라고 부른다. 반면, 종소리는 타액분비와는 상관없는 중립자극이었으나 무조건자극인 음식물과 결합됨으로 해서 타액반응을 유발시킬 수 있었다. 그래서 종소리는 조건자극Conditioned Stimulus: CS, 종소리에 대한 타액분비반응은 조건반응Conditioned Response: CR이라고 한다최승희·김수욱, 2001: 195.

위에서 본 바와 같이 조건화된 자극은 무조건자극이 없더라도 타액분비라는 무조건반응을 이끌어 낼 수 있었는데, 이 새로운 관계를 조건반사라고 하며 이 과정을 고전적 조건화라고 한다.

여기에 한 가지 예를 들어 보기로 한다. 한국그룹의 위기관리업무를 담당하게 된 김한국은 업무의 성격상 자신이 있는 곳을 항상 밝히고 다녀야 했다. 그래서 그는 가능한 한 빨리 연락을 취할 수 있는 방안을 강구하던 중 호출기를 차고 다니기로 하였다. 처음에는 호출기번호를 여러 사람에게 알려 주어 호출기에 응답하는 것을 재미있게 여기게 되었지만, 점점 시간이 지남에 따라 자기에게 호출이 오는 경우는 대부분 회사가 위기에 처한 경우였다. 그래서 김한국씨는 점점 호출기가 울릴 때마다 긴장하게 되고 언제나 헐레벌떡 위기관리본부로 달려와야 했다. 이러한 일이 계속 반복되자, 그는 호출기소리만 울려도 긴장이 되고 소화가 잘 안 되었다. 이것이 바로 고전적 조건화이다.

(2) 작동적 조건화(operant conditioning)

작동적 조건화는 결과에 의한 행동학습과정으로서 개인이 자발적인 행동을 학습하는 과정이다. 작동적이라는 것은 학습자가 환경을 작동한다는 것을 강조하는 것으로, 작동적 조건화는 왓슨J. B. Watson의 행동주의에 영향을 받은 스키너B. F. Skinner가 제창한 것이다Robbins & Judge, 2009: 90. 작동적 조건형성의 전형적인 실험계획에는 세 가지가 포함된다.

① 보상이나 벌이 포함되는 작동이 있는데 이를 강화라고 한다. 또 보상이나 벌의 종류를 강화물 또는 강화자극이라고 한다.

② 유기체가 어떤 반응을 표출하거나 철회하도록 실험설계를 한다.

③ 강화를 얻을 수 있는지 없는지를 알려 주는 자극인 변별단서discriminative cue가 사용될 수 있다. 여기서 작동적 조건화의 전형적인 실험이라고 할 수 있는 '스키너의 실험'을 소개한다최승희·김수욱, 2001: 207-209.

배고픈 쥐를 'Skinner Box'라고 하는 곳에 넣는다. 상자 내부에는 먹을 것이 나오는 접시와 삐쭉 나와 있는 지렛대를 제외하고는 아무것도 없다. 지렛대 위에 작은 전등이 있어 실험자가 조작할 수 있다. 상자 속에 쥐를 혼자 두면 쥐는 쉴 사이 없이 이리저리 움직이며 우연히 지렛대를 누른다. 쥐가 처음에 지렛대를 누르는 속도를 작동기 수준이라고 부른다. 작동기 수준이 결정된 후, 실험자는 상자의 외부로부터 먹이를 준다. 쥐가 지렛대를 누를 때마다 먹이를 떨어뜨린다. 쥐는 먹이를 먹고 다시 지렛대를 누른다. 먹이는 지렛대를 누르는 행동을 강화시켜 지렛대를 누르는 비율은 급격히 증가한다. 만약 먹이 공급을 중단한다면 지렛대를 누르는 비율은 감소한다. 즉 작동적 반응도 고전적 조건반응과 같이 강화가 없으면 소멸한다. 실험자는 쥐가 불이 켜져 있는 동안에 지렛대를 누르면 먹이를 주고 불이 꺼져 있을 때 누르면 먹이를 주지 않음으로써 변별조건을 만들 수 있다. 이런 선택적 강화를 통해 쥐는 불이 켜져 있는 동안에만 지렛대를 누르도록 조건형성된다. 이 경우에 불은 반응을 조절하는 변별자극discriminative stimulus이 된다.

이제 조건화된 작동적 행동의 의미를 살펴보면 다음과 같다. 즉 행동이 환경에 '작동'한다. 여기서 쥐는 지렛대를 누름으로써 먹이를 얻게 된다. 고전적 조건화에서 개는 수동적이다. 즉 조건자극과 무조건자극이 나타날 때까지 기다리기만 한다. 그러나 작동적 조건화에서는 쥐는 능동적이다. 동물이 어떤 반응을 하기 전에는 강화되지 않는다. 그러므로 작동적 조건화란 반응에 대하여 강화를 시킴으로써 그 반응이 일어날 확률을 증가시키는 것을 말한다. 작동적 조건화의 핵심개념은 선례antecedents, 행동behavior, 결과consequence이다Organ & Bateman, 1991: 85-86.

선례는 행동이 잘 발생하도록 행동을 통제하는 모든 단서이다. 행동은 관찰가능한 행태 또는 반응의 조합이며 자발적이거나 도구적인 행동으로 한정된다. 따라서 작동적 조건화를 도구적 조건화instrumental conditioning라고도 한다. 결과는 행동에 따르는 즉각적인 영향이다. 말하기, 걷기, 읽기와 같은 대부분의 행동은 자발적이며 작동적 행동이다. 관리자는 이러한 행동에 영향을 미칠 수 있기 때문에 작동적 행동에 관심을 갖는다. 예를 들면 행동의 빈도는 환경의 변화에 따라 증가하거나 감소할 수 있다. 작동적 조건화의 중요 측면은 행동의 결과로 무엇이 발생하는가이다. 다시 말해 작동적으로 조건화된 행동의 강도와 빈도는 주로 결과에 의해 결정된다. 따라서 관리자는 종업원의 작업행태에 관한 상이한 결과의 효과를 이해해야 한다.

작동적 조건화는 강화이론이라고 불릴 만큼 강화를 강조한다. 강화의 상황은 구체적인 선례, 행동, 결과의 관계에 따라 다양하다. 고전적 조건화에서는 강화가 반응을 유발하는 데 반해 작동적 조건화에서는 강화가 반응 다음에 온다.

3) 인지론적 학습과정

행태론적 학습이론에 반발하고, 학습에 있어서 인지의 역할을 강조하는 반론이 제기되었다. 이러한 주장을 처음 내세운 사람은 톨먼E. C. Tolman인데, 그의 주장은 자극과 행동 사이에 중개역할을 하는 과정으로서 인지라고 하는 것을 고려할 필요성을 느끼게 하였다. 그리하여 나온 것이 인지론적 학습과정이다.

인지론적 학습과정은 관찰학습과 인지학습으로 나누어 볼 수 있는데, 이들은 외적 요인처벌과 보상뿐만 아니라 인지와 지각과 같은 내적 요인의 중요성도 인정하고 있다. 이들 학습유형은 행태론과 인지론의 양 측면을 지니고 있기 때문에 인지적 행태주의cognitive behaviorism 또는 사회적 학습이론social learning theory이라 불린다.

(1) 관찰학습

관찰학습은 행동을 수행하거나 행동의 결과를 경험하는 타인에 대한 관찰을 통해 이루어진다. 관찰학습은 개인이 직접경험을 통해 학습하지 않기 때문에 모방학습, 대리학습, 모델화 또는 사회학습이라고 불린다권중돈·김동배, 2005: 331. 이 관찰학습은 학습자에게 밖으로 드러나는 행동을 요구하지 않으며 학습자에게 직접적인 결과가 따르지 않는다는 점에서 고전적 조건화나 작동적 조건화와는 다르다.

(2) 인지학습

인지학습이란 보지 않고도 머릿속으로 배우는 것이다. 강의실에서 이루어지는 학습의 대부분은 인지학습이다. 인지학습의 원리는 행태주의 심리학자들의 강력한 지지를 받은 학습이론인데, 학생들은 연습이나 보상의 경험 없이도 어떤 주제에 대한 개념이나 이론을 학습함으로써 어떤 행동을 해야 바람직한 결과가 나오게 되는가를 인식하게 된다는 것이다. 이때 인지가 학습의 중심적인 역할을 한다. 그러나 인지학습을 하였다 하여 자동적으로 바람직한 행동이 나오는 것은 아니며 연습이나 보상이 필요하다. 이러한 행동이 다음에도 이루어지는가는 학습자가 경험하는 결과에 의해 좌우된다.

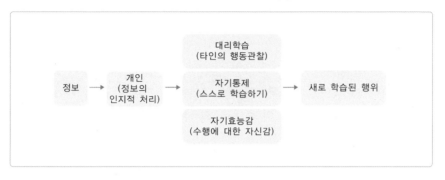

▼ 그림 3-10 인지학습 과정

2. 행동강화이론

1) 강화의 본질과 유형

강화란 어떤 요인에 의해 자극과 반응 사이의 특정관계가 강력해지는 현상으로서 작동적 조건화와 밀접한 관련이 있다.

(1) 적극적 강화와 소극적 강화

적극적 강화는 바람직한 행동의 증대를 위한 것으로 이때 이용되는 강화요인으로는 보상이 대표적이다. 적극적 강화의 원리는,

① 강화물은 바람직한 행동이 수행되었을 때에만 제공되어야 한다.

② 강화물은 바람직한 행동이 일어난 즉시 제공되어야 효과가 크다.

③ 강화물의 규모는 행동과 개인과의 관계에 따라 결정하여야 한다.

④ 강화물의 혜택을 받지 못한 사람일수록 강화물의 효과가 크다는 것 등이다.

소극적 강화는 바람직하지 못한 결과의 제거를 목적으로 하는 것으로 회피학습과 깊이 관련된다. 다시 말하면 반응행동의 결과가 만족스럽지 못할 때 반응행동을 없애고 다른 바람직한 행동을 유도해 내는 것이다.

(2) 소거(extinction)와 처벌

강화가 바람직한 행동의 빈도를 증가시키는 반면 소거와 처벌은 바람직하지 않은 행동의 빈도를 감소시키거나 궁극적으로 제거한다. 소거는 강화물을 중단하는 것이다. 이러한 소거는 ① 감소되거나 제거되어야 할 행동의 규명, ② 행동을 지속하는 강화물의 규명, ③ 강화물의 중단의 세 단계로 구성된다.

대체할 바람직한 행동이 발달되지 않았다면 소거가 중단되었을 때 바람직하지 않은 행동이 회복될 수 있다. 따라서 소거를 사용할 때에는 바람직한 행동을 개발할 다른 방법과 결합되어야 한다.

처벌은 행동에 따르는 불유쾌한 결과로 행동의 빈도를 감소시킨다. 일반적으로 불유쾌한 물리적 결과보다 대인적 처벌이 광범위하게 사용된다. 처벌이 바람직하지 않은 결과를 제거하기는 하지만 그보다 큰 부정적 결과를 초래할 수도 있다. 즉

▼ 그림 3-11 행동변화에 대한 전략의 예

자료: 신유근(1993: 150).

처벌은 바람직하지 않은 행동을 제거하기보다 단기적으로 억압한다. 따라서 장기적으로 바람직한 행동을 유발하기 위해서는 지속적인 처벌이 요구된다. 처벌받은 개인은 상황으로부터 도피하려고 할 수 있다. 처벌은 개인의 진취성과 융통성을 억압하고, 관리자에 대한 조건화된 공포를 창출하기도 한다.

(3) 일차적 강화요인과 이차적 강화요인

이것은 강화요인을 심리적 욕구 및 동기부여과정과 연결시켜 분류한 것이다. 일차적 강화요인은 과거의 경험과 관계없이 반응행동의 결과가 생리적 욕구를 충족시킴으로써 똑같은 반응행동을 유도해 내는 것이다예컨대 물, 음식. 이차적 강화요인 또는 조건적 강화요인은 중립적 가치를 가진 것이 학습 또는 과거의 경험과 관련하여 긍정적 또는 부정적 가치를 갖게 되는 것이다예를 들면 금전.

(4) 내재적 강화요인과 외재적 강화요인

이는 강화요인으로 인한 행동의 만족감이 직무 자체에서 오는가 또는 다른 요인에서 오는가에 따라 구분한 것이다. 내재적 강화요인은 직무수행상의 성취감이나 책임감과 같이 직무 자체에 존재하는 요인을 말한다. 외재적 강화요인은 경제적 보상이나 직무 외적인 물질적 또는 환경적 요인을 말한다.

2) 강화계획

강화계획은 강화요인을 적용하는 방법이다. 이러한 강화방법은 강화요인의 적용시기를 중심으로 다음과 같은 두 가지로 나눌 수 있다.

① 연속강화계획continuous reinforcement schedule: 이는 가장 단순한 강화계획으로 바람직한 행동이 발생할 때마다 강화요인을 적용하는 방법이다Slocum & Hellriegel, 2007: 378. 그러므로 이 방법은 학습의 효과를 단기간 동안에 높일 수 있는 장점이 있는 반면, 강화요인이 중단되면 학습의 효과가 감소될 수 있는 단점이 있다. 그러나 종업원이 바람직한 행동을 할 때마다 관리자가 강화요인을 적용하기는 어렵다.

② 단속강화계획intermittent reinforcement schedule: 반응행동이 있을 때마다 강

화요인을 적용하지 않고 부분적 또는 불규칙적으로 강화요인을 적용하는 방법이다. 이 방법은 비교적 학습효과가 느린 반면, 학습의 효과가 항구적이라는 장점이 있다(이학종·박헌준, 2005: 143). 단속강화법은 간격과 비율에 따라 네 가지로 분류할 수 있다.

(1) 고정간격법(fixed interval schedule)

반응행동이 발생한 후 일정한 시간이 경과한 다음 강화요인을 적용하는 방법이다. 이 유형에 따라서 보상을 관리할 경우 개인이 즉시 보상이 따르지 않는다는 것을 알아차리기 때문에 강화 이전보다 행동의 빈도와 강도가 약해질 수 있다. 이 방법에 따른 일반적인 보상관리의 예는 주급이나 월급 등이다.

(2) 변동간격법(variable interval schedule)

강화요인이 적용되는 시간이 변화하는 것이다. 예를 들어 관리자가 현장을 평균적으로 하루에 한 번 시찰하는 경우에도 어떤 날은 두 번하고, 다른 날은 시찰을 안 하는 수도 있다.

(3) 고정비율법(fixed ratio schedule)

바람직한 행동이 일정한 수만큼 발생했을 때 강화요인을 적용하는 것이다. 이 방법에 따른 보상관리는 지속적인 행동으로 특징지어지는 높은 반응률을 창출한다. 사람들은 보상을 받기 위해 가능한 한 빨리 업무를 달성하고 반응하려고 한다. 이러한 방법의 대표적인 예는 성과급제도이다.

(4) 변동비율법(variable ratio schedule)

강화요인의 적용 이전에 어느 정도의 바람직한 행동이 발생하여야 하지만 행동의 수는 평균을 중심으로 변화한다. 관리자는 칭찬이나 인정과 같은 비물질적인 강화요인과 함께 이 방법을 빈번하게 사용한다.

이러한 방법 중 어느 것이 효과적인가는 조직의 환경에 따라 달라진다. 그러나 일반적으로 비율보상법이 간격보상법보다 높은 성과를 가져온다.

[표 3-4] 강화계획

유 형		내 용
연속적 강화계획 (continuous reinforcement schedule, CRS)		바람직한 행동이 나올 때마다 강화요인(보상)을 제공
단속적 강화계획 (intermittent reinforcement schedule, IRS)	고정간격법 (fixed interval, FI)	'일정한 시간적 간격을 두고 강화요인을 제공한
	변동간격법 (variable interval, VI)	'불규칙적인 시간간격에 따라 강화요인을 제공
	고정비율법 (fixed ratio, FR)	'일정한 빈도(수)의 바람직한 행동이 나타났을 때' 강화 요인을 제공
	변동비율법 (variable ratio, VR)	'불규칙한 횟수의 바람직한 행동이 나타난 후'에 강화 요인을 제공

자료: 김호섭 외(2011: 75).

제4절 반응의 내면적 준비체제: 태도

1. 태도의 의의와 기능

1) 태도의 개념

조직과 직무에 대한 구성원의 태도가 호의적인 것으로 형성된다면 일하는 사람의 측면에서 볼 때 일에 대해 만족하고 몰입할 수 있으므로 근로생활의 질Quality of Work Life: QWL이 향상될 수 있고, 조직의 측면에서 볼 때에는 조직의 목적달성을 촉진시킬 수 있다.

태도의 개념을 정의하여 본다면 "특정한 대상개인, 집단, 관념 및 사물에 대하여 비교적 지속되는 감정, 신념, 행동경향"이라고 말할 수 있다Slocum & Hellriegel, 2007: 322. 이러한 태도의 정의는 다음과 같은 세 가지 가정에 기초하고 있다Steers, 1984: 419.

① 태도는 일종의 가설적 개념hypothetical construct이다. 즉 사람들은 개인의 태도를 직접 관찰하는 것이 아니라 그 결과인 행위만을 보는 것으로서, 단지 그 태도가 개인에 내재하고 있다는 가정만을 할 수 있는 것이다.

② 어떤 대상에 대한 개인의 태도는 호好와 불호不好의 연속선상에 있는 것으로 간주할 수 있다.

③ 행위와 연관성을 맺고 있다. 다시 말해서 태도는 특정한 대상 또는 사건에 대한 반응의 준비상태로 파악된다.

태도의 개념을 이렇게 파악할 때 태도의 구성요소는 인지적 요소, 정의적 요소, 행동지향적 요소의 세 가지로 요약할 수 있다Berkman & Neider, 1987: 120-122.

(1) 인지적 요소(cognitive component)

태도의 인지적 요소는 특정한 대상이나 집단에 대한 개인적인 평가방법으로서 구성된다. 예를 들면 조직에 대한 태도는 조직의 보수체계, 감독, 작업조건 등에 대한 인지적 신념을 포함한다. 이러한 인지적 신념은 또한 평가적 측면과 처방을 포함한다.

(2) 정서적 요소(affective component)

태도의 정서적 요소는 유쾌함이나 불쾌함 또는 애정이나 증오와 같은 감정적 측면을 말한다. 개인이 특정한 사물, 사람, 기업이나 국가에 대하여 갖는 긍정적이거나 부정적인 감정은 여러 가지 요인들의 복잡한 혼합물이므로 개별적으로 식별하기가 곤란하다. 이러한 태도의 정서적 측면은 인지적 측면과 상호관련이 있다. 개인의 감정은 무엇을 인식하고 인식하지 않을 것인가에 영향을 미친다. 만약 개인이 일본인에 대해 부정적인 선입관을 가지고 있다면, 일본인의 관리방식에 대한 이점을 인식하지 못할 수도 있다.

(3) 행동지향적 요소(action-tendency component)

행동지향적 요소는 태도의 대상에 대응하기 위한 개인의 준비를 말한다. 만약 감독자에 대한 종업원의 태도가 긍정적이라면, 그는 감독자의 초과근무요구에 보다 호의적일 것이다. 행동지향적 구성요소가 종업원의 태도와 가장 밀접한 관계가 있는 것으로 보이기 때문에 태도의 구조에 관한 많은 연구들이 이 측면에 초점을 맞추어 왔다.

2) 태도의 형성

개인의 태도는 어떻게 형성되는가? 태도형성에 영향을 미치는 근원으로는 직접 경험, 단순한 노출, 사회화, 자아방어적 태도, 가치표현적 태도의 다섯 가지로 요약할 수 있다Organ & Bateman, 1991: 167-170.

(1) 직접경험(direct experience)

어떤 태도는 직접경험으로부터 형성된다. 경험은 사물이나 사람에 대한 가장 직접적인 인지를 제공한다.

(2) 단순한 노출(mere exposure)

일반적으로 사람들은 친근한 사람이나 사물을 더 좋아하는 경향이 있다. 노출에 대한 의식이 없었더라도 특정한 자극에 대한 반복적인 노출은 긍정적 감정을 야기할 수 있다. 이것이 정치가가 포스터와 스티커, 매체를 통한 광고에 많은 돈을 쓰는 이유이다. 그러나 노출과 반복이 단기간에 집중된다면 부정적 반응을 야기할 수도 있다.

(3) 사회화(socialization)

대상에 대한 직접적 경험과 노출에 기초한 태도는 적은 부분에 지나지 않는다. 신념, 정서, 일반적 행동경향은 보다 포괄적이고 파생적인 방식에서 기인한다. 가족과 학교, 교회, 또래집단과 같은 사회화 기관들이 태도를 형성한다. 모델model 또한 태도의 형성에 중요하다. 그 모델이 누구이건 개인들은 흉내 내게 되고 그에 따라 태도가 표현된다.

(4) 자아방어적 태도(ego-defensive attitudes)

특정한 태도는 자아상self-image을 보호하기 위한 것이며, 자아상이 타인에 의해 위협을 받는다고 느낄 때 나타날 수 있다.

(5) 가치표현적 태도(value-expressive attitudes)

전문가 집단에 의해 표현되는 여러 가지 태도는 그들 직업의 근본가치를 반영하는 경우가 종종 있다.

2. 태도와 행동의 관련성

여기에서는 태도와 행동의 관련성에 대해 알아보기로 하겠다Berkman & Neider, 1987: 122-124. 행동에 대한 태도의 영향은 복잡한데, 이를 이해하기 위해서는 인지적 과정에 대한 적절한 지식이 필요하다. 그러나 모든 행동이 동일한 복잡성을 갖는 것은 아니다. 예를 들면 친구와 커피를 마시기 위한 시간의 결정은 쉽게 할 수 있으나, 직업을 바꾸는 결정은 보다 많은 태도를 포함하게 된다.

앞에서 언급한 태도를 세 가지 구성요소로 보는 견해는 태도의 변화과정을 명확하게 해 준다. 태도의 정의적 구성요소정서적 측면만을 변화시키도록 설계된 프로그램은 반드시 다른 두 요소를 변화시키지는 못한다. 이와 마찬가지로 태도의 행동지향적 구성요소를 변화시키더라도 인지적 요소와 정의적 요소가 변화되지 않는다면, 그러한 태도의 변화는 단기적일 수밖에 없다.

세 가지 구성요소 모형은 특정한 태도의 구조 내에 그리고 개인에게 존재하는 태도의 다양한 군집 사이에는 일관성이 있음을 나타내 준다. 이것을 태도의 일관성이라고 부른다. 개인의 인지적 · 정의적 · 행동지향적 요소가 서로 일관성이 있을 것이라는 기대는 논리적인 것이다. 수년간 동일한 회사에 남아 있는행동지향적 구성요소 종업원은 회사가 종업원을 공정하게 대우한다고 믿을 수 있고인지적 요소 자신과 관리자와 개인적인 친분정의적 요소이 있을 수도 있다.

로젠버그M. J. Rosenberg에 의하면 정의적 측면과 인지적 측면은 태도가 지속되기 위해서 조화롭게 존재해야 한다. 왜냐하면 개인은 이러한 요소 사이의 비일관성을 참지 못하기 때문이다. 즉 두 가지가 일치하지 않으면 한계에 이르게 되고 태도는 무너지게 된다.

슈드펠드Suedfeld는 이러한 태도의 일관성이론을 다음과 같이 세 가지 범주로 나누고 있다.

1) 균형이론(balance theory)

균형이론은 개인이 불균형을 지각하고 이를 감소시키기 위해 동기부여될 때 태도의 각 측면 사이의 불균형은 변화를 유도한다는 것이다. 사람들은 상이하기 때문에 인내할 수 있는 불균형의 한계를 다르게 인식할 수 있다. 불균형적인 상황이 균형을 이루기 위해서는 갈등적인 태도를 조정해야만 한다. 예를 들어 어떤 샐러리맨이 도시에 좋은 자리가 있으나 통근이 어렵다는 것을 알았다면 그는 불균형에 직면하게 된다. 그는 그 자리가 정말로 좋은 자리가 아니라고 결정을 하거나, 통근하는 것이 그렇게 어려운 것이 아니라고 결정을 함으로써 조정을 할 수 있다.

2) 일치이론(congruity theory)

일치이론은 두 개의 다르게 평가된 대상이 개인의 심리와 관련이 되면 보다 유사하게 평가될 수 있다는 것이다. 예를 들면 이전에는 싫어하던 동료가 특정한 대상에 대해 자기와 동일한 열의를 공유하는 것을 알게 되면 그를 좋아하게 될 수도 있다는 것이다.

3) 인지부조화이론(cognitive dissonance theory)

1950년대 후반 훼스팅거L. Festinger는 태도와 행동 사이의 연계를 설명하기 위해 인지부조화이론을 제창했다. 부조화는 비일관성 또는 비양립성을 의미한다. 그러므로 인지부조화는 개인이 태도 사이에 또는 태도와 행동 사이에 지각하는 비양립성을 의미한다. 사람의 마음속에 두 개의 인지 또는 생각이 서로 반대되는 관계에 있으면 부조화란 불쾌한 상태가 생기며, 이런 상태를 없애기 위해 두 개의 모순되는 요소를 일치하는 방향으로 바꾸어 나가려고 한다. 부조화를 감소시키려는 노력은 부조화가 창출하는 요인의 중요성과 그 요인이 개인에게 미치는 영향의 정도 및 부조화와 관련된 보상에 의해 결정된다Organ & Bateman, 1991: 163.

3. 태도변화의 과정과 방법

1) 태도변화의 과정

레윈Lewin, 1947: 5-41은 태도의 변화의 과정을 해빙unfreezing, 변화changing, 재결빙re-freezing의 세 단계로 나누어 설명하고 있다.

(1) 해빙단계(unfreezing of an old pattern)

이 단계는 태도변화의 필요성을 인식하는 단계로서 변화를 수용할 마음의 준비 단계이다. 다시 말해서 변화의 필요성을 인식시키기 위해 얼음을 녹이듯이 개인의 태도와 감정을 누그러뜨리는 단계인 것이다.

(2) 실제적 변화단계(changing to a new pattern)

이 단계에서는 새로운 패턴으로의 변화를 위해 순종compliance, 동일화identification, 내면화internalization가 나타난다Kelman, 1963: 454-462. 순종은 보상을 기대하거나 처벌을 회피하기 위해 타인이나 타 집단의 영향력을 수용하는 것이다. 동일화는 타인이나 타 집단과의 관계에서 타인의 행동에 대해 만족하거나 자아상과 합치된다고 보고 수용하는 경우이다. 내면화는 타인의 가치관을 받아들여 자신의 행동을 변화하려는 경우에 나타난다.

(3) 재결빙단계(refreezing of the new pattern)

재결빙단계는 타인으로부터 새로이 획득한 태도나 지식, 행동이 개인의 성격에 고정되는 단계이다. 이때 습득된 새로운 행동유형이 시간이 지나도 소멸되지 않도록 충분히 배려해야 한다.

그런데 이따금 태도를 변화시키려는 노력은 부메랑 효과boomerang effect, 즉 반대 방향의 변화를 초래할 수도 있다. 브렘Brehm, 1972은 사람들이 자유를 위협당한다고 느낄 때 심리적 감응저항이 나타난다고 지적한다. 사람들은 태도의 변화에 의한 자유의 침해에 반대하는 경향이 있다. 일반적으로 변화의 강도가 강할수록 저항도 심화된다.

변화에 대한 모든 시도가 저항을 야기하지는 않는다. 저항은 가장 중요한 자유가 위협받는다고 지각될 때 발생한다. 만약 태도가 직무성과와 별로 관련이 없다면 변화의 위험을 무릅쓸 필요가 없다. 태도가 자아개념, 이데올로기, 자아방어의 중심이라면 태도를 변화시키려는 시도는 얻는 것보다 잃는 것이 많을 것이다. 설득적인 메시지와 수정은 태도변화의 초기에는 중요하지만 최종단계에서는 사람들이 변화를 좋아하고 수용할 때 태도가 변화한다.

2) 태도변화의 방법

(1) 설득을 통한 태도의 변화

여기서 설득persuation이란 사람의 태도를 변화시키기 위해 의도적으로 행해지는 의사전달매체의 사용을 뜻한다. 설득에는 주로 설득적 의사전달을 접하는 사람의 인지작용에 호소하는 것과 감정을 직접조건화에 의해 조작하는 것이 있다.

(2) 행동유도를 통한 태도의 변화

이것은 인지적 일치에 대한 요구가 있다는 것을 전제로 하는 것으로서, 사람의 태도를 바꾸려 할 때 먼저 행동을 바꾸려는 방향으로 유도하면 자연히 태도도 변한다는 것이다.

(3) 사회적 압력에 의한 태도의 변화

개인이 어떤 집단에 소속해 있거나 소속하기를 바랄 경우 그 집단이 표방하는 태도의 방향에 따르게 된다. 집단의 가시적인 태도변화의 압력이 없는 경우에도 집단 속에서는 보이지 않는 압력이 작용하여 태도를 바꾸게 만든다. 그런 압력을 만드는 요소의 하나는 집단의 성원들에 의해 인정을 받고 싶은 욕구이다. 집단 내에서는 집단압력 외에 위에서 본 설득과 행동유도의 영향이 작용한다.

(4) 인지부조화를 이용한 태도의 변화

앞에서 설명했듯이 개인이 인지부조화를 느끼면 불쾌한 상태가 발생하며, 이러한 불쾌함을 없애기 위해 두 개의 모순되는 요소를 일치하는 방향으로 바꾸려고 노력하게 된다. 이러한 조화를 향하는 과정에서 태도의 변화를 야기할 수 있다.

(5) 참여의 유도를 통한 태도의 변화

참여participation는 중요한 결정을 함에 있어서 여러 관계되는 사람들의 의견을 결정에 반영시키는 것을 말한다. 이러한 참여는 조직구성원의 창의성을 촉진시킬 뿐 아니라 책임과 변화의 수용을 촉진하는 효과를 가진다.

PART **3**
대인관계의 기본원리

MODERN HUMAN RELATIONS
MODERN HUMAN RELATIONS
MODERN HUMAN RELATIONS
MODERN HUMAN RELATIONS
MODERN HUMAN RELATIONS
MODERN HUMAN RELATIONS
MODERN HUMAN RELATIONS
MODERN HUMAN RELATIONS
MODERN HUMAN RELATIONS
MODERN HUMAN RELATIONS
MODERN HUMAN RELATIONS
MODERN HUMAN RELATIONS
MODERN HUMAN RELATIONS
MODERN HUMAN RELATIONS
MODERN HUMAN RELATIONS
MODERN HUMAN RELATIONS
MODERN HUMAN RELATIONS
MODERN HUMAN RELATIONS
MODERN HUMAN RELATIONS
MODERN HUMAN RELATIONS
MODERN HUMAN RELATIONS
MODERN HUMAN RELATIONS
MODERN HUMAN RELATIONS
MODERN HUMAN RELATIONS
MODERN HUMAN RELATIONS
MODERN HUMAN RELATIONS
MODERN HUMAN RELATIONS
MODERN HUMAN RELATIONS
MODERN HUMAN RELATIONS
MODERN HUMAN RELATIONS
MODERN HUMAN RELATIONS
MODERN HUMAN RELATIONS

대인관계의 심리학적 이해

인간관계는 타인과의 상호작용의 과정을 의미하고, 이는 자신과 타인에 대하여 더 많은 것을 알고, 상호 간의 수용과 성장을 촉진함으로써 발전된다Ellenson, 1982: 11. 인간관계는 복잡한 심리적 특성을 지닌 자신과 타인과의 상호작용이며, 상호작용이 일어나는 심리적 과정은 매우 복잡하다. 이러한 심리적 과정에서 기본적으로 이해해야 할 것이 대인동기, 대인신념, 대인지각, 대인사고, 대인감정 등이다. 이 중 다른 장에서 따로 다루는 대인동기, 대인지각, 대인감정을 제외하고 본장에서는 대인신념, 대인사고에 대해서 주로 다루기로 한다.

제1절 대인신념

1. 대인신념의 의의

대인신념interpersonal beliefs은 대인관계와 대인행동에 영향을 미치는 개인의 신념을 말한다권석만, 2012: 135. 이러한 신념은 과거의 대인관계의 경험을 체계화한 기억내용이며 또한 미래의 대인관계에 영향을 미치는 지적 바탕이 된다. 따라서 대인관계 상황에서 개인의 행동을 결정하는 주요한 요인이 될 수 있다. 이러한 대인신념은 다음과 같은 속성을 가지고 있다김종운·박성실, 2012: 90-91.

① 대인신념은 일시적인 사고내용이 아니라 지속적으로 지니고 있는 안정된 사

고내용을 말한다. 즉 대인신념은 자신의 축적된 경험의 산물이라고 할 수 있다.

② 대인신념은 새로운 인간관계 상황에 대한 기대와 예측의 근거가 된다. 사람들은 자신의 과거의 경험을 통해 미래를 예측하고 특정 결과를 기대하며 행동한다.

③ 대인신념은 새로운 경험의 의미를 해석하고 평가하는 근거가 된다. 사람은 경험을 통해 누적되고 체계화된 준거의 틀로 새로운 경험을 해석하고 의미를 부여하게 되는 것이다.

인간관계에 주요한 영향을 미치는 대인신념의 영역으로는 인간관계에 대한 신념, 인간관계 주체인 자기 자신에 대한 신념, 인간관계 대상인 타인에 대한 신념으로 구분할 수 있으며, 여기에서는 인간관계에 대한 신념과 타인에 대한 신념에 바탕을 둔 대인행동의 유형에 대해 살펴보기로 한다.[1]

2. 인간관계에 대한 신념

인간관계에 대한 신념은 인간관계의 본질과 속성에 대한 지적 이해와 믿음을 의미한다권석만, 2012: 138. 인간관계의 본질과 속성에 대해서 어떤 신념과 태도를 가지는가에 따라 대인행동이 다르게 될 것이다. 인간관계에 대한 신념은 크게 네 가지로 구성되어 있다권석만, 2012: 139-141.

① 인간관계의 중요성에 대한 신념이다. 삶에서 인간관계가 중요하다고 믿는 사람은 인간관계를 위해 많은 시간과 노력을 투자할 것이며, 중요하다고 믿지 않는 사람은 인간관계에 대해서 소극적으로 나올 것이다.

② 중요시하는 인간관계의 영역에 대한 신념이다. 우리의 인간관계는 가족관계, 친구관계, 이성관계, 동료관계 등 다양한 영역이 있는데, 사람마다 제각기 중시하는 영역이 다를 수밖에 없고 이는 대인신념의 차이에 기인한다고 볼 수 있을 것이다.

③ 이상적인 인간관계에 대한 신념이다. 어떤 사람은 폭넓은 인간관계를 선호하고 어떤 사람은 소수의 사람과 깊은 인간관계를 맺는 것을 선호한다.

---

1 자기 자신에 대한 신념에 관련된 것은 본서 제7장 참조.

④ 친밀한 인간관계를 맺는 방법에 대한 신념이다. 어떤 사람은 인간관계를 의도적 노력 없이 자연스럽게 맺는 것이라고 믿는 반면, 어떤 사람은 인간관계는 지속적인 관심과 노력에 의해서 유지될 수 있다고 믿는다.

3. 타인에 대한 신념

인간관계를 맺음에 있어 상호접촉하고 있는 타인에 대해 어떠한 신념을 갖고 있는가에 따라 인간관계의 내용이 달라질 것이다.

대인행동을 결정하는 타인에 대한 신념은 여러 가지가 있겠지만 그중 하나는 어떤 방식의 행동이 가장 효과적이었는가 하는 것이다. 이는 주장성assertiveness이라 할 수 있는데, 내가 원하는 것을 얻고자 할 때 어떤 방식으로 행동하는지를 보여주는 것과 관련 있는 신념이다Robbins & Hunsaker, 2006. 타인에 대한 자신의 방식에 대한 인식은 타인에 대한 자신의 신념과 관계있으며, 이는 그동안 자신이 타인을 왜 그렇게 대하고 평가했었는지를 이해하는 데 도움을 준다.

타인에 대한 신념은 인간성에 대한 평가적 신념, 즉 긍정적 신념과 부정적 신념으로 구분할 수도 있다권석만, 2012: 146-147. 타인에 대한 긍정적 신념이란 인간이 기본적으로 선하고 신뢰할 만한 존재라는 믿음이다. 반면 타인에 대해 부정적 신념을 지니는 사람은 인간은 기본적으로 이기적이며 악하고 신뢰하기 어려운 존재라는 믿음을 가지고 있는 사람이다. 이런 신념을 가진 사람은 인간관계에 있어서 수동적인 태도나 공격적인 태도를 가지고 사람들을 대하게 될 것이다.

수동적인 행동이란 인간관계를 맺는 것에 대해 회의적인 태도에 바탕을 두고 있으며 경우에 따라서는 갈등을 회피하기 위해 자신의 욕구나 감정을 참는 경향을 보이는 것을 말한다. 공격적 행동이란 강압적이며 자기중심적이고 타인의 감정이나 권리를 무시하려는 것을 의미한다. 이러한 수동적이고 공격적인 행동은 개방성과 수용성을 활성화 시키지 못하기 때문에 효과적인 인간관계를 형성하는 데 방해가 된다Robbins & Hunsaker, 2006.

부정적 대인신념은 인간관계에 부정적인 영향을 가져오므로 이를 극복하려는 노력이 필요하다. 부정적 대인신념을 극복하기 위해서는 다음과 같은 노력이 필요하다권석만, 2012: 152-153.

① 대인관계의 문제를 야기하는 대인신념을 탐색하여 자각하는 것이 필요하다. 즉 타인과의 인간관계에서 문제가 발생했던 상황을 떠올려 보며 여기에서 자신의 잘못된 신념이 무엇이 있는가를 확인해 보는 것이 필요하다.

② 이러한 부정적 신념을 [표 4-1]에서 보는 것처럼 사실성, 논리성, 유용성의 측면에서 자문하고 논박해 보는 것이 필요하다.

③ 보다 유연하고 적응적이며 실현가능한 신념으로 대체하는 것이 필요하다. 즉 보다 사실적이며 실현가능하며 유용한 신념으로 바꾸는 것을 말한다.

[표 4-1] 대인사고 내용의 합리성 평가요소	
사 실 성	사고내용이 선행사건을 얼마나 사실적으로 해석한 것인가를 의미
논 리 성	선행사건에 대한 의미추론이 얼마나 논리적이었는지를 의미
유 용 성	특정한 사고내용이 자신이 추구하는 목표를 달성하는 데 도움이 되는 정도

제2절 대인사고

1. 대인사고의 의의

대인사고는 대인관계에서 일어나는 사건의 의미를 추론하는 과정과 추론된 내용을 의미하는데, 대인지각에 비해 더 복잡하고 상위수준의 인지기능이 관여하는 심리적 과정으로 앞에서 살펴본 대인신념하고도 밀접한 관계가 있다권석만, 2012: 195.

대인신념의 과정은 [그림 4-1]에서 보는 것처럼 의미추론 과정, 의미평가 과정, 대처결정 과정의 단계를 거친다권석만, 2012: 197-198. 첫째, 의미추론 과정은 대인관계에서 타인이 보인 행동이나 상황이 의미하는 바를 생각하는 과정이다. 둘째, 의미평가 과정은 대인관계에서 경험하는 사건에 대한 가치판단 혹은 선악판단의 과정이다. 즉 특정한 의미로 해석된 타인의 행동이 자신에게 어떤 영향을 미치는지에 대해서 평가하는 과정이다. 셋째, 대처결정 과정은 일어난 사건의 의미를 평가하고 어떻게 대처할 것인가를 결정하는 과정이다.

▼ 그림 4-1 대인신념과 대인사고의 관계

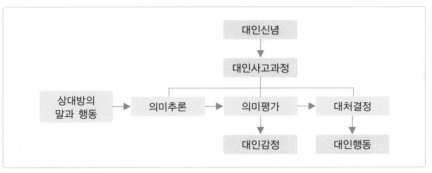

자료: 권석만(2012: 198).

2. 비합리적 사고와 인지적 왜곡

1) 비합리적 사고의 전제

엘리스Ellis는 인간이 비합리적 사고를 갖는 것은 세 가지의 당위성, 즉 자신에 대한 당위성, 타인에 대한 당위성, 조건에 대한 당위성에 기인한다고 주장한다노안영·강신영, 2011: 439-440.

① 자신에 대한 당위성: 예를 들어 '나는 실수를 해서는 안 된다', '나는 실패를 해서는 안 된다'와 같은 사고를 말한다. 그리고 이러한 자신에 대한 당위적 사고가 이루어지지 않을 때 자기파멸이라는 생각을 갖는다.

② 타인에 대한 당위성: 이는 자신에게 밀접한 사람들, 즉 부모, 자식, 친구, 직장동료에게 당위적인 행동을 기대하는 것이다. 예를 들어 '친구니까 우정을 보여야 한다', '직장동료니까 항상 일에 협조해야 한다'는 식으로 생각하는 것이다.

③ 조건에 대한 당위성: 자신에게 주어진 조건에 대한 당위성을 기대하는 것을 말한다. 예를 들어 '나의 가정은 항상 사랑으로 가득 차 있어야 한다', '나의 사무실은 완벽하게 꾸며져 있어야 한다'는 식의 사고방식이다.

2) 인지적 왜곡의 유형

벡Beck은 비합리적 사고를 가져올 수 있는 인지적 왜곡의 유형으로 자의적 추론, 선택적 여과, 과일반화, 개인화, 이분법적 사고 등을 제시하고 있다. 이를 구체적으로 살펴보면 다음과 같다노안영·강신영, 2011: 446-448.

① 자의적 추론arbitrary inference: 충분하고 적절한 증거가 없는 데도 결론에 도달하는 것을 말한다.

② 선택적 여과selective abstraction: 정신적 여과mental filtering라고도 불리는데, 이러한 왜곡은 상황의 긍정적인 양상을 여과하는 데 초점이 맞추어져 있고 극단적으로 부정적인 세부사항에 머무르는 것을 말한다.

③ 과일반화overgeneralization: 단일사건에 기초하여 극단적인 신념을 가지고 그것들을 유사하지 않은 사건이나 장면에 부적절하게 적용하는 과정이다.

④ 의미확대 혹은 의미축소magnification or minimization: 개인이 불완전을 최대화하거나 좋은 점을 최소화할 때 생길 수 있다.

⑤ 개인화personalization: 관련지을 일이 아님에도 불구하고 외적 사건들과 자기 자신을 관련짓는 경향이다.

⑥ 이분법적 사고dichotomous thinking: 흑백논리로 사고하고 해석하거나, 경험을 극단적으로 범주화하는 것이다.

⑦ 정서적 추론emotional reasoning: 정서적 경험에 근거해서 그 자신, 세계 혹은 미래에 관해 추론하는 것을 말한다.

⑧ 파국화catastrophizing: 개인이 걱정하는 한 사건을 취해서 지나치게 과장하여 두려워하는 것을 말한다.

⑨ 긍정격하: 개인이 자신의 긍정적인 경험을 격하시켜 평가하는 것을 말한다.

3. 비합리적 사고 극복을 위한 인지재구조화

인지재구조화cognitive restructuring 절차는 특정한 비적응적 인지행동을 적응적인 행동으로 대처하기 위해 사용된다. 인지재구조화 절차는 다음과 같은 세 단계로 구성된다Miltenberger, 2009.

① 괴롭히는 사고와 그것이 발생하는 상황을 확인하기: 특정한 상황에서 괴롭히는 사고가 무엇인지를 이야기하도록 함으로써 확인할 수 있다. 이것은 상황에 대한 기억과 사고에 의존한다.

② 괴롭히는 사고와 뒤따르는 정서적 반응, 불쾌한 기분이나 문제행동을 확인하기: 이 단계에서 자신을 괴롭히는 사고가 불쾌한 정서적 반응, 기분 혹은 문제행동의 원인이라는 것을 확인하는 것이 중요하다.

PART 3-4

③ 괴롭히는 사고를 멈추고 합리적이거나 바람직한 사고를 하기: 문제 상황에서 합리적인 사고를 한다면 부정적 정서반응은 일어나지 않겠지만, 개인의 사고방식을 바꾸게 하는 것은 어렵다. 우선 사고의 논리성이나 합리성을 분석하여 잘못된 사고를 논박하는 것이 중요하다. 이러한 논박을 통하여 자신의 생각을 뒷받침해 줄 증거가 없다는 것을 깨닫고 왜곡된 사고를 벗어날 수 있는 실마리를 얻게 되는 것이다. 이렇게 왜곡된 사고를 수정하여 더 이상 우울한 기분이나 행동을 일으키지 않는 적절한 사고로 대처할 때 인지재구조화가 이루어진 것이다.

비합리적 신념검사

:: 다음은 존스(Jones, 1968)가 개발한 비합리적 신념을 알아보기 위한 검사이다. 다음 보기를 참고로 하여 응답하시오.

1	2	3	4	5
전혀 그렇지 않다		그저 그렇다		매우 그렇다

1. 나는 모든 사람으로부터 사랑받고 인정받아야 한다.
2. 나는 철저히 유능하고, 적절하며 성취적이어야 한다.
3. 어떤 사람들은 사악하고 나쁘기 때문에 비난받고 처벌받아야 한다.
4. 내가 바라는 대로 일들이 잘되지 않으면 끔찍하다.
5. 불행은 외적 요인에서 비롯되기 때문에 나는 불행을 거의 통제할 수 없다.
6. 나는 위험스럽고 두려운 일이 발생할까봐 걱정하며 그런 생각을 떨쳐 버릴 수가 없다.
7. 어려움에 직면하고 책임감을 갖는 것보다 피하는 것이 보다 쉽다.
8. 나는 나보다 더 힘 있는 누군가에게 의존해야 한다.
9. 과거는 나의 현재 행동의 가장 중요한 결정요인이다.
10. 인간의 문제에는 항상 옳고, 정확하고 완전한 해결책이 있다. 만약 그러한 해결책을 찾아내지 못하면 끔찍하다.

:: 채점 방법
10문항의 총점을 구합니다.

:: 해석 방법
이 검사는 10점에서 50점까지의 범위를 갖습니다. 35점 이상이면 매우 비합리적인 신념을 갖고 있으며, 25점~35점이면 보통입니다. 25점 이하면 매우 합리적인 신념을 갖고 있다고 볼 수 있습니다.

자료: 노안영·강영신(2011: 452-453).

제3절 대인감정

1. 대인감정의 의의

대인감정이란 타인과의 관계 속에서 경험하게 되는 다양한 정서적 체험을 말한다권석만, 2012: 211. 감정feelings이란 사물에 느끼어 일어나는 마음이다. 분노anger, 사랑love, 공포fear 등은 모두 감정의 일종인 것이다. 즉 정서emotions의 경험을 감정이라고 할 수 있다Ellenson, 1982: 45. 사람은 분노, 기쁨, 슬픔, 두려움, 혐오감과 같은 특정한 감정 혹은 정서를 경험한다. 또 인간은 기분mood이라고 하는 보다 일반적인 종류의 정서를 경험하기도 한다. 인간이 성장함에 따라서 부모나 기타의 다른 역할모형이 되는 사람들은 어떤 정서는 자제하고 어떤 정서는 타인에게 자유롭게 표현하도록 가르쳐 준다. 처벌과 보상은 정서적 행동형태의 발달에 있어 아주 중요한 요인들이다. 거의 모든 인간들은 신체적인 것이든 사회적인 것이든 간에 어떤 종류의 처벌을 자초할 수 있는 정서들을 회피하도록 배워 왔고, 회피하려고 노력하고 있다. 이러한 감정의 특징은 다음과 같다.

① 감정은 인간의 내부적인 측면에 영향을 준다.

② 인간은 온화한 것에서부터 아주 강렬한 것에 이르기까지 다양한 수준의 감정을 종종 경험한다.

③ 때때로 일차적인 감정은 이차적인 감정에 의해 가려진다.[2]

④ 감정은 일시적인 것이다. 즉 사람이 새로운 정보를 알고 새로운 경험을 하게 되면서 감정은 변한다.

---

2 예를 들어 자동차 충돌위기를 겪었다면 충돌에 대한 공포, 전복에 대한 공포 등이 일차적 감정이고, 상대방 운전자에 대한 분노의 감정이 이차적 감정인 것이다.

2. 비생산적 감정의 처리

어떤 사건에 대해서 어떻게 해석하고 생각하는가에 따라서 전혀 다른 감정을 경험할 수 있다설기문, 1997: 83. 이러한 현상을 잘 설명해 주는 것이 합리적-정서적 행태치료Rational Emotive Behavior Therapy: REBT이다. 이 이론의 핵심은 직면한 사건을 어떻게 해석하고 생각하느냐에 따라 바람직한 정서적 결과, 즉 생산적 감정을 경험하게 될 수도 있지만 그 반대로 바람직하지 않은 비생산적인 감정을 경험하게 될 수도 있다는 것이다. 이러한 비생산적인 감정은 결국 비합리적인 사고로부터 연유되는데 이들 비합리적 사고의 유형을 그 원인을 중심으로 살펴보면 다음과 같다Ellis & Harper, 1997: 216.

① 흑백논리적 사고(black and white thinking): 만약 내가 이번 일에 실패한다면 나는 다음번 일도 완수하지 못할 것이고 계속 실패를 거듭하게 될 것이라는 식의 사고방식이다.

② 결론으로의 비약(jumping to conclusions): 이는 사람들이 이번에 내가 실수하는 것을 목격했기 때문에 나를 무능한 사람으로 판단할 것이라고 생각하는 식의 사고방식을 말한다.

③ 부정적 예언(fortune-telling): 이는 "사람들이 내가 연설하는 동안 웃었는데 이는 그들이 나를 신통치 않은 연설자로 취급하고 있음을 의미하고 다시는 나를 초대해 주지 않을 것"이라고 생각하는 부정적 사고를 의미한다.

④ 비극화(catastrophzing): 이는 "내가 잘못했기 때문에 모든 일을 다 망쳐버렸다. 따라서 사람들이 나와 어울리지 않을 것이고 사실 나 역시 좋은 파트너를 만난 적이 없다"고 생각하는 경우이다.

⑤ 두려움(awfulizing): 이는 "현재 내 주머니엔 돈이 별로 없다. 사람들에게 내가 얼마나 초라해 보일까 이것이 두렵다"는 식의 생각이다.

⑥ 완전주의(perfectionism): 이런 경우는 "이번 인터뷰는 꽤 잘 해냈는데, 한 질문에 대해서는 신통치 못한 답변을 했다. 나는 이 실수를 잊을 수 없고 용서할 수도 없다"고 믿는 사람에게 자주 보인다.

이와 같은 비생산적인 감정을 최소화할 수 있는 방안은 다음과 같다Ellis & Harper, 1997: 222-239.

① 자신의 정서적 반응을 포착하라.

② 그러한 반응의 원인을 찾아보라.

③ 그 사건에 대한 자신의 생각이 어떤지 분석해 보라.

④ 비합리적 생각이 발견되면 그것의 타당성을 검토하고 합리적으로 사고를 전환하라.

PART 3-4

3. 감정과 분노의 관리

1) 감정과 분노관리의 중요성

증오, 적개심 등과 같은 분노와 관련된 많은 다른 용어들이 있다. 분노는 아주 정상적인 정서로서 분노의 감정을 부정하는 것은 인간성의 부정일 수 있다. 사람은 초조하게 되거나 위협을 받거나 불공평하게 취급되면, 대개 분노하게 되고 적개심을 갖게 된다. 그러나 성숙해짐에 따라 자신들의 분노를 자제하거나, 최소한 수용가능한 방식으로 분노를 표현할 줄 알아야 한다. 대부분의 사람들은 화가 나서 해버린 말로 인하여 많은 모욕과 경멸과 창피를 받은 경험이 있을 것이다.

물론 아주 객관적인 입장에서 분노의 정서를 생각한다는 것은 어려운 일이다. 즉 인간이 보복적인 태도나 비난적인 태도를 관련시키지 않고 자신의 분노의 정서를 표현한다는 것은 어려운 일이다. 사람들은 의당 자신의 개인적인 감정을 갖기 마련이다. 스스로가 타인에게 상처를 주거나 복수하려는 감정에서 탈피하려 한다면 이것은 분노와 관련된 정서적 능력에 있어 아주 바람직한 일이다.

분노는 건설적으로 이용될 수 있다. 개개인의 관점으로서, 분노가 정상적인 정서이고 그래서 그것이 반드시 파괴적인 것이 아니라고 인식하는 것은 사람들로 하여금 자신이 느끼는 정서를 이해하고 그래서 그것이 건설적으로 표현하도록 해 준다.

분노는 불합리하게 될 때 큰 문제가 된다. 이러한 경우에, 적대적인 감정은 통제되지 않고, 보통 가까이 있는 사람들에게 보복적인 행동을 하게 된다. 분노를 표출하는 것은 습관적이 될 수 있다. 왜냐하면 분노의 표출로 인해서 인간은 긴장된 상태에서 일시적으로 해방될 수 있기 때문이다. 이러한 형태의 분노는 화를 내는 당사자에게는 물론 주변 사람들에게까지 아주 해로운 것이 된다. 사람은 자기 자신의 분노를 이해하고 또 성공적으로 표현하는 방법을 배워야 하는 것은 물론, 타인의 분노를 이해하고 수용하는 방법도 배워야 한다.

2) 감정을 표현하는 방법

감정을 적절히 표현하고 관리하는 것은 인간관계에 있어서 매우 중요하다. 이를 대부분 잘 알고 있으면서도 제대로 표현하지 못하는 데는 문화, 성, 사회적 관습, 사회적 역할, 감정 인지의 능력 부족, 자기노출의 두려움 등의 다양한 이유에서이다. 이러한 감정을 적절히 표현하는 방법을 제시하면 다음과 같다Ellenson, 1982: 64-66; Adler & Proctor II, 2011: 132-141.

① 자신의 신체적 증상을 이해하라. 자신에게 있었던 내부적인 사건이나 감정을 토대로 하여 자신의 감정에 대한 새로운 인식을 갖도록 해 보라.

② 자신의 감정을 확인하라. 자신의 감정을 부인하거나 억압하지 말고, 그 감정이 어떠한 감정인지를 밝혀 보라. 그 감정에 이름을 붙일 수 있다면 붙여 보고, 그렇지 않다면 그 감정이 자신에게 어떠한 영향을 미치며, 이를 묘사할 수 있는 은유적 표현이 무엇이며 또는 자신이 느끼는 동기가 무엇인지를 기술해 보라.

③ 자신의 감정을 자기의 것으로 하라. 자신의 감정문제를 타인에게 전가하거나, 그 문제로 인해 타인을 책망하지 말고, 자신의 감정문제에 대해서는 개인적인 책임감을 가져라.

④ 자신의 감정을 다루는 데 무엇이 필요한지 결정하라. 감정에는 상당한 힘과 잠재력이 내포되어 있다. 사람이 그러한 힘과 잠재력을 어떻게 다루어야 하느냐 하는 것은 그 사람 자신이 해야 될 일이고 책임이다.

⑤ 감정을 표현할 적절한 용어를 생각하고 명확하게 표현하라.

⑥ 복합감정mixed feeling에 주의하라. 앞에서 살펴본 것 같은 일차적 감정과 이차적 감정을 동시에 경험하는 것이 대부분이기 때문에 이를 구분하는 것이 필요하다.

⑦ 감정과 행동은 별개라는 것을 인지하고, 자신의 감정에 대하여 책임지라.

⑧ 감정을 표현할 수 있는 최적의 시간과 장소를 선택하라. 즉 여러 환경적 요건을 파악하고 적시성을 지켜야 감정의 표현이 제대로 효과를 볼 수 있는 것이다.

이러한 기본적인 원칙 이외에도 자신과 관련된 사람들에게 자신의 감정을 개방적으로 전달하고, 자신의 감정을 표출하며, 신체적 활동을 하거나, 미래에 대한 안목과 유머감각을 갖추며, 적극적인 사고와 행동을 하는 것은 자신의 강한 감정을 표출하는 데 도움이 될 것이다.

3) 상대방의 분노에 대처하는 단계

우리는 상대방이 분노를 혹은 비합리적인 감정을 표출하거나 불만을 제기할 때 적절히 대처하지 못해 당황하거나 심지어 일을 그르치는 경험을 한다. 이를 방지하기 위해서는 다음과 같은 단계를 거치면서 대응하여야 할 것이다Mealiea & Latham, 1996: 526-531.

(1) 분노수준(anger level)의 판단

분노한 상태의 사람을 대할 때 그 사람의 현재의 분노수준을 파악하는 것이 우선 요구된다. 분노의 종류에는 첫째, 통제가능한 분노controlled anger가 있다. 이는 개인이 자신의 분노를 아직 통제할 수 있고 상대방에 대한 적대행동을 억제할 수 있는 정도를 의미한다. 둘째, 표현된 분노expressed anger가 있는데, 이는 분노의 보다 강력한 수준을 나타내며 타인에 대한 언어적 공격을 특징으로 한다. 셋째, 비합리적 분노irrational anger가 있는데, 이는 개인이 자제심을 잃고 스스로를 통제할 수 없는 경우를 의미한다. 또 이 경우 신체적인 공격행위가 나타날 가능성이 높다.

(2) 적절한 초기반응(initial response)의 선택

상대방의 분노의 수준을 파악했으면 여기에 적절한 초기 반응을 결정해서 적용해야 한다. 통제가능한 분노의 경우 대응하기가 비교적 수월하다. 그러나 표현된 분노나 비합리적 분노의 경우 일단은 상대방의 분위기를 맞추어 주고 경우에 따라서 침묵을 지키며 상대방의 감정이 가라앉기를 기다리는 것이 필요하다. 이 경우 합리적인 설득을 펼치는 것이 어렵기 때문이다. 따라서 상대방의 분노의 수준이 떨어질 때까지 상대방에 대한 어느 정도의 동조가 필요한 것이다.

(3) 상대방의 문제에 대한 경청

상대방의 분노가 어느 정도 가라앉아 통제가능한 수준까지 이르렀다고 판단되면 상대방의 분노의 원인을 파악하는 것이 필요하다. 따라서 상대방에게 분노의 이유에 대해 상세히 설명해 줄 것을 요청하고, 상대방의 말을 경청하는 것이 필요하다.

(4) 상대방 관점의 인식과 인정

종종 분노한 상대방의 입장에 대한 적절한 감정이입적 이해가 요구된다. 즉 상대방이 자신의 생각을 이야기할 때 적절한 반응을 보이면서 이해하는 자세가 필요한 것이다.

(5) 시정행동의 실시

만일 상대방의 이야기가 옳다면 여기에 대해서 잘못된 부분을 사과하고 시정하는 것이 필요하다. 또 당장 시정이 어렵다면 시정조치가 언제 어떻게 이루어질 것인지에 대해 명확히 제시할 수 있어야 한다. 여기에서 상대방의 신뢰를 확보하는 것이 중요하다. 그런데 만약 상대방의 의견이 옳지 않고 받아들일 수 없다면 호의적인 태도로 자신의 관점이나 입장을 이야기하고, 언제든지 관련된 정보를 공유할 수 있다는 것을 알려야 한다.

(6) 종료와 재정립

앞의 단계까지 순조롭게 진행됐다면 혹시 있을지 모르는 미래의 또 다른 감정적 대립을 예방하기 위해서 제시된 시정조치의 방법과 시기에 대한 명확한 제시가 중요하다. 타인의 분노에 효과적으로 대처하기 위해서 지금까지 살펴본 절차를 내면화하고 실천하는 것이 무엇보다 중요하다.

인간관계형성의 과정: 관계형성의 단계

제1절 남과 더불어 사는 나

인간은 자의든 타의든 생의 모든 단계에서 타인과 더불어 관계를 맺으면서 산다. 이는 인간은 타인을 필요로 하기 때문이다. 사랑하기 위해서 필요하고 사랑받기 위해서 필요로 한다. 인간관계는 타인과의 상호작용의 과정이다. 이는 자신과 타인에 대하여 더 많은 것을 알고 상호 간의 수용과 성장을 촉진함으로써 발전된다. 긍정적인 인간관계의 기술은 인간으로 하여금 이들이 생산적으로 협동하고 효과적으로 배울 수 있는 분위기에서 타인과 의사소통을 하도록 돕는다Ellenson, 1982: 231.

인간관계 연구에서 자신의 자아에 대하여 더 많은 관심과 이해를 갖는 것은 타인과 더 좋은 관계를 맺는 데 있어 가장 먼저 필요한 것이다. 실질적으로 긍정적인 자기존재와 타인과의 상호작용 모두를 강조하는 상호의존성은 건전하고 자신감에 넘치는 긍정적인 자아개념으로부터 출발한다.

이러한 상호의존성은 긍정적인 인간관계 개발에 있어서 중요한 요소이다. 또 인간은 타인을 필요로 하고 타인과의 관계를 필요로 한다. 타인과 관련해서 자기 자신의 존재를 확인하고자 하는 것은 인간관계를 이해하는 데 있어 첫 단계이다.

제2절 관계의 진행단계

일단 사람과 사람이 만나서 인간관계를 맺어 나갈 때는 어떤 과정을 거치게 되는가 하는 것은 결국 두 사람의 관계의 발달단계가 어떻게 되는가 하는 것에 귀결되는 문제이다. 여기에서는 인간관계의 발달단계이론 중에서 냅과 반젤리스티Knapp & Vangelisti: 2009, 33-59의 관계형성과정이론을 중심으로 설명하기로 하겠다. 이들의 경우 관계발달모형의 기본전제를 상대방과의 상호작용유형에 두고 있다. 그는 상호작용단계의 모형을 친화과정coming together과 소원화과정coming apart으로 나누어 설명하고 있다.

1. 친화과정

1) 시작단계(initiating)

시작단계는 관계가 시작되는 단계인데 일단은 상대방에게 매력을 느끼고 관계를 갖고자 하는 마음을 먹는 것으로부터 시작된다. 어떤 사람이 일단 상대방을 관찰한 다음 그에게 접근할 것인가를 생각해 보고 최종적인 결정을 내린다면 이미 첫 단계는 시작된 것이다. 이 단계에서는 상황과 매력의 두 가지 요소가 작용한다.

우선 상황에 따라 접근하기가 쉬울 수도 있고 어려울 수도 있다. 다음은 매력의 요소인데 어떻게든 우리가 상대방에게 매력을 느낄 때 관계가 가능한 것이다. 결국 우리는 매력을 느끼는 사람에게 적절한 상황에서 접근하여 말을 걸게 되는데 이때 그와 계속 가까이 할 수 있을지를 탐색하게 된다. 처음에 관계가 시작될 때 다음과 같은 세 가지 중의 한 가지로 관계를 설정하게 된다설기문, 1997: 99.

① 더 이상 관계를 하지 않겠다는 것이다. 어떤 이유에서든 더 이상의 관계를 하지 않는 것이 좋겠다든가, 또는 할 수 없다고 판단될 때 관계를 더 이상 하지 않기로 결정하게 되는 것이다.

② 피상적인 수준에서의 관계를 생각하는 것이다. 즉 피상적인 인사나 대화를 나

누는 정도에서 관계를 유지한다는 것이다.

③ 더 깊은 관계를 하는 방향으로의 결정이다. 피상적인 수준에서가 아닌 더 깊은 수준의 대화와 더 깊은 사적인 관계의 필요성과 가치가 인정될 때 상대방과의 관계를 발전시킬 결심을 하게 된다.

2) 실험단계(experimenting)

일단 관계가 시작되면 실험단계로 들어가게 되는데, 실험단계는 잘 모르는 상대방의 특성에 대해서 발견하려고 노력하는 단계이다. 이 단계의 초점은 타인과의 관계의 가능성을 계속 알아보는 데 있다. 이 단계에서는 정보수집과 관계촉진이라는 두 가지 과제를 수행해야 한다. 즉 정보수집을 통해 관계촉진이 이루어진다고 볼 수 있는데, 예를 들어 "당신의 고향은 어디입니까, 저는 ○○인데요 …" 같은 식의 대화를 통해 서로의 신상에 관한 기초적 정보를 교환함과 동시에 이를 통해서 관계를 촉진해 나가는 것이다. 정보수집에서 수집되는 정보에는 크게 문화적 정보cultural information, 사회적 정보sociological information, 심리적 정보psychological information가 있다.

사람들은 친밀한 관계를 수립하기 위해서 이 실험단계에서 많은 시간을 보내게 된다. 그것은 보다 큰 여유를 추구하기 위한 노력이며, 긴장된 수준의 대화 시에 발생하는 불편한 동요 혹은 불안을 회피하기 위한 노력이다. 이 실험단계를 통해서 서로의 공통점을 찾고, 공통점을 계속 발견함으로써 관계의 진전이 이루어지는 것이다.

이 단계에서의 상호관계는 대체적으로 즐겁고 편안하며, 명백히 비판하지 않으며, 변덕스럽다. 또한 몰입은 제한적이라는 특징이 있다. 그리고 대부분의 인간의 관계는 이 단계에서 벗어나기 힘들다.

3) 심화단계(intensifying)

심화단계는 단순히 '아는 관계' 수준에서 '친한 수준'으로 넘어가는 단계이다. 적극적인 참여와 관계 진전의 자각이 이 단계의 전형이다. 서로가 마음과 시간을 투자하여 관계를 발전시킴에 따라 친밀성과 신뢰수준이 증가하여 두 사람 간의 관계는 심화된다. 개인적 개방도 증대되어 자신의 결점, 두려움, 실패, 좌절, 편견과 같은 은밀한 비밀들도 쉽게 털어놓게 된다.

이 단계에서는 서로를 부르는 호칭도 친밀해지고 말을 편하게 하게 되고, '우리' 라는 표현을 일반적으로 사용하게 된다. 또 자기들끼리 통하는 농담, 은어와 같은 개인적 상징이 개발된다. 둘이 같이 보내는 시간도 증가하게 되고 함께 나누는 것 들이 증대된다. 즉 누적되고 공유된 가정, 기대, 관심, 지식, 상호작용, 경험의 축적 물 위에 성립된 일종의 언어적 지름길이 생기게 되는 것이다.

뿐만 아니라 몰입에 있어서 보다 직접적 표현을 사용하게 된다. 점진적으로 어느 한쪽이 조정자의 역할을 하게 되기도 한다. 비언어적 메시지 전달에 있어서의 정교화가 또한 증대된다. 긴 대화 대신에 동작 하나로 해결되기도 한다. 태도^{입장}의 일치가 보이기 시작하고, 심지어 복장이 비슷해지기도 한다. 소유와 개인적 공간이 모호해지기도 한다. 관계가 심화될수록 각각의 사람은 상대방의 성격에 친화하는 동시에 자신의 독특성을 드러내게 된다. 요컨대 상호 간의 관계가 심화될수록 각각 의 개인은 자신의 개성을 드러내게 되고, 동시에 상대방의 개성과 자신의 개성을 융합시키게 된다.

4) 통합단계(integrating)

통합단계는 심리적으로 하나가 되는 단계이다. 즉 관계가 더욱 심화되고 더 많은 것을 공유하게 됨에 따라 두 사람의 개성은 혼합되고 두 사람 간의 차이는 최소화된다. 이 단계에서는 특히 신뢰와 자기노출이 더욱 심화됨으로써 서로의 관계가 최고조로 깊어질 수 있다.

통합의 언어적 또는 비언어적 표현은 다음과 같은 다양한 형태로 나타난다.

① 타인들과 구분되는 둘만의 태도, 의견, 관심, 취향 등이 활발히 생성된다.

② 그들이 소속된 사회적 집단이 합체되고 타인들이 두 사람을 동일체로 간주하기 시작한다.

③ 친밀함의 '전리품^{trophies}'이 교환됨으로써 각자는 상대방의 사진, 핀, 반지 같은 것을 착용하게 된다.

④ 버릇, 의상, 언어적 행태에 있어서의 유사점이 둘의 동일성을 강조하게 된다.

⑤ 다양한 육체 일부의 실제적이고 신체적 침투^{penetration}가 동일성을 타인이 인

지하는 데 기여하게 한다.

⑥ 종종 '우리 노래', 공동은행계좌, 공동저작과 같은 공동의 소유물을 의도적으로 만든다.

⑦ 감정이입의 과정이 최고점에 올라 행동의 설명과 예측이 보다 용이해진다.

⑧ 신체리듬과 일상사가 고도의 일치성에 도달한다.

⑨ 이따금 제3자나 대상의 사랑이 관계를 공고히 하는 데 도움을 준다.

주의할 것은 통합이 완전한 하나됨 혹은 개성의 상실을 의미하는 것은 아니라는 점이다. 얼마간의 자신의 독특성, 개성의 유지는 매우 중요하며 가능하다. 그러므로 우리는 통합단계에서 자신의 다양한 측면을 심화하고 최소화한다는 것을 발견할 수 있다. 결론적으로 타인과 통합단계로 도달했다는 것은 그들이 또 다른 개인이 된다는 것에 동의한 것이라고 볼 수 있다.

5) 결합단계(bonding)

결합단계는 일종의 공식화된 계약단계이다. 앞에서 설명한 여러 가지 과정과 단계를 거치고 그동안의 결론이 만족스러웠다면 이제 관계를 '공식화'하고 '계약'하여 공고히 할 필요가 생기는 것이다. 따라서 이성 간의 관계에서는 애인관계, 약혼, 결혼과 같은 단계를 밟게 된다. 일반적인 인간관계에서는 군이 '공식화'의 절차를 거치지 않고도 어떠한 모양으로든 관계를 '형식화'하는 절차를 밟게 된다. 그럼으로써 서로의 관계유지와 발전을 위해 기여하게 된다. 그리고 이 결합을 통해 서로에 대한 무한한 기여와 헌신이 요구되며 관계에 대한 새로운 규정 및 새로운 행동규율이 정해지기도 한다.

결론적으로 결합단계는 관계에 대한 사회적이고 제도적인 지지를 얻는 방법이다. 이는 두 사람이 법률, 정책, 선례에 의지할 수 있게 해 준다. 결합은 또한 구체적 규칙과 규제를 통하여 관계에 대한 지침을 제공해 준다. 그리고 이 결합단계는 관계의 본질을 좋게 혹은 나쁘게 변화시키는 데 있어서의 중요한 강력한 특징을 갖고 있기 때문에 그 중요성이 더욱 크다고 볼 수 있다.

과 정	단 계	대화유형
관계형성	시 작	"안녕하세요. 어떻게 지내십니까?" "아, 안녕하세요. 잘 지내고 있습니다."
	실 험	"스키타기를 즐기시는군요. 저도 무척 좋아합니다." "그래요? 반갑네요. 주로 어디로 타러 가십니까?"
	심 화	"당신을 사랑합니다." "저도 당신을 사랑해요."
	통 합	"당신 생각이 머리에서 떠나질 않아요." "저도요. 우리는 항상 하나인 것 같은 기분이예요."
	결 합	"항상 당신과 함께 있고 싶군요." "그럼 우리 결혼할까요."

[표 5-1] 관계형성단계의 모형 I: 친화과정

2. 소원화(疏遠化)과정

모든 관계는 항상 친화과정으로 발전하는 것은 아니다. "올라가는 길과 내려가는 길은 같다"는 철학자 헤라클리투스Heraclitus의 말처럼 경우에 따라서는 관계가 정리되는 단계를 거치게 된다[그림 6-1] 참조. 이 과정은 차이감지, 겉돌기, 침체, 회피, 이별의 단계를 거치게 되는데 이를 자세히 설명하면 다음과 같다.

▼ 그림 5-1 상호작용단계의 계단모형

자료: knapp & Vangelisti(2009: 48).

1) 차이감지단계(differentiating)

차이감지단계는 헤어짐의 첫 단계이다. 본래 개인 간의 차이점은 관계발전의 어떠한 단계와도 관련 있는 것이긴 하지만, 이 단계에서는 특히 그 차이에만 초점을 두고 관심을 가지는 단계이다.

이 단계에서는 많은 시간과 노력을 서로 얼마나 다른가를 이야기하고 생각하는 데 보내게 된다. 이제 '우리'라는 개념보다는 '나'라는 개념이 앞서게 되며 공동의 소유물들도 감소하게 된다. 의사소통은 일반적으로 공통점과 상호대화의 양의 감소로 특징지을 수 있다. 이러한 차이는 태도, 관심사, 구체적 행동과도 관련되며, 이 단계에서 각 개인들은 이러한 차이를 본질적 혹은 핵심적 가치와 강력한 관련이 있는 것으로 간주한다. 이러한 차이감지가 결합단계 다음에 오게 되었을 때는 보통 관계가 충분히 심화되고 폭넓게 형성되기 전에 결합단계에 이르게 되었기 때문이다.

일반적인 차이감지단계에서의 가시적 의사소통유형은 반드시 그런 것은 아니지만 다툼이나 갈등이다. 종종 갈등은 관계를 상하게 하는 상대방의 행동에 대한 개인의 관용의 문제이다.

2) 겉돌기단계(circumscribing)

겉돌기단계는 대화가 단절되기 시작하고 피상적으로 진행되는 단계이다. 이러한 대화의 유형은 다른 단계에서도 나타날 수 있지만, 이 단계에서는 특히 정보교환이 양적·질적으로 감소한다는 점이 특징이다. 대화에 있어서의 기본적 행태는 조심스러운 통제와 안전영역에서 대화를 한정한다는 점이다. 이러한 대화의 제한 또한 관계의 다양한 측면에 영향을 주게 된다.

겉돌기단계가 관계를 특징짓게 되면 이는 또 공적·사회적 생활에 영향을 주게 된다. 종종 함께 속해 있는 사회적 모임도 겉돌게 되고, 혼자될 것처럼 보이는 것을 피하기 위해 제3자가 있을 때만 관계가 원만한 것처럼 보이게 행동한다.

3) 침체단계(stagnating)

침체단계는 행동이 없어지거나 소극적이 되는 단계를 의미한다. 구두로 의사소통을 하는 대신, 피상적인 대화를 하게 되고 상대방이 어떻게 반응할지 알고 있기 때문에 더 이상 어떤 것에 대한 대화는 불필요하다고 생각하는 일이 빈번하게 된다. 이 단계에서는 많은 영역들이 닫히게 되고, 보다 효과적으로 의사소통을 하려는 노력도 멈추게 된다.

비언어적 의사소통을 통해서 불유쾌한 감정상태를 전달하기도 하고, 의사소통은 점차로 형식화되고, 어려워지고, 완고해지고, 분명치 않아지고, 어색해지고, 협소해진다.

이러한 침체단계는 이성 간의 관계뿐만 아니라 부모와 자녀 간에도 나타날 수 있고, 이혼 전, 구애기간에도 나타날 수 있다. 이 기간 중에는 "내가 이렇게 말하면 그 사람은 이렇게 대답하겠지, 그러면 나는 또 이렇게 대꾸할 거야 …" 같은 식의 일종의 '상상된 상호작용imagined interaction' 또는 "내가 할께," "당신은 그거 못해," "아 알았어," "알긴 뭘 알아," "나 그거 못한다고," "또 그런 식으로 나오는군," "당신도 항상 그런 식이잖아" 식으로 전개되는 실제적 대화에 빠질 수 있다.

그들은 현재의 고통보다 관계의 정리로부터 오는 고통이 더 클 것이라고 생각하기 때문에 이별에 이르는 것을 피하려고 하며, 종종 관계를 다시 회복시킬 수 있기를 희망한다. 어떤 사람들은 이 단계에서 많은 시간을 보내게 되는데 상대방을 괴롭히는 데 대한 일종의 심술궂은 즐거움을 느끼게 되기 때문이다.

4) 회피단계(avoiding)

회피단계는 시작단계의 정반대 현상이라고 보면 된다. 이 단계에서는 의사소통이 서로 대면적이거나 직접 이루어지지 않게끔 특별하게 고안된다. 즉 "더 이상 당신을 보기 싫다," "더 이상 관계를 유지하는 데 관심이 없다," "당신과는 더 이상 의사소통을 하기 싫다"는 생각이 표면화되어 나타나는 단계인 것이다. 이런 의미에서 회피단계는 헤어짐의 보다 강력한 징후를 보여 주고 확고하게 하는 단계라고 할 수 있다.

의사소통에 있어서는 적대감이나 불친절한 의미를 함축한 내용이 주가 된다. "더 이상 연락하지 말았으면 좋겠어. 다시는 당신을 보고 싶지 않아"식의 노골적 회피를 나타내기도 하고, "너무 바빠서 만나기가 참 힘들군. 이번 금요일은 친구 집들이에 가봐야 하고 … 주말엔 친척결혼식 때문에 어렵겠고 … 월요일? 월요일은 야근해야 해. 화요일? 글쎄 … 화요일은 다음 날 영어 테스트가 있어서 공부를 좀 해야 되는 데 … "식의 계속적 회피가 이루어지기도 한다.

5) 이별단계(terminating)

사람들의 관계는 만나자마자 종료되기도 하고 혹은 20여 년간의 만남 후에도 종료될 수 있다. 이별단계는 두 사람 간의 사회적 혹은 기타 다양한 차이가 점차 증대되면서 발생되는 최종 결과라고 할 수 있다.

이별단계에서의 대화의 특성은 거리감distance과 분열disassociation이라고 할 수 있다. 거리감은 두 사람 간의 의사소통에 있어서 심리적·물리적 장애물을 구축하는 것을 의미한다. 분열은 그들의 개별적 인생에서 상대방의 존재를 더 이상 필요로 하지 않으며, 각자의 관심사나 서로의 차이를 강조하는 메시지에서 발견된다. 의사소통은 양극화되어 침체단계에서 나타난 바와 같이 형식화되고, 완고해지고, 모호해지고, 어색해지고, 협소해진 의사소통이 보다 강화된다.

이러한 이별단계는 서로 나누는 관계의 내용으로 감지할 수 있다. 즉 짧은 대화summary statement, 이별의 시작 또는 만남의 감소를 나타내는 행동, 장래의 관계에 대한 메시지의 교환 등을 통해 이별의 전조를 볼 수 있다. 짧은 대화는 절박한 관계종료의 이유를 알 수 있게 해 주고, 만남의 감소는 현재 일어나고 있는 현상을 명확히 해 주고, 미래는 헤어진 후의 어색한 상호작용을 회피하게 해 준다. 이러한 이별단계는 간혹 시간이 많이 소요되기도 하는데 어느 한편이 헤어짐을 원치 않거나 최종적 헤어짐을 망설일 때 종종 발생한다.

지금까지 살펴본 바와 같이 관계를 형성하는 단계에서 얼마든지 [그림 6-1]에서 보는 것과 같은 일들이 발생하게 되는 것이다.

① 각 단계의 이동movement은 일반적으로 체계적이고 연속적이다. 즉 관계형성 혹은 관계정리는 계속적으로 이동되고 유동적이다.

② 이동은 앞으로 전개되기도 한다. 관계형성단계뿐만 아니라 관계정리에도 마찬가지로 적용된다.

③ 이동은 퇴화되기도 한다. 예컨대 통합단계에 도달했다고 해서 반드시 결합단계로 올라갈 수 있는 것이 아니며 그 이전단계로 후퇴되기도 한다.

④ 이동은 단계 내에서도 발생한다. 즉 각 단계도 각각 정도의 차이를 갖고 있는 것이다.

⑤ 이동은 새로운 국면으로 향하게 된다. 즉 어떤 특정한 단계에서 정체되는 것이 아니라 앞으로 전개되거나 후퇴하게 되는 것이 일반적이다.

[표 5-2] 관계형성단계의 모형 II: 소원화과정

과 정	단 계	대화유형
관계정리	차이감지	"나는 이런 대규모 모임은 질색이야." "가끔씩 당신을 이해 못하겠어요. 이것도 우리의 차이점 중 하나군요."
	겉돌기	"출장은 어땠어요?" "저녁밥은 도대체 언제 줄꺼야?"
	침 체	"도대체 무슨 소릴 하는 거야?" "당신이 그런 소릴 할 줄 알았어요."
	회 피	"요즘 바빠서 당분간 만나기 힘들꺼야. 내 시간나면 전화하지." "전화해도 혹시 못 받을지 모르니 이해해 줘요."
	이 별	"아무래도 우리 헤어지는 게 좋겠어. 서로 미련 갖지 말자고…." "누가 미련 갖는다고 그래요? 걱정말아요."

자기이해와 자기노출

제1절 자기이해와 자아개념

1. 자아개념의 의의

인간행동에 영향을 미치는 중요한 요인 중의 하나가 바로 개인의 자아개념self-concept이다. 이러한 자신의 자아개념은 자기 자신의 경험에 비추어 주변상황이나 사건을 평가하는 판단기준이 된다. 자아개념은 자신이 어떤 사람이며, 어떻게 행동하고, 생활주변에 어떻게 반응하는지에 관한 것을 알려 준다. 자아개념은 또한 인간의 핵심적인 부분이며, 인간이 일상생활에서 표현한 모든 반응의 산물이고, 자아에 대한 자신의 개념이다. 즉 자아개념은 인간이 한 개체로서의 자신에 대해 갖는 이미지이다.

메이May, 1967: 80는 자아란 단순히 한 사람이 수행하는 다양한 역할들의 총합이 아니라, 자신이 수행해야 할 역할들에 대해서 아는 능력으로 보통 사람이 볼 수 있는 측면과 함께 자신의 또 다른 '측면'을 아는 것을 포함한다고 하였다. 일반적으로 자아개념은 사람들이 자신에 대해 갖고 있는 생각, 감정, 그리고 태도의 복합물이다.

제임스William James는 "한 개인이 자기 것이라고 말할 수 있는 모든 것"을 자아개념이라 말하며, 이는 물질적 자아material self, 사회적 자아social self, 그리고 심리적·영적 자아psychic or spiritual self로 구성되어 있다고 한다김혜숙 외, 2000: 43-44.

① 물질적 자아는 나를 이루고 있으며 나와 관계된 가시적인 물질적 측면을 말

한다. 즉 외모 및 신체적 특성, 물질적 소유물 등을 포함한다. 현대적인 서구미인의 기준이 문화와 신체조건이 다른 우리사회에 그대로 통용되면서 다이어트 열풍이 불거나, 새로운 미적 기준에 따라 성형수술 붐을 일으키고 있는 것은 물질적 자아를 중시하는 현대인의 성향을 잘 나타내는 단적인 예에 해당한다. 이는 그 사람이 속해 있는 문화가 규정한 물질적 자아상이 자아개념과 행동에 커다란 영향을 미치고 있음을 의미한다.

② 사회적 자아는 타인과의 관계 속에서 나타나는 나의 신분과 위치를 말한다. 개인에게는 그를 알아보고 또 그를 기억하는 사람들의 수만큼 사회적 자아가 있다. 사회적 관계나 역할을 통해 드러나는 사람의 사회적 면모이자 기능적 측면의 자아라고 할 수 있는데 교육관계, 이성관계, 가족관계, 사회적 신분 등을 포함한다. 사람이 자기가 소속된 집단에서 부여하는 여러 가지 역할에 충실히 따른다는 것은 사회 적응을 위해 필요한 일이지만, 그것은 곧 자기 삶의 전부는 아니며 일부분일 뿐이다.

③ 심리적·영적 자아는 가치관이나 도덕기준 등과 관련된 내면적 특성과 자기 반성적인 사고들을 말하는 것으로 성격, 능력, 적성 등을 포함한다. 이는 그 사람의 외적 평가와 무관한 자신에 대한 생각과 감정들이다.

2. 자기이해를 위한 자아개념의 중요성

자기이해를 위하여 자아개념의 특징을 이해하는 것이 중요한데, 자아개념의 몇 가지 중요한 특징을 요약하면 다음과 같다Ellenson, 1982: 26-29.

① 자아개념은 태어나는 것이 아니라 체득하는 것이다. 인간은 자아상을 갖고 태어나는 것이 아니라, "현실적인 나I"와 "이상적인 나me"에 대한 그림을 그리면서 점차적으로 자신에 대한 지각을 갖게 된다. 어린이는 "이상적인 나me"와 "이상적이지 않은 나not me"에 대해서 점진적으로 배운다. 손가락과 발가락이 내 몸의 일부라는 인식에서부터 "이상적인 나"는 행동과 행동의 결과에까지 확대된다고 이해하기까지, 이 모든 일들은 자아개념을 획득하는 부분적인 과정이다. 젊은이들의 자아개념은 사춘기 동안에는 계속해서 변화한다. 성인이 되어 자아개념의 부분을 형성하는

가치나 태도가 지속적으로 형성된다.

② 자아개념은 중요 타인의 영향에 의해 형성된다. 인간은 어떤 주어진 상황에서 어떤 기대나 중요 타인의 기대에 따라 자신의 행동과 신체적 특성을 평가하게 된다. 인간은 별로 친하지 않은 친구가 자신에 대하여 어떻게 생각하는지에 관해서는 별로 관심을 두지 않는다. 그러나 자기 주변에 있는 친한 친구, 상급책임자, 다른 "영향력 있는" 사람들이 자신에 대하여 어떻게 말하는 가에 대해서는 상당한 관심을 갖고 지켜본다. 그만큼 중요 타인과의 관계 속에서 있었던 경험에 대한 해석은 자신의 자아개념 발달을 결정하는 데 중요한 영향을 미친다.

③ 자아개념은 종종 자신의 외부로까지 확대된다. 사람들은 자기가 소중히 여기는 소유물이나 자기가 소속되어 있는 집단, 또는 자기 가족을 자기 자신이라고 생각함으로써 자아확대extension of self를 한다. 예를 들어 자기가 소중히 여기는 컴퓨터, 자동차, 오디오 등에 대한 소유의식은 그 소유물 자체를 자기 자신의 한 부분으로 생각해서 누가 그것을 만졌다고 화를 내기도 한다. 이러한 예는 사람들이 자아를 어떤 소유물에까지 확대시켜 생각하는 경우이다. 또한 가족이나 집단을 자기와 동일시하는 경우로서 만약 구성원 중 한 사람이 억울한 일을 당하거나 다쳤을 때 마치 자기가 당하거나 다친 것처럼 분해하거나 아파한다. 물론 자아개념의 동일시에는 위험이 따르기도 한다. 즉 사람은 조직이나 집단에 너무 강력하게 묶여지면 건전하지 못한 의존성이 길러질 수도 있다.

④ 자아개념은 스스로 강화되는 경향이 있다. 개인은 자기가 행한 행동의 결과로써 원하는 어떤 것을 얻게 되면, 그 행동을 강화하여 다시 행할 확률이 높다. 원하는 반응을 지속하고 습관화시킬 가능성이 높은 강화는 부모, 교사, 상사, 친구 등과 같은 중요 타인에 의해 이루어진다. 강화물은 물질이거나 칭찬, 미소, 인정 등과 같은 긍정적인 사회적 반응들이다. 사회적으로 기대되는 방식으로 행동해서 긍정적 강화를 받으면 자아개념은 긍정적으로 강화되지만, 그렇지 않다면 부정적으로 강화된다. 즉 긍정적인 자아개념을 가진 사람은 긍정적인 자기언어로 자신을 강화하지만, 부정적인 자아개념을 가진 사람은 부정적인 자기언어로 자신에게 피드백을 주게 된다. 이와 같이 자아개념은 경험과정이나 지각과정을 통해 자신에게 책임을 지게 하고 어떤 행동이 자기에게 의미가 있는지를 알게 한다. 자아개념은 변할 수 있는 것이므로 고도의 수행능력을 통해 학습시킬 필요가 있다.

3. 자기와 타인에 대한 긍정적 관점의 형성

자신을 어떻게 보느냐하는 것은 타인을 어떻게 보느냐 못지않게 중요하다. 사실 자신을 보는 관점에 따라 그 사람의 행동이나 태도가 선택되거나 결정되기 때문이다. 해리스Harris, 1969는 자신과 타인에 대해 가질 수 있는 네 가지 기본적인 입장과 관점을 제시했는데, 자신과 타인을 보는 관점이 긍정인가 혹은 부정인가에 따라 그 유형이 형성된다.

[표 6-1] 자기와 타인을 보는 관점에 따른 유형
자기부정 – 타인부정: I'm Not Ok – You're Not OK
자기부정 – 타인긍정: I'm Not Ok – You're OK
자기긍정 – 타인부정: I'm Ok – You're Not OK
자기긍정 – 타인긍정: I'm Ok – You're OK

(1) 자기부정-타인부정형(I'm Not Ok – You're Not OK)

자기부정–타인부정의 사람들은 자포자기 하거나 무의미한 생활과 시간을 보낸다. 근본적으로 인간관계에 대해 부정적이며 자신을 포함해서 아무도 믿지 않기 때문에 인생을 허무주의로 본다. 자신이 잘나지 못하고 소극적으로 느끼기 때문에, 삶에 대해 너무 비평적이며 동기의욕이 낮다.

(2) 자기부정-타인긍정형(I'm Not Ok – You're OK)

자기부정–타인긍정의 사람들은 타인의 인정과 승인을 필요로 하는 의존적인 사람이다. 이들은 타인들이 자기보다 훌륭하다고 생각하는 태도, 즉 타인을 긍정하지만 자신을 부정하는 태도가 지속되기 때문에 우울하고 소외되며, 무능력하다고 느끼는 자기비하로 이어지게 된다. 따라서 타인과의 관계형성을 위해 시간을 보내려고 하지 않는다.

(3) 자기긍정-타인부정형(I'm Ok - You're Not OK)

자기긍정과 타인에 대한 부정의 관점을 가지게 되면 주위에서 일어나는 모든 문제를 타인의 잘못으로 인한 것이라고 생각하게 된다. 자신의 변화를 통해서 해결해야 하는 문제들도 다 남의 탓으로만 돌릴 뿐만 아니라, 남들은 늘 자신을 속이려고 한다고 보고 의심하며 믿지 않으려고 한다. 따라서 이러한 사람들은 타인을 불신하며 비난하며 관계를 끊으려고 하는 방향으로 나아가며, 대개의 경우 이런 형태의 사람은 분노를 쉽게 터트리고 타인을 경시하며 자신은 잘났다는 태도를 나타낸다.

(4) 자기긍정-타인긍정형(I'm Ok - You're OK)

자기긍정-타인긍정의 단계는 올바른 인간관계를 형성하기 위한 가장 바람직한 관점으로 스스로 노력하여 자신에 대한 강한 신뢰, 장점, 그리고 타인을 굳게 믿으

[표 6-2] 해리스의 네 가지 관점과 태도

생활유형	개선방향	특 징	심리적 태도
자기긍정 타인긍정	스스로 문제를 해결할 수 있도록 동기 유발	· 건강한 심리자세 · 자기존중/타인존중 · 성장기의 부모의 바람직한 자세 전수	· 긍정적 사고 · 자기성장 노력
자기긍정 타인부정	인내와 관찰	· 타인에 대한 부정과 자기 긍정 반항적 태도 · 타인에 대한 무시	· 자립하려는 욕구 강함 · 편집증적 자세 · 극단적 불신 비난, 증오 등의 행동 특성 · 자만심과 자기방어
자기부정 타인긍정	지지하는 방법과 자율성을 강화하는 방법	· 타인에 대한 긍정 · 자기에 대한 부정 · 지시에 전적으로 의존 · 출생 후 아동에게 흔함 · 타인을 긍정적으로 생각함	· 열등감, 부적절감, 우울증, 죄의식 · 타인에 대한 불신 · 감정적 도피 또는 타인을 멀리하는 경향
자기부정 타인부정	· 지도와 감독 · 긍정적 강화와 격려	· 유아기에 나타남 · 무능력감을 경험하면서 자기부정 감정 · 타인에 대한 부정적 태도 · 생을 자포자기하는 경향	· 버림받았다고 지각 · 모든 사람에게 분노감정 · 반항과 자기부정 현상 · 생에 대한 의욕 상실 · 반사회적 행동

자료: 황진우(1997 : 50-51).

려는 신뢰에 대한 기반이 된다. 대체로 자신에 대해서도 만족하고 타인에 대해서도 편안함을 느끼는 입장으로 이러한 형태는 아무런 거리낌 없이 느끼고, 표현하며, 수용하기 때문에 개방적 삶과 생활을 할 수 있다. 또한 동기와 활용의 욕구도 강하다.

제2절 자기노출의 의미와 이유

자기노출self-disclosure은 타인에 대한 개방성 차원임과 동시에 의사소통 형태 중에서 중요한 역할을 수행한다. 자기노출이란 개인이 의식적으로 언어적 혹은 비언어적 수단을 통하여 자신의 생각, 감정, 경험 등 자신에 관한 정보를 타인에게 알려 주는 것을 의미한다McKay, Davis & Fanning, 1995: 21. 사람들은 종종 일상적인 말이나 타인에게 자신을 설명하는 방식으로 자기 자신을 무의식적으로 나타내곤 한다.

자신을 노출하기를 꺼리는 개인은 자신이 타인에게 노출되는 것을 위협으로 생각하기 때문에 자기의 실제 자아를 억누르게 된다. 커뮤니케이션유형 중에서 자기보호형이나 자기부정형의 사람들이 이런 성격유형을 대표한다. 개인 간의 건전한 개방성은 공감대의 형성을 촉진시킬 수 있다. 그러나 무조건적인 자기노출은 바람직한 것이 아니며 적절한 수준의 자기노출이 바람직하다고 볼 수 있다. 즉 건전한 자기노출은 균형잡힌 자기노출이며, 이는 자기노출의 적절한 시간과 내용, 대상을 잘 선택해야 한다는 것을 의미한다.

일반적으로 사람들이 인간관계에서 자기노출을 하는 것은 다음과 같은 이유에서 이다Adler & Proctor II, 2011: 317-319.

(1) 감정정화

남에게 이야기하기 어려운 내용일수록 자기노출이 갖는 감정정화의 효과는 크다. 그러한 점을 알기 때문에 우리는 감정정화를 위하여 누군가 가슴을 털어놓을 대상을 찾고 자기노출을 하게 되는 것이다.

(2) 자기명료화

누군가에게 자신의 문제를 털어놓다 보면 저절로 생각이나 감정이 정리되는 경험을 해 보았을 것이다.

(3) 자기정당화

우리는 누군가에게 자신에 대한 이야기를 하게 되면 그가 자신의 정당성을 인정해 줄 것이라는 희망으로 자기노출을 하게 되는 경우도 있다.

(4) 상 호 성

자신이 자기노출을 하게 되면 일반적으로 상대편도 그렇게 하기 마련이다. 여기에는 상호성의 원리가 작용하기 때문이다. 그러므로 우리는 타인의 자기노출을 촉진하기 위해 자기노출을 하게 된다.

(5) 인상형성

다른 사람에게 어떤 특별한 감명을 주기 위해 자기노출을 하는 경우도 있다. 즉 남에게 긍정적이고 강한 인상형성을 위한 목적으로 사람들은 자기노출을 하기도 하는 것이다.

(6) 관계유지와 증진

일반적으로 자기노출을 하게 될수록 관계가 발전되는 경향이 있다. 또 관계가 발전될수록 자기노출의 빈도와 정도가 심화된다. 결국 개인은 관계를 계속 유지하고 발전시키기 위해 자기노출을 한다고 할 수 있다.

(7) 사회적 영향력 행사

가끔씩 개인은 자기노출을 통해 상대방에게 압력을 행사하고 결과적으로 그를 통제하기도 한다. 즉 '과시성' 자기노출을 함으로써 상대방이 부담을 갖게 하고 그 부담을 자신의 소기의 목적에 이용하기 위해 자기노출을 하기도 한다.

제3절 자기노출의 효과와 진단

1. 자기노출의 효과와 장애

자기노출의 여러 가지 효과를 구체적으로 살펴보면 다음과 같은 것들을 들 수 있다McKay, Davis & Fanning, 1995: 23-24.

(1) 자기이해의 증진

누군가에게 자신의 마음을 열어 놓다 보면 조금씩 자신의 생각과 감정이 정리되어 자기 자신을 정확하고 객관적으로 이해할 수 있게 된다. 즉 '자기명료화'를 통해서 자기를 보다 잘 이해하게 되는 것이다.

(2) 관계의 친밀화

개인들끼리 자기노출의 빈도가 늘어나고 그 정도가 깊어질수록 상호공감대가 형성되고 이를 통하여 서로에 대한 거리감이 줄고 친밀감이 증대되므로 관계의 친밀함을 높일 수 있게 된다.

(3) 의사소통의 증진

자기노출은 상대방으로 하여금 자기노출을 가능하게 하고 또 그의 자기노출은 자신의 또 다른 자기노출을 가능하게 한다. 결과적으로 자기노출은 상호 간의 의사소통을 증진시키는 효과를 가진다.

(4) 죄책감의 감소

일반적으로 사람들은 많은 예기치 못한 실수를 저지르고 죄책감을 가지게 된다. 이 경우 효과적으로 자기노출을 하게 되면 죄책감이 줄어드는 것을 경험할 수 있는데, 예를 들어 천주교의 고해성사나 기독교의 간증 같은 것이 그러한 기능을 발휘하는 것이다. 또 절친한 친구나 선배에게 자신의 실수나 잘못을 털어놓게 되면 가슴이 후련해졌던 경험도 그러한 전형적인 예가 될 것이다.

(5) 에너지의 증진

자신에 대한 이해의 증진, 타인과의 친밀한 관계의 유지, 죄책감의 감소를 통해 우리는 부정적 에너지의 소모를 감소·억제할 수 있고 이를 통해서 삶의 활력을 증진시킬 수 있다.

지금까지 살펴본 것처럼 자기노출은 여러 가지 면에서 바람직한 측면을 갖고 있음에도 불구하고 사람들은 이를 꺼리는 것을 볼 수 있는데 대체로 다음과 같은 이유에서이다McKay, Davis & Fanning, 1995: 24-25; Adler & Proctor II, 2011: 320-321.

① 자기노출에 대한 사회적 편견social bias이 존재하고 있다. 즉 타인에게 자신에 대해 지나치게 많이 이야기하는 것을 바람직한 행동으로 보지 않는다.

② 자기노출에 대한 두려움 역시 자기노출을 가로막는 장애로 작용한다. 이러한 두려움에는 거부에 대한 두려움, 처벌에 대한 두려움, 남들이 뒤에서 욕하지나 않을까 하는 두려움, 나의 약점을 상대방이 알고 이용하지나 않을까 하는 두려움 등이 있다. 나아가 내가 어떤 약점을 노출했을 때 상대방이 나를 전체적으로 형편없는 사람으로 인식하지 않을까 하는 두려움도 자기노출을 꺼리게 만드는 요소이다.

③ 스스로에 대해 알게 되는 것을 두려워하는 것도 자기노출을 가로막는 장애물이 된다. 일반적으로 사람들은 자신이 꽤 괜찮은 사람이라고 생각하고 있는데 자기노출을 하게 됨으로써 자신의 단점이 노출되어 자신에 대한 이러한 생각이 깨어질 때 불쾌감을 느끼게 되고 이런 이유로 자기노출을 꺼리게 되는 것이다.

2. 자기노출의 진단: 조하리창의 활용

조하리창Johari Window은 조셉 루프트Joseph Luft와 해리 잉검harry Ingham에 의해 개발되었으며, 대인관계능력의 개선방향을 수립하는 데 널리 활용되고 있다. 개인들은 자기 자신과 타인에 대하여 모르는 부분들이 존재하는데, 이는 다음과 같은 네 가지 유형으로 구성되어 있다.

▼ 그림 6-1 조하리창

	자신에게 알려진 부분	자신에게 알려지지 않은 부분
타인이 알고 있는 부분	1. 공개된 자아 (open self)	2. 맹목 자아 (blind self)
타인이 모르고 있는 부분	3. 숨겨진 자아 (hidden self)	4. 미지의 자아 (undiscovered self)

자료: Luft(1961: 6-7).

(1) 공개된 자아(open self)

여기에서의 상호작용은 개인은 그 자신과 타인에 대하여 잘 알고 있다는 것을 기반으로 하고 따라서 개방성과 양립성이 존재하며 방어를 위한 이유는 거의 존재하지 않는다. 이런 유형의 상호작용은 거의 갈등을 유발하지 않는다.

(2) 맹목자아(blind self)

이 영역은 타인은 잘 알고 있지만 오히려 그 자신은 자기에 관하여 모르고 있는 부분이다. 그 결과 개인은 타인이 그것을 건드리면 우발적으로 화를 낼 수 있으며 갈등을 유발할 수 있다.

(3) 숨겨진 자아(hidden self)

이 영역은 자기 자신은 잘 알고 있지만 타인에게는 엄폐된 영역이다. 그 결과 타인에게는 숨겨진 채로 있게 되는데 그 이유는 타인이 그것을 알게 되면 자기에 대해서 어떻게 반응할지 모르는 데서 오는 두려움 때문이다. 이 상황에서는 개인 간 갈등에 대한 잠재력이 존재한다.

(4) 미지의 자아(undiscovered self)

이 부분은 가장 큰 갈등의 잠재력을 지니는데 그 이유는 자기 자신도 잘 모를 뿐만 아니라 타인도 모르기 때문이다. 이러한 미발견의 부분들의 존재는 개인 간에 있어 오해와 갈등을 유발하기 쉬운데, 이러한 미지의 영역을 스스로뿐 아니라 타인에 대하여 더 많이 개방함으로써 개인 간 그리고 집단 내부에 있어 갈등의 잠재력을 제거하는 것이 필요하다.[3]

개인이 인간관계에서 나타내는 자기 공개와 피드백의 정도에 따라 마음의 창을 구성하는 넓이가 달라지며 다음과 같은 네 가지 유형으로 구분된다최승희·김수욱, 2013: 68.

첫째, 개방형은 대체로 인간관계가 원만하고 자기표현을 잘하는 사람이다. 둘째, 자기주장형은 자기 기분, 의견을 잘 표현하나 다른 사람의 반응에 무관심하여 독선적으로 비쳐질 수 있다. 셋째, 신중형은 다른 사람에 대하여 신중하고 잘 경청하지만 자신의 마음을 잘 드러내지 않은 유형으로 현대인에게 가장 많은 유형이다. 넷째, 고립형은 다른 사람과 접촉하는 것을 불편해 하며 혼자 고립된 생활을 한다. 대체로 혼자 고민하고 고집이 센 편이다.

요컨대 조하리창에 의하면 대인관계에서 갈등이 발생하는 것은 숨겨진 자아와 맹목 및 미지의 자아가 차지하는 부분이 크기 때문이다. 그러므로 자기가 모르고 있는 자아는 타인으로부터 피드백을 받아 이해의 폭을 넓혀 나가야 한다. 또 타인이 모르고 있는 부분의 경우 자기노출을 통하여 공개된 자아를 넓혀 나감으로써 대인관계가 원만해질 뿐만 아니라 개인 간의 불필요한 갈등이 발생할 가능성은 점점 줄어들 것이다.

다음에 소개되는 「양식-1」과 「양식-2」를 이용하여 자기노출과 타인으로부터의 피드백을 실습해 볼 수 있을 것이다.

| 3 미지의 자아 속에 축적되어 있는 정보들은 우발적 사건이나 극적인 통찰을 통해서 알게 되는 수도 있다.

(1) 개방형

피드백

자기공개 | 공개영역

(2) 자기주장형

피드백

자기공개 | 맹목영역

(3) 신중형

피드백

자기공개 | 숨겨진 영역

(4) 고립형

피드백

자기공개 | 미지의 영역

자료: 최승희·김수욱 (2013: 67).

「양식-1」_ 조하리창에 의한 자기인식 기록용지

(1) 먼저 자기의 성격의 장점과 단점을 아래 용지의 왼쪽 칸에 기록하고 나중에 다른 사람들의 의견과 일치하는 내용에 대해서는 체크해 둔다(다른 사람의 의견은 「양식 -2」의 결과에 근거하여 체크한다).
(2) 진행자(조장)가 「양식-2」의 피드백용지의 내용을 조원들 앞에서 읽으면, 자신과 관련된 내용에 한해서 「양식-1」의 오른쪽 부분을 채운다.

자신이 기록한 자기의 장점과 단점	남이 기록한 자기의 장점과 단점
장 점	장 점
단 점	단 점

자료: 박내회(2004: 347).

 「양식-2」_ 조하리창에 의한 피드백용지(feedback sheet)

아래 공간에다 먼저 자신을 포함한 참가자(조원)의 이름을 쓰고 각자의 장점과 단점을 기록한다. 이는 진행자(조장)에 의해 작성자의 이름은 밝히지 않고 공개적으로 읽혀질 내용이다.

이 름	장 점	단 점
1.		
2.		
3.		
4.		
5.		
6.		

자료: 박내회(2004: 348).

:: 다음은 저자가 강의시간에 「양식–1」을 이용해 학생들을 대상으로 운용해 본 절차이다.

– 전제 조건: 학생들 간에 서로 잘 알고 있어야 함.

– 진행방식은 자기진단(타인에 의한 자기평가)을 원하는 학생을 파악하여 다음 시간에
16절지 1/2 정도 크기의 종이를 수강생 수만큼 준비해 오도록 주지시킴(학생들이 준
비해 오지 않을 것을 대비해 담당 교수도 일정 양을 준비한다).

– 자기진단(타인에 의한 자기평가)을 원하는 학생을 한 명씩 앞으로 나오게 하여 본인
의 이름을 칠판에 적은 후, 준비해 온 종이를 학생들에게 나누어 주고, 학생들을 향
하여 마주보고 앉게 한다.

– 본인은 본인의 장점과 단점을, 학생들은 앞에 나온 학생의 장점과 단점을 적는다.

– 일정시간을 준 후, 학생 본인이 직접 기록용지를 수거하여 가지도록 한다(기록되어
있는 내용을 발표시키지 말아야 한다).

– 수거된 기록내용은 반드시 수업시간이 끝난 후에 개인적으로 읽어 보도록 한다. 수업
시간 중에 읽어 볼 경우, 타 학생의 자기진단을 위한 수업진행의 계속성에 부정적 영
향을 줄 수 있다.

– 자기진단을 수행한 학생은 다음 시간에 기록용지를 보고 느낀 점을 발표하도록 한다
(기록 내용이 아니라 본인이 느낀 점을 발표시킴).

:: 프로그램의 성공적 실시를 위해 반드시 고려해야 할 점이 있다.

1. 타인의 장점과 단점을 적는 학생의 경우, 내용을 진지하게 작성토록 주지시킨다. 만
일, 장난스런 마음으로 단점을 확대시켜서 기록할 경우 본인은 상처가 될 수 있다.

2. 기록된 내용은 타인에게 비추어진 본인의 모습이다. 그러나 그것은 타인이 잘못 알고 있
는 부분이 있을 수 있으며, 극소수의 학생이 지적한 단점은 무시할 수도 있다는 것을 주지
시킨다.

「양식-3」_ 조하리 창 측정설문지

:: 다음의 질문을 읽고 자신이 취할 행동과 유사한 정도에 따라 0에서 10까지의 점수
중 적당한 점수를 해당 난에 V 표시하시오.

1. 나의 일에 대하여 다른 사람으로부터 잔소리를 들으면 기분이 나쁘다.

1	2	3	4	5	6	7	8	9	10

전혀 아니다   매우 그렇다

2. 자신의 일에 대하여 다른 사람에게 자세히 말을 하는 것은 속이 얕은 사람이라고 생각
한다.

1	2	3	4	5	6	7	8	9	10

전혀 아니다   매우 그렇다

3. 남의 말을 듣고 있는 중, 지루해지면 "요컨대 이러한 이야기겠지"라고 말의 허리를
자르는 일이 많다.

1	2	3	4	5	6	7	8	9	10

전혀 아니다   매우 그렇다

4. "그는 신비스러운 구석이 있다"라고 말해질 만큼 자신의 정체를 보이지 않는 것이
좋다.

1	2	3	4	5	6	7	8	9	10

전혀 아니다   매우 그렇다

5. 다른 사람이 무엇이라고 말하건 그것에 구애받을 필요는 없다.

1	2	3	4	5	6	7	8	9	10

전혀 아니다   매우 그렇다

6. 하고 싶은 말들이 쌓여 있어도 꾹 참고 속으로 혼자 처리하는 경우가 많다.

1	2	3	4	5	6	7	8	9	10

전혀 아니다   매우 그렇다

7. 다른 사람으로부터 여러 가지 상담이 제안되는 일은 거의 없다.

1	2	3	4	5	6	7	8	9	10

전혀 아니다   매우 그렇다

8. 타인의 일이나 의견에 대하여 다른 사람과 의논을 하거나 자신의 생각을 말하는 경우가 거의 없다.

1	2	3	4	5	6	7	8	9	10

전혀 아니다   매우 그렇다

9. 타인으로부터 주의를 받거나 비판을 받으면 무의식적으로 반론하고 싶어진다.

1	2	3	4	5	6	7	8	9	10

전혀 아니다   매우 그렇다

10. 자신의 기분이나 생각을 정직하게 이야기하기보다는 애매모호한 말을 할 경우가 있다.

1	2	3	4	5	6	7	8	9	10

전혀 아니다   매우 그렇다

* 홀수문항 점수의 합 _____   * 짝수문항 점수의 합 _____

:: 점수해석

홀수문항 점수는 타인으로부터의 피드백과 관련 있으며, 짝수문항 점수는 자기노출의 정도와 관련 있음. 홀수문항 점수의 합이 높을수록 타인으로부터의 피드백을 선호하지 않는 것이며, 짝수문항 점수의 합이 높을수록 자기노출을 선호하지 않는 것임. 반대로 점수가 낮을수록 타인으로부터의 피드백과 자기노출을 선호하는 것으로 해석할 수 있음.

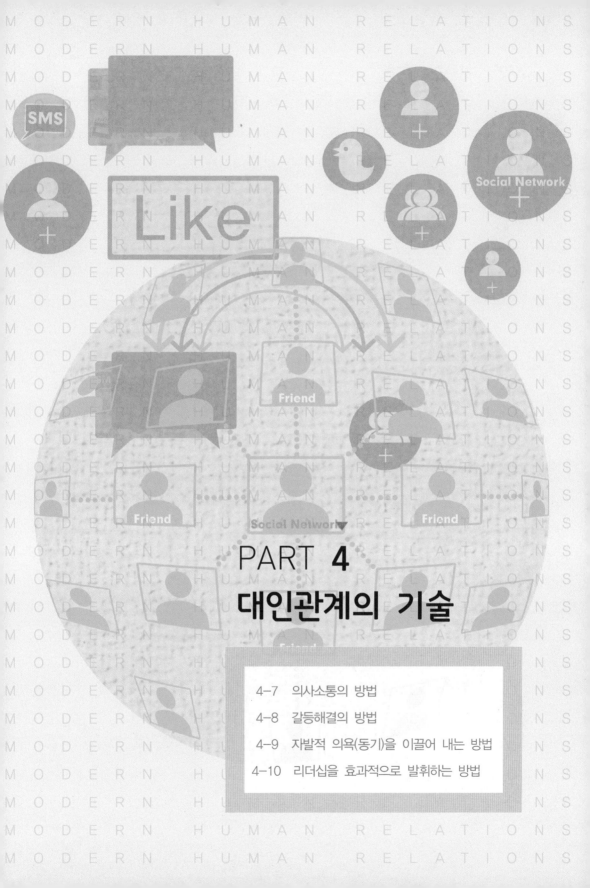

PART 4
대인관계의 기술

의사소통의 방법

제1절 의사소통의 개념과 유형

1. 의사소통의 의의와 과정

1) 의사소통의 의의

본래 의사소통을 의미하는 communication이란 말은 공동 또는 공통성을 뜻하는 라틴어 communis를 어원으로 하고 있으므로, 그 본래의 의미를 따져 본다면 일방적인 의사전달이 아니라 둘 이상의 사람들 사이에 서로 공통성을 만들어 내는 과정으로 볼 수 있다. 다시 말해서 의사소통은 "둘 이상의 사람들 사이에 의견, 정보, 감정 등의 교환을 통하여 공통적 이해를 이룩하고 수신자 측의 의식, 태도, 행동 등에 변화를 일으키게 하는 일련의 행동"이라 할 수 있다.

사람들 간의 정보와 지식을 서로 교환하기 위해 필수적인 의사소통을 정확히 파악하기 위해서는 의사소통이 의사의 일방적 전달만을 의미하는 것이 아니라 소통을 통하여 비로소 소기의 성과를 올리는 것임을 인식하여야 한다. 즉 의사소통은 상호 간의 공통적 이해가 중심이 되는 것이므로 수용자 또는 상대방이 의사소통을 행한 사람의 메시지를 이해했을 때에 비로소 의사소통이 이루어졌다고 말할 수 있는 것이다. 따라서 의사소통의 문제는 인간관계에 있어서 가장 중요한 관심사 중의 하나라고 말할 수 있다.

2) 의사소통의 과정

의사소통이 성립하기 위해서는 어떤 의미나 의도를 전달하는 발신자와 그것을 받아들이는 수신자, 그리고 그들 사이의 소통을 매개하는 기호symbol의 존재를 기본적 요소로 한다. 이러한 의사소통의 구성요소와 관련하여 그 과정을 간단하게 말하면 "전달자sender가 메시지message를 특정의 경로channel를 통하여 수신자receiver에게 전달하는 것"이라고 할 수 있다. 이러한 과정모형을 구성요소별로 구분하여 자세히 살펴보면 다음과 같다.

▼ 그림 7-1   의사소통의 과정모형

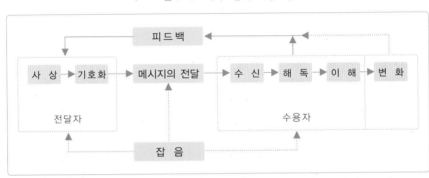

자료: Harold Koontz, C. O'Donnell & H. Weihrich(1980: 691).

(1) 전 달 자

의사소통은 전달자, 즉 사상이나 아이디어를 가지고 있는 전달자에 의하여 비롯되며, 그의 메시지는 수용자가 이해할 수 있도록 해독되어지게 된다. 전달자의 의도는 송신을 위해 적당한 메시지로 전환하는 기호화encoding과정을 거치게 되는데, 메시지란 전달자가 수신자에게 송신하는 자극으로서 어떤 의미를 가지고 있는 상징으로 구성되어 있다. 기호화의 방법으로는 주로 언어적 상징구두 및 문서를 포함을 이용하지만, 비언어적 상징예컨대 교통신호, 사이렌, 컴퓨터 언어 등과 같은 물리적 언어와 각종 신체적 언어body language도 이용한다.

(2) 메시지의 전달

정보는 전달자와 수용자 간의 대면적 대화, 서신이나 메모, 컴퓨터, 전화 또는 TV 등을 통하여 전달될 수 있으며, 그 매체는 둘 이상일 수도 있다. 어느 매체를 이용하든지 메시지 자체를 전달할 수는 있지만, 특정한 경우에 보다 유효한 매체가 있게 마련이므로 매체수단을 적절히 선택한다는 것은 매우 중요하다.

(3) 수용자

수용자는 먼저 메시지를 수용할 수 있도록 사전에 준비 자세를 갖추고 있어야 한다. 메시지의 수용준비를 갖춘 다음 단계는 해독decoding과정을 거쳐서 자기사상으로 전환되는 단계이다Lussier, 2008: 158.

정확한 의사소통이 이루어지려면 전달자와 수신자가 다 같이 기호에 대해서 동일한 또는 적어도 유사한 의미를 부여할 경우에 가능하다.

(4) 의사소통의 효과로서의 변화

의사소통 효과란 메시지 송신의 결과로서 수신자의 지식, 태도 및 행동에 있어서의 변화를 말한다. 변화라는 변수는 사실상 기본적인 의사소통과정 속에 포함된 것은 아니나, 넓은 의미에서 조직에 있어서 의사소통의 목적은 변화를 가져오는 데 있다. 물론 이러한 변화는 메시지의 이해를 통해서만 이루어지는 것은 아니며 그것은 동기부여나 리더십 등과도 밀접한 관련이 있다.

(5) 피드백

피드백은 의사소통의 효과성을 평가하는 데 필수적 요소가 된다. 피드백에 의해서만이 메시지가 효과적으로 기호화, 전달, 해독, 이해되었는가 또는 의사소통의 결과 어떤 변화를 가져왔는가를 확인할 수 있다.

(6) 잡 음

잡음noise이란 의사소통과정에서 메시지의 의도를 왜곡시키는 모든 요인을 의미한다. 잡음은 의사소통의 전 과정에 걸쳐서 발생할 수 있으며 의사소통의 정확도를 감소시키는 방해요소로 작용한다Gibson, Konopaske & Matteson, 2008: 354.

3) 의사소통에 대한 오해

사람들은 의사소통에 대해 잘못 이해하고 있는 부분들이 많다. 그래서 일반적으로 갖고 있는 의사소통에 대한 오해에 대해서 잘 알고 있어야 의사소통의 의미를 좀 더 분명히 알 수 있고, 불필요한 오해로 인한 갈등도 피할 수 있을 것이다설기문, 1997: 131-133.

① "의사소통이란 단순히 우리가 어떤 말을 하는 것이다"라는 오해이다. 화자가 어떤 말을 하여 청자에게 메시지를 전달한다고 해도 화자의 그 메시지가 그의 의도대로 청자에게 전달된다는 보장이 없다. 그러므로 의사소통이란 화자의 메시지가 청자에게 정확하게 전달되고 이해되어야 하는 과정이라고 볼 수 있다.

② "의사소통은 많이 할수록 좋다"는 오해이다. 때때로 과도한 의사소통은 비생산적일 때가 있다. 어떤 문제에 대해서 너무 많은 이야기를 하면 할수록 부정적인 결과가 초래될 확률이 커지게 되는 것 역시 의사소통의 특성이다.

③ "의사소통은 모든 문제를 해결할 것이다"라는 오해이다. 의사소통을 잘한다고 해도 문제가 해결되지 않을 수도 있다. 실제로 분명한 의사소통이 오히려 문제를 일으킬 수 있다. 그러므로 솔직한 자기노출을 통한 의사소통을 했다 하더라도 그것이 항상 모든 상황에서 도움이 되는 것이 아니라는 사실을 깨달을 필요가 있다.

④ "의사소통은 자연적인 능력이다"라는 오해이다. 흔히 의사소통능력은 저절로 발달하는 자연적인 것이라고 생각하는 경향이 있다. 그래서 특별히 의사소통을 잘하려는 노력을 하거나 의사소통기술에 대한 관심을 보이려 하지 않는다. 그러나 의사소통은 교육과 훈련을 거침으로써 더욱 효과적으로 증진시킬 수 있다는 사실을 알 필요가 있다.

2. 개인 간 의사소통유형의 분석

사람들이 사용하는 의사소통의 유형은 매우 다양하다. 여기에서는 개인 간 의사소통의 다섯 가지 유형을 간략히 살펴보고 그 효과에 대해 기술하고자 한다.

1) 의사소통유형의 분석틀

[그림 7-2]는 두 개 차원의 개인 간 의사소통에 기초를 두고 있다. 하나의 차원은 세로축에 표시되어 있는데 이는 타인에 대한 개방성 정도를 의미한다. 가로축은 두 번째 차원인 피드백의 제공 정도를 보여 주고 있다. 이러한 두 차원을 결합시키면 다음과 같은 다섯 가지 유형을 도출해 낼 수 있다.

▼ 그림 7-2 의사소통유형의 분석틀

자료: Polsky(1971: 179).

(1) 자기부정형(self-denying)

사람들은 자기 자신을 고립시키고 타인과의 관계를 회피하기 위해 이런 형태를 이용한다. 통제의 장이 내재적인 사람들은 외재적인 사람들보다 이런 의사소통유형을 보다 많이 이용할 것이다.

(2) 자기보호형(self-protecting)

사람들은 단지 타인의 일을 조사하거나 타인에 대한 평가적인 논평을 하고자 할 때 자기보호형을 사용한다. 자기보호형은 타인에게 피드백을 많이 제공하지만, 타인에 대한 개방성은 별로 보여 주지 않는다. 극단적인 경우, 이 유형의 사람은 타인과 함께 타인에 대한 자기의 의견, 태도와 감정만을 공유하려 한다.

(3) 자기노출형(self-exposing)

사람들은 자신의 행태에 대한 반응을 계속적으로 타인에게 물어봄으로써 타인들이 자신에게 초점을 두게끔 하는 자기노출형을 사용할 수 있다. 하지만 이러한 개인들은 실제로 자기가 받는 피드백에 대해 별로 생각하지 않는다. 즉 피드백의 제공이 낮지만 타인에 대한 개방성은 높은 형태이다.

(4) 자기협상형(self-bargaining)

자기협상형인 사람들은 상호작용하는 타인들이 자신에게 피드백을 제공하고 개방적이라면 자신들도 그와 같이 행동한다. 이런 개인들은 타인들이 개방적인 정도까지만 자신을 개방하려 한다.

(5) 자기실현형(self-actualizing)

자기실현적인 사람들은 자신에 대한 적정한 정보를 제공하고 피드백을 물어봄과 동시에 건설적이고 방어적이지 않은 방식으로 피드백을 제공한다. 자기실현형은 피드백의 제공과 타인에 대한 개방성이 높은 형태이다.

의사소통유형 중에서 오직 한 가지의 유형만이 바람직하다고 제안하는 것은 지나치게 단순화되고 비실제적일 수도 있지만, 자기실현형은 이것의 사용이 가능한 곳에서는 가장 바람직한 형태이다. 이하에서는 자기실현형을 사용하기 위한 효과적인 피드백, 자기노출과 경청방법을 제시하고자 한다.

2) 효과적인 피드백

의사소통에서의 피드백은 현재의 행동을 강화하거나 행태의 변화를 지적하는 것이어야 한다. 즉 피드백은 지원적이거나 교정적인 성격을 가져야 한다. 개인적인 피드백은 사람들에게 자신에 대해 타인이 느끼는 감정을 알게 해 주고, 타인이 자신에 대해 생각하는 것을 알게 해 줌으로써 자신의 행동을 다시 보게끔 해 준다. 효과적인 피드백을 위해서는 다음과 같은 원칙을 들 수 있다.

① 피드백은 전달자와 수신자 사이의 신뢰를 기반으로 해야 한다.

② 피드백의 내용은 일반적인 것보다는 구체적이고 명확하여야 한다.

③ 피드백은 수신자가 이를 받아들일 준비가 되어 있을 때 행해져야 한다.

④ 전달자는 자신이 의도한 내용이 맞는지를 알아 보기 위해서 수신자에게 피드백의 내용을 다시 한 번 말하도록 해야 한다.

⑤ 피드백에는 수신자가 할 수 있는 일들이 포함되어야 한다.

⑥ 피드백은 어떤 특정 시점에서 다룰 수 없는 것을 포함해서는 안 된다.

3) 효과적인 자기노출

자기노출이란 개인이 의식적으로 언어적 혹은 비언어적 수단을 통하여 자기 자신에 대해 타인과 의사소통하는 정보를 말한다. 사람들은 종종 일상적인 말이나 타인에게 자신을 설명하는 방식으로 자기 자신을 무의식적으로 나타내곤 한다. 이러한 자기노출과 개인의 효과성과의 관계는 ∩자형의 곡선관계에 있다고 볼 수 있는데, 즉 지나치게 노출을 꺼리거나 과도한 노출의 경우 모두 바람직하지 않다는 것이다.

4) 효과적인 경청

효과적인 경청은 피드백과 개방성을 최적수준으로 유지하는 데 필요하다. 경청은 개인이 의사소통의 의미와 이해를 도모하기 위해 육체적·정서적·지적 투입물을 통합시키는 과정이다. 전달자의 메시지를 전달자가 의도한 대로 수신자가 이해할 때 경청이 효과적이라고 말할 수 있다. 여기에서 의사소통의 경청기술을 향상시킬 수 있는 몇 가지 지침을 제시하면 다음과 같다.

① 의사소통의 내용을 경청하는 이유와 목적을 명확히 가지고 있어야 한다.

② 의사소통이 이루어질 때 적어도 초기에는 그 내용에 대한 판단을 하지 말아야 한다.

③ 소음·조명이나 타인의 방해로 인한 경청의 분산을 피하고, 전달자에게 초점을 두어야 한다.

④ 메시지가 감정적인 내용이거나 불명확할 때에는 전달자가 말하고자 하는 내용과 감정을 전달자의 말로 다시 되풀이하는 것이 좋다.

⑤ 메시지의 전체적인 내용과 감정을 듣는 데 있어서 전달자의 핵심주제를 파악하려고 노력해야 한다.

이와 같이 경청능력을 향상시키고자 하는 지침들은 상호밀접한 관련이 있다. 또한 이러한 지침을 이해하는 것은 쉬운 일이 될 수도 있지만 이를 실제로 일상적인 개인 간 의사소통에서 전개하고 이용하는 것은 그리 용이하지 않다.

3. 비언어적 의사소통과 초의사소통

1) 비언어적 의사소통의 의의

비언어적 의사소통nonverbal communication이란 언어를 사용하지 않는 방법으로 이루어지는 의사소통이라 할 수 있다Reece, Brandt & Howie, 2011: 33. 비언어의 개념 속에 포함될 수 있는 것으로는 목소리의 크기와 강약, 음색, 얼굴표정과 눈의 움직임, 바디랭귀지 혹은 키네틱스kinetics라고 불리는 신체의 움직임과 다른 사람과의 거리 및 접촉, 의복의 선택, 장신구의 선택, 습관적이고 문화적인 제스처 등을 꼽을 수 있다Wilson, Hantz & Hanna, 1992: 239; Drafke, 2009: 82. 일반적으로 우리는 일상생활 속에서 말에 의한 의사소통보다 비언어적 의사소통을 더 많이 하고 있다. 이런 점에 비추어 볼 때 인간관계에 있어서 비언어적 의사소통의 중요성을 짐작할 수 있게 해 준다. 수신자는 이러한 비언어적 의사소통에 대해 주의해야 한다. 전달자의 말에서 문자적인 의미를 들을 뿐만 아니라 비언어적인 단서들도 찾지 않으면 안 된다Robbins & Judge,

2009: 392. 비언어적 의사소통은 다음과 같은 특성을 갖고 있다설기문, 1997: 188-198.

① 비언어적 의사소통은 계속적으로 존재하는 현상이다. 즉 우리가 타인과 함께 있는 동안에 설사 그가 아무 말도 안 한다 하더라도 그의 기분이나 상태를 표정이나 몸짓을 통해서 알 수 있는 것이다.

② 우리는 비언어적 메시지를 사용해 의사소통을 하지 않을 수 없다. 언어의 사용 여부와 관계없이 비언어적 의사소통이 존재한다면 우리는 항상 비언어적 의사소통을 하고 있다고 해야 할 것이다.

③ 비언어적 의사소통은 문화에 따라 달리 해석된다.

④ 비언어적 의사소통은 모호하다. 경우에 따라 언어적 메시지가 애매하며 오해가 생길 수 있듯이 비언어적 메시지도 상황에 따라 잘못 이해될 수도 있으며 이로 인해 갈등이나 다툼이 유발될 가능성도 존재하는 것이다.

[표 7-1] 언어적 의사소통과 비언어적 의사소통의 차이

	언어적 의사소통	비언어적 의사소통
복잡성	1차원(말로만 전달)	다차원(목소리, 자세, 몸짓, 거리 등)
흐름	간헐적(말하기와 침묵이 번갈아 나타남)	연속적(비언어적으로 의사소통하지 않는 것은 불가능)
명료성	해석의 오류가 적음	좀 더 모호함
영향	언어와 비언어적 단서가 모순되는 경우 영향력 감소	언어와 비언어적 단서가 모순되는 경우 영향력 증가
의도성	일반적으로 의도적임	종종 비의도적임

자료: Adler & Proctor II(2011: 204).

이와 같은 특성을 갖고 있는 비언어적 의사소통은 일반적으로 다음과 같은 기능을 한다설기문, 1997: 189-191.

(1) 반 복

사람들은 어떤 물음에 대한 답으로 "예"라고 말을 해 놓고 고개를 끄덕인다. 이는 언어적 의사소통을 비언어적 의사소통으로 반복하는 경우이다.

(2) 대 체

경우에 따라 말로 "예"라고 대답하는 대신 고개를 끄덕인다. 이러한 경우는 비언어적 의사소통을 이용해 언어를 대신하여 사용하는 경우이다.

(3) 보 완

우리는 흔히 남에게 미안함을 느끼거나 쑥스러울 때 언어적 표현과 함께 머리를 긁적이는 경우가 있다. 이러한 경우는 언어적 의사소통을 보완하는 기능을 하는 것이다.

(4) 강 조

우리는 이야기를 하면서 특정 부분을 강조할 때 그 부분을 힘주어 강하게 또는 크게, 천천히 말하는 경향이 있다. 이는 바로 비언어적 의사소통에 강조의 기능이 있음을 보여 주는 것이다.

(5) 모 순

때때로 의사소통의 상황에서 언어적 메시지와 비언어적 메시지가 서로 모순될 때가 있다. 예를 들어 수험생이 "긴장되지 않는다"고 말하면서 두 손을 자꾸 비빈다든지 목소리가 떨린다면 그 말을 믿을 수 없을 것이다. 이러한 예에서 보듯이 상호모순되는 언어-비언어적 메시지가 동시에 전달될 때 비언어적 메시지의 힘이 더욱 크게 작용함을 알 수 있다. 또 비언어적 메시지는 무의식적으로 진실을 표시한다는 점을 알 수 있다.

2) 허용거리

에드워드 홀E. D. Hall은 사람의 개인공간을 연구하면서 그의 이론과 공간활용에 대한 관찰을 기술하기 위해 1960년대 초기에 프럭시믹스proxemics라는 용어를 만들어 냈다. 이 분야에 대한 그의 연구는 대인관계에 대한 새로운 이해를 가능케 했다. 인간의 공간 이용은 타인과 관계를 맺고 그들과의 거리를 감지해 내는 능력에 의존한다고 가정하고 모든 개인은 모두 자기 나름의 영역을 필요로 한다고 주장하면서 홀은 이러한 공간을 네 가지로 구분하고 있다McKay, Davis & Fanning, 1995: 58-61.

(1) 근접공간(intimate distance: 15cm~45cm)

이는 사람이 자신의 소유물처럼 보호하는 지역이므로, 모든 거리 중에서 가장 중요하다. 오로지 그 사람에게 정서적으로 가까운 사람만이 그 안으로 들어가는 것이 허용된다. 연인, 부모, 배우자, 자식, 친한 친구, 친척 등이 여기에 해당된다. 육체적인 접촉 시에만 발을 들여 놓을 수 있는 거리이다.

(2) 개인공간(personal distance: 46cm~1.2m)

이것은 칵테일 파티나 사무실 파티, 각종 사교모임, 친구모임 등에서 다른 사람과 유지하는 거리이다.

(3) 사회공간(social distance: 1.2m~3.6m)

낯선 사람이나 배관공 혹은 집수리하는 목수, 우편배달부, 가게 주인, 새로 고용한 고용인, 잘 모르는 사람들과는 이 정도 거리만큼 떨어져 있길 원한다.

(4) 공중공간(public distance: 3.6m 이상)

우리가 많은 사람들에게 연설하려고 할 때 서 있고 싶어 하는 편리한 거리이다.
영역이란 한 개인이 그것이 마치 신체의 연장인 것처럼 자기 자신의 것이라고 주장하는 구역, 혹은 공간이다. 지금까지 살펴본 것처럼 이러한 공간들은 단순히 우리가 움직여 가는 지역을 나타내며 지역이 넓어짐에 따라 친밀도는 감소된다고 할 수 있다. 그런데 여기서 한 가지 주의해야 할 점은 위에서 소개된 허용거리가 문화권에 따라 다르게 변화할 수 있다는 사실이다Reece, Brandt & Howie, 2011: 35-36.

3) 초의사소통

초의사소통meta-communication이란 의사소통 자체에 대한 의사소통communication about communication으로서 인간관계를 맺고 있는 두 사람의 관계에 대한 메시지를 주고받는 것으로 '한층 높은 차원의 의사소통'이라고 할 수 있다Adler & Proctor II, 2011: 296-297. 초의사소통은 우리가 타인의 관계 자체를 주제로 할 때 나타나는 의사소통이다.

초의사소통은 갈등을 건설적인 방법으로 해결할 수 있는 중요한 수단이 된다. 왜냐하면 그것은 흔히 문제의 근원이 되는 메시지의 내용 차원에서 왈가왈부하는 대신에 관계 차원에서 의사소통의 초점을 전환시키기 때문이다. 다음은 초의사소통의 한 예이다Knapp & Vangelisti, 2009: 5-6.

> 아내: 당신은 TV를 너무 많이 봐요.
> 남편: 내가? ⋯ 언제 ⋯ ?
> 아내: 그렇잖아요. 솔직히 인정할 것은 인정해야죠.
> 남편: 그래 ⋯ ? 그럼 이제부터 내 다시는 TV를 보지 않겠어. 이제 됐어?
> 아내: 아휴! 그만두세요. 하고 싶은 대로 하세요!
> 남편: 그만두라고? 당신이 시비를 걸기에 뜻대로 해 주겠다는데 그만두라니. 도대체 날 보고 어쩌란 말이야 ⋯ !!

이 대화는 겉으로는 TV시청문제가 주제인 것 같지만 그것은 내용 차원에 불과하다. 즉 관계 차원에서 자신에게 소홀히 하고 무관심한 남편에 대한 불만의 표시를 아내가 나타낸 것으로 보아야 하는 것이다. 요컨대 우리는 의사소통에 있어서 단순히 내용 차원뿐만 아니라 그와 함께 관계 차원의 메시지relationship message를 동시에 읽을 수 있어야 인간관계에서의 갈등관리를 효과적으로 할 수 있는 것이다.

4. 조직에서의 의사소통의 유형과 방법

1) 공식적 의사소통

(1) 하향적 의사소통

조직의 계층구조를 따라 상급자로부터 하급자에게로 명령이나 지시·방침·성과표준 등이 전달되는 의사소통을 말하며, 이러한 상의하달은 업무활동상의 관계로 볼 때 직접적인 것과 간접적인 것으로 나누어진다. 전자에는 명령이 있고 후자에는 일반적 통보가 있는데, 일반적 통보의 종류로는 편람manual, 핸드북, 게시판, 구내방송, 기관지 등이 있다.

(2) 상향적 의사소통

조직의 하층에서 상층으로 올라가는 상향적 의사소통은 성과보고로부터 내부결재 인간관계의 유지향상을 위하여 행해지는 여러 가지 정보전달, 즉 각종 면담, 직장여론조사, 직장회의, 제안제도, 인사상담에 이르기까지 매우 광범하다. 또한 그 내용은 개인적 고민에서 조직의 발전을 위한 제안까지 매우 다양하다. 상향적 의사소통은 조직에서 상하급자 간에 쌍방적 의사소통을 가능하게 하고 상의하달의 오류를 시정하는 장점이 있는 반면 여과효과filterring effect에 의해 그 정확성이 훼손될 가능성이 있다.

(3) 수평적 의사소통

수평적 의사소통이란 조직에서 위계수준이 같은 구성원이나 부서 간의 의사소통을 의미하는 것으로 상호작용적 의사소통이라고도 한다. 하향적인 메시지의 흐름이 대개 권위적인 데 비해 수평흐름에 의한 메시지의 내용은 주로 협력적인 성격을 띠며 그 왜곡의 정도도 덜하다. 즉 대부분의 사람들은 자신의 상사보다는 동료들과 의사소통을 할 때 보다 개방적이고 자유롭게 의사를 전달하는 경향이 있으므로 수평적 의사소통은 구성원과 부서 간의 기능을 조정하는 역할을 한다. 구체적인 방법으로는 사전협의제도, 사후통지제도, 회의 또는 위원회제도 등이 포함된다.

2) 비공식적 의사소통

의사소통은 인간욕구의 발로라는 측면이 있고 동시에 자연스러운 물흐름과 같은 속성이 있어, 조직도표와 같은 정해진 통로로만 흐르게 할 수는 없다. 조직성원들은 직종과 계급을 넘어서 인간적 유대, 예컨대 감정적인 친지관계·학연·지연·입사동기 등의 유대를 기반으로 자생적 의사소통을 유지하게 되는데 이러한 비공식적 의사소통 체계 혹은 경로를 흔히 '그레이프바인grapevine'이라고 부른다Davis, 1987: 278.

그레이프바인은 이를 통해 흐르는 정보의 내용이 루머rumor의 형태인 데다가 의사소통과정에서 왜곡의 소지가 많아 관리자들에게는 경원시되어 왔다. 즉 악성루머와 같이 비공식적 의사소통의 부정적 측면이 강조되어 이를 조직에서 완전히 제거해야 된다고 주장하는 학자들까지 있다.

그러나 비공식적 의사소통은 조직에서 필연적이고 자연적인 현상임을 인정해야할 것이다. 루머는 우리에게 중요한 관계가 있는 현상에 대한 반응으로서 모호성이 있는 경우에 불안을 일으키는 상태에서 나타나는 현상이다. 피프너Piffner는 조직 내에 있어서 풍문의 주요 발생요인으로 ① 진상에 대한 정보의 결여, ② 억압적 분위기를 들고 있다.

비공식적 의사소통은 ① 일선 구성원의 동태파악, ② 정서적 긴장의 해소, ③ 딱딱한 명령이나 지시를 인간적이고 부드러운 것으로 변화시킴, ④ 공식적 의사소통망의 보완 등의 장점을 갖고 있다. 따라서 최고관리자는 비공식적 의사소통의 역기능을 최대로 줄이면서 이것이 정확할 수 있고 신속하며 공식적 의사소통을 보완해주는 역할을 할 수 있도록 효율적인 관리방안을 마련해야 할 것이다.

5. 의사소통의 장애요인과 극복

1) 의사소통의 장애요인

의사소통은 고도로 구조화된 상황에서 발생하므로 장애요인은 결국 의사소통과정의 구성요소라고 볼 수 있는 전달자, 수신자, 기호화 및 전달경로channel 등에 대한 장애요인이라고 할 수 있다. 효과적인 의사소통을 방해하는 장애요인은 대체로 다음과 같이 설명할 수 있다Gibson, Ivancevich, Donnelly & Konopaske, 2006: 442-447; Heger, 2012: 447-451.

(1) 어의상의 문제

어의상의 문제는 전달자가 애매한 말을 사용하거나 수신자에게 생소한 전문적 용어를 사용할 경우 언어의 부적절한 사용으로 인한 해석의 오류를 낳는 것을 말한다.

(2) 의사소통의 분위기

말이 나타내는 의미는 송신자의 태도, 어조, 표정과 말하는 때와 장소에 따라 달라진다. 이러한 의미의 가감성은 전달하고자 하는 메시지를 때로는 보강하기도 하고 때로는 오해를 야기하기도 한다.

(3) 가치관의 상이

송신자는 동일한 내용을 전달했다 하더라도 수신자의 심적 태도나 가치관에 따라 그것이 상이한 내용으로 전달된다. 즉 준거체제의 차이가 의사소통의 장애요인이 되는 것이다Gibson, Ivancevich & Donnelly, 1982: 399-400.

(4) 선입관에 의한 왜곡

사람들은 흔히 송신자나 어느 사건에 대한 선입관 때문에 정보의 진실한 내용을 왜곡하는 경향이 많다. 예컨대 어느 직장에서 감원이 있을 것이라는 풍문이 떠도는 중에 '업무간소화계획'이 발표된다면 그것이 곧 감원을 위한 전주곡으로 해석되는 것이다.

(5) 정보의 간소화 경향

사람들은 일반적으로 복잡한 것을 간소화하고 균형이 잡히지 않은 불규칙적인 자극은 균형이 잡힌 것으로 보고자 하는 심리적 경향이 있다. 이러한 현상을 간소화의 법칙이라고 한다. 즉 전달된 내용의 의미가 전체 혹은 일부가 불명료하여 듣는 사람이 완전히 이해하지 못하는 경우 말의 내용이 임의로 재구성되어 버린다. 또한 의사소통의 내용이 너무 복잡한 경우에는 그것이 그대로 상대방에 전달되지 않고 간소화되어 버린다.

(6) 정보의 독점 및 누락

먼저 개인은 널리 보급시켜도 좋은 정보를 혼자 간직함으로써 타인에 대한 통제력을 행사하고자 할 수도 있다. 누락은 전달자가 의도한 메시지의 일부만이 수신자에게 전달됨을 뜻한다. 누락은 전달자가 고의로 의사소통의 내용을 여과filtering할 때라든가 전달자가 전 메시지를 파악하지 못함으로써 불충분한 정보를 수신자에게 전달할 때 발생한다. 또 고의가 없더라도 조직이 고층구조를 지녀 의사소통단계가 길어지게 되면 불가피하게 누락은 발생한다.

(7) 정보의 과부하나 의식적 제한

과부하란 메시지의 흐름이 그 체제의 처리용량을 초과하여 유입되는 상황을 나타내는 평가적 용어이다. 정보의 홍수에 휩쓸리다 보면 적절한 조치를 강구해야 할 중요문제를 가려내지 못하거나 합리적인 의사결정을 못할 때가 많다. 한편 정보의 의식적 제한은 각종 보안제도를 말한다. 너무 지나친 비밀주의는 의사소통의 장애를 가져올 수 있다.

(8) 평가적 경향

이는 수신자가 발신자로부터 메시지를 전부 받기 이전에 그 메시지의 전반적인 가치를 평가해 버리는 경향을 의미한다. 이러한 경향은 발신자에 대한 평소의 태도나 과거 경험 등에 근거하는 것이다.

2) 효과적 의사소통의 원칙

효과적인 의사소통을 위해서는 우선 의사소통의 인간화가 전제되어야 하는데, 이는 상호신뢰적 분위기의 조성, 이해적인 경청감정이입적 청취 혹은 역지사지적 청취, 명확한 피드백의 장려라는 세 가지 조건을 충족시켜야 한다. 이러한 조건이 충족된 것을 전제로 다음과 같은 원칙을 견지하면서 의사소통을 해야 된다.
① 의사소통은 청자의 눈높이 수준에서 이루어져야 한다.
② 화자는 말하기 전에 자기 생각을 명료하게 정리해야 한다.
③ 의사소통의 참된 목표가 무엇인지 확실히 해야 한다.
④ 의사소통의 기본 내용뿐만 아니라 환경, 배경 등 기타 부수효과에 대해서도 배려해야 한다.
⑤ 의사소통은 일관성이 있어야 한다. 즉 처음과 나중의 메시지가 서로 상충되어

서는 안 된다.

⑥ 의사소통은 적정량을 기해야 한다. 메시지가 너무 많거나 너무 적은 경우에는 수용자의 이해를 방해한다.

⑦ 의사소통은 너무 빠르게 하거나 너무 더디게 해서도 안 되며 시의적절하게 행해져야 한다.

⑧ 전달자화자는 청자의 관심을 넓히고 그로 하여금 메시지를 받아들일 수 있는 수용성을 넓혀야 한다.

⑨ 전달자는 의사소통을 지원하는 행동을 해야 한다.

⑩ 전달자는 청자를 납득시키려 할 뿐만 아니라, 그를 이해하려고 하는 좋은 청자가 또한 되어야 한다.

제2절 즐거운 대화와 설득의 방법

1. 즐거운 대화를 위하여(대화의 기술)

사람은 대화 없이 살아갈 수 없다. 대화는 보통 다음과 같은 목적을 달성하기 위하여 필요하다. 즉,

① 자기의 의사를 다른 사람에게 전달하기 위하여

② 상대방의 의사를 알기 위하여

③ 상대방을 설득하기 위하여

④ 다른 사람에 대하여 관심을 갖고 있다는 것을 나타내고 친구를 사귀고 그들과 함께 어울려 지내기 위함이다.

25년간이나 경영관리와 대인관계 분야에 종사한 바 있는 한 전문가의 말에 의하면 성공을 좌우하는 것은 일을 잘 수행해 나가는 능력뿐만 아니라 대화를 잘하고 못하는 데에도 달려 있다고 말하고 있다. 행복 역시 생각이나 욕망이나 의욕이나 실망을 다른 사람들에게 말로 표현하는 능력 여하에 크게 좌우된다. 고독한 탐험여행에서 돌아온 탐험가는 잡담을 할 상대가 없는 것이 무엇보다도 서글펐다고 말한

다. 정신질환자를 다루는 정신분석가들에 의하면 많은 사람들의 불행의 원인은 그들이 어떤 이유로 자기 자신을 표현하지 못하고 생각이나 감정을 자기 내부에 그대로 지니고 있기 때문이라고 한다Giblin, 1979: 84.

대화를 성공시키기 위해서는 다음과 같은 점에 유의하여야 한다.

① 대화는 짤막짤막하고 요령 있게 해야 하며 사이사이에 다른 사람들도 말할 수 있는 기회를 주어야 한다.

② 언어는 대화의 도구이므로 도구성을 충분히 지니고 있어야 한다. 즉 말하는 사람은 나타내고자 하는 사상이나 사실을 구체화하고 그것을 표현할 수 있는 언어를 구사할 수 있어야 한다.

③ 고운 말씨를 써야 한다. 말은 인격의 표현이므로 고운 말씨의 사용은 말하는 사람의 인격을 돋보이게 한다. '가는 말이 고와야 오는 말이 곱다'라는 속담이 뜻하는 바와 같이 고운 말씨는 상대방의 좋은 반응을 불러일으킨다.

④ 말은 활달하고 흥미 있게 해야 한다. 활달하게 대화를 진행한다는 것은 그 자체로서 어느 정도 말에 흥미를 느끼도록 할 수가 있다. 대화 속에 위트와 유머가 깃들면 더욱 흥미롭다. 특히 대화에 경계해야 할 것은 냉소적이며 초월적인 태도이다. 미소를 짓는 명랑한 태도는 듣는 사람을 감동시킨다.

위의 말을 염두에 두고 대화의 계기 마련으로부터 진행에 이르기까지 몇 가지 유의사항을 살펴보기로 한다.

1) 대화의 계기를 만들라

우리들 주변에는 재미있는 생각이나 이야깃거리를 충분히 갖고 있으면서도 이야기를 시작하는 방법을 몰라서 망설이는 사람이 많다. 사실 좋은 말만 골라서 말하려고 하거나 또는 이쪽 말에 대해서 상대방의 반응이 어떨지 몰라서 말을 꺼내지 못하는 사람들도 있다. 그러나 위에서 이미 말한 바와 같이 가는 말이 고우면 오는 말도 고운 법이다. 이것은 필연적인 반응이다.

우선 대화를 시작함에 있어서는 분위기를 부드럽게 푸는 단계를 꺼려해서는 안 된다. 처음부터 지혜로운 대화를 하려는 것은 무리다. 텔레비전의 명사회자들은 약간의 잡담이 자기 자신에게 필요할 뿐만 아니라, 상대방의 마음을 편안하게 만든다는 사실을 알고 있다. 그러므로 상대방이 준비를 갖출 때까지는 흥미 있는 화제를 끌어 내려고 조급하게 서둘러서는 안 된다. 따라서 이 단계에서는 좀 진부하게 느껴지는 대화일 수도 있지만 성명, 고향, 자녀 등 아무 부담 없이 대답할 수 있는 것을 물어보 기도 한다. 또한 여행할 때 비행기나 버스나 기차 안에서 옆 좌석에 앉은 낯선 사람 과 대화를 시작할 때 미소를 지으며 "실례합니다만 손님은 어디까지 가시지요?"라든 가 "이 버스가 어디를 거쳐 가지요?" 등등을 자연스럽게 물으면 된다. 우리나라에서 는 인사를 먼저 하는 것이 자기를 비하시키는 것으로 알고 있는 사람이 많다. 그러나 인사는 바둑에서 선수를 잡는 것과 같이 먼저 하는 사람이 유리한 입장에 서게 된다.

2) 화제를 상대방에게로 돌려라

훌륭한 좌담가가 되기 위해서는 재치 있는 이야기를 많이 생각해 내거나 화려한 경험담을 해야만 하는 것은 아니다. 상대방의 마음을 푹 누그러뜨려 이야기를 하게 만 하면 된다. 즉 상대방으로 하여금 편안한 마음으로 이야기할 수 있게 하는 사람, 바로 이런 사람이 대화에 능한 사람이다Giblin, 1979: 87.

상대방이 말을 시작하면 그에게 귀를 기울이고 상대방에게 흥미를 안겨 주는 질문을 자주 하면 그는 그의 말에 관심을 기울여 주는 데 대하여 고마움을 느낄 것 이다. "말씀을 들어 정말 즐거웠고 얻은 바가 많습니다"라는 말을 해 주면 더욱 고 맙게 생각할 것이다.

3) 대화할 때 남이 관심을 기울일 화제를 찾아라

인간은 누구나 다른 사람과 대화를 할 때 자기도 인간이기 때문에 자기에 관한 것도 좀 이야기하고 싶은 욕망이 있는 것은 당연하다. 한 예를 들어 보자.

어느 월요일 아침에 몇몇 친구가 우연히 서로 만나게 되었다. 그중 한 사람이 그 전날 에 친 골프시합에 관해서 기나긴 이야기를 하는데 거기에 모였던 사람들이 하나둘씩 바쁜 핑계를 대면서 자리를 뜨더니 얼마 뒤에 말하는 사람 한 명밖에는 남지 않았다. 결국 그 사람은 자기 이외에는 누구 한 사람도 자기가 한 골프시합에 흥미를 갖지 않았다는 것을 알아채게 되었다. 사람들은 그들이 관심을 갖고 있는 화제가 아니면 남이 하는 말을 반도 듣지 않는다. 다만 말하고 있는 틈을 타 자기가 관심을 갖고 있는 문제를 끌어낸다거나 또는 듣고 있는 화제가 관심 있는 분야라면 자기의 경험도 좀 말할 수 있는 기회를 엿보고 있는 것이다.

4) 대화의 목적이 무엇인가를 생각하라

다른 사람과 대화를 할 때 자기가 정말로 바라는 목적이 무엇인가를 생각해야 한다. 즉 이 대화 속에서 자기 자신을 추켜세움으로써 자기의 자아를 만족시키고 싶은가 아니면 상대방과의 거래나 인정 또는 선의를 바라고 있는가? 만일 그 대화에서 자기 자신을 추켜세우는 것만을 바라고 있으면 자기 자신에 대한 일만을 떠들어도 좋다. 그러나 그 대화 속에서 아무것도 얻기를 기대해서는 안 된다.

자기에 관한 이야기를 길게 해도 좋을 때는 다음과 같은 경우이다. 첫째, 자신의 경험담과 인생 등에 관해서 이야기해 달라고 초청받았을 때(특별연사나 특강강사로 초빙되었을 때)와 둘째, 상대방이 말하는 도중 당신에 관한 말을 좀 들려 달라고 간청할 때이다. 만일 이 경우 냉정하게 거절해서는 안 된다. 잠시 동안만 당신에 관한 이야기를 해 주는 것이 좋다. 상대방은 당신에게 친절을 베풀었다고 생각할 것이다. 결코 장황하게 늘어놓아서는 안 된다. 상대방의 질문에 가볍게 응답하는 기분으로 간략하게 말해야 한다.

5) 대화 도중 일치점이 있으면 동감을 표시하라

인간의 본성은 자기에게 동의하는 사람을 좋아하게 마련이다. 그러므로 대화 도중 상대방에게 공감을 표시한다면 자연히 이쪽에 대해 호의를 갖게 된다. 동의하는 사람은 그의 가치와 자존심을 만족시켜 주기 때문이다. 그러나 반대하는 사람은 은연중에 그의 가치와 자존심을 위협하는 것이 된다. 따라서 아무리 상대방에 반대를 하지 않을 수 없는 경우라도 반드시 상대방의 논지에서 동의점을 찾도록 노력해야 한다. 그렇게 해서 사소한 것에서라도 동의할 수 있는 점을 찾으면 반대점을 말하기도 쉬워진다. 그렇게 될 때 그는 당신을 더 좋아하게 되는 것이다.

2. 사람을 설득하기 위하여(설득의 방법)

설득persuasion은 설득자가 원하는 방향으로 다른 사람이 태도를 변화하여 행동하게 하는 의사소통의 유형이다. 사람을 설득한다는 것은 예삿일이 아니다. 그것을 원만히 해 나가는 사람이야말로 대인관계에서 성공할 수 있다. 아래에서 효과적인 설득의 심리과정을 살펴보고자 한다.

1) 논쟁(argument)을 피하라

링컨 대통령은 청년시절 남하고 논쟁하는 것을 좋아하는 사람이었다고 한다. 그러나 그는 다음과 같은 의미심장한 말을 후세에 남겨 놓았다.

"논쟁에는 이겼으나 친구는 잃었다."

'논쟁에서는 승자가 없다'는 옛말은 논쟁이 이웃이나 자아와의 싸움을 의미하는 것으로 본다면 바로 맞는 말이다Giblin, 1979: 105.

인간은 누구나 반대되는 의견이나 생각에 부딪치게 되며 이에 자연적으로 대처하는 방법은 반대의견을 펴는 것이다. 그러나 불행하게도 이 방법은 곧 상대방을 자기의견에 따르도록 유도하는 것이 아니라 굴복시킴으로써 그의 자아에 심대한 타격을 주게 된다. 이로 인해 적대감을 품게 되며 복수의 기회를 엿보게 만든다.

논쟁에 대하여 가장 철저하게 연구한 조사는 뉴욕 대학 변론학부Speech Department의 버츠Alvin C. Busse와 보든Richard C. Borden이란 두 교수가 실시한 것이라고 볼 수 있다. 그들은 7년간에 걸쳐 1만 건이나 되는 실제논쟁을 조사했다. 이 가운데는 수많은 부부싸움, 택시운전사들 간의 논쟁도 있고 또 메이씨 백화점이나 웨스팅 하우스의 점원들이나 판매원들의 논쟁이 포함되어 있다. 그들은 또 UN에서의 국가대표들 간의 토론도 청취하였다. 이렇게 하여 그들은 누가 어떻게 해서 논쟁에서 이겼는가를 기록해 나갔다. 그들의 결론은 흥미롭다. 즉 정치가나 UN대표들은 그들의 생각을 펴는 데 있어서 호별방문을 하는 세일즈맨보다 뒤떨어진다는 것이다. 그 커다란 이유는 직업적 토론가들은 반대의견을 반박하는 데 열을 올리고 있는 것 같다는 점이다. 그에 반해 세일즈맨은 고객들로 하여금 스스로 그들의 의견을 바꾸도록 유도한다는 것이다Giblin, 1979: 107.

카네기D. Carnegie도 자기의 과거의 논쟁경험을 다음과 같이 후회 섞인 어조로 표현하고 있다.

> 나는 천성적으로 토론을 좋아했다. … 나는 젊었을 때는 변론을 연구하여 토론회에도 참가했다. 지독하게 이론적으로 따지고 들어 상대방이 증거를 코앞에 들이대기 전까지는 후퇴하는 일이 없었다. 이윽고 나는 뉴욕에서 토론과 변론술을 가르치게 되었다. 지금 생각하면 등골이 오싹해지거니와 더욱이 놀라운 것은 나는 그 방면의 책을 낼 계획도 세운 일이 있었다. 그러나 그 뒤로 나는 여러 가지 경우에 일어나는 논쟁을 깊이 듣고, 비판도 하고, 참가도 하면서 그 효과를 지켜보아 왔다. 그 결과 논쟁에서 이기는 최선의 방법은 하나밖에 없다는 결론을 얻었다. 그 방법이란 바로 논쟁을 피하는 일인데 그것은 마치 우리가 독사나 지진을 피하듯이 논쟁을 피하는 일이다.

논쟁이란 거의 예외가 없이 쌍방에게 자기의 주장이 옳다는 것을 더욱 확신시키고 끝나게 마련이다. 논쟁에서 이긴다는 것은 불가능하다. 만일 논쟁에 지면 진 것이고 설사 이길지라도 역시 지고 마는 것이다. 상대방을 코가 납작하도록 면박을 준다 해도 그 결과는 어떤가? 면박을 준 쪽에서는 기분이 좋겠지만 공격을 받은 상대방은 자존심에 상처를 입어 분개할 것이다Carnegie, 1981: 116.

논쟁에서 입은 상처가 치유되려면 상당히 오랜 세월이 흘러야 할 것이다. 아마 화해가 없다면 늘 적대감을 품고 있을 것이다. 우리 속담에 "칼로 벤 상처는 쉬 아물어도 혀로 벤 상처는 아물기 어렵다"라는 말이 있다. 우리에게 말의 정중성이 가장 필요한 때가 바로 남하고 토론할 때일 것이다.

2) 인간성과 잠재의식에 설득의 기반을 두라

사람은 남으로부터 공격을 받으면 본능적으로 방어자세를 취한다. 따라서 자기의 중요감이 타격을 받아 자존심이 상하면 체면을 지키기 위해서라도 자신의 생각을 고수하게 된다. 설사 상대방의 생각이 아무리 좋을지라도 그는 자신의 마음의 문을 굳게 닫아버릴 것이다. 인간의 가장 강력한 충동은 자기생존self survival이다. 즉 이것은 자아ego의 생존과 육체의 생존을 의미하는 것이다. 그러므로 우리는 남을 설득할 때 상대방의 인간성을 받아들이고 이에 따르도록 하여야 한다. 인간은 본래 자기에게 적의를 품고 있는 의견을 받아들이려 하지 않는다.

진정한 설득은 인간의 잠재의식을 움직일 때 가능하다. 다시 말하면 상대방의 잠재의식이 이쪽의 의견을 받아들이지 않는 한 그는 결코 설득당하지 않는다. 사실 마음속 깊은 데까지 스며들지 않는 납득으로는 상대방의 생각을 바꿔 놓을 수는 없다. 심리학자들의 주장에 따르면 상대방의 잠재의식이 남의 의견을 받아들이게 하는 방법은 오직 한 가지밖에 없는데 그것은 암시Suggestion에 의한 방법이라는 것이다. 또한 그들의 실험에 의하면 상대방의 잠재의식 속에 이쪽의 생각을 억지로 집어넣어 주려고 하면 할수록 이에 대한 저항이 커진다는 것이다. 즉 이 경우 자기방위의 본능이 작용하기 때문이다. 그러므로 상대방의 잠재의식 속에 이쪽의 생각을 은근히 스며들게 해야 한다는 것이다. 예를 들어 "너는 그것을 못해"라는 말을 듣게 되면 '어떤 일이 있어도 그것을 해 보이겠다'는 반발적인 충동을 느끼게 된다는 것인데 그것은 우리가 흔히 경험하는 것이다. 만일 누가 자기에게 "너는 이것은 꼭 해야 해" 하는 말을 하는 것을 들으면 거의 반사적으로 "흥, 그까짓 일을 누가 해" 하는 반발적 충동을 느끼게 마련이다Giblin, 1979: 116.

PART 4-7

토론에서 이기느냐 지느냐는 상대방의 잠재의식 속으로 자기생각을 얼마만큼 스며들게 하느냐에 달려 있다. 그러나 상대방의 잠재의식 입구에는 항상 상대방의 자아ego가 문지기처럼 버티고 있다. 따라서 그의 자아를 눈뜨게 만들면 이쪽의 생각을 그의 잠재의식 속으로 들이미는 것은 불가능하다. 이것은 대단히 중요하다.

효과적인 설득을 위하여 다음 사항을 유의할 필요가 있다.

(1) 상대방에게 그의 의견을 말하게 하라

가슴에 답답함을 지니고 있는 사람은 그것을 이야기로 다 털어놓지 않으면 정신경화증상mental set을 나타낸다. 그러므로 상대방에게 그의 의견을 말하게 하여야 한다. 중간에서 말허리를 자르지 말고 그의 말을 끝까지 정성껏 들어야 한다. 자기의 이야기가 다 끝나기 전에는 다른 사람의 말 같은 것은 귀에 들어오지 않는다. 따라서 상대방으로 하여금 요점을 다시 한 번 반복해 주기를 청하면 더욱 이쪽의 진정한 관심에 고마움을 느낄 것이다. 단지 가슴에 쌓여 있는 응어리를 털어놓는 것만으로도 그의 적대감은 경감된다는 사실을 잊어서는 안 된다.

(2) 상대방의 잘못을 지적하지 말라

테오도르 루스벨트가 대통령이 되었을 때 자기가 생각하는 것이 75% 옳다면 그것이 자기로서 바랄 수 있는 최고라고 말한 일이 있다Carnegie, 1981: 123. 사람들은 대개 토론을 시작하면 자기의 의견은 완전히 옳고 상대방의 의견은 모두가 잘못된 것이라는 것을 입증하려고 한다. 그러나 설득력이 있는 사람은 어떤 점을 양보함으로써 의견의 일치점을 찾으려고 한다. 그러므로 상대방이 주장하는 점을 인정하고 또 어지간한 문제점을 양보해 주면 상대방은 아마 중요한 대목에서 더 큰 양보를 해 줄 수도 있을 것이다. 우리는 흔히 토론장에서 양쪽이 한 치의 양보도 없이 팽팽히 맞서고 있는 것을 많이 보았다. 그러나 그런 곳에서 해결이 없다는 것도 너무 많이 보았을 것이다. 사람은 누구나 완벽할 수는 없다. 자기도 허점이 있고 또 틀릴 수도 있다는 것을 인정하여야 한다.

소크라테스는 제자들에게 다음과 같이 되풀이해서 말하고 있다.

"나는 단 한 가지밖에는 모른다. 그것은 나는 아무것도 모른다는 사실이다."

이것은 세상에 완전무결한 사람은 없다는 좋은 교훈이다. 상대방에게 잘못이 있다고 생각되었을 때 또는 그가 분명하게 잘못일 경우에도 다음과 같은 말로 서두를 꺼내는 것이 좋을 것이다. "실은 나도 그렇게 생각하지는 않고 있었습니다만 아마 내가 잘못 생각한 모양입니다."

카네기는 "아마 내가 잘못 생각한 모양입니다. 나는 잘못 생각하기를 잘하니까요. 사실을 한번 잘 생각해 보도록 할까요"라는 말속에는 마술적인 효력이 깃들어 있다고 한다. 이 말에 반대하는 인간은 어느 사회에도 없을 것이기 때문이다Carnegie, 1981: 119. 어지간한 논쟁이라도 아마 이러한 겸손은 언쟁을 가라앉히고 또 상대방도 역시 관대하고 공정한 태도를 취하겠다는 마음을 갖게 될 것이다.

(3) 자기의 의견을 부드럽고 또 확실하게 말하라

사람들은 자기의 의견이 막상 반대에 부닥치게 되면 상대방에게 억지로 납득시키려고 하는 경향이 있다. 그러나 상대방의 생각을 바꾸게 하려면 협박이나 강압적인 방법보다 사태를 냉정하게 또 침착하게 설명하는 것이 훨씬 효과적이다. 벤자민 프랭클린Benjamin Franklin은 미국에서 자기의 의견을 다른 사람에게 잘 납득시킨 사람이라는 평을 받고 있다. 그는 국가 간의 교섭에서도 늘 큰 성공을 거둔 사람이다. 그의 탁월한 설득력은 급기야 여러 반대 의견을 극복하고 미합중국의 헌법을 탄생시키는 데 큰 공헌을 세웠다. 그는 일찍이 이런 말을 했다.

"상대방을 설득시키려면 자기의 의견을 부드럽고 정확하게 말하여야 한다."

(4) 자기의 의견을 제3자를 통해 말하게 하라

사람들은 자기 자신을 위하여 변명하는 사람을 이상하게 생각하는 습성이 있다. 따라서 본인의 입으로 자신을 옹호하는 것보다 이해관계가 직접적으로 얽혀지지 않는 제3자를 통해 말하게 하는 것이 효과적이다. 사실상 제3자의 입을 통해서 말하게 하면 상대방의 자존심을 자극하는 일이 훨씬 적어지게 된다. 기록과 통계나 역사적 사실 및 유명한 사람들의 말을 인용하는 것 등은 모두 제3자로 간주될 수 있다Giblin, 1979: 116.

(5) 상대방이 우선 합의할 수 있는 화제를 찾도록 하라

쌍방의 견해 표명을 통하여 문제점의 전모가 노출되면 우선 서로의 의견이 일치되는 문제, 즉 풀기 쉬운 문제부터 시작하여 그것을 끊임없이 강조하면서 대화를 진행시켜 나가야 한다. 이렇게 해서 서로가 같은 목적을 향하여 노력하고 있다는 점을 상대방에게 이해시키도록 하고 견해 차이는 다만 방법뿐이라고 강조해야 하는 것이다.

처음에는 상대방이 '네'라고 대답할 문제만을 취급하여 되도록 '아니오'라는 말이 나오지 않도록 하여야 한다.

오버스트리트Overstreet, 1925 교수는 다음과 같이 말하고 있다Carnegie, 1981: 152.

"상대방이 일단 'No'라고 대답하게 되면 그것을 철회시킨다는 것은 쉬운 일이 아니다. 'No'라고 말한 이상 그것을 번복하는 것은 자존심이 허락하지 않는다. 'No'라고 말해 놓고 후회할 경우가 있을지 모르지만 설사 그렇더라도 자존심을 상하게 할 수는 없다. 일단 말하기 시작한 이상 끝까지 그것을 고집한다. 그러므로 처음부터 'Yes'라고 대답 하게 하는 방향으로 이야기를 끌고 나가는 것이 몹시 중요한 것이다." 화술이 능한 사 람은 우선 상대방에게 몇 번이고 '네'라고 말하게 한다. 그러면 상대방의 심리는 긍정적 인 방향으로 움직이기 시작한다. 이것은 마치 당구를 칠 때 공이 어떤 방향으로 굴러가 기 시작한 것과 같아서 그 방향을 바꾸게 하려면 많은 힘이 든다. 반대방향으로 되돌아 가게 하기 위해서는 그보다 훨씬 더 큰 힘이 들게 마련이다.

(6) 상대방에게 새로운 생각이 떠오르게 하라

사람은 남에게서 나온 의견보다는 자기 자신의 머리에서 떠오르는 생각을 훨씬 더 중요하게 여긴다. 그러므로 그에게 암시를 주어 토론의 결론은 상대방에게 내리 게 하는 편이 훨씬 현명한 방법이다.

사람은 누구나 다른 사람에게 강요당하고 있다든가 명령에 의해 움직인다는 느 낌을 좋아하지 않는다. 그보다는 자주적으로 행동하고 있다는 느낌을 훨씬 좋아한 다. 즉 자기의 희망이나 욕망, 의견 등을 다른 사람이 들어 준다는 것은 기쁜 일이 다. 좋은 설득은 타협의 산물이다.

(7) 상대방의 면목을 세워 주라

상대방이 일단 반대의견을 표명한 경우라면 여간해서 그는 자신의 의견을 바꾸 려 하지 않을 것이다. 만일 그가 이쪽 편의 의견에 찬동을 한다면 그것은 자기 생 각이 잘못되었다는 것을 시인하는 것이나 다를 바 없다고 생각하기 때문이다. 특히 그가 이쪽 편의 의견에 대해서 여러 사람 앞에서 강경하게 반대했다면 그의 의견 을 더욱 바꾸기 힘들 것이다. 그러므로 뛰어난 설득력을 가진 사람은 상대방에게 체면을 손상시키지 않고 의견을 바꾸게 할 수 있는 탈출구를 터놓을 줄 안다. 예컨 대 "그런 경우라면 누구나 그렇게 생각하게 됩니다"라든가 "나도 처음에는 그 문제 에 대해서 의아하게 생각했습니다만 이러한 새로운 정보를 얻고 난 뒤 전적으로 달라졌습니다"라는 어투는 상대방의 체면을 세워 줄 수 있는 좋은 표현 등이다. 만일 빠져나갈 길이 없으면 상대방은 자기가 표명한 의견의 포로가 되어 진퇴양난의 유곡에 갇히게 된다.

특히 유의하여야 할 것은 토론 도중에도 사람의 감정을 상하게 하는 말투를 사용해서는 안 된다. 일단 감정에 불이 붙으면 사태는 엉뚱한 방향으로 가게 되며 체면유지는 점점 더 어렵게 된다. 감정이 격화되지 않도록 자주 미소 짓는 얼굴을 보이는 것이 좋다. 미국의 심리학자 메런 비언은 상대방을 설득하는 주요 요소를 분석했을 때, 언어가 7%, 소리가 30% 그리고 얼굴이 55%, 기타가 8%의 비율이었다고 한다. 물론 여기에서의 얼굴은 미소 짓는 모습을 말하는 것이다.

 사례연구

"팀장님 이번 일 시작할까요?" 현주씨가 양 팀장에게 새 프로젝트 기획안을 실행에 옮겨도 될지 물어봤다. "시작이 반이기는 한데, 한 번 엎어진 물을 주워 담을 수도 없고, 현주씨 이 일 책임질 수 있어?" 현주씨는 맥이 빠져버렸다. 아무도 100% 예측할 수 없다는 걸 알지만 팀장이란 사람이 이렇게 애매모호한 선문답만 하고 있으면서 책임지라는 말만 하니 말이다.

양 팀장은 팀원의 못마땅한 일을 지적할 때에도 그랬다. "집에서 키우는 개가 있는데 처음에 버릇을 잘못 들였더니 아주 개판을 쳐서 말이야. 팔아버려야 하나." 이런 식으로 우회적으로 돌려 말하니, 무슨 의중으로 그런 말을 했는지 팀원들끼리 따로 모여서 토론을 하기 일쑤다.

관리직에 있는 사람 중에 이렇게 모호한 표현을 즐기는 경우를 본다. 모호하게 표현하면 해석의 여지를 다양하게 줄 수 있기 때문에 말을 하는 입장에서 볼 때에는 안전판을 두는 것이나 다름없다. 나중에 결과를 본 뒤 둘러댈 수 있는 여지를 남겨둘 수 있기 때문이다. 양 팀장과 같이 모호한 표현을 자주하는 사람들은 실패에 대한 두려움이 과도하게 많은 경향이 있다. 애매한 표현을 해서 도망갈 구멍을 만들어 놓고 지금의 불안을 모면하려는 것이다.

비즈니스의 영역에서 이런 모호한 표현은 오해의 여지만 만들 뿐이다. 직원들을 통솔해야 하는 관리자는 최대한 구체적으로 분명한 의사표현을 하는 것이 전체 조직을 매끄럽게 이끌어가는 매우 중요한 일 중의 하나다. (조선일보 2004.01.13.일자. 발췌 인용)

:: 토의과제

1. 위의 사례에서 제시된 의사소통의 장애요인으로는 어떠한 것들을 들 수 있으며, 이를 극복하는 방법을 구체적으로 함께 토의하고 결과를 발표하시오.

2. 최근 주위 사람(가족, 친구 등)과의 의사소통을 함에 있어서 오해(장애)가 발생한 경우를 선택하여 왜 그런 오해가 발생했는지, 차후 이를 방지하기 위해 어떤 방법을 사용할 수 있는지를 정리하고 각자 의견을 교환하시오.

갈등해결의 방법

제1절 갈등의 해결

1. 갈등의 본질

1) 갈등의 의의

현대조직사회에서 많은 사람들과 집단들이 제각기 목표를 가지고 활동하다 보면 마찰이나 불편한 관계가 발생하기 마련인데, 이에 따라 갈등conflict이 보편적인 현상으로 나타나고 있다. 때때로 개인은 각종 욕구 및 목표의 상충이나 가치관, 신념 등의 차이로 인하여 개인 내부와 상호 간 그리고 집단 간에 여러 가지 유형의 갈등을 겪고 있다.

궁극적으로 조직생활에서 갈등이 존재하느냐의 문제는 인식의 문제라고 할 수 있다Robbins & Judge, 2009: 518-519. 즉 개인이 갈등을 인식하지 않는다면, 이는 갈등이 없다고 할 수 있다. 갈등이란 희소자원이나 업무의 불균형배분 또는 목표, 가치, 인지 등의 차이로 인해서 개인, 집단 및 조직의 심리, 행동 또는 그 양면에 나타나는 대립적 상호작용이라고 정의할 수 있다.

흔히 갈등은 나쁜 것이므로 제거해야 된다고 생각하는 경향이 있지만, 이는 때때로 목표달성에 대한 조직구성원의 관심과 창조적인 행동을 자극할 수도 있다. 따라서 오늘날에는 관리자의 책임이 단순히 갈등해결에만 국한되지 않으며, 때로는 갈등을 조장할 필요도 있다는 입장에서 보다 폭넓게 갈등관리의 필요성이 대두되고 있다.

2) 갈등관의 변천

갈등에 관한 관점은 통상 전통적 관점traditional view, 행태적 관점behavioral view, 상호작용적 관점interactional view의 세 가지로 요약된다Robbin & Judge, 2009: 519-520.

(1) 전통적 관점

전통적인 갈등관은 1930년대와 1940년대에 보편적이었던 고전적 조직이론과 초기 인간관계론적 접근방법에 입각하고 있으며, 갈등을 불필요한 것이며 해로운 것으로 보고 폭력, 파괴와 불합리성 등과 동의어로 파악한다Robbins & Judge, 2009: 519.

이런 입장에서 메이요E. Mayo는 갈등을 일종의 악evil 또는 대인적 능력의 부족증a symptom of the lack of social skills으로 취급하고 협력만이 건강의 징후라고 하였다Britz, 1960: 205. 즉 갈등이 없는 상태가 가장 이상적인 상태이며, 갈등은 직무의 명확한 규정, 직위 간 관계의 구체적 규정, 직위에 적합한 인원의 선발 및 훈련 등을 통해서 제거될 수 있다고 믿었다.

또한 갈등을 부정적인 것으로 보는 고전이론가들의 갈등관은 사회에서 오랫동안 중시되어 온 반갈등적 가치관anti-conflict value을 반영하고 있다Robbins, 1974: 20-25. 의견일치나 조화 등은 좋은 것이며, 의견대립이나 불화 등은 나쁜 것으로 규정하는 가치체계 속에서 사회화의 과정을 겪어 온 사람들은 갈등을 나쁜 것이라고 생각하는 경향이 있다.

이와 같이 전통적 관점에서는 모든 갈등은 나쁜 것이라는 가정하에 갈등은 회피하여야 하기 때문에, 갈등의 원인과 갈등의 역기능의 해소에는 거의 관심을 두지 않게 된다.

(2) 행태적 관점

행태적 관점에서는 갈등을 모든 집단과 조직에서 자연히 발생하는 것으로 보고, 갈등은 불가피한 것이므로 이를 수용하는 입장을 취한다. 이런 관점에서의 갈등이론은 1940년대 후반에서부터 1970년대 중반까지의 갈등관을 대표하고 있다.

조직구성원은 인간으로서 나름대로의 욕망이나 이해관계 때문에 충돌할 가능성을 충분히 갖고 있는 것이다. 행태적 관점은 갈등이 가끔 문제해결에 유용한 순기능을 발휘한다고 생각하므로 때에 따라서는 이를 수용하는 입장이다Robbins & Judge, 2009: 520.

이와 같이 행태론적 갈등관은 갈등의 존재를 합리화하면서 갈등은 배제할 수 없는 것이며, 그것은 때때로 조직의 업무수행에 도움이 될 수도 있다고 보고 있다. 그러나 이 행태론적 접근은 기껏해야 갈등의 표면적인 수용만을 나타낼 뿐이다.

(3) 상호작용적 관점

갈등에 관한 최근의 이론적 견해는 상호작용론적 접근방법에 입각하고 있다. 행태론자의 견해가 갈등을 수용하는 태도를 보이는 데 반하여 상호작용론자의 입장은 한 걸음 더 나아가 갈등을 고무하는 측면에서 바라보고 있다. 즉 화목하고 평화로우며 지나치게 협조적인 분위기에 젖어 있는 조직은 변화와 쇄신의 요구에 대해 정태적이고 냉담하며 무반응적인 태도를 보이기 쉽다는 것이다Robbins & Judge, 2009: 520.

그러한 까닭에 이 새로운 관점은 조직 내에서 갈등은 피할 수 없는 것이며 때로는 필요한 것으로 보고 있다. 이는 갈등의 두 가지 기능을 인정하는 것으로, 한편으로는 조직을 활성화시키며, 효과적인 목표달성을 가능케 하고 조직의 혁신과 변화의 수단이 되며, 다른 한편으로는 구성원 개인이나 조직의 목표달성에 방해가 된다고 본다. 그러므로 조직의 관리자는 모든 갈등을 억제하거나 제거해서는 안 되며, 그 해로운 점을 최소한으로 줄이고 이로운 점을 최대한으로 신장시켜 주어야 한다고 보는 것이다Leonard, 1964: 67.

2. 갈등수준과 효과성

갈등이 순기능적이거나 역기능적이라고 어떻게 말할 수 있는가? 이에 대한 중요한 판단기준은 집단의 성과이다. 집단은 목표를 달성하기 위하여 존재하기 때문에, 조직에서 갈등의 기능성functionality을 정의하는 것은 갈등이 개인에게 미치는 영향이 아니라 집단에 미치는 영향이다Robbins & Judge, 2009: 520.

이에 관하여 로빈스Robbins: 1990: 414-416는 다음과 같은 두 개의 가설을 설정하였다.

① 극단적인 갈등수준extreme level of conflict은 순기능적이 될 수 없다는 것이다. [그림 8-1]은 상호작용론적인 갈등관을 나타낸 것으로서 조직 내의 갈등이 적정한 갈등수준을 넘어서면 조직의 효과성은 점점 떨어지며, 극단적 갈등수준에 이르면 조직의 효과성은 거의 또는 전혀 기대할 수 없게 된다. 그러므로 순기능적인 갈등은 낮은 수준에서 중간 수준까지의 통제 가능한 갈등상황이라 할 수 있다.

▼ 그림 8-1 갈등수준과 조직의 효과성

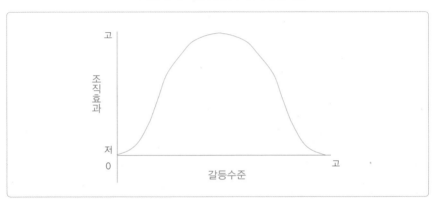

자료: Robbins(1990: 415).

상 황	모형수준	갈등의 기능	조직의 내부특성	효 과 성
A	낮음 또는 전혀 없음	역기능	의욕상실 침 체 변화에 대한 무반응 새로운 아이디어의 결핍	낮 음
B	최 적	순기능	생동적 자아비판 쇄신적	높 음
C	높 음	역기능	분 열 혼 란 비협조적	낮 음

[표 8-1] 갈등상황에 따른 조직의 효과성

② 조직활동의 유형이 기능성을 결정하는 요인이 된다는 것이다. 조직의 의사결정과정이 정형화되어 있지 않음으로써 보다 창의성을 발휘할 수 있는 분위기에서 진행된다면, 내부적 갈등이 건설적인 것으로 될 가능성이 그만큼 더 높아진다는 가설이 성립될 수 있을 것이다. 이러한 경우에는 예컨대 조직구성원들이 수많은 고심과 자유분방한 브레인스토밍brain storming 끝에 좋은 아이디어를 창출해 내는 것을 들 수 있다.

결론적으로 조직에 갈등이 거의 없거나 낮다면 변화와 개혁을 추진하거나 조직이 환경변화에 적응하기 어려워 조직의 성과가 저하된다. 반면 갈등의 수준이 너무 높을 경우에는 조직 내에 엄청난 혼란이 야기되어 이 역시 조직에 부정적인 결과를 야기하게 된다. 즉 갈등의 수준이 너무 높거나 너무 낮은 것은 바람직스럽지 못하며, 조직의 효과를 최대로 하기 위해서는 갈등수준이 최적을 이루도록 하여야 한다DeCenzo & Silhanek, 2002: 289.

3. 갈등의 유형

PART 4-8

갈등은 개인적 갈등과 집단적 갈등을 모두 포함한다. 구조적인 갈등현상이 가장 뚜렷하게 나타나는 유형들을 개인적 갈등, 대인적 갈등 등으로 분류하여 설명하고자 한다.

1) 개인적 갈등

개인은 보통 일단의 경쟁적인 욕구needs와 역할roles을 갖게 마련인데, 이 욕구나 역할의 표출방법이 다양하게 나타나며 욕구와 조직목표 사이에는 여러 가지 형태의 장애로 말미암아 서로 충돌할 여지가 많다. 이러한 복잡한 적응과정에서 인간은 가끔 갈등과 긴장을 일으키게 되는데, 이와 같은 개인적 갈등은 다시 좌절에 의한 갈등, 목표갈등, 역할갈등으로 세분하여 고찰할 수 있다Luthans, 2008: 255-260.

(1) 좌절에 의한 갈등

좌절은 동기부여가 된 욕구motivated drive가 목표에 도달하지 못하고 방해를 받게 될 때 나타나게 된다. 개인이 좌절에 직면했을 때에는 일반적으로 [그림 8-2]와 같이 공격aggression, 철회withdrawal, 집착fixation, 타협compromise의 네 가지 방어기제defence mechanisms를 이용해 이를 해소하고자 한다Luthans, 2008: 256-257.

▼ 그림 8-2 욕구좌절모형

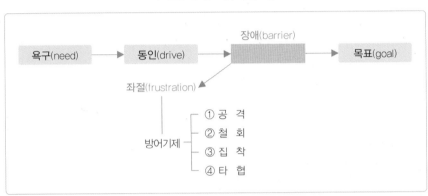

자료: Luthans(2008: 256).

예컨대 갈증을 해소하기 위해 물을 마시려는 데 출입문이 잠겨 있어 좌절을 느낀 사람은 문을 발로 차거나공격, 물러서거나철회, 계속 문을 열려고 하거나집착, 다른 음료수를 마시는타협 반응을 하게 된다.

또한 이러한 좌절에 의한 갈등은 조직에서의 개인의 행동에도 적용될 수 있다. 좌절의 결과로 인한 근무태만, 음주 심지어 약물중독 등의 행태는 개인의 실적과 조직에 부정적인 영향을 가지고 있으며, 조직에 막대한 비용부담을 초래하고 있다. 하지만 이러한 좌절이 조직에 항상 부정적인 영향만을 끼치는 것은 아니다. 때때로 강한 성취동기를 가진 조직성원이 좌절을 느낄 경우에는 그 장애를 극복하기 위해 더욱 열심히 일함으로써 실력 향상에 도움을 주는 역할을 할 수도 있다.

이와 같이 좌절은 그 상황에 따라 부정적일 뿐만 아니라 긍정적인 영향도 미치지만, 일반적으로 그러한 갈등관리의 중요한 목표는 조직성원을 좌절시키거나 또는 그러한 가능성이 있는 실제적·잠재적 장애를 제거하는 데 두어야 한다.

(2) 목표갈등

개인적 갈등의 또 다른 원천은 목표가 긍정적인 면과 부정적인 면의 양면성을 지녔을 때와 둘 이상의 경쟁적인 목표가 병존할 때이다. 좌절갈등이 하나의 욕구가 목표에 이르기 전에 방해를 받는 경우인 데 반하여, 목표갈등은 둘 이상의 욕구가 상호 간에 장애가 되는 경우이다Luthans, 2008: 257-258.

목표갈등은 접근-접근갈등approach-approach conflict, 접근-회피갈등approach-avoid-ance conflict, 회피-회피갈등avoidance-avoidance conflict 등 세 가지로 분류할 수 있다.

① 접근-접근갈등은 개인이 둘 이상의 긍정적이지만 상호배타적인 목표에 의해 동기부여될 경우 발생한다. 이런 갈등은 조직행동에 가장 적은 영향을 미치게 된다. 한 예로, 두 개의 좋은 기업에 취직하게 된 대학 졸업자가 경험하게 되는 갈등이 전형적인 예이다. 이러한 상황은 개인에게 약간의 불안상태를 일으키지만, 금방 해소될 수 있다.

② 접근-회피갈등은 하나의 목표가 개인에게 긍정적이고 부정적인 성격을 모두 포함하고 있을 경우에 나타난다. 이런 유형의 갈등은 조직행위의 분석에 매우 중요한 의미를 지닌다. 보통 조직의 목표는 조직참여자에게 긍정적이고 부정적인 측면을 모두 가지고 있다. 따라서 조직목표는 개인에게 상당한 갈등을 일으킬 수 있고, 실제로 개인은 긍정적인 측면과 부정적인 측면이 비슷하게 나타날 때 불안한 상태로 망설이게 된다.

③ 회피-회피갈등은 개인이 둘 이상의 부정적이며 바람직하지 않은 목표 간에 선택하여야 할 경우에 발생한다Schermerhorn, Jr., Hunt & Osborn, 2008: 344. 접근-접근갈등과 유사하게 이런 유형의 갈등은 조직행동에 심각한 영향을 미치지는 않는다. 회피-회피갈등은 보통 쉽게 해결된다. 즉 두 개의 부정적인 목표에 직면한 개인은 그중 하나를 선택하지 않거나 그 상황을 단지 떠나버리면 된다. 이렇게 되면 갈등은 금방 해결된다. 하지만 어떤 경우에는 개인이 그 상황을 떠날 수 없다. 이것은 교도소의 수감자, 병원 입원환자나 군인 등과 같이 강제적 조직에 속해 있는 사람들에게 적용된다.

(3) 역할갈등

역할이란 기존의 규범에 의하여 요구되는 기대를 가지고 있는 지위라고 할 수 있는데, 역할의 모호성과 부하량에서 오는 심리적 불안감 및 압박감은 주어진 역할에 따른 임무수행에 저해요인이 되어 갈등을 일으킨다.

현대사회에서 개인은 수많은 역할을 동시에 가지게 된다. 즉 그들은 남편, 아버지, 아들, 노동자나 관리자, 산악회원, 축구회원 등의 역할을 수행한다. 개인이 갖는 이러한 역할들은 그 요구와 기대가 각기 다르기 때문에 갈등이 일어난다.

2) 대인적 갈등

대인적 갈등interpersonal conflict이란 개인과 개인 간의 인간관계에서 발생하는 갈등을 말하는데, 구성원 개인 간에 겪는 갈등은 구성원들의 상호작용에서 매우 중요한 의미를 가진다. 대인적 갈등을 분석하는 가장 보편적인 방법은 교류분석transactional analysis과 조하리창을 이용하는 방법이 있다.

(1) 교류분석

교류분석은 인간의 행동을 이해하고 분석하기 위해 에릭 번Berne, 1964이 처음 개발하여 토마스 해리스Harris, 1969에 의해 일반에 널리 알려지게 되었다.

교류분석은 정신분석학적 이론을 그 배경으로 하여 개인의 가장 중요한 자아상태, 즉 어린이 자아, 어른 자아와 부모 자아를 확인하고 있다. 이런 세 가지 자아상태는 프로이드의 이드어린이, 에고어른와 슈퍼에고부모 개념과 대략 동일한 것이다.

① 어린이 자아상태(child ego state): 어린이 자아상태는 어린애와 같이 충동적으로 행동하는 상태를 말하는 것으로서, 무조건 복종하고 순응하거나 아니면 반항하고 대드는 등 감정에 치우치는 행동을 보이는 것이다. 즉 어린이 자아상태는 매우 미숙한 행위를 특징으로 한다.

② 어른 자아상태(adult ego state): 어른 자아상태는 인격적으로 성숙한 성인처럼 행동하는 상태를 가리키는 것으로서, 이때 자신에게 당면한 문제를 냉정하고 합리적으로 처리해 나간다. 즉 문제해결과 관련된 정보를 수집하고 세밀히 분석하여 여

러 가지 대안을 탐색함으로써 논리적인 행동을 하게 된다. 따라서 어른 자아상태에서는 충동적인 행동을 삼가고 권위적인 행동을 하지 않음으로써 공정성과 객관성을 유지한다.

③ 어버이 자아상태(parent ego state): 어버이 자아상태는 자녀들에게 엄한 어버이와 같이 행동하는 상태를 말하는 것으로서, 어버이 자아상태에 있는 사람들은 타인을 대할 때 과보호적이거나 엄격하고 비판적인 태도를 취한다. 이들은 상대방을 어린애 취급을 하여 명령을 하는 경향이 있다. 다른 사람에 대한 행위기준이나 규칙을 수립하는 사람들이 이런 예에 속한다.

일반적으로 사람들은 경우에 따라 위와 같은 세 가지의 모든 자아상태에서 행동하게 된다. 이러한 세 가지 자아상태에서 균형을 이루고 있는 사람은 건전한 성격을 갖고 있는 사람이다. 그러나 사람들은 때에 따라서 하나의 자아상태가 지배적으로 나타날 수도 있다. 이러한 경우 다른 사람의 자아상태가 어디에 놓여 있느냐에 따라 갈등이 발생하게 된다.

이러한 세 가지 유형의 자아는 다시 세분될 수 있다. 즉 어버이 자아는 비판적 어버이 자아Critical Parent: CP와 양육적 어버이 자아Nurturing Parent: NP로 나누어지며, 어린이 자아는 순응적 어린이 자아Adapted Child: AC와 자유로운 어린이 자아Free Child: FC로 구분할 수 있다.

그리고 자아상태 간의 교류는 바로 교류분석의 핵심이 되는데, 상호보완적 교류complementary transaction, 상호교차적 교류crossed transaction, 동기은폐적 교류ulterior transaction 등 세 가지로 구분된다James & Jengeward, 1971: 24.

▼ 그림 8-3 상호보완적 교류

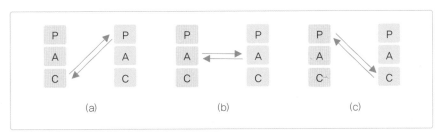

(a)   (b)   (c)

① 상호보완적 교류: 상호보완적 교류는 두 사람이 상호작용을 할 때, 한 사람이 특정 자아상태에서 메시지를 보내거나 행동을 보였을 때 상대방이 예상했던 대로의 반응을 보여 주는 교류형태를 말한다.

▼ 그림 8-4 상호교차적 교류

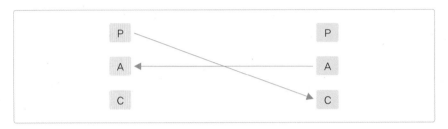

② 상호교차적 교류: 상호교차적 교류는 상호보완적 교류와는 달리 자극을 보낸 사람이 기대했던 바와는 상이한 반응이 나타나는 교류를 가리킨다. 즉 상호작용에서 한 사람이 특정 자아상태에서 상대방의 특정한 자아상태를 기대하고 자극을 가했을 때, 예상과는 전혀 다른 자아상태에서 상대방이 반응하는 경우를 말한다. 상호교차적 교류는 조직에서 많은 대인적 갈등의 원인이 된다. 그 결과 관련된 상대방은 감정이 상하거나 좌절을 느끼게 되고 조직에 대해 역기능적 결과를 낳게 된다.

▼ 그림 8-5 동기은폐적 교류

③ 동기은폐적 교류: 동기은폐적 교류는 상호작용을 할 때, 어느 한쪽이 겉으로는 특정한 자아상태에서 메시지를 보내거나 행동하는 것처럼 보이나 실제로 전달하

고자 하는 메시지가 은폐된 교류를 말하며, 이러한 형태의 교류는 앞의 두 가지 경우보다 훨씬 복잡하고 미묘하게 이루어진다. 한 예로, 조직에서 상사가 부하직원에게 "내 방문은 항상 열려 있으니, 당신이 문제가 생기면 나와 기탄없이 상의하고 같이 합리적인 해결책을 찾아봅시다^{어른 자아상태}"라고 말하면서도, 속으로는 "당신문제를 나에게 하소연하지 말고 혼자 알아서 해결책을 찾아라^{부모 자아상태}"라는 입장을 취할 수 있다. 이런 동기은폐적 교류는 교류분석에서 확인하고 대처하기에 가장 어렵다.

(2) 조하리창

조하리창은 조셉 루프트와 해리 잉검에 의해 개발되었다. 조하리라는 것은 이들의 이름을 결합한 것으로, 원래 대인관계의 유형을 설명하는 이론이었으나, 대인관계능력의 개선방향이나 대인 간 갈등을 분석하는 데 널리 활용되고 있다^{조하리창은 제7장 참조}.

3) 조직갈등

개인적 갈등 이외에 집단 간의 갈등도 조직형태에 있어서 중요한 역학관계를 이룬다. 전체 조직은 여러 가지 활동단위, 즉 집단들로 구성되어 있다. 조직의 성과달성에 있어서 중요한 것은, 그 구성집단이 공식집단이건 자생적 집단이건 간에 그 집단 자체의 목표를 조직의 목표와 동일시하는 것이고, 비록 목표가 상이하더라도 조직목표를 위해 일한 직접적인 결과로써 자기 자신들의 목표가 만족될 수 있다고 생각하는 것이다.

그러나 때때로 집단과 집단 간에 그리고 조직의 구성부문 간에 갈등이 생기는 수가 있는데, 이러한 조직갈등을 계층적 갈등, 기능적 갈등, 계선과 참모 간의 갈등, 공식·비공식 갈등으로 세분하여 고찰할 수 있다.

(1) 계층적 갈등(hierarchical conflict)

조직의 여러 계층 간에는 갈등이 발생할 수 있다. 이사회는 최고관리층과 갈등을 일으킬 수 있고 중간감독층은 일선감독층과 갈등을 빚을 수 있다. 일반적으로 관리자와 종업원 사이에는 어떤 형태로든 갈등이 발생하기 마련이다.

(2) 기능적 갈등(functional conflict)

조직의 여러 기능부서 간에도 갈등이 일어난다. 산업조직의 생산부서와 마케팅부서 간에서 일어나는 갈등이 가장 전형적인 예라 할 것이다.

(3) 계선과 참모 간의 갈등(line/staff conflict)

계선과 참모 간에는 통상 갈등이 존재하기 마련이다. 예컨대 참모가 계선보다 우월한 전문적 권위가 공식적으로 보장되지 아니할 경우에는 갈등이 발생할 소지가 크다고 할 수 있다.

4. 갈등요인과 해결방법

1) 갈등요인

갈등상황을 가져올 수 있는 요인들은 무수히 많다. 갈등상황을 형성하는 구성요소로서는 조직의 목표, 구성원의 특성, 조직의 규모, 분화, 의사전달, 권력구조, 의사결정에의 참여의 정도, 보상제도 등이 흔히 열거된다. 이들이 갈등화되는 경우는 다음과 같다.

(1) 목표의 상반

개인 또는 조직단위는 각자가 추구하는 목표나 이해관계가 상이할 때 갈등을 야기한다. 행정의 경우, 특정 사업의 우선순위의 결정보다는 권력, 예산, 인원을 확보하려는 경쟁 및 부처 간 또는 국·과局·課 간의 이해관계가 상반될 때 갈등이 발생한다.

(2) 구조적 분화와 전문화

사회가 복잡화·이질화됨에 따라 행정의 구조적 분화structural differentiation의 심화와 전문화 현상이 일어나고 행정조직 내에 긴장과 갈등이 심해진다.

(3) 상호의존성

조직은 분업의 원리에 따라 명백하지만 조정된 기능을 수행하는 상호의존적인 부분의 체제이다. 조직 내에서 작업 간의 상호의존성interdependence이 높아서 개인이나 집단이 목표달성을 위해 상대방의 과업수행에 의존하여야 할 경우에 때때로 갈등이 일어나게 된다Schermerhorn, Jr., Hunt & Osborn, 2008: 349. 상호의존성은 공통적 상호의존성pooled interdependence, 순차적 상호의존성sequential interdependence, 교호적 상호의존성reciprocal interdependence의 세 가지 범주로 구분할 수 있다Thompson, 1967: 55.

(4) 인지, 태도 및 기대의 차이

개인 간에 인지의 차이가 있으면 갈등이 발생하기 쉽다. 이러한 차이가 일어나는 근본적인 원인은 가치관, 신념체계, 동기 및 관점이 각각 다른 데서 비롯된 것이라 볼 수 있다. 이러한 연유로 대상을 파악하는 인지, 태도의 차이가 생기게 되면 자연 갈등이 발생한다. 또한 조직 내의 개인 또는 조직단위 간에는 상호 어떠한 역할을 기대한다. 이 역할기대role expectation가 충족되지 못하는 경우에도 갈등이 야기된다.

(5) 의사전달의 장애

의사전달에 있어 전달자는 전달하려는 내용에 항상 일치되는 언어를 사용하는 것도 아니며, 또한 일치된 언어를 사용했더라도 수용자의 가치판단의 차이로 인하여 그 해석, 수용이 언제나 본래의 전달내용에 일치되는 것은 아니다. 그러므로 전달자와 수용자 간에 오해가 유발되기 마련이며 결국 갈등에 이르게 된다.

(6) 대안선택의 곤란

각 개인은 최선의 대안을 선택해야 하는데, 여기에서 차질이 생기고 곤란을 겪게 되면 자연 갈등이 발생하게 된다. 이러한 대안선택 과정에서 야기되는 갈등의 요인으로 비수용성unacceptability, 비비교성incomparability, 불확실성uncertainty 등이 있다March & Simon, 1961: 112-121. 비수용성이란 각 대안이 개인에게 만족할 만한 정도가 되지 못하여 선택에 곤란을 겪는 상황을 말한다. 그리고 비비교성이란 개인이 각 대안의 결과를 알고 있지만, 대안들을 비교할 수 없는 경우에 곤란을 겪는 상황을 말하며, 불확실성이란 개인이 각 대안이 초래할 결과를 알지 못하여 곤란을 겪는 상황을 말한다. 이러한 갈등은 두 개 대안의 성질이 [표 8-2]와 같이 조합될 때 발생한다오세덕 외, 2013: 244.

[표 8-2] 대안 간의 조합		
A	B	갈등의 종류
1. 좋은 대안	좋은 대안	비비교성
2. 좋은 대안	미지근한 대안	갈등 없음
3. 좋은 대안	혼합 대안	갈등 없음
4. 좋은 대안	나쁜 대안	갈등 없음
5. 좋은 대안	불확실한 대안	갈등 없음
6. 미지근한 대안	미지근한 대안	비수락성과 비비교성
7. 미지근한 대안	혼합 대안	비수락성과 비비교성
8. 미지근한 대안	나쁜 대안	비수락성
9. 미지근한 대안	불확실한 대안	불확실성
10. 혼합 대안	혼합 대안	비수락성과 비비교성
11. 혼합 대안	나쁜 대안	비수락성
12. 혼합 대안	불확실한 대안	불확실성
13. 나쁜 대안	나쁜 대안	비수락성과 비비교성
14. 나쁜 대안	불확실한 대안	불확실성
15. 불확실한 대안	불확실한 대안	불확실성

자료: March & Simon(1961: 114).

2) 갈등대응의 기본양식

토마스Thomas, 1976는 갈등당사자들이 갈등을 다루는 이차원적 모형을 제시하였다. 여기서 이차원이란 협력성 차원과 독단성 차원을 말한다. [그림 8-6]에서의 협력성cooperativeness이란 다른 갈등당사자를 만족시켜 주려는 노력이라고 할 수 있고, 독단성assertiveness이란 자신의 관심사를 만족시키려는 시도라 할 수 있다Miller, 2012: 159. 이러한 두 가지 차원들은 다섯 가지의 갈등해결 방식을 만들어 낸다.

▼ 그림 8-6 이차원적 갈등관리모형

자료: Thomas(1976).

[표 8-3] 갈등해결의 방식과 사용 전략

방 식	사용 전략의 내용
경 쟁	① 신속하고 결단력 필요 시 ② 인기 없는 조치의 실행 시
제 휴	① 타협이 안 될 때: 양쪽 관심사가 너무 중요한 경우 ② 양쪽의 관여(협력)가 필요 시
타 협	① 복잡한 문제에 대한 잠정적 해결안 ② 임기응변적 해결이 요구될 경우
회 피	① 한 문제는 사소하고, 다른 문제는 중요한 경우 ② 사람들의 생각을 가다듬게 할 필요가 있을 경우
순 응	① 논제가 타인에게 중요한 의미를 지닌 경우 ② 다음 논제에 대한 사회적 신용 획득을 위한 경우

① 회피(avoiding): 양 당사자들이 갈등문제를 다루지 않겠다고 선택함으로써 갈등을 연기시키거나 그 문제들에서 피함으로써 관련된 갈등문제들을 무시하는 비단정적이고 비협력적인 방식이다.

② 경쟁(competing): 당사자들은 논쟁·권위·위협 심지어 물리적 강제력을 통하여 타 당사자를 희생시킴으로써 자신의 목표를 달성하려는 단정적이고 비협력적인 방식이다.

③ 순응(accommodating): 한 당사자가 그 자신의 관심사나 목표를 포기함으로써 타 당사자의 관심사를 만족시키려는 비단정적이고 협력적인 방식이다.

④ 타협(compromising): 상호희생을 반영하여 양 당사자가 어느 정도의 양보를 할 뿐 아니라 어느 정도의 양보를 획득하는 단정성과 협력성의 긍정적인 형태이다.

⑤ 제휴(collaborating): 양 당사자 모두가 자신들의 관심사를 모두 만족시키려는 단정적이고 협력적인 방식이다.

이러한 다섯 가지 방식 중 어느 것을 사용할 것인가의 결정은 상황의 본질에 달려 있다고 이들은 주장한다. 이들 다섯 가지 방식을 측정할 수 있는 설문지는 다음과 같다.

 여러분의 갈등해결 방식은?

:: 우선 어떤 사람과 대립하고 있다고 상상하십시오. 그리고 그 갈등상황에 어떻게 대응할 것인지를 각 항목의 물음을 보면서 그 정도를 표시하십시오.

절대 아니다				매우 그렇다
1	2	3	4	5

1. 나는 확실하게 나의 목표를 밀어 붙일 것이다.
2. 나는 항상 논쟁에서 이기려고 노력한다.
3. 나는 내 입장을 상대편에게 확실하게 보여 주려고 한다.
4. 나는 개방적인 입장에서 불일치점들을 토론하길 즐긴다.
5. 나는 서로의 상반된 점들을 해결하려고 노력한다.
6. 나는 토론을 위해 모든 문제점 및 관심을 공개한다.
7. 나는 상호이익이 되는 해결책을 제시하려고 노력한다.
8. 나는 타인과 타협하려고 노력한다.
9. 나는 상대와 나와의 손익 균형을 추구한다.
10. 나는 상대와의 불일치점에 대해 이야기하기를 싫어한다.
11. 나는 나에게 불쾌함을 주는 일들을 회피하려고 한다.
12. 나는 상호 간의 불일치를 초래할 입장을 회피한다.
13. 나는 어떠한 불일치의 경우에도 타인의 입장을 고려하려고 노력한다.

14. 나는 어떠한 갈등상황에도 상대와의 관계를 유지하려고 노력한다.
15. 나는 타인의 감정을 해치지 않으려고 노력한다.

:: 갈등관리 설문 채점
경쟁: 1항~3항의 합
제휴: 4항~6항의 합
타협: 7항~9항의 합
회피: 10항~12항의 합
순응: 13항~15항의 합
가장 합이 높은 것이 자신의 해결양식임.

자료: Steers & Black(1990: 564).

3) 갈등의 해결방법

PART 4-8

(1) 갈등발생의 방지

이는 아직 발생은 하지 않았지만, 앞으로 발생할 가능성이 충분히 있는 역기능적 갈등을 미연에 방지하자는 것이다. 그 구체적인 방법으로는 ① 균형된 자세의 유지, ② 상호의존성에 입각한 조직 변경, ③ 불필요한 경쟁의 회피, ④ 공동적의 설정 등을 들 수 있다.

(2) 갈등의 해소

이미 발생한 역기능적 갈등은 해소해야 하는데, 그 구체적인 방법으로는 다음과 같은 것들이 있다.

① 문제해결: 이는 갈등을 일으키고 있는 당사자들이 직접 접촉하여 갈등의 원인이 되는 문제를 공동으로 해결하게 하는 방법이다. 목표의 합의는 이루어져 있고, 다만 어떻게 해결책을 강구하느냐 하는 경우로서 당사자들이 협동적인 문제해결능력을 가지고 있을 때 이 방법이 효율적일 수 있으며, 새로운 쇄신적 대안을 창출할 수 있다.

② 상위목표의 제시superordinate goal: 갈등을 일으키고 있는 당사자들이 공동으로 추구해야 할 상위목표를 제시함으로써 갈등을 완화시킬 수 있다. 상위목표는 갈등상태에 있는 행동주체들이 모두 추구하기를 원하는 것이지만 어느 하나의 행동주체가 단독으로는 성취시킬 수 없는 것이어야 한다. 행동주체들의 개별적인 목적 추구에서 빚어지는 갈등은 상위목표가 제시되면 상당히 완화될 수 있을 것이다.

③ 자원의 증대expansion of resources: 희소자원의 획득을 위한 경쟁에서 초래되는 갈등을 해소하는 가장 효과적인 방법이라고 할 수 있다. 희소한 자원에 공동으로 의존하는 행동주체들이 서로 더 많은 자원을 차지하려고 갈등을 일으킬 때 자원을 늘려 버리면 어느 당사자도 패자로 되지 않고 모두가 승자로 될 수 있다.

④ 회피avoidance: 이는 단기적으로 갈등을 완화할 수 있는 방법이다. 갈등을 야기할 수 있는 의사결정을 보류하거나 갈등상황에 처한 당사자들이 접촉을 피하도록 하는 것이나 갈등행동을 억압하는 것 등이 회피의 방법에 해당한다. 회피는 갈등의 원인 또는 갈등상황을 제거하는 것이 아니므로 근본적인 갈등해소방법이라고 할 수 없다.

⑤ 완화smoothing: 이 방법은 갈등당사자들의 차이를 호도하고 유사성이나 공동이익을 강조함으로써 갈등을 해소시켜 보려는 방법이다. 완화는 당사자들의 이견이나 상충되는 이익과 같은 차이를 억압하고 유사성과 공동이익을 전면에 부각시키는 기법이므로 회피방법과 상위목표제시방법을 혼합한 것이라고 볼 수도 있다. 완화는 갈등을 야기하는 당사자들의 차이를 제거하지 않기 때문에 잠정적이고 피상적인 갈등해소방법이다.

⑥ 상사의 명령을 이용: 공식적 권한을 가진 상사가 명령에 의해 부하들의 갈등을 해소시키는 방법으로서 갈등당사자 간의 합의를 전제로 하지 않는다. 당사자는 상사의 결정에 찬성하지 않더라도 정당한 명령에 복종하지 않을 수 없는 것이다. 그러나 이 방법은 원인이 제거되지 않고 단지 갈등행동만을 해소시킬 뿐이다.

⑦ 강압에 의한 방법: 이는 강력한 압력을 가함으로써 갈등을 해소하는 방법이다. 여기에는 강력한 힘을 가진 경쟁자the most powerful of the antagonists를 이용하거나, 보스boss와 같이 권위authority를 가진 사람 또는 중재인이나 조정자neutral umpire or arbitrator를 이용한다.

⑧ 갈등당사자의 태도개조: 갈등을 일으키거나 일으킬 가능성이 있는 사람들의 인적변수를 변화시킴으로써 갈등을 예방 또는 해소시킬 수 있다. 당사자의 태도를 바꾸는

방법은 단기적인 노력으로 사람들의 태도를 바꾸기는 어렵기 때문에 시간과 비용이 많이 드는 방법이다. 태도변화를 촉진하는 데 쓰이는 주된 수단은 교육훈련이다.

(3) 갈등의 조장

조직의 활력, 창의와 쇄신을 위해서는 순기능적인 갈등을 적절히 조성하여 조직에 이익이 되도록 해야 한다. 순기능적 갈등의 구체적인 조장방안을 들면 다음과 같다Huse & Bowditch, 1977: 210-211.

① 의사전달경로의 변경: 이는 커뮤니케이션을 이용하여 갈등을 조장하는 방법이다. 표준화된 공식적 및 비공식적 의사전달경로를 의식적으로 변경시켜 갈등을 조장할 수 있다. 특정한 의사전달경로에 통상적으로 포함되던 사람을 일부러 제외하거나 또는 본래 포함되지 않았던 사람을 새로 포함시키는 것은 의사전달경로 변경의 한 예이다. 의사전달경로의 변경은 정보의 재분배와 그에 입각한 권력의 재분배를 초래하기 때문에 갈등을 야기할 수 있다.

② 정보전달을 억제하거나 과다한 정보를 전달함으로써 갈등을 조장하는 방법: 정보과다로 인한 혼란은 갈등을 야기하며 그것은 나아가서 조직구성원들의 정체된 행태를 활성화시키고 창의성과 자율성을 일깨워 줄 수 있다. 또한 정보과다를 일으키지 않고도 관리자들은 의식적으로 모호한 정보나 위협적인 정보를 전달함으로써 갈등을 직접 야기할 수 있다. 이러한 방법을 쓰면 모든 의사전달을 무비판적으로 받아들이는 무관심상태를 타파할 수 있다.

③ 이질감의 조성: 역할갈등이나 지위부조화 등으로 인한 개인의 내면적 갈등을 조성하여 조직상의 갈등을 유도하는 방법이다. 침체된 조직을 흔들어 활기를 띠게 할 수 있는 방법으로, 기존의 조직구성원들과는 가치관, 경험, 배경 등이 다른 사람을 한두 명 투입하는 것이다. 즉 조직 내에 새로운 사람을 투입하여 기존의 구성원들과 이질감을 조성케 함으로써 갈등을 야기하는 것이다. 이와 같이 함으로써 조직의 침체된 분위기를 깨뜨리고 조직에 새로운 변화와 활력을 일으키도록 할 수 있다.

④ 조직 내 단위부서나 집단들 간에 경쟁적인 상황을 조성: 계선조직과 참모조직을 적절히 다루어 갈등을 조장하거나, 조직구성원을 이동시키거나 직위 간의 관계를 재설정함으로써 갈등을 조장할 수 있다. 사람의 이동과 직위 간 관계의 재설정은 관

PART 4-8

련된 조직단위의 동질성을 와해시키고 의사결정권을 재분배하여 상호감시기능을 확대시켜 갈등을 야기할 수 있다.

제2절 공격성의 감소를 통한 갈등해결

공격성aggression이란 남에게 해를 입히려는 의도를 가진 신체적·언어적 행동을 말한다. 공격성은 다음과 같은 두 가지 유형으로 구분할 수 있다.
① 적대적 공격성hostile aggression, 감정적 공격성: 분노에 의하여 생긴 공격으로 그 자체가 목적으로 행해진다.
② 도구적 공격성instrumental aggression: 공격이 어떤 다른 목적의 수단으로 행해진다.

1. 공격성에 대한 사회학습적 견해와 일반모형

공격성에 대한 사회학습적 견해는 다른 사람들이 공격성을 보이는 행동과 그 결과를 관찰함으로서 공격성을 습득한다는 것이다. 밴두라Bandura는 좌절, 고통, 모욕 등 다양한 혐오적인 경험에 의하여 동기화되면 공격적 행위가 발생한다고 주장하였다.

▼ 그림 8-7 공격성에 대한 사회학습 견해

자료: 마이어스(2015: 432).

한편 앤더슨(Anderson) 등은 사회적 공격행위에 영향을 미치는 다양한 모형을 구성하여 공격의 일반 모형(general aggression model)을 제시하였다.

▼ 그림 8-8 공격의 일반 모형

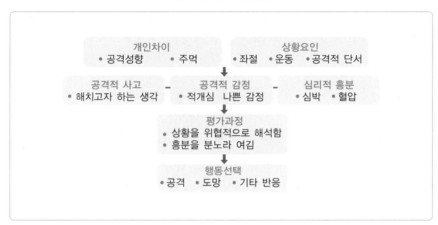

자료 : 한규석(2018: 362).

2. 공격성의 감소방안

공격성의 감소를 위한 방법은 행동적 접근, 정서적 접근, 인지적 접근으로 나누어 살펴볼 수 있다정태연 외, 2017: 310-321; 한규석, 2018: 373-374; 마이어스, 2015: 458-461.

1) 행동적 접근

(1) 처벌

처벌punishment은 특정 행동 뒤에 즉각적으로 따라오는 부정적 자극으로 인해 행동의 빈도가 감소하는 과정을 말한다. 처벌은 혐오적 자극으로, 회피하려는 행동을 가져오게 되고 이는 공격성을 줄일 수 있는 방법이 될 수 있다.

(2) 행동개입

비공격적 행동이 더욱 효과적이라는 점을 배우게 할 필요가 있다.

① 행동수정behavior modification: 체계적인 실험을 토대로 한 일련의 행동 교정 기법으로 비공격적 행동을 강화하는 하나의 원리

② 사회적 기술의 습득social skills training: 분노조절이나 협상과 같은 사회적 기술을 습득

③ 이완법relaxation training: 심호흡, 명상 등을 이용해서 몸의 긴장을 완화시키고 각성 수준을 낮추는 훈련 방법으로 적대적인 공격성을 감소

④ 점진적 근육이완법progressive muscle relaxation: 근육 긴장 상태를 이완시켜서 각성 수준을 낮추고 자기 통제를 강화하는 훈련방법

⑤ 자기지시훈련self-instructional training: 누군가가 도발했을 때 마음속으로 자신에게 이야기를 건네도록 하는 것으로 충동성을 통제하는 보편적 치료법

2) 정서적 접근

(1) 양립 불가능한 정서 유도

동시에 발생할 수 없는 반응을 통해 공격행동을 방지하거나 통제하려는 시도를 양립 불가능 반응 가설이라 한다. 즉 기분이 들떠 있으면서 우울을 느낄 수는 없다. 공격행동의 대상인 피해자에게 분노와 호감을 느끼면서 공격행동을 하기는 어려울 것이다.

(2) 공감

공감(empathy)은 타인의 정서, 사고, 태도 등의 경험을 대리 경험할 수 있는 능력을 말한다. 피해자에 대한 공감은 공격성을 감소시키는 역할을 할 수 있다.

3) 인지적 접근(개입)

(1) 귀인

사람은 타인이 한 행동의 동기나 원인을 추론, 즉 귀인하는 성향이 있다. 불쾌한 느낌을 준 상대방의 행동을 그가 의도한 것이 아니라는 것을 인지할 때 이에 대한 보복 의도를 감소시킬 수 있는 것이다.

(2) 용서

용서(forgiveness)는 나에게 피해를 입힌 사람을 공격하려는 욕구를 버리고 대신에 그에게 도움을 주는 방향으로 행동하려는 의도를 말한다. 용서하는 사람들은 가해자를 이해하고자 노력하며 그들의 행동에 대하여 관대한 귀인을 하는데, 이러한 용서는 상대방에 대한 공격적 욕구의 감소뿐만 아니라 본인의 심리적 안녕감도 강화시킨다.

「양식 1」_ 성인용 이고그램(egogram) 점검표

∷ 다음 질문에 대한 대답을 자신에게 해당하는 내용을 보기에서 골라 □란에 기입하세요.

매우 긍정 — 5
약간 긍정 — 4
보   통 — 3
약간 부정 — 2
매우 부정 — 1

1	다른 사람을 헐뜯기보다 칭찬을 한다					
2	사태의 흑백을 명백히 가리지 않으면 마음이 편치 않다.					
3	무슨 일을 할 때 좀처럼 결심을 할 수 없다					
4	나는 명랑하게 행동하고 장난을 잘 친다.					
5	말이나 행동을 냉정하고 침착하게 한다.					
6	성미가 급하고 화를 잘 낸다.					
7	인정을 중요시한다.					
8	호기심이 강하고 창의적인 착상을 잘 한다.					
9	사물의 정돈을 잘 한다.					
10	농담을 하거나 익살 부리기를 잘 한다.					
11	의존심이 강하다.					
12	상대의 이야기를 경청하고 공감하기를 잘 한다.					
13	상대의 부정이나 실패에 대해 엄격하다.					
14	어려움에 처해 있는 사람을 보면 도와주고 싶어 한다.					
15	숫자나 자료를 사용하여 이야기하기를 즐긴다.					
16	제멋대로 말하거나 행동한다.					
17	후회의 생각에 사로잡힌다.					
18	좌절감을 맛보는 경우가 많다.					
19	육하원칙에 따라 사리를 따지거나 설명하기를 즐긴다.					
20	일을 능률적으로 수행하는 편이다.					

21	요령이 없고 주저주저하는 편이다(머뭇거린다).					
22	무슨 일이나 사실에 입각해서 객관적으로 판단한다.					
23	다른 사람으로부터 부탁을 받으면 거절하지 못한다.					
24	주변사람들에게 긴장감을 주는 편이다.					
25	봉사활동에 즐겨 참여한다.					
26	배려나 동정심이 강하다.					
27	신이 나면 도가 지나쳐 실수한다.					
28	타인의 장점보다 결점을 많이 보는 편이다.					
29	타인의 반대에 부딪치면 자신의 생각을 바꾸고 만다.					
30	다른 사람에 대해 온화하고 관대하다.					
31	상대방의 말을 가로막고 자신의 생각을 말한다.					
32	오락이나 술·음식물 등을 만족할 때까지 취한다.					
33	계획을 세우고 나서 실행한다.					
34	완고하고 융통성이 전혀 없다.					
35	타인의 안색(기분)을 살핀다.					
36	스포츠나 노래를 즐길 수 있다.					
37	현상을 관찰·분석하고 합리적으로 의사결정을 한다.					
38	욕심나는 것을 가지지 않고는 못 배긴다.					
39	열등감이 심하고 자신의 감정을 참고 억제한다.					
40	상냥하고 부드러우며 애정이 깃들어 있는 대화나 태도를 취한다.					
41	일을 빨리 처리하는 것이 장기이다.					
42	하고 싶은 말을 잘 할 수가 없다.					
43	상대를 바보 취급하거나 멸시하는 경우가 종종 있다.					
44	노는 분위기(놀기)에 저항 없이 어울린다.					
45	눈물에 약하다.					
46	대화에서 감정적으로 되지 않고 이성적으로 풀어 간다.					
47	부모나 상사가 시키는 대로 한다.					
48	"당연히 … 해야 한다," "… 하지 않으면 안 된다"는 식의 말투를 잘 쓴다.					
49	"왜! 멋있다," "굉장하군!," "아하!" 등의 감탄사를 잘 쓰는 편이다.					
50	매사에 비판적이다.					
@	합 계	CP	NP	A	FC	AC

자료: 우재현. 교류분석입문(서울: 정암서원. 1996).

:: 당신의 이고그램

50									49
48									47
46									45
44									43
42									41
40									39
38									37
36									35
34									33
32									31
30									29
28									27
26									25
24									23
22									21
20									19
18									17
16									15
14									13
12									11
10									9
8									7
6									5
4									3
2									1
	비판적 어버이(CP)	양육적 어버이(NP)	성 인(A)	자유로운 어린이(FC)	순응적 어린이(AC)				

자료: 우재현. 교류분석입문(서울: 정암서원. 1996).

자발적 의욕(동기)을 이끌어 내는 방법

제1절 동기부여의 이론

1. 동기부여의 의의

현대조직에 있어서 관리자의 최대 관심사 중의 하나는 조직 내의 개인을 어떤 인간관에 입각해서 보아야 하며, 또 그들을 어떻게 동기부여해서 관리하느냐에 관한 것이다. 조직의 목표를 달성하기 위해서는 조직구성원의 성과를 극대화하여야 하고, 이를 위해서는 개인이 자발적으로 능력을 발휘하고자 하는 마음가짐, 즉 동기의 유발이 필수적으로 요구된다고 할 수 있다.

개인이 조직 내에서 직무를 양호하게 수행할 수 있도록 의욕을 불러일으키는 동기부여에 관한 연구는 조직의 목표달성, 개인의 욕구 및 추구하는 가치의 실현과 관련하여 매우 중요한 의미를 지닌다. 여기서 동기부여는 개인의 행동의 에너지, 방향 및 지속성을 설명해 주는 개념이다.

동기부여의 의미는 학자에 따라 다소의 뉘앙스 차가 있으나 욕구needs, 충동drives, 목표goals 및 자극stimulus, 보상rewards 등과 관련된 용어를 포괄하는 관점에서 이해해야 한다. 여기에서는 동기부여를 '인간의 행동을 유발시키고 그 행동을 유지시키며, 나아가 그 행동을 목표지향적인 방향으로 유도해 나가는 과정'이라고 정의하기로 한다.

▼ 그림 9-1 욕구-동기-행동의 관계

욕구(needs) ─────────── 행동(action)

동기부여(motivation)

정지하고 있는 물체는 일정한 힘이 작용하지 않는 한 운동하지 않는 것과 마찬가지로, 인간에게도 어떠한 힘이 작용하지 않는 한 행동이 일어나지 않는다. 인간의 경우 그 힘의 원천은 욕구이므로 인간의 행동은 욕구가 발생되어 그것을 충족시킬 수 있는 유인 또는 목표동기부여를 향하여 일어나게 되는 것이다. 다시 말하면 인간의 욕구가 곧 행동을 가져오는 것이 아니라 동기부여가 있어야 행동을 유발시킬 수 있다는 것이다.

2. 동기부여의 내용이론

동기부여의 내용이론이란 어떠한 요인들이 인간에게 동기부여를 시키는 데 크게 작용하는가를 다루는 것인데, 인간은 욕구를 충족시키기 위해 동기부여가 되기 때문에 내용이론을 욕구이론need theory이라고도 한다. 이러한 욕구 중심의 내용이론정태적 내용이론으로는 마슬로우의 욕구 5단계이론, 허즈버그의 이요인이론二要因理論, 앨더퍼의 ERG이론, 맥클랜드의 성취욕구이론 등이 있다.[1]

1) 마슬로우의 욕구 5단계이론

마슬로우는 동기부여를 개인으로 하여금 어떤 종류의 행동을 하게 하고, 내적인

---

1 정태적 내용이론은 어떤 한 시점의 동기요인에 관심을 갖는 과거지향적 또는 현재지향적 이론이다. 여기에 해당하는 욕구이론이 많지 않지만 넓은 의미의 내용이론에는 대부분의 욕구이론이 포함될 수 있다.

동기를 가지게 하는 상태라고 보고 있다. 인간은 태어나서 죽을 때까지 목표를 추구하는 '목표지향'인인 것이다. 그리하여 그 목표를 달성하기 위하여 인간내부에서는 끊임없는 충동이 일어나고 있으며, 이것이 동기로 화하여 일정한 형태의 행동을 유발시키게 된다. 이 경우 그 충동의 근원인 욕구는 다섯 단계의 욕구체계needs hierarchy를 형성하는데, 개인의 어떤 시점에서의 행동은 그의 강한 욕구 또는 가장 중요한 욕구에 의하여 결정된다고 한다Wahba & Bridwell, 1973: 514-520. 마슬로우Maslow, 1954에 의해서 제시된 욕구이론은 다음과 같은 주요명제로 구성되어 있다.

① 인간은 무엇인가 부족한 존재이다. 따라서 인간은 항상 무엇인가를 필요로 하며 이를 원하게 된다. 또한 어떤 욕구가 충족되면 새로운 욕구가 발생하여 이를 추구하게 된다.

② 일단 충족된 욕구는 더 이상 인간의 동기를 유발하는 요인으로 작용하지 않는다. 즉 충족되지 못한 욕구만이 인간행동의 동기로 작용한다.

③ 인간의 욕구는 계층적인 단계로 구성되어 있다. 인간의 욕구는 [그림 9-2] 와 같은 구조로 되어 있으며, 낮은 차원의 욕구에서 보다 높은 차원의 욕구로 욕구수준이 상승한다.

▼ 그림 9-2 마슬로우의 5단계욕구모형

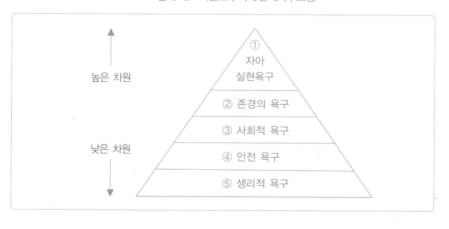

마슬로우 이론에 있어서의 욕구단계는 생리적 욕구, 안전 욕구, 사회적 욕구, 존경 욕구, 자아실현 욕구의 5단계로 구성되어 있는데 이를 설명하면 다음과 같다.

(1) 생리적 욕구(physiological needs)

생리적 욕구는 인간의 기초적인 삶을 유지하기 위한 욕구이다. 다시 말해서 식욕, 의복, 성욕, 수면 등의 욕구를 말하며 모든 욕구 중 가장 기본적이고 강력한 욕구이다.

(2) 안전욕구(safety needs)

안전욕구란 신체의 위험과 기초적인 생리적 욕구를 박탈당하는 상황으로부터 회피하려는 욕구이다.

(3) 사회적 욕구(social needs)

이 욕구는 사람들과의 관계를 통하여 서로 친교를 가지고 집단에 소속되기를 바라는 욕구라고 할 수 있다.

(4) 존경의 욕구(esteem needs)

대부분의 사람들은 남들로부터 인정과 나아가 존경을 받기를 원하게 된다. 이것은 자존심의 충족과도 관계가 있는데, 이러한 욕구를 존경의 욕구라 한다.

(5) 자아실현의 욕구(self-actualization needs)

인간욕구의 마지막 단계는 자아실현의 욕구이다. 자아실현의 욕구라 함은 개인이 가진 자신의 능력과 가치를 최대한으로 발휘하여 이를 실현하려고 하는 욕구를 말하는데, 이는 인간의 각자 개성에 따라 매우 다양하게 나타나게 된다. 이 욕구가 다른 욕구와 구별되는 점은 한번 자아실현의 욕구에 지배되면 이 욕구가 충족되는 경우가 있더라도 그 뒤에도 계속해서 이 욕구의 지배를 받는다는 점이다.

지금까지 살펴본 바와 같이 인간의 욕구는 욕구체계의 낮은 차원에서부터 높은 차원으로 이동하게 된다는 것이 마슬로우 이론의 요점이다. 그러므로 보다 높은 차원에 의한 동기유발이 바람직하다고 할 수 있으나, 보다 현명한 방법은 개개인이 현재 희구하는 열망수준level of aspiration이 무엇인가를 알아서 그에 따른 유인을 제공하는 것이 타당하다. 왜냐하면 모든 욕구는 서로 연관되어 있으며 인간의 행동에는 몇 개의 욕구가 복합적으로 작용하는 것이 보통이나 충족된 욕구는 만족되고 약화되어 동기유발요인으로서의 의미를 상실하기 때문이다[그림 9-3] 참조. 따라서 인간의 욕구는 A → B → C → D → E → F → G → H → I와 같은 궤적을 따라 변화·발전되어 간다.

▼ 그림 9-3 욕구체계이론의 도식

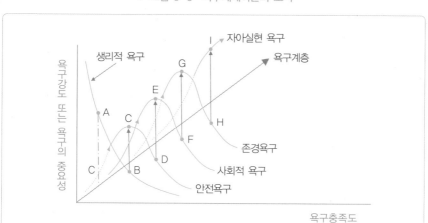

　이와 같은 마슬로우의 이론은 복합적인 인간의 욕구를 체계적으로 분석하였다는 점에서는 높이 평가받고 있으나, 지나친 획일성으로 개인의 차이 내지 상황의 특징을 경시하고 있다는 비판을 받고 있다. 또한 그의 이론은 실증적 연구에 의한 뒷받침이 미비하고 욕구의 측정수단의 적절성 여부에 대한 의문이 제기되고 있으며, 이론 구성의 측면에 있어서도 형이상학적이고 검증될 수 없다는 이론상의 약점 역시 지적되고 있다. 특히 자아실현의 욕구는 개념적인 정의가 불명료해서 과학적인 검증이 불가능할 뿐 아니라 모든 인간이 지니고 있는 보편적 욕구라고 보기 어렵다는 비판이 제기되고 있다. 또한 낮은 계층의 욕구가 충족되면 그 욕구는 동기요인으로 작용하지 않는다는 명제를 부정하는 주장이나 연구결과도 다수 존재하고 있으며, 다섯 단계로 분류된 욕구체계가 지나치게 세분화되었다는 비판도 있다Yinon, Bizman & Goldberg, 1976: 325-328. 그러나 이러한 여러 비판에도 불구하고 마슬로우의 이론은 조직의 동기를 설명하는 데 있어 가장 중요한 영향을 미친 이론 중의 하나로 평가받고 있다.

2) 앨더퍼의 ERG이론

앨더퍼Alderfer, 1972는 마슬로우의 욕구 5단계이론을 수정하여 인간의 기본욕구를 존재욕구, 관계욕구, 성장욕구의 3단계로 구분하여 설명하고 있다.[2]

① 존재욕구(existence needs: E): 허기, 갈증, 거처 등과 같은 모든 형태의 생리적·물질적 욕구들이다. 조직에서는 임금, 작업조건 등에 관한 욕구가 이 범주에 속한다.

② 관계욕구(relatedness needs: R): 대인관계와 관련된 모든 욕구, 즉 개인 간의 사교, 소속감, 자존심 등을 의미한다.

③ 성장욕구(growth needs: G): 창조적·개인적 성장을 위한 개인적 노력과 관련된 욕구를 의미한다.

▼ 그림 9-4 앨더퍼의 ERG이론의 만족-진행과 좌절-퇴행

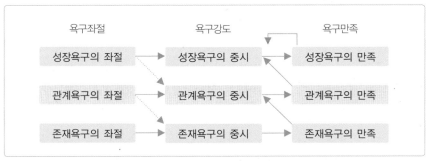

주: 만족-진행: —   좌절-퇴행: …
자료: Szilagyi, Jr. & Wallace, Jr.(1980: 114).

앨더퍼의 ERG이론은 인간 욕구의 계층적 구조와 욕구단계 간의 만족-진행의 단계 등 마슬로우의 이론과 유사한 면이 존재한다. 그러나 마슬로우의 욕구 5단계

---

2 앨더퍼의 이론은 마슬로우의 욕구 5단계이론의 수정제안이라고 볼 수 있지만, 그 이론의 기반을 조직의 실체를 다룬 현장연구에 두었다는 점에서 그 의의를 지닌다고 볼 수 있다.

이론은 하위욕구의 충족 시 다음의 상위욕구로 진행된다는 만족-진행접근법sati-sfaction-progression approach에 근거를 두는 반면, ERG이론은 이러한 접근법에 더하여 상위욕구가 충족되지 않거나 좌절될 때 그보다 낮은 하위욕구의 중요성이 커진다는 좌절-퇴행접근법frustration-regression approach에 기초하고 있다. 또한 ERG이론은 욕구를 존재, 관계, 성장의 세 단계로 분류함으로써 마슬로우의 경우보다 더 복합적이며 종합적인 욕구개념을 수립하여 개인의 행동을 설명하고 있다는 점에서 차이가 난다.

3) 허즈버그의 이요인이론

허즈버그Herzberg, 1959는, 인간에게는 독립된 두 가지의 서로 다른 욕구가 존재하며 이것이 인간행동에 미치는 영향은 다르다고 전제하면서, 그 두 가지를 각각 위생요인hygiene factors과 동기요인motivators으로 구분하였다.

허즈버그가 말한 위생요인은 그것이 결핍되었을 때 직무에 대한 불만족을 초래하는 요인을 일컫는 것인데 그것이 충족되면 직무불만족을 예방하는 기능을 갖고 있다고 하여 그렇게 호칭한 것이다. 한편 직무만족과 관련이 있는 욕구를 사람들이 그들의 업무에 몰입하도록 하는 동기를 부여하고 있다고 하여 동기요인이라고 부른다.

① 위생요인이란 회사의 정책과 관리, 감독, 작업조건, 대인관계, 임금, 지위나 신분, 안전 등이라고 생각할 수 있다. 이들은 모두 업무의 본질적인 면, 즉 일 그 자체가 아니고 작업환경 및 작업조건과 관계되는 것들이다. 위생요인은 종업원의 생산능력에 직접적으로 영향을 미친다기보다는 단지 작업제약조건에 의한 작업상의 손실을 예방할 뿐이므로 이와 같은 요인을 불만족요인dissatisfiers 또는 유지요인maintenance factors이라고 부르기도 한다.

② 동기요인이란 보람이 있고 자기가 자신을 가진 지식과 능력을 활용할 여지가 있는 일을 할 때에 경험하게 되는 성취감, 전문직업인으로서의 성장, 인정을 받는 등 사람에게 만족감을 주는 요인을 말한다. 이들은 직무만족에 정(+)의 영향을 미칠 수 있고 그럼으로써 생산능력의 증대를 직접적으로 가져올 수 있기 때문에 이와 같은 요인을 동기요인이라 한 것이다.

이 이론의 기본내용인 만족요인과 불만족요인의 구분이 타당하지 못하다는 비판이 다음과 같이 제기되고 있다.

① 어떤 요인을 전적으로 불만에만 작용하는, 혹은 만족에만 작용하는 요인으로 구분할 수 없다.

② 개별종업원의 작업환경에 대한 반응이 기본적으로 유사할 것이라는 가정에서 이론을 전개하므로 이요인이론은 개인차를 전혀 무시하고 있다.

③ 이요인이론의 이론적 오류로서 만족과 동기부여를 동일한 것으로 취급하고 있다. 예컨대 만족한 근로자가 반드시 열심히 일하고 성과를 올린다는 보장은 없다는 점에서 만족이 동기부여를 유도한다는 허즈버그의 주장은 비판을 받게 된다는 것이다.

[표 9-1] 동기요인과 위생요인의 예시	
위생요인	**동기요인**
급여 및 직위	성취감
감시와 감독	인정감
회사의 정책과 운영	성장가능성
작업조건	책임감
감독자·동료·부하와의 인간관계	직무자체가 주는 흥미와 도전성
직장의 안정성	발전가능성(승진)

자료: 백기복(2014: 110).

4) 맥클랜드의 성취욕구이론

맥클랜드McClelland, 1962: 99-112는 개인의 퍼스낼리티는 인간의 행위를 유발할 수 있는 잠재력을 가진 제 요소들, 즉 성취욕구, 권력욕구, 친교욕구로 구성되어 있다고 보았다. 그는 특히 이들 중 성취욕구Need for Achievement: n-Ach를 중시하여 이를 통하여 인간의 행동을 설명하려고 시도하였다McClelland, 1961.

성취욕구란 인간이 무엇인가를 이루려 하는 욕구인데, 맥클랜드에 따르면 사람은 이러한 성취욕구가 강한 사람과 약한 사람으로 분류할 수 있으며 성취욕구가 강한 사람은 소수에 속한다고 한다. 그런데 이와 같은 성취욕구가 강한 사람은 다음과 같은 특징을 지니고 있다는 것이다.

① 성취욕구가 높은 사람은 자기 스스로 달성할 목표를 정하기를 좋아한다.

② 성취욕구가 높은 사람은 너무 쉽거나 어려운 목표를 회피하고 중간수준의 적절한 위험이 있는 목표, 즉 노력하면 충분히 달성할 수 있는 목표를 선호한다.

③ 성취욕구가 높은 사람은 문제의 해결에 대한 책임을 피하려고 하지 않는다.

④ 성취욕구가 높은 사람은 업무수행에 관한 즉각적이며 효과적인 환류를 선호한다Tannehill, 1970: 46.

맥클랜드는 조직의 성과를 향상시키기 위해서는 성취욕구가 높은 직원을 선발하거나 기존 직원의 성취욕구를 향상시켜야 한다고 주장하였다.

3. 동기부여의 과정이론

인간의 행위에 관한 동기는 이러한 것만으로는 완전히 설명될 수 없으며 개인의 욕구가 충족되는 과정에 대한 설명이 동반되어야 한다. 이러한 점에 착안하여 과정이론에서는 개인의 동기를 유발하는 변수와 과정을 규명하고, 이들 변수들 상호 간의 관계를 설명하려고 하였다. 이와 같은 동기부여의 과정이론으로 대표적인 것으로서 브룸의 기대이론, 포터와 로울러의 기대이론, 아담스의 공정성이론 등이 있다.

1) 브룸의 기대이론

브룸V. H. Vroom의 기대이론은 동기부여를 설명함에 있어서 개인의 선택행태choice behavior를 주요 설명변수로 제시하고 있다. 즉 개인은 어떠한 행동을 함에 있어서 다수의 선택가능한 대안을 평가하여 자신에게 가장 득이 될 것으로 평가되는 행동대안을 선택한다는 것이다. 브룸의 이론을 구성하고 있는 기본변수의 개념은 기대감·유의성·결과·수단성·능력 등이 있다Vroom, 1964.

이러한 주요 개념을 바탕으로 하여 브룸은 다음과 같은 공식을 제시하고 있다.

동기부여(motivation) =

$\Sigma[$유의성(valence) $\times$ 기대감(expectancy) $\times$ 수단성(instrumentality)$]$

즉 개인의 동기부여는 그들이 선호하고 가치를 부여하는 결과인 유의성誘意性과 어떤 행동을 하였을 때 어떤 결과가 수반될 것이라는 주관적 확률인 기대감을 곱한 합이라는 것이다.

이와 같이 브룸의 기대이론은 개인의 동기부여를 기대감과 유의성의 개념으로 공식화하여 그들의 행위를 이해하는 데 도움을 주었으나, 동기부여의 구체적인 방안을 제시하지는 못하였다는 제한점을 가진다고 평가할 수 있다.

2) 포터와 로울러의 기대이론

포터와 로울러Porter & Lawler III, 1968는 브룸의 이론에 토대를 두고 노력, 보상, 성과, 만족 등의 변수들 간의 상호작용을 전제로 하여 그들의 동기모형이론을 구성하였다. 그들은 만족이 성과에 직접적으로 영향을 주는 것이 아니며, 보상의 수준이 업무만족의 원인이 된다고 보고 있다. 또한 개인이 부여하는 가치와 노력이 보상을 수반하게 될 것이라는 기대감이 업무수행능력을 좌우할 것이라고 주장하고 있다. 이와 같은 제 변수 간의 관계를 그림으로 나타내면 [그림 9-5]와 같다.

▼ 그림 9-5 포터와 로울러의 기대이론모형

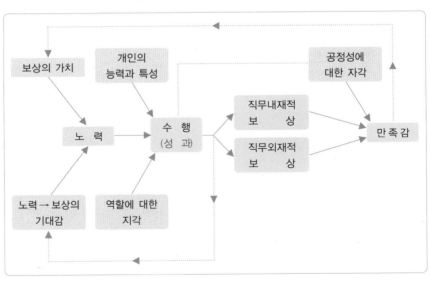

자료: Porter & Lawler III(1968: 165).

포터와 로울러의 기대이론은 동기부여이론에 대한 많은 기여에도 불구하고 이론의 내용이 복잡하여 검증이 곤란하고, 변수의 개념정의가 애매하며, 인간의 행동이 실제로 복잡한 계산과정을 거친 것인지가 불확실하다는 점 등이 그 한계점으로 지적되고 있다Staw, 1984: 647.

3) 아담스의 공정성이론

동기부여에 대한 또 다른 과정이론으로서 아담스Adams, 1967의 공정성이론equity theory이 있다. 아담스에 의하면 개인의 행위는 타인과의 관계에서 공정성을 유지하는 방향으로 동기부여가 된다고 한다.

여기에서 공정성이란 개인의 투입과 산출과의 비율과 타인의 투입과 산출의 비율과의 비교와 관계된 개념이다. 즉 개인이 인지하는 자신의 투입-산출의 비율을 타인의 투입-산출의 비율과 비교했을 때 두 비율 간의 대등함이 인지되면 공정성을 느끼고, 그 반대의 경우일 때 불공정성을 느끼게 된다. 이때 불공정성이 인지되면 개인은 이를 감소시키려는 노력을 하게 되고 그 노력의 강도는 불공정성의 인지의 정도에 따라 결정된다.

개인이 인지하는 자신의 투입을 IA, 산출을 OA라 하고 타인의 투입을 IB, 산출을 OB라 할 경우, OA/IA=OB/IB가 이루어져야 공정성을 인지하게 되고 OA/IA<OB/IB이거나 OA/IA>OB/IB일 경우 불공정성을 인지하게 된다. OA/IA<OB/IB는 대등한 투입에 대해 타인보다 상대적으로 적은 보상을 받는 과소보상의 상황이며, OA/IA>OB/IB는 대등한 투입에 대해서 타인의 경우보다 상대적으로 많은 보상을 받는 과다보상의 상황이다.

이때 과소보상과 과다보상 양자 모두 개인으로 하여금 불공정성을 느끼게 만든다고 공정성이론에서는 보고 있다Berkman & Neider, 1987: 129. 즉 과소보상의 경우 개인은 부당한 대우를 받는다고 생각할 것이고, 과다보상의 경우 일종의 죄책감을 느낀다는 것이다. 이 경우, 개인은 동기부여가 되지 않는다는 것이 아담스의 주장이다.

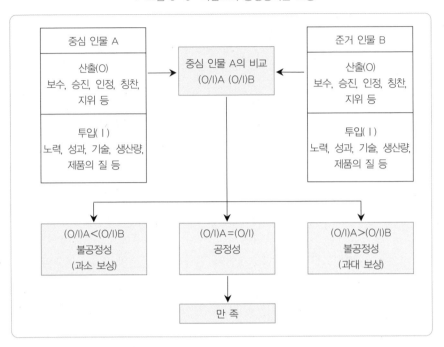

4) 목표설정이론

로크E.A. Locke가 제시한 목표설정이론Goal Setting Theory은 개인의 성과가 의식적인 목표와 성취의도에 의해 결정된다는 이론으로, 기본모형으로 목표의 난이도goal dif-ficulty와 목표의 구체성goal specificity에 의해 개인의 성과가 결정된다는 것이다. 목표의 난이도는 목표가 도전적이고 노력을 요구하는 정도를 말하는데, 목표의 난이도가 성과에 긍정적인 영향을 미친다는 것이다. 그러나 목표의 난이도가 지나치게 높아 불가능한 정도가 된다면 성과는 떨어지게 된다. 목표의 구체성은 목표의 명확화와 정확성을 의미하는데 목표의 계량화와 관계가 있다. 즉 막연히 성과를 올리라는 지시보다는 구체적인 수치를 제시하여 목표를 구체화 하였을 때 개인의 성과 향상을 기대할 수 있다는 것이다.

로크는 기본모형을 바탕으로 이후 확장된 이론을 제시하는데, 난이도와 구체성 외에 목표수용성goal acceptance과 목표몰입goal commitment이 개인의 목표지향적 노력에 영향을 미친다고 주장한다Moorhead & Griffin, 2014: 153. 목표수용성은 개인이 목표를 자신의 것으로 받아들이는 정도를 의미하며, 목표몰입은 개인이 목표 달성에 관심을 가지는 정도를 말한다. 목표수용과 몰입을 강화할 수 있는 구체적 방안으로는 목표설정 과정에 대한 참여, 도전적이며 현실적인 목표 설정, 보상에 대한 믿음 등을 들 수 있다.

▼ 그림 9-7 목표설정이론체계

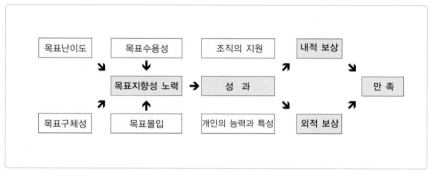

자료: Griffin, Phillips & Gully, 2020: 211.

조직의 지원organizational support은 필요한 자원의 제공과 같은 긍정적 측면뿐만 아니라 예산감축, 인력 축소와 같은 부정적 측면도 포함하는 개념이다. 개인의 능력 abilities과 특성traits은 업무수행에 필요한 기술을 포함한 개인적 특성들이다. 목표지향적 노력, 조직의 지원, 개인의 능력과 특성이 상호작용하여 실제 성과를 결정하며, 이에 따른 보상을 받고 해당 구성원은 만족을 하게 된다는 것이 본 이론의 요지이다.

:: 다음은 욕구를 측정할 수 있는 설문지이다. 이를 이용하여 당신이 어느 계층의 욕구에 현재 지배되고 있는지를 측정하여 보십시오.

A. 당신은 어느 욕구계층에 속하는가? 당신의 직무와 관련하여 생각할 때, 각 항목이 당신에게 얼마나 중요한지 기입하십시오.

주의: 당신의 실제 생각을 솔직히 응답하십시오. 모든 항목이 당신에게 매우 중요한 것으로 될 수는 없습니다.

	별로 중요하지 않음 ↔ 매우 중요함				
1. 동료들과 조화롭게 근무하는 것	1	2	3	4	5
2. 직무와 관련된 기술을 획득하는 것	1	2	3	4	5
3. 노력의 대가로 높은 보수를 받는 것	1	2	3	4	5
4. 동료들로부터 인정이나 칭찬을 받는 것	1	2	3	4	5
5. 직무에 대해 독립성을 유지하는 것	1	2	3	4	5
6. 근무 중에 정규적인 보수인상을 받는 것	1	2	3	4	5
7. 근무 중에 막역한 친구를 갖는 것	1	2	3	4	5
8. 나 자신을 믿는 것	1	2	3	4	5
9. 회사(조직)로부터 좋은 부가적 혜택을 받는 것	1	2	3	4	5
10. 동료들과 개방적이고 정직하게 되는 것	1	2	3	4	5
11. 직무수행에 있어 개인적 성장과 발전기회를 갖는 것	1	2	3	4	5
12. 개인적 위협이나 해로부터 안정감을 느끼는 것	1	2	3	4	5

B. 당신에게 가장 중요한 욕구는 무엇인가? 당신이 근무 시에 할당된 업무를 생각해 보십시오. 각 항목에 대해 당신이 생각하기에 가장 가까운 곳에 표시하십시오.

	반 대				동 의
1. 나에게 할당된 업무가 상당히 어려울 때 나는 최선을 다한다.	1	2	3	4	5

2. 나는 과거의 근무실적을 향상시키기 위해   1   2   3   4   5
   최선의 노력을 한다.

3. 나는 어느 정도의 위험을 감수하고,   1   2   3   4   5
   발전을 위해 전적으로 힘을 쓴다.

4. 나는 직무와 관련되어 책임이 추가되는 것을   1   2   3   4   5
   회피하려고 한다.

5. 나는 동료들을 능가하려고 애쓴다.   1   2   3   4   5

6. 나는 가능하다면 혼자보다는 집단 속에서   1   2   3   4   5
   근무하는 것을 선호한다.

7. 나는 근무 중 다른 사람의 감정에 상당한 주의를 기울인다.1   2   3   4   5

8. 나는 나 자신의 업무를 하고 다른 사람은   1   2   3   4   5
   그들의 업무를 하게 하는 것을 선호한다.

9. 나는 다른 사람과의 의견차이를 공개적으로 표현한다.   1   2   3   4   5

10. 나는 종종 업무와 관련 없는 문제에 대해   1   2   3   4   5
    다른 사람들에게 이야기한다.

11. 나의 업무할당에 있어 나는 나 자신의 보스가 되고자 한다.1   2   3   4   5

12. 나는 업무수행 시 다른 사람의 의견과는 상관없이   1   2   3   4   5
    내 방식대로 추진한다.

13. 나는 종종 개인적 자유를 방해하는   1   2   3   4   5
    조직의 규칙과 정책을 무시한다.

14. 나는 업무수행 시 나 자신을 팀플레이어로 생각한다. 1   2   3   4   5

15. 나는 정해진 업무를 수행하는 데 최선의 노력을 한다. 1   2   3   4   5

16. 나는 집단을 지도하는 데 있어 적극적인 역할을 하고자 한다.1   2   3   4   5

17. 나는 매사를 내 방식대로 보도록 주변 사람들에게   1   2   3   4   5
    영향력을 행사하기를 삼가한다.

18. 나는 종종 다른 사람들의 업무수행을   1   2   3   4   5
    보다 잘 하는 방법을 그들에게 보여 준다.

19. 나는 종종 내 주위의 사건에 대해   1   2   3   4   5
    보다 많은 통제권을 획득하려고 애쓴다.

20. 나는 집단 속에서 업무를 수행할 때   1   2   3   4   5
    책임자가 되려고 애쓴다.

4. 인간관과 인간관리의 전략

인간의 본질에 대한 관리자의 관심은 주로 인간의 행동을 조직이 추구하는 목적에 적응시키는 전략의 탐색에 관련된다. 따라서 인간을 어떠한 존재로 보느냐 하는 인간에 대한 가정은 인간관리의 전략을 결정짓는 가장 근본적인 요인이 될 것이다. 조직심리학자 쉐인Schein, 1970: 55-75은 조직 내에서의 인간에 대한 가정을 ① 합리적·경제적 인간rational-economic man, ② 사회적 인간social man, ③ 자기실현적 인간self-actualization man, ④ 복잡한 인간complex man으로 구분하였는데 여기에서는 이를 기초로 설명하기로 하겠다.

1) 합리적·경제적 인간관과 인간관리

인간을 합리적이고 경제적인 존재라고 보는 견해에 의하면, 인간은 자기의 이익을 최대로 하는 행동을 계산하고 그에 따라 행동할 수 있는 존재라고 한다. 이러한 인간관의 전제하에서의 인간관리전략은 조직의 운영책임이 관리자에게만 있는 것으로 생각하며, 조직의 합리적인 배열에 치중한 운영전략을 펴게 된다.

즉 공식적인 권위의 구조를 통해서 운영의 능률화를 기하는 것이 인간관리의 목표이며, 인간관리에 있어서 공식구조, 경제적인 자극요인 및 통제 등이 중요시된다. 또 조직에 참여하는 인간의 노동을 경제적 보상을 주어 구매하는 것으로 간주한다.

2) 사회적 인간관과 인간관리

사회적 인간관에서는, 인간이 합리적·경제적이라기보다는 오히려 사람의 사회적 관계 속에서 생활의 의미를 발견하는 존재라는 점을 강조한다. 이 점에서 전술한 합리적·경제적 인간관과 정면으로 대조된다. 그러나 인간을 수동적인 존재라고 보는 가정과 동기가 외재적으로 부여돼야 한다고 보는 가정은 양자에 공통되는 것이다. 이러한 인간관에 기초를 둔 인간관리는 대체로 다음과 같은 내용에 중점을 두게 된다.

① 관리자는 수행돼야 할 일 자체에만 주의를 한정하지 말고 부하들의 필요와 요구에 더 많은 주의를 기울이도록 해야 한다.

② 경제적 유인에 의한 조종이나 통제보다는 부하들의 감정 특히 그들의 인정감·귀속감 등에 깊은 관심을 보여야 한다.

③ 관리자는 조직참여자들을 교호작용에 의해 성립하는 집단의 존재라는 현실로 받아들이고 개인적 유인보다는 집단적 유인을 활용해야 한다.

④ 계획·조직·통제를 주 임무로 하는 관리자 또는 감독자의 역할은 상급관리자와 부하들 사이의 중개자로서 부하들의 감정과 필요를 이해하고 그에 대한 배려를 해야 하는 것이다. 따라서 사기관리제도에 역점을 둔다.

3) 자기실현적 인간관과 인간관리

조직 내의 인간행태와 인간의 욕구체계를 연구하는 심리학의 영향을 받아 성립된 자기실현적 인간관에 의하면, 인간은 자기의 자질 또는 역량을 생산적으로 활용하려는 욕구를 지닌 존재라고 한다.

이와 같은 인간관에서의 인간관리전략은 동기부여의 기초가 외재적인 것에서 내재적인 것으로 전환되기 때문에 사회적 인간관과는 구별된다. 즉 사람들의 욕구충족보다는 사람들이 스스로 일의 의미를 발견할 수 있도록 여건을 조성하는 일에 관심을 갖게 되는 것이다.

4) 복잡한 인간관과 인간관리

인간은 전술한 바와 같이 그렇게 단순한 것이 아니라 매우 복잡한 존재이다. 따라서 인간의 본질에 관한 연구도 단순하고 획일적으로 규정하던 관점에서 탈피하여 점차 복잡한 인간의 실상에 보다 접근하는 관점으로 변화하였다. 즉 인간의 욕구체계는 복잡하고 사람마다 상이한 욕구를 가지며, 그 발현의 양태와 동기부여의 과정이 사람에 따라 상이할 수 있다는 사실을 직시하게 된 것이다. 이와 같이 인간 본질의 복잡성을 의식적으로 확인하는 인간관이 복잡한 인간관이다.

이러한 복합적 인간관에 입각한 인간관리전략은 대체로 다음과 같다. 조직 속의 인간을 관리하는 사람은 훌륭한 진단가가 되어야 하며, 탐구정신spirit of inquiry을 가지고 사람에 관한 문제를 다루어야 한다. 따라서 조직참여자들의 개인차를 감지하고 중요시해야 한다. 또한 조직참여자들의 욕구와 동기가 서로 다른 만큼 그들은 다르게 취급돼야 하며 관리자들은 상대방의 여하에 따라 스스로의 행동을 변경할 수 있는 융통성을 지녀야 한다.

제2절 동기부여의 실제

1. 금전적 보상(moneytary rewards)

1) 동기부여에 있어서의 금전적 보상의 의의

금전적 동기는 매우 복잡하고 생리적 욕구 등의 다른 모든 욕구와 연계되어 있기 때문에 그 중요성을 명확히 인지하기가 어려운 경우가 많다Hersey & Blanchard, 1982: 40. 따라서 여기에서는 동기부여에 있어서 금전money이 얼마나 중요한가를 살펴보기로 하겠다. 금전은 모든 사람에게 일정 부분 동기부여를 해 주는 역할을 하고, 다른 조건이 동일하다면 금전은 대부분의 사람들에 있어서 강력한 동기부여를 해 준다.

금전은 여러 가지 상징적 작용을 한다. 예를 들어 가난한 사람에게 금전은 의식주를 포함한 기본욕구의 직접적 충족을 상징한다. 반면 대부분의 중류층 사람들에게 있어서 이는 보다 복잡한 상징적 기능을 하고, 보다 부유한 사람들에 있어서는 안전, 지위, 권력, 위신의 상징으로 작용한다. 또 어떤 사람들에 있어서 돈은 가치의 기준이 되기도 한다Hegar, 2012: 65-67. 그러나 금전이 항상 모든 조직구성원들의 동기부여 원천으로 작용하는 것은 아니다.

2) 인센티브 계획의 주요변수

그렇다면 인센티브 계획에 있어서 실제로 조직구성원의 동기부여를 결정하는 핵심변수는 무엇인가? 여기에 대한 세 가지 핵심변수를 소개하면 다음과 같다.

(1) 성공의 가능성

여러 연구 결과들은 성공의 가능성이 조직구성원의 작업에 영향을 준다는 것을 보여 준다. 즉 일반적 상식과는 반대로 많은 사람들이 가능성이 보장되지 않을 때 보다 열심히 일을 한다는 것이다. 따라서 종업원이 성공을 거듭할수록 동기부여를 위한 인센티브 계획은 보다 어려워질 것이다.

(2) 인센티브의 규모

보상의 규모는 동기부여 계획의 또 다른 주요요소이다. 인센티브의 규모는 상대적 요소이기 때문에 우리는 금전적 보상이 어느 정도 조직구성원에게 동기부여를 하게 될지를 정확히 예측할 수는 없는 것이다.

(3) 반응–보상의 관계

만약 목표가 명확히 수립되어 있고 조직구성원들이 그들에게 기대되는 것이 무엇인지를 알고 있다면, 그들이 무엇을 해야 하고 그들의 성과가 어떻게 평가되는지에 확신을 가지고 있지 못할 때보다 훨씬 더 고도로 동기부여가 될 것이다. 만약 관리자가 성과에 보상을 연계한다면 종업원들은 지속적으로 직무를 수행하게 될 것이다. 이때 성과와 보상 간의 지체delay가 중요한 요소라는 것을 강조해 두고자 한다. 보상은 성과에 밀접하게 따라야 한다. 만약 조직이 구성원의 기여를 인지하는 것이 너무 지연된다면, 아마도 개인은 또다시 그러한 기여를 하는 데 동기를 부여받지 못할 것이다.

3) 성과급과 동기부여

성과급은 조직의 관리자들에 의해 가장 빈번히 사용되는 금전적 보상의 동기부여 수단이다. 성과급은 개인이 조직목표달성에 공헌할 수 있는 의미에서의 실질적인 능력을 기준으로 결정되는 보수를 말한다. 따라서 이는 조직의 성과와 가장 긴밀하게 연계되는 급여제도라고 할 수 있다. 이때 조직에 기여할 수 있는 실질적인 능력의 사정방법은 근무성적평정 등에 의한다.

그런데 이 성과급제도가 적절히 운영되지 못하면 동기를 유발하는 데 있어 효과가 상실되는데, 그 이유는 다음과 같은 시행상의 문제점에 기인한 것으로 지적되고 있다Hammer & Organ, 1978: 259.

① 급여와 직무성과와의 연계성이 조직구성원들에게 인지되지 않는다.

② 조직구성원들이 근무성적평정에 오류가 있는 것으로 생각한다. 즉 관리자의 근무성적평정에 있어 주관이 개입되어 있을 것으로 생각한다.

③ 능력평가의 내용과 이에 기초한 급여가 공개되지 않는다.

④ 개인성과급제도는 협력의 분위기를 저해하고, 장기적 관점에서 볼 때 집단의 와해 및 산출의 제한이라는 결과를 가져오기 쉽다.

⑤ 능력에 따른 급여의 인상이 효과적인 동기부여를 일으키기에는 너무 적은 경우가 있다.

⑥ 직무 자체의 중요성을 무시하고 금전만을 중시하는 관리자가 존재할 경우 동기부여는 효과적이지 못하게 된다. 사회심리적 요인 역시 간과해서는 안 되기 때문이다.

2. 직무재설계(job redesign): 직무설계의 인간화

오늘날의 기업들은 지나치게 기술진보, 생산성 및 경제성장에만 집착한 나머지 환경적 가치environmental values와 인간적 가치human values를 도외시하는 오류를 범하고 있다. 이러한 오류를 시정하기 위하여 조직생활 중에서 잃어버린 인간성을 회복하고, 단순한 생리적 욕구만의 충족이 아닌 직무 그 자체를 통한 만족을 조직구성원에게 부여할 것이 요구되고 있다. 이에 따라 조직구성원 각자에게 일을 통한 인생의 희망과 보람을 제시하는 운동, 즉 '직장생활의 질' 또는 '근로생활의 질'로 표현되는 QWLQuality of Work Life운동이 활발히 전개되고 있는 실정이다. 즉 오늘날의 직무설계는 사람을 중심으로 직무를 인간적으로 설계하는 것이다.

직무설계job design란 직무를 어떻게 분할 내지 통합시키느냐, 즉 직무를 어떻게 엮느냐 하는 문제를 다루는 것이다. 데이비스L. E. Davis는 기술·조직면의 요청과 업무를 수행하는 인간 측의 조건을 조화시킬 수 있도록 직무내용이나 업무방법을 규정화하는 것을 직무설계라고 규정한다Davis, 1966: 21-45. 다시 말하면 직무설계란 몇 개의 과업을 묶어서 1인의 직무를 구성하기 위한 설계를 의미한다.

직무설계는 전통적 의미의 직무설계와 행동과학적인 근대적 의미에서의 직무설계로 구분할 수 있는데, 전자는 저차원의 욕구수준인 기술적 욕구충족에만 관심을 갖는 반면, 후자는 직무담당자의 기술적·조직적 욕구뿐만 아니라 사회적·인간적 욕구까지도 충족시킬 수 있도록 직무내용, 작업방법 및 작업 상호 간의 관계를 결정하는 것이다Rush, 1975: 4.

이와 같은 근대적 직무설계와 관련하여 직무 자체의 변화를 통하여 조직의 효율성을 제고하는 기법은 직무순환, 직무확대, 직무충실, MBO적 목표설정, 사회기술적 접근방법 등이 있다.

3. 직장생활과 사회심리적 보상

허즈버그Herzberg의 이요인이론에서 직장인의 동기부여요인으로 분류된 성취, 인정, 승진발전 등은 우리나라의 실정에서도 적절하다고 볼 수 있으나 상사와의 인간관계를 위생요인으로 본 점은 약간 이견이 있을 수 있다. 즉 우리나라에서와 같이 부하직원의 성장이 상사와의 친밀한 인격적 유대관계에 의해서 많은 영향을 받는 곳에서는 합리적 계약원칙이 지배하는 곳과는 많은 차이를 나타낼 수 있기 때문이다. 따라서 상사를 중심으로 한 동료와의 '우리'의식과 직장의 안정을 토대로 한 개인의 발전의 추구 등을 살펴볼 때 직장인이 추구하는 사회심리적 욕구를 인정감sense of recognition, 성공감sense of success, 소속감sense of belongness, 안정감sense of security 등으로 넓게 분류해 볼 수 있다. 그러나 이러한 분류는 욕구 간의 상호연관성 때문에 절대적 구분이 아니고 어디까지나 상대적 분류에 지나지 않는다는 것을 유념하기 바란다.

1) 인정감

(1) 인정감의 요구

누구나 훌륭한 일의 성취와 업무수행에 대해서 칭찬받을 권리가 있다. 사실 능력 있는 사람을 무럭무럭 자라게 할 수 있는 힘은 칭찬이다. 그러나 부하직원의 발전에 관심이 없는 관리자는 이러한 평범한 진리를 간과하기 쉽다. 인정감이란 눈으로 볼 수 없고 또한 감촉할 수 없는 성질의 것이지만, 이의 결핍으로부터 야기되는 심리적 영향은 능력 있는 직원들로 하여금 그들의 잠재적 역량을 좀처럼 발휘시킬 수 없게 만든다. 오늘날의 관리이념은 실제적으로 일을 수행하는 종업원들을 하나의 도구로서가 아니라 완전한 인격체로서 존중함으로써 마음으로부터 우러나는 자발적 협조에 의해서 최고도의 능률과 효과를 올리는 데 있으므로 당연히 그들의 의욕관리에 관심을 기울여야 한다.

그러나 이러한 '인정감'도 종업원들이 너무 지나치게 추구한다든지 또한 인간조작의 한 가지 기술로서 무분별하게 부여될 때에는 부작용을 야기시킬 때가 많으므로 이를 적정수준에서 조절할 필요가 있다.

조직의 구성원들로 하여금 인정감을 받고 있다고 느끼게 할 수 있는 경우를 열거해 본다면 다음과 같은 경우일 것이다.

① 관리자나 동료가 친근하게 대해 줄 때

② 자기가 행하고 있는 일이 조직의 발전에 공헌할 수 있는 것이라는 느낌을 가질 때

③ 훌륭한 일을 했을 경우 관리자의 신임을 받거나 또는 칭찬을 들을 때

④ 자기에게 영향을 미치는 문제에 대해서 자기의 의사를 존중해 줄 때

⑤ 자기업무에 존경을 받을 때

⑥ 자기업무에 대해서 적절한 보수를 받을 때

(2) 감독자와 인정감

여기에서 논하고자 하는 감독자와 인정감이란 직속상사와 부하직원 간에 오가는 인정감을 지칭한다. 상사의 직분은 단순히 부하직원에게 업무지시만을 하달함으로써 끝나는 것이 아니라, 부하직원으로 하여금 최대의 성의와 능률을 발휘할 수 있도록 그들의 심리적인 만족감을 끊임없이 충족시켜 주어야 한다.

그런데 여러 명의 부하직원을 거느리고 있는 감독자는 한편으로 자기의 부하직원들에게 인정감을 주지 않으면 안 되며, 또 한편으로는 자기의 직속상사로부터 인정감을 받지 않으면 안 되는 입장이다. 그러나 그는 자신이 감독자란 입장에 놓여있기 때문에 자기 자신의 인정감만 과도하게 추구해서는 안 되며 부하들도 생각해주지 않으면 안 된다.

적절한 한도 내에서의 '인정에 대한 욕망'은 건전한 욕망이며, 그것은 감독자로서의 책임을 원만히 수행하는 데 있어서 도움이 된다. 그러나 그 자신이 지나치게

인정감만을 추구할 경우에는 자신의 지도력에 나쁜 영향을 미치게 된다. 따라서 감독직에 있는 사람은 자신의 인정감의 한도를 이해하지 않으면 안 된다.

2) 성공감

(1) 성공감의 요구

직원들에 있어서 인정감 못지않게 중요한 또 한 가지 요구는 성공감이다. 이러한 성공감은 허즈버그의 동기요인으로서의 성취감achiveness 및 성장과 발전감growth and advancement이 이에 해당된다. 즉 성공감은 직장에서 비단 승진의 기회가 존재하여야 한다는 것을 의미하는 것이 아니라 새로운 경험을 얻을 수 있는 기회호기심·연구심와 또한 자기 자신의 능력을 발휘해 볼 수 있는 기회 및 개선을 위한 발언의 기회 등이 허용되어야 한다는 것을 전제로 한다. 요컨대 이것은 자기가 하는 일을 통하여 사회에서 공인받을 수 있는 전문가로서 자랄 수 있다는 기회가 부여되어야 한다는 것이다.

이러한 성공감을 통하여 종업원들은 독립된 인간으로 발전해 나갈 수 있으며 또한 그의 좋은 '아이디어'가 충분한 고려를 받고 있다는 만족감을 갖게 되는 것이다. 아울러 감독자의 고충을 이해하고 또한 그에 대하여 협력적 태도를 취하는 수가 많은 것이다Ghiselli & Brown, 1955: 479.

성공감의 요구에 있어서 또 한 가지 중요한 국면은 새로운 경험을 얻고자 하는 욕구라고 말할 수 있다. 그리고 인간은 이와 같은 새로운 경험과 지식을 쌓아 올린 뒤에는 이것을 훌륭하게 발휘해 보고자 하는 기회를 항상 찾게 된다. 인간은 유아기로부터 성장하면서 새로운 경험을 가져보고자 하는 의욕을 발전시켜 나간다는 것을 잊어서는 안 된다.

(2) 감독자와 성공감

감독자들이 인간의 성공감에 대한 기본심리를 모르고 자기 혼자만이 이러한 기회를 독점해 버린다면, 부하직원들로부터 호감을 받지 못하는 한편 독단적인 주관에만 사로잡혀 조직운영을 해치게 될 것이다. 감독자는 부하직원들로 하여금 자기들의 최고실력을 발휘케 해 볼 수 있는 기회를 갖도록 할 수 있으며, 또한 조직의 발전과 더불어 자기 자신의 발전하는 모습을 볼 수 있도록 할 수 있다.

물론 감독자들 자신들도 다른 사람들과 마찬가지로 자신의 성공을 원할 것이다. 그러나 그는 감독자란 입장에 있기 때문에 자신의 성공감만을 추구해서는 안 된다. 즉 그는 한편으로는 자기 자신의 성공감을 만족시켜야 하며, 또 한편으로는 부하직원들의 성공감을 만족시켜 주지 않으면 안 된다.

현명한 감독자는 항상 부하직원의 흥미를 지속시키기 위해서 이따금 그들에게 특별한 임무를 부과하여 실력을 발휘할 수 있는 기회를 부여한다. 또한 감독직위에 있는 사람은 부하직원의 발전과 성공에 대하여 아낌없는 협조를 해 주어야 한다.

그런데 너무나도 지나치게 성공만을 요구하는 사람들은 일상직무와 자기의 현재의 직위에 대하여 지나친 불만을 쌓아 올릴 가능성이 농후하며, 그 결과 새로운 것을 향하여 거의 병적인 돌진을 할 위험성이 있다. 매사가 다 그러하듯이 균형이 잡히지 않은 성공의 요구는 자기 자신에게 손실을 초래한다. 요컨대 모든 감독자는 상사로서의 입장에서 부하직원의 성공감의 만족을 보살펴 주어야 하는 동시에 또한 기회의 공평한 분배자라는 입장에서 그 자신의 요구량을 검토해 보아야 한다.

PART 4-9

3) 소속감

(1) 소속감의 요구

소속감은 집단의 당당한 한 구성원이라는 느낌, 즉 집단과의 일체의식을 말한다. 누구든지 업무집단의 당당한 구성원이라는 느낌을 갖지 못하는 한, 직장에 있어서 만족감을 가질 수 없다. 물론 그러한 종업원으로부터 집단 또는 조직에 대한 충성심과 지속적 능률을 기대할 수는 없다. 여러 연구결과에 의하면 이러한 소속감은 어느 사람에 있어서는 임금보다도 더욱 중요한 때가 많다는 것이다.

소속감은 인정감과 같이 개인의 정서적 안정감을 조성하는 중요한 요소가 된다. 즉 소속감 또는 소속의식은 하나의 '인정' 형태라고도 말할 수 있으며, 개인의 가치와 중요성을 느끼게 할 수 있는 요인인 것이다. 종업원들은 그 누구나 조직구성원으로서의 자부심을 갖고자 원하며, 조직의 성공을 위하여 그 자신도 중요한 역할을 하고 있다는 느낌과 자기 자신이 동료직원이나 또는 관리자로부터 차별 없는 공평한 대우를 받고자 원하는 것이다.

(2) 감독자와 소속감

소속감 또는 소속의식의 반대적 현상은 고독감이다. 어느 종업원을 막론하고 만일 상사나 동료와 융합되지 않고 외톨이로 남는다면, 활기를 잃을 것이 분명하며 차별대우에 대한 분개심을 일으키게 될 것이다. 사실상 단체의식team spirit을 함양하는 데 있어서 소속감보다 더 중요한 것은 없을 것이다. 그런데 누구보다도 관리·감독자는 부하직원들의 단체의식을 함양하는 데 있어서 주도적 역할을 하지 않으면 안 된다. 오늘날의 행정이나 경영조직은 그 규모의 거대화로 인하여 관리·감독자와 조직구성원들과의 개인적 접촉이 수월치 않으므로 관리·감독자들의 인간관계적 관리역량이 더욱 아쉬워진다.

모든 관리·감독자들은 명실 공히 업무단위의 리더로서의 충분한 역량을 발휘하여야 하며, 또한 부하직원의 단체의식과 충성심을 함양하기 위하여 그들의 생활 속에서 생활하지 않으면 안 된다. 이러한 의미에서 관리·감독층이 요구하고 있는 소속감은 두 가지 성격을 지닌 것이라고 할 수 있으며, 이는 통솔자로서의 소속감과 '팀'의 구성원으로서의 소속감을 원하고 있는 것이라고 말할 수 있다. 또한 감독자들은 동료감독자와 상사에게도 소속감을 찾는 것이며, 그들이 여기에서 만족감을 얻을 수 없다면 자연히 부하직원들에게도 심리적으로 나쁜 영향을 미치게 된다.

4) 안정감

(1) 안정감의 요구

원만한 사회생활을 해 나가기 위해서는 무엇보다도 정서적 안정감을 가져야 하는데, 이는 가장 기초적이며 또한 제반 사회심리적 욕구를 포함하는 가장 광범한 인간적 욕구라고 말할 수 있다Stahl, 1962: 250.

물론 경제적 안정감도 정서적 안정감을 구성하는 한 가지 중요한 요인이다. 종업원들로 하여금 안정감을 갖게 할 수 있는 요인은 주로 다음과 같은 것이다.

① 최소한도의 문화생활을 영위할 수 있는 보수를 받을 때

② 감독자가 자기 일을 간섭하지 않고 자기가 하는 일을 믿어 줄 때

③ 잘못이 없는 한, 자기 직장에 지속적으로 근무할 수 있다고 느낄 때

④ 일반적으로 감독자나 동료 또는 가족들과 더불어 만족스럽고 행복스러운 생활을 하고 있다고 느낄 때

⑤ 관리자나 감독자가 기분이나 또는 변덕에 지배됨이 없이 자기를 시종일관 공평하게 대해 준다고 느낄 때

종업원들은 이러한 정서적 안정감을 갖게 될 때에 비로소 책임을 쾌히 수락할 수 있으며, 또한 미래에 닥쳐올 사태에 대해서도 불안감을 느끼지 않는다. 요컨대 인간은 타인이 자신을 대하는 태도에 변함이 없고, 중대한 과오를 범하지 않는 한, 타인으로부터 시종일관 공평한 대우를 받을 수 있고, 앞으로 어떠한 긴급사태가 닥쳐온다 할지라도 진정한 협조를 받을 수 있다는 확신을 가질 때만이 안정감을 가질 수 있는 것이다.

(2) 감독자와 안정감

심리적 안정감을 주는 한 가지 방법은 종업원들에게 조직과 임무·업무취급방법 및 관계법령을 가르쳐 주는 것인데 이러한 교육과 훈련은 감독자의 의무라고 말할 수 있다. 또한 관리자나 감독자는 부하직원들에게 조직의 종합적 정책이나 방침을 가르쳐 주기 위하여 조직이 현재 달성하고자 하는 목표를 수시로 깨우쳐 주어야 하며, 앞으로 나타날 조직의 변화에 대하여도 사전에 대비시켜 주어야 한다. 부하직원들은 감독자로부터 항상 항구 불변한 태도를 원한다. 사실상 감독자는 부하직원에게 안정감을 주기보다는 불안감을 주기가 더욱 쉬운 것이다.

불안감, 즉 안정감의 결핍으로부터 나타나는 현상은 다른 요구의 결핍에 있어서와 마찬가지로 개인에 따라 차이가 있지만, 그것은 대체적으로 복잡 미묘하게 종업원들의 심리에 암영을 던진다. 요컨대 안정감이 결핍되면 부하직원들의 심리 가운데 안정성이 조성되지 못하기 때문에 그들은 항상 들뜬 심리상태에서 그날그날을 이어가는 경향이 생기게 되며, 또한 조직의 장기적 목표에 미치는 해독도 대단히 큰 것이다. 인간은 자기 앞에서 일어나는 일에 대해서 확신을 가질 수 없다든가 또는 타인이 어떻게 행동할지 믿을 수 없다면, 보수적이 되고 우유부단하게 되며

또 불안하게 되는 것이다. 이러한 심리적 영향으로 말미암아 우리는 책임전가를 한다든가, 일단 낙착된 결정을 뒤바꾼다든가 또는 앞일을 내다볼 수 있는 심안을 상실하게 된다.

감독자들은 부하직원이나 타인에게 책임전가를 하지 않고 타인의 의견을 구할 줄 알아야 한다. 아울러 자기 자신의 심리적 긴장을 풀고 정신적인 안정감을 가져야 한다. 부하직원을 당혹케 하거나 불안감을 주는 언사나 태도는 가능한 한 밖으로 노출해서는 안 된다. 안정감과 불안감의 조성조건을 올바로 이해하고 또한 통제한다는 것은 어려운 일인지도 모른다. 그러나 이는 감독자에게 대단히 중요한 것이므로 특히 관심을 가질 만한 가치가 있는 것이다. 감독자는 또한 자신의 불안감이 부하직원에게 어떠한 영향을 미치는가 하는 것을 살펴보는 것이 필요하다.

위에서 우리는 종업원들이 추구하고 있는 사회심리적 욕구의 성격을 살펴보았다. 이는 모든 종업원들이 이러한 욕구의 충족을 공통적으로 원하고 있다는 의미에서 인화의 4대 요소라고도 말할 수 있으며, 물질이 아닌 심리적 요소이므로 종업원의 사회심리적 보상이라고도 부를 수 있는 것이다. 여기에서 한 가지 유의할 점은 종업원의 모든 심리적 만족을 관리자나 감독자가 다 충족시켜 주어야 한다는 것은 아니다. 종업원들도 역시 그들의 전반적인 사회심리적 만족감의 충족을 관리자나 감독자에게 기대하는 것은 아니다. 요컨대 관리자나 감독자는 그들의 부하직원들이 직장에서 의욕적이고 협조적인 마음으로 일할 수 있게 할 정도까지는 그들의 사회심리적 욕구를 충족시켜 주어야 한다는 것을 말한다.

제3절 칭찬과 감사의 중요성

1. 칭찬과 동기부여

"인간성의 가장 깊은 원리는 칭찬받고자 하는 욕망이다." 이는 미국의 저명한 심리학자 제임스의 말이다. 모든 시대를 통하여 칭찬은 기적을 일으키는 힘을 지니고 있다고 믿는 사람들이 많았다.

칭찬이 어떻게 해서 에너지를 해방시키는지는 분명치 않지만 그것이 사실이란 것을 누구나 경험해 본 적이 있을 것이다Giblin, 1979: 129. 다른 사람으로부터 진심어린 칭찬이나, 한 일에 대한 감사를 받으면 정신이 상승한다는 것은 누구나 한 번쯤 경험을 했을 것이다. 칭찬을 받음으로써 얻어지는 정신적 앙양은 환상도 아니고 상상도 아니다. 그것은 진실이다.

확실히 칭찬은 우리에게 새로운 에너지와 생명력을 부여해 준다. 한 일간지에 다음과 같은 기사가 실린 적이 있다동아일보 1992. 9. 5.일자 "국교 때 노래칭찬이 음악인생으로"에서 발췌.

내가 국민학교 4학년 때의 일이다. 하루는 담임선생님이 결근을 했다. … 담임선생님 대신에 들어온 여선생님은 자습 대신에 음악시간을 진행시키겠다는 말을 한 후 이 반에서 노래 잘하는 학생이 누구냐고 물었다. 아이들은 일제히 김병철이라고 외쳤다. 김병철이라는 학생이 우리반에서 노래 잘하는 아이로 통하고 있었기 때문이었다 …. 김병철의 노래를 끝까지 들은 선생님의 얼굴 표정이 밝지가 않았다. "또 다른 학생 없니?" 하고 선생님은 물었다. 아이들은 일제히 조순학이라고 외치기 시작했다. 조순학은 김병철 다음으로 노래 잘하는 아이로 알려졌기 때문이었다. 선생님은 조순학에게도 노래를 시켰다. 선생님은 여전히 불만이 섞인 표정이었다 ….

선생님은 출석부를 뒤지기 시작했다. 출석부를 보면서 아무 이름이나 찾아서 노래를 시킬 작정인 모양이었다. 출석부를 뒤지던 선생님이 갑자기 "이 반 반장 일어서"라고 말했다. 반장은 차웅달이라는 학생이었다. 체격도 좋고 공부도 잘 하는 학생이었다. 다른 것은 몰라도 차웅달에게 있어서 노래는 정말 말이 아니었다 ….

시작된 노래가 끝나기도 전에 차웅달은 자기 자리에 앉고 말았다. "부반장 일어서"라는 선생님의 말씀이 떨어졌다. 이것은 나에게 청천벽력 같은 소리였다. 내가 부반장이었기 때문이다. 나의 가슴은 고동치기 시작했다. 드디어 기회가 왔구나라는 생각보다 너무나 갑작스러운 일이라서 나는 참으로 어쩔 줄을 몰랐다.

… 나는 결국 선생님이 시키는 대로 노래 '달맞이 가세'를 불렀다. 이 노래가 나의 인생을 음악인으로 이끌게 한 결정적 계기가 될 줄은 나도 몰랐다. 우리반 아이들은 말할 필요도 없고 선생님까지 합해서 말 그대로 우뢰와 같은 박수를 치기 시작했다. 성량도 컸고 음질도 좋았고 음정이나 박자 같은 것이 완벽했기 때문에 모두가 감탄한 것이다. 나의 최초의 데뷔는 이렇게 이루어졌다. 이 나의 최초의 데뷔 이후 나는 우리학교 전체에 알려지기 시작했다. 나는 우리반을 대표했을 뿐만 아니라 우리학교를 대표하는 '노래꾼'이 되기에 이르렀다 ….

이 학생이 바로 오늘의 한국예술종합학교 이강숙 총장이다.

사람을 칭찬한다는 것은 칭찬해 주는 사람 측에서는 별로 대수로운 수고가 되지 않지만 받는 사람에게는 커다란 격려가 아닐 수 없다. 사람은 누구를 막론하고 어떤 면에서 칭찬받을 수 있는 장점을 다 갖고 있다. 칭찬은 사람에게 중요감을 느끼게 하고 또 인간적 완성을 위해 분발시킨다.

내가 잘 알고 있는 어느 대학교수는 중학교 1학년 때 60명 중 석차가 55등이었다. 2학년에 올라오면서 공부에 흥미를 붙이더니 1학기 석차가 20등으로 올라갔다. 담임선생님은 하도 기뻐서 이 사실을 교장선생님에게 보고했다. 교장선생님은 조회시 그를 불러 단상에 오르게 하고 이 사실을 여러 학생에게 알리면서 극구 칭찬을 해 주었다. 2학기 때 그의 성적은 훨씬 좋아졌고 석차는 5등이었다. 3학년 때는 수석이었고 그 후 6학년중·고교로 구분되기 전에 중학교는 6년제였다 졸업 때까지 수석을 차지하였다. 그는 현재 우리나라에서 명망 있는 교수이다.

칭찬은 돈이 들지 않는 것이라고 해서 아무에게 아무렇게나 주어서는 안 된다. 좋지 못한 속셈을 품고 옳지도 못한 일을 칭찬해 준다는 것은 아첨이다. 아첨에는 사람을 지속적으로 분발시키는 힘이 없다. 곧 허위가 드러나기 때문이다. 칭찬할 때 유념해야 할 다음과 같은 두 가지 준칙이 있다.

① 마음으로부터 진심으로 우러나는 칭찬을 해야 한다. 마음에 없는 겉치레의 칭찬은 곧 들통이 나며 주는 사람에게나 받는 사람에게 이로울 것이 하나도 없다. 찾아내려고 노력만 하면 사람에게는 반드시 칭찬해 줄 만한 가치가 있는 장점이 다 있다. 거창한 것을 입발림으로 칭찬하는 것보다 사소한 일이라도 마음으로부터 칭찬하는 것이 훨씬 좋다. 예를 들면 미인이 아닌 여성에게 "당신은 세계 제일의 미인입니다"라고 입발림으로 말하는 것보다 "내가 만난 여성 중에서 가장 아름다운 손을 갖고 계시는군요"라고 칭찬하는 것이 훨씬 좋다.

② 그 사람 자체보다 그 사람의 행위나 속성을 칭찬해야 한다. 즉 그 사람보다 그 사람이 한 일을 칭찬한다든가 또는 그가 갖고 있는 것을 칭찬하는 것이 좋다. 예를 들면 "김○○씨, 요즈음 디자인 실력이 탁월해요" 하는 칭찬의 말이 "김○○씨는 훌륭한 사원이야" 하는 것보다 좋다. 또 "당신은 정말 아름답군요"라는 것보다 "당신의 헤어스타일은 참 멋지군요"라는 것이 좋다.

이와 같이 상대방의 행위나 속성을 칭찬하면 그 칭찬은 각별한 것이 되고 또 더욱 진지하게 느껴진다. 또한 상대방이 그가 칭찬받는 것이 무엇인가 하는 것을 정확하게 알면 더욱더 좋은 행위를 하려고 노력할 것이다. 그러나 인간의 행위보다 그 인간 자신을 칭찬해 준다면 그의 이기주의와 자만심만을 키워 주게 될 뿐이다.

2. 감사의 중요성과 동기부여

감사하는 마음은 우리의 일상적인 생활에 기적을 갖고 온다. '감사합니다'라는 이 짧막한 말은 올바르게 사용만 하면 대인관계에 있어 마법과 같은 말이 될 수 있다. 이러한 말은 그것을 받는 사람에게 중요감을 느끼게 할 수 있고 또한 더 훌륭한 일을 할 수 있게 하는 격려와 칭찬이 될 수도 있다. 늘 불만스러워 투덜대는 삶보다 조그만 일에도 성의를 다하고 결과에 대하여 감사하는 마음을 갖는다는 것이 행복의 지름길이라는 것을 모르는 사람도 많다.

사람들로부터 사소한 호의라도 받으면 반드시 "감사합니다"라고 고맙다는 말을 해야 한다. 다른 사람에게 감사할 수 있는 구실을 찾으라. "감사합니다"라고 진심으로 말할 때마다 상대방의 업적을 인정해 주는 것이 된다. 이것은 "내가 중요하게 생각하고 있는 것을 당신이 해 준 것입니다"라고 칭찬하고 있는 것이다.

친절한 말을 사용하여 자신의 기분을 상대방에게 전하라. '말하지 않더라도 알아주겠지'라고 생각하면 잘못이다. 말로 표현해야 한다. 상대방의 행위를 고맙게 생각하고 있다는 것을 그에게 말로 전하면 그는 더욱더 당신에게 협력할 것이다.

"감사합니다"라고 말할 때 지켜야 할 여섯 가지 준칙은 다음과 같다Giblin, 1979: 132-133.

① 마음으로부터 고맙게 생각할 것: 감사하다는 말에 감정과 생기를 넣고 그 말이 그저 그런 평범한 말이 아니라 각별한 것이라는 것을 느끼게 하라.

② 확실히 말할 것: 입안에서 중얼거리거나 수줍거나 부끄러운 태도를 보여서는 안 된다. 확실한 태도를 표시하라.

③ 이름을 지적하며 감사할 것: 감사하는 대상의 이름을 부르라. 몇 사람에게 감사하고 싶은 때에는 "여러분에게 감사합니다" 하고 말하지 말고 한 사람 한 사람의 이름을 부르면서 감사하는 것이 좋다.

④ 감사하는 대상자를 똑똑히 바라볼 것: 감사를 받을 만한 가치가 있는 사람이라면 그의 얼굴을 바라볼 만한 가치도 있는 사람이다.

⑤ 감사하도록 노력할 것: 항상 의식적으로 주의를 기울여 상대방에게 감사할 거리를 찾도록 노력하라. 감사할 일이 저절로 생길 때까지 기다리고 있지 말라. 감사하는 마음은 늘 기쁜 마음을 가져온다. 감사는 인간성의 자연적 특질은 아닌 것 같다. 사실 남의 호의에 감사하는 습관이 생길 때까지 일부러 노력을 기울이지 않으면 잊어버리기 쉽다.

⑥ 상대방이 기대하지 않고 있을 때 감사할 것: '고맙습니다' 하는 인사는 상대방이 그것을 기대하고 있지 않을 때나 혹은 그것을 받을 만한 일이 못 된다고 생각하고 있을 때 하는 것이 더욱 효과적이다. 사실 당신도 전혀 기대하지도 않았던 경우에 감사하다는 인사를 받은 일을 회상해 보면 이 말의 뜻을 알 수 있을 것이다.

칭찬과 감사는 기적과 같은 힘을 갖고 있다. 만일 어떤 물건을 갖고 있는 사람이 그것을 다른 사람에게 주면 그 물건이 더욱 증가되어 그에게로 되돌아온다면 그것을 기적이라고 말할 수 있지 않을까? 확실히 다른 사람에게 칭찬과 감사의 말을 줌으로써 그에게 행복과 안녕을 주도록 노력하면 이와 같은 기적이 정말로 일어난다. 행복은 주면 줄수록 점점 늘어나게 마련이다. 많은 심리학자들이 모든 노이로제 환자나 불행한 사람들에게서 공통적으로 찾아낼 수 있는 특징이 지나치게 다른 사람의 흉을 들춰내는 것이란 사실을 발견했다. 이런 사람들은 신중하게 남의 잘못을 찾아내고 있는데 이런 마음씨를 고쳐 주위 사람들이나 사물 속에서 좋은 점을 찾아내려고 노력하기 시작하면 그들 자신의 행복감을 발견하게 된다는 것이다. 다음의 사례를 한 번 살펴보자Canfield & Hansen, 1993: 42-44.

> 래리와 조 앤은 평범한 부부였다. 그들은 평범한 도시의 평범한 집에서 살았다. 다른 평범한 사람들처럼 그들도 남에게 빚 안지고 살고, 자식들을 잘 키우기 위해서 열심히 노력했다.
> 그들은 다른 면에 있어서도 평범한 부부였다. 그들도 여느 부부들처럼 가끔씩 말다툼을 벌였다. 결혼한 것을 후회한다는 등의 언쟁을 벌이고 상대방을 비난하곤 했다.
> 그러던 어느 날 매우 특이한 사건이 그들 부부에게 일어났다. 남편 래리가 조 앤에게 이렇게 말하는 것이었다.

"조 앤, 난 마술의 서랍장을 갖고 있어. 내가 서랍을 열기만 하면 언제든지 그 안에 양말과 속옷들이 차곡차곡 챙겨져 있거든."

그러면서 래리는 조 앤에게 말했다.

"나와 함께 사는 동안 당신이 하루도 변함없이 내 양말과 속옷들을 챙겨 줘서 정말 고마워."

조 앤은 안경 너머로 남편을 빤히 바라보았다.

"원하는 게 뭐죠, 래리?"

"아무것도 원하지 않아. 난 다만 마술 서랍장에 대해 당신에게 고맙다는 말을 하고 싶은 것뿐이야."

래리가 엉뚱한 짓을 한 것이 그때가 처음이 아니었으므로 조 앤은 그 사건을 잊었다. 다시 며칠이 지났는데, 래리가 또 말을 했다.

"조 앤, 이번 달에 지불한 가계수표를 작성하느라 수고가 많았어. 열여섯 장이나 되는 것들 중에서 열다섯 장을 틀리지 않고 적었으니, 정말 기록적이야."

조 앤은 자신의 귀를 믿을 수 없어서 바느질을 하다 말고 고개를 들어 래리를 쳐다보았다.

"래리, 당신은 내가 맨날 수표번호를 잘못 적는다고 불평을 해 왔잖아요. 그런데 불평을 그만둔 이유가 뭐죠?"

래리가 말했다.

"이유는 없어. 다만 당신이 노력해 주는 것에 대해 고맙다는 말을 하는 것 뿐이야."

조 앤은 머리를 흔들면서 다시 바느질감으로 옮겨 갔다. 그리고는 혼자서 중얼거렸다.

"도대체 저 이가 무슨 마음을 먹은 걸까?"

어쨌든 다음 날이 되었을 때 조 앤은 식료품 가게에 가계수표를 지불하면서 자기가 적은 수표번호가 틀리지 않았는지 다시 한 번 확인하게 되었다. 그녀는 스스로에게 물었다.

"내가 왜 갑자기 이런 수표번호 따위에 신경을 쓰게 됐지?"

그녀는 그 사건을 잊으려고 노력했다. 하지만 래리의 이상한 행동은 갈수록 정도가 심해졌다. 어느 날 저녁 래리가 말했다.

"조 앤, 저녁을 정말 맛있게 먹었어. 당신의 모든 수고에 대해 정말로 고맙게 생각해. 지난 15년 동안 당신은 나와 아이들을 위해 최소한 1만 4천 번의 식사를 차려 주었어."

래리는 말을 이었다.

"조 앤, 집 안이 정말 깨끗해. 이렇게 하느라고 당신은 쉬지 않고 쓸고 닦아야 했을거야."

또 심지어 이렇게까지 말하는 것이었다.

"고마워. 조 앤, 내 곁에 있어 줘서. 난 당신과 함께 있는 것이 좋아."

조 앤은 걱정이 더해 갔다.

"정말로 날 칭찬하는 건가. 아니면 조롱하는 건가?"

자신의 남편에게 뭔가 특이한 일이 일어난 것인지도 모른다는 걱정은 열여섯 살 먹은 딸 셀리의 말을 듣고서 더욱 확실해졌다.

"아빠가 머리가 이상해졌나 봐요. 엄마, 자꾸만 나한테 멋있다고 그래요. 이런 지저분한 옷차림을 하고 있는 데도 내가 세상에서 가장 멋있어 보인다는 거예요. 아빠같지 않아요. 엄마, 정말 걱정되요."

뭐가 잘못됐는지는 모르지만 아무튼 래리는 중단하지 않았다. 매일같이 그는 긍정적인 측면에만 초점을 맞췄다. 그렇게 몇 주일이 지나자 조 앤은 남편의 비정상적인 행동에 많이 익숙해졌고, 때로는 마지 못해 이렇게 대답했다.

"고맙군요."

그녀는 남편의 이상한 행동에 자신이 잘 대처하는 것에 자부심까지 갖게 되었다. 그러던 어느 날 그것이 무너졌다. 상상도 못할 일이 일어나서 조 앤은 머리가 혼란스러워졌다. 래리가 부엌으로 들어오더니 이렇게 말하는 것이었다.

"당신은 좀 쉬도록 해. 설거지는 내가 할테니깐. 그 프라이팬은 이리 주고 어서 부엌에서 나가요."

조 앤은 한참 동안 남편을 바라보았다. 이윽고 그녀는 입을 열어 남편에게 말했다.

"고마워요. 래리 정말 고마워요!"

이제 조 앤의 발걸음이 한결 가벼워졌다. 그녀는 삶의 자신감을 갖게 되었고, 이따금 노래까지 흥얼거렸다. 그토록 많았던 우울한 시간들이 말끔히 사라졌다. 그녀는 생각했다. 이유가 무엇이든 난 래리의 새로운 행동방식이 더 좋아.

이것으로 이 이야기가 끝난 것은 아니다. 어느 날 더욱 놀랄 일이 일어났다. 이번에는 조 앤이 먼저 말했다.

"래리, 당신이 그동안 우리 식구를 먹여 살리기 위해서 하루도 빠짐없이 일터에 나간 것에 대해 고맙게 생각해요. 내가 당신을 얼마나 감사하게 생각하고 있는지 당신은 모를 꺼예요!"

그 후에도 래리는 자신의 행동이 그토록 극적으로 바뀐 이유에 대해서는 조 앤이 아무리 물어봐도 대답하지 않았다. 그래서 그것은 인생의 여러 수수께끼 중의 하나로 남게 되었다. 하지만 그 수수께끼에 대해서 나는 진심으로 고맙게 여긴다. 왜냐하면 내가 바로 조 앤이니까.

이 세상에는 완전무결한 사람은 없다. 그 반면 장점을 갖고 있지 않은 사람도 하나도 없다. 따라서 상대방의 장점을 찾아내서 칭찬거리를 계속 찾다보면 언젠가는 그의 마음도 바뀌고 있을 것이다.

 사례연구

:: 다음의 사례를 앞에서 공부한 동기부여의 이론을 적용하여 토의하고 이를 발표해 보시오.
어느 조직에서 실제 있었던 일이다. 비슷한 조건의 신입사원 10명을 두 그룹으로 나눈 뒤 주로 칭찬과 격려를 많이 하는 상사에게 5명을, 꾸중과 잘못만 지적하는 상사에게 5명을 보내 일을 맡겼다. 1년 뒤 두 그룹이 낸 성과는 어떤 차이가 있을까. 칭찬하는 상사에게 소속된 직원들은 자신감과 생동감으로 가득했으며 매사에 주도적이었다. 반면에 늘 꾸중을 들은 직원들은 패배감 속에 실의와 절망에 빠진 게 역력했다. 직장과 가정에서도 금전적 보상 못지않게 인정이나 칭찬과 같은 감정적 보상이 중요하다. 많은 연구 결과에서 볼 수 있듯이 성공한 직원들 뒤에는 칭찬과 격려를 아끼지 않는 상사가, 성공한 자녀들 뒤에는 꾸중과 비난을 피하는 부모가 있었다. 이처럼 감정적 보상은 욕구 충족의 수준을 넘어 조직원의 자기계발에 큰 영향을 미친다.

경영자들은 흔히 좋은 직원을 스카우트하고 이직률을 줄일 수 있는 가장 좋은 방법이 금전적 보상을 잘 해 주는 것이라고 착각하는 경향이 있다. 하지만 '급여'가 직원들에게 동기를 부여하고 업무 성과를 높이는 가장 큰 수단으로 사용되는 시대는 이미 지나갔다. 직장인 대상의 조사에서도 이들은 '급여'보다 '사내 인간관계'를 가장 힘들어 하고 또 중시하는 것으로 나타난다. 결국 조직원들의 업무 능률을 향상시킬 수 있는 비결은 급여보다 인정과 존중, 격려와 칭찬인 것이다. 이게 감정적 보상이다. 그런데도 경영자들은 부하들에게 잘 못할 때는 철저하게 따지고 꾸중하지만 잘 할 때는 칭찬에 인색하다. 꾸중하지 않거나 칭찬을 많이 하면 잘못을 되풀이한다고 생각하기 때문이다.

어떤 회사의 임원과 나눈 대화가 생각난다. "어떻게 직원들에게 동기부여를 할 수 있습니까?"라는 질문에 그는 "제가 해 줄 수 있는 것은 아무것도 없어요. 사장도 아닌데 제가 봉급 인상이나 보너스로 동기를 부여할 수도 없잖아요"라고 말했다. 내가 그에게 "당신은 자신과 부하에게 금전적 보상과 감정적 보상 중에 어느 것이 더 중요하다고 생각합니까?"라고 되물었다. 그는 잠시 후 "금전적 보상도 중요하지만 감정적 보상이 더 중요한 것 같습니다"라고 대답했다. 다시 "그러면 감정적 보상을 잘 해 줄 수 있는 사람이 직원들과 접촉이 많은 당신입니까. 아니면 사장입니까"라고 물었다. 그는 "임원인 접니다" 하고 대답했다. 시간이 한참 지난 뒤 나는 그 대화를 계기로 그가 직원을 대하는 태도가 크게 바뀌었다는 연락을 받았다. 그가 직원 각자의 장점을 존중하고 인정하며 칭찬과 격려를 아끼지 않는다는 것이다. 그는 자신이 직원들의 급여를 올려 주지 못하는 것을 안타깝게 여기면서도 성과를 높일 것만을 요구하며 부하를 괴롭혔다는 사실을 깨달았다고 털어놨다.

직원의 욕구는 변하고 있다. 금전적 욕구 외에 감정적 보상을 원하는 시대가 됐다. 경영자에게 전자는 돈이 많이 들지만 후자는 그렇지 않다. 저렴한 비용으로 최대의 효과를 낸다면 이보다 더 좋을 수 있을까. '말이 씨가 된다'는 말이 있다. 직원들에 대한 칭찬과 격려의 말은 그들에게 동기를 부여하고 유능하게 만드는 감정적 보상인 동시에 조직을 살찌우는 튼실한 씨앗이 되게 마련이다(경향신문 2003. 7. 10. 일자).

:: 토의과제

1. 금전적 보상 같은 외재적 보상과 심리적 보상 같은 내재적 보상 중 어떠한 보상이 본인에게 동기부여를 더욱 시키는지 함께 토의하고, 허즈버그의 이요인이론과 연관지어 논의하시오.

2. 정보사회에서 조직구성원들의 욕구는 어떻게 변화하고 있으며, 현대조직의 입장에서 이를 효과적으로 관리할 수 있는 방안에는 어떠한 것들이 있는지 구체적으로 제시하시오.

리더십을 효과적으로 발휘하는 방법

제1절 리더십의 이론

1. 리더십의 본질

1) 리더십의 개념과 특징

리더십의 문제는 공식적·비공식적 조직을 막론하고 인간관계에 있어서 지대한 관심사이며 보는 관점에 따라 개념규정을 달리하고 있다.

여러 학자의 정의를 종합해 보면 결국 리더십이란 "모든 조직활동에 동기를 부여하고 촉진하여, 다양한 집단활동을 일정한 목표로 향하도록 일체감을 조성하는 기능"이라고 하겠다. 요컨대 리더십이란 집단의 단합과 사기morale를 고취하고 또한 집단구성원의 개별적인 발전을 이룩할 수 있도록 집단 내의 상호작용을 촉진하는 것을 의미한다고 볼 수 있다.

2) 리더십 이론의 변천

(1) 자질이론(trait theory)

리더십에 대한 초창기 연구에서는 효과적인 리더에게는 남다른 특성이 있다고 생각하고, 이러한 개인적 특성을 추출하려고 노력하였다. 이를 리더십의 자질이론이라고 한다. 다시 말해서 자질이론은 특정인이 특정자질을 갖고 있기 때문에 리더가 될 수 있다고 생각하는 사고방식이다.

바너드Barnard, 1948: 80-110, 1946: 23-26는 인성적 자질과 능력의 측면에서 리더십의 자질적 요소로 박력과 지구력, 결단력, 설득력, 책임감, 지적·기술적 능력 등을 들고 있다.

한편 카츠R. L. Katz는 다음과 같은 세 가지 기능skill을 리더의 자질로 보고 있다.

① 기술적 기능(technical skill): 이는 전문지식 그 자체 또는 전문지식에 대한 분석능력을 말한다.

② 대인적 기능(human skill): 이는 인간관계 개선의 능력과 협동노력 확보의 능력, 그리고 집단분위기 안정의 능력을 말한다.

③ 개념화 기능(conceptual skill): 이는 조직활동 전체를 주관할 수 있는 능력, 즉 조직 전체의 복잡성을 이해하고, 자기 자신의 활동이 조직 전체에 어떻게 관련되고 있으며, 조직의 어디에 적합한가를 알 수 있는 능력을 말한다.

그러나 이러한 자질론에 대하여는 다음과 같은 한계점이 제기되고 있다. 즉 ㉠ 과연 그와 같은 우수한 자질을 구비한 사람이 현실적으로 존재할 수 있는가, ㉡ 그 자질 중 우선순위를 결정할 수 있는가, ㉢ 자질이 풍부하더라도 상황에 따라 충분히 리더십을 발휘할 수 있겠는가 등이 그것이다.

요컨대 자질이론은 과학적 기초가 박약할 뿐만 아니라 리더의 공통적인 특성을 일반화하는 데 일정한 한계가 있다.

(2) 행동이론(behavioral theory)

리더의 특성추구에 실패하게 된 리더십연구는 이번에는 외부로 나타나는 리더의 행동을 관찰하는 방향으로 진행되었다. 즉 성과와 이러한 성과를 내는 리더의 행동양식 간의 관계를 구명하고자 하였다. 따라서 여기에서는 리더의 행동에 착안하여 리더십의 유형leadership style을 연구의 대상으로 삼게 되었는데, 이러한 연구방향을 리더십의 행동이론이라고 부른다.

이와 더불어 리더와 종업원과의 관계를 중심으로 리더의 행동스타일을 연구하는 추종자 중심이론follower theory이 전개되기도 하였다. 즉 추종자 중심이론은 리더십의 결정요인이 추종자의 태도나 능력에 달려 있다고 보는 이론이다.

(3) 상황이론(situational theory)

근래에 들어와 리더십의 연구는 리더십의 유효성이라는 관점에서 리더가 처한 상황적 변수가 다르면 효율적인 리더십 유형도 달라진다는 주장이 각광을 받고 있는데, 이를 리더십의 상황이론이라 부른다. 이는 조직이나 집단의 상황조건에 리더의 행동이나 특성이 적합하게 됨으로써 효과적인 리더십이 형성되고 발휘된다고 설명하는 이론이다. 즉 조직의 구조, 과업, 부하들의 특성, 외부환경의 종류와 성격 등의 상황변수와의 관계 속에서 규정하고 설명해야 한다는 것이다윤재풍, 2014: 370.

2. 리더십의 유형

1) 일차원 유형

일차원 유형의 대표적인 것으로는 화이트R. K. White와 리피트R. Lippitt의 유형인 권위형, 자유방임형, 민주형의 세 가지인데, 이들의 특징을 요약하면 다음과 같다.

(1) 권위형(authoritarian)

리더 자신의 판단이 최상이라고 생각하기 때문에 종업원의 의견은 받아들이지 않고 항상 자신의 욕망과 신념에 의하여 종업원의 복종만을 강요하는 형이다.

(2) 자유방임형(laissez-faire type)

리더 자신은 의사결정 등에 전적으로 관여하지 않고 수동적이며 국외자로 행동하고 종업원들의 자의적 활동이 되게끔 하는 형이다.

(3) 민주형(democratic type)

의사결정 내지 업무활동에 있어서 집단참여 및 집단중심적이며, 리더는 이에 적극적인 토의나 적절한 조언의 역할을 하는 형이다.

이들 유형의 실험적 연구를 통하여 고찰된 내용을 정리하여 보면 다음 [표

10-1]과 같다.

[표 10-1] 일차원유형의 비교표

	민 주 형	권 위 형	방 임 형
리더와 성원과의 관계	호의적이다	수동적이다	리더에 무관심하다
집단행동의 특징	응집력이 크다 안정적이다	이직률이 높다 냉담·공격적이다	냉담하거나 초조하다
리더 부재 시의 성원의 태도	계속 작업을 유지한다	좌절감을 갖는다	불만족이다
성과(생산성)	가장 생산적이다	중 립	가장 비생산적이다

한편 최근에는 리더십이란 주어진 상황 속에서 목표달성을 향하여 노력하고자 할 때 개인과 집단에 영향을 미치고 있음이 사실이므로, 리더십에는 다른 사람과 더불어, 그리고 다른 사람을 통하여 목표를 달성하는 일이 포함되고 있다. 따라서 과업task과 인간관계human relations라는 양 측면에 대한 관심을 갖지 않으면 안 되며, 이 양자에 대한 관심의 농도에 따라 리더십유형이 결정지어지게 된다는 것이다.

▼ 그림 10-1 리더십 형태의 연속선

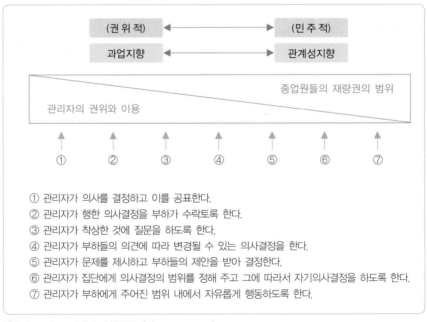

① 관리자가 의사를 결정하고 이를 공표한다.
② 관리자가 행한 의사결정을 부하가 수락토록 한다.
③ 관리자가 착상한 것에 질문을 하도록 한다.
④ 관리자가 부하들의 의견에 따라 변경될 수 있는 의사결정을 한다.
⑤ 관리자가 문제를 제시하고 부하들의 제안을 받아 결정한다.
⑥ 관리자가 집단에게 의사결정의 범위를 정해 주고 그에 따라서 자기의사결정을 하도록 한다.
⑦ 관리자가 부하에게 주어진 범위 내에서 자유롭게 행동하도록 한다.

자료: Tanenbaum & Schmidt(1958: 96).

예컨대 권위형 또는 민주형이 무엇을 의도한 것이냐에 초점을 두게 되면 결국 전자는 과업, 후자는 인간관계의 성향을 띠고 있는 것으로 나타나 있다.

그런데 지금까지는 이들 유형이 어느 한 극에 고착되는 것으로 판단하기 쉬웠으나 실은 권위형의 극으로부터 민주형의 극으로 연결성을 띠고 있다고 보아야 하며, 또한 양극 사이에는 [그림 10-1]에서 보는 바와 같이 농도에 따라 무수한 유형이 있을 수 있고, 나아가 그 범주를 넘어서는_{좌극쪽으로} 자유방임형이 있다고 볼 수 있다.

2) 이차원 유형

(1) 오하이오 대학의 리더십 연구(구조주도와 배려)

1945년에 오하이오 대학의 경영연구소The Bureau of Business Research에서 실시한 리더십에 관한 연구에 의하면, 리더의 행동이란 어떤 집단에게 목표달성을 지도하게 될 때 크게 두 가지로 나누어진다는 것이다. 이 연구에서는 이것을 각각 '구조주도initiating structure'와 '배려consideration'라고 부르고 있다. 구조주도란 리더와 종업원 사이의 관계를 명확히 밝혀 주고, 조직의 유형이나 의사전달의 통로 혹은 절차 등을 잘 정리할 수 있는 리더의 행동을 말한다. 반면 배려란 우호적인 분위기, 상호신뢰, 존경, 온정 등을 리더와 종업원 사이에 마련해 주는 리더의 행동을 의미한다Kinicki & Kreitner, 2008: 351.

▼ 그림 10-2 리더십의 사분면

이 연구는 배려와 구조주도의 여러 가지 배합을 보여 주기 위해 [그림 10-2]와 같은 리더십의 사분면Ohio State Leadership Quadrants을 개발하였다. 결국 이 연구에서는 [그림 10-2]에서 제시된 높은 구조주도, 높은 배려의 스타일이 가장 효과적인 리더십 스타일임을 보여 주고 있다.

(2) 블레이크와 머톤의 관리망이론

블레이크Blake와 머톤Mouton은 리더가 갖는 두 개의 관심, 즉 생산과 인간에 대한 관심을 각각 X축, Y축으로 하고 그 정도를 1에서부터 9까지로 한 관리망managerial grid을 개발하여 다섯 가지의 리더십유형을 제시하였는데, 이들의 특징은 다음과 같다Blake & Mouton, 1964: 10.

▼ 그림 10-3 리더십의 관리망유형

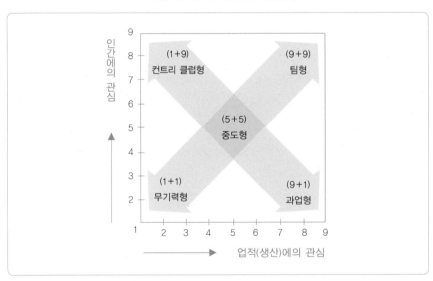

① 1+1(무기력형): 작업의 진행이나 구성원의 사기를 유지하는 데 최소한의 노력과 최저의 관심만을 보이는 무책임한 방임적 리더십유형이다.

② 1+9(컨트리클럽형): 인간의 욕구에 사려 깊은 주의만 기울이고 있으면 온화하고 친근한 조직의 분위기가 조성되고 일이 잘 될 것이라고 생각하는, 말하자면 작업장을 골프장으로 착각할 정도의 인간중심적 리더십유형이다.

③ 9+1(과업형): 일의 능률을 올리기 위해서는 인간적 요소에 의해 지나친 간섭이 되지 않도록 작업조건을 정비해 놓아야 한다고 보는 과업중심적 리더십유형이다.

④ 5+5(중도형): 작업의 조건과 원만한 사기유지의 적절한 조정, 말하자면 타협과 균형을 특징으로 하는 리더십유형이다.

⑤ 9+9(팀형): 일의 달성이란 일을 하고자 하는 사람들의 의욕과 공동이익을 낳을 수 있는 작업에 의해 가능하므로 상호신뢰와 존경의 인간관계의 조성 및 작업조건에 대한 지대한 관심을 기울이는 적극적·이상적 리더십유형이다.

(3) PM이론

일본에서는 미스미三隅二不二, 1966: 184-199가 리더십의 기능을 성과기능Performance: P과 유지기능Maintenance: M으로 구성된 것으로 보는 PM이론을 개발하였다. 여기서 P기능이란 목표달성이나 과제해결을 지향하는 기능이고, M기능은 집단의 자기보존 내지 집단의 과정 그 자체를 유지하려는 기능이다. 또한 P기능을 촉진시키고 강화하는 행위를 리더십 P행동, M기능을 강화하는 행위를 리더십 M행동이라 한다.

조직에서의 P행동은 목표달성을 위한 노력이나 계획 등을 말하며, M행동은 신뢰, 존경 등이라고 말할 수 있다. 그리고 이 두 행동에 따라 리더십의 유형을 [그림 10-4]의 사분면으로 분류할 수 있다.

▼ 그림 10-4 PM이론의 사분면

이들 각 유형별 리더의 유효성을 살펴보면, 사기, 팀워크, 정신위생, 커뮤니케이션 성과 등의 면에서 PM형의 리더가 속한 집단이 가장 높고, 그 다음 pM형과 Pm

형, pm형의 순으로 나타났다小野善生, 2019: 84-87.

3. 상황이론과 리더십의 새로운 이론

리더십에 관한 자질이론이나 행동이론 등의 연구들은 주로 어떤 유일한 리더십형을 발견하려고 하는 것이었다. 그러나 이들 연구들은 상황이란 측면을 적절하게 설명하지 못하고 있다.

따라서 어떤 상황에서나 효과적으로 적용될 수 있는 단일의 리더십유형보다는 리더십의 유효성을 상황과 연결시키는 상황이론이 등장하게 되었다. 이 이론에 따르면 리더란 상황의 산물이기 때문에 그 상황의 요구에 따라 리더십이 발휘된다는 것이다. 이러한 이론들은 이차원유형에다 상황이라는 변수를 추가하였으므로 리더십의 삼차원유형이라고 볼 수 있다.

1) 피들러의 상황이론

피들러Fiedler, 1967는 리더라는 것은 영향력과 권력을 행사하는 것이 본질적이라고 말하면서 리더가 그러한 영향력을 행사하려면 그가 처한 상황별로 그 행사태도가 달라야 한다는 것이다. 피들러는 리더십 특성과 상황을 대응시키기 위해 다음과 같이 상황과 리더를 분류하고 있다George & Jones, 2008: 397-399.

(1) 상황의 분류

① 리더-성원(leader/member)관계: 이것은 리더가 집단성원들로부터 받는 신임·충성의 정도 및 리더가 성원들에 의하여 매력적인 인물이라고 인지되는 정도이다.

② 과업구조(task structure): 이것은 과업이 상부로부터 주어진 정도, 즉 과업의 내용이나 방법이 상부의 지지를 받고 있는 정도를 뜻한다. 따라서 리더가 무엇을 해야 하고 누구에 의해서 무엇 때문에 해야 하는가를 결정할 수 있기 때문에 과업이 보다 구조화되어 있을수록 그 상황조건은 리더에게 호의적이다.

③ 리더의 직위권력(leader's position power): 이것은 리더의 직위가 집단성원들로

하여금 명령을 받아들이게끔 만들 수 있는 정도를 뜻한다. 따라서 권위와 보상·처벌권 등을 가질 수 있는 공식적인 직위가 상황에 가장 호의적이다.

▼ 그림 10-5 리더십유형과 성과의 상관관계

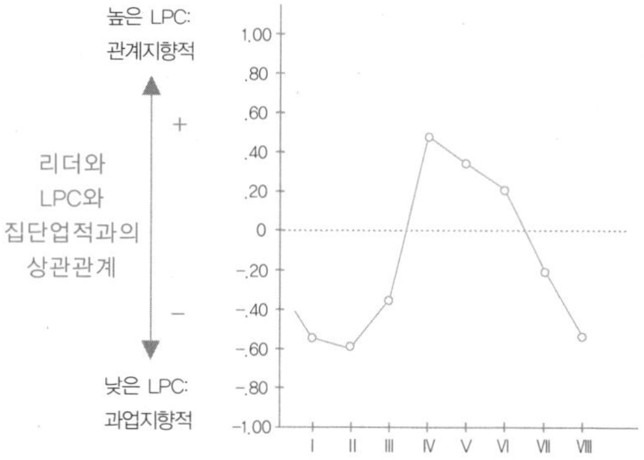

유 형	상 황			호의성 정도	효과적인 리더십 유형
	리더-성원관계	과업구조	직위권력		
I	좋 다	구조적	강	호의적	과업중심적(낮은 LPC)
II	〃	〃	약	〃	〃
III	〃	비구조적	강	〃	〃
IV	〃	〃	약	보 통	인간관계중심적(높은 LPC)
V	나쁘다	구조적	강	〃	〃
VI	〃	〃	약	〃	〃
VII	〃	비구조적	강	비호의적	과업중심적(낮은 LPC)
VIII	〃	〃	약	〃	〃

자료: Fiedler(1967: 146).

이상의 세 요소의 조합에 의해 리더에 대한 상황의 호의성favorableness of the situation이 결정된다. 여기서 상황의 호의성이란 그 상황이 리더로 하여금 자기집단에 대해 영향력을 행사할 수 있게 하는 정도이다. 이 모형에서는 세 요소의 결합방법에 따라 상황이 리더에게 가장 호의적인 데서부터 가장 비호의적인 데까지 여덟가지 조합이 나올 수 있다.

(2) 리더의 분류

피들러F. E. Fiedler에 의하면, 리더 자신의 자질은 리더에게 '가장 싫어하는 동료작업자Least Preferred Co-Worker: LPC'에 대하여 질문함으로써 측정된다. 즉 리더에게 같이 일하기에 가장 곤란한 사람LPC을 생각하게 한다. LPC가 현재 함께 일하는 사람이건 과거에 알았던 사람이건 상관없다. 또한 LPC는 감정적으로 제일 싫은 사람일 필요는 없고 단지 일을 함께 하기에 가장 애로를 느끼게 하는 사람이다. LPC가 리더에게 어떻게 보이는가를 측정하기 위해 다음과 같은 척도scale를 이용하게 되는데, 이것이 LPC 점수가 된다.

피들러에 따르면 LPC 점수가 높은 사람, 즉 가장 싫어하는 동료를 호의적으로 설명한 사람은 집단지향적 또는 관계지향적 리더로 분류되는 반면에 LPC 점수가 낮은 사람, 즉 가장 싫어하는 동료를 비호의적으로 기술한 사람은 과업지향적인 리더가 된다.

LPC 척도

각자 여러분 자신의 경험을 돌이켜 보면, 여러분 자신은 여러 가지 다양한 사람들과 함께 어떤 목표를 달성하기 위해 일해 본 경험이 있을 것입니다. 직장의 직무수행에서, 사교집단에서, 교회에서, 어떤 봉사단체에서 운동경기팀이나 그 밖의 많은 상황에서 어떤 동료들은 함께 일하기가 매우 즐겁고 쉬웠지만 어떤 동료들은 함께 일하기가 매우 어렵고 불유쾌했던 경험이 있을 것입니다. 그러면 지금 여러분들은 함께 일한 경험이 있는 사람들을 모두 생각해 보십시오. 그리고 그중에서 함께 일하기가 가장 싫었던 사람들을 생각해 보십시오. 그 사람이 지금 함께 일하는 사람이라도 좋고 과거에 함께 일한 경험이 있는 사람이라도 좋습니다. 그러나 그 사람이 개인적으로 감정적으로 가장 싫어한 사람일 필요는 없고, 다만 함께 일을 수행하기에 가장 어려웠거나 어려운 사람이어야 합니다. 다시 말해서 함께 일을 가장 잘 할 수 없었던 사람이나 없는 사람을 생각하면 됩니다.

그래서 그 사람의 여러 가지 측면에 대하여 다음 설문의 해당된 곳에 ×표를 하면 됩니다. 예를 들어 여러분이 생각하기를 함께 일을 가장 잘 할 수 없는 사람이 "상당히 단정치 못한" 사람이라면 다음 표와 같이 하면 됩니다.

예)

	매우 단정하고 깔끔함	8	7	6	5	4	3	⊠	1	매우 단정하치 못함
		매우 단정함	상당히 단정함	꽤 단정함	약간 단정함	약간 불단정함	꽤 불단정함	상당히 불단정함	매우 불단정함	

주의할 점은 척도(scale)의 양쪽에 있는 말을 먼저 읽고 적당한 곳에 ×표를 하여야 하고 각 문항을 하나도 빠뜨리지 말고 가능한 한 빠른 속도로 답해야 합니다. 각 문항에 대한 맨 처음 생각난 답이 가장 정확한 답일 가능성이 많기 때문입니다. 자, 그러면 다음 LPC 척도의 각 문항을 답해 보기로 합시다.

LPC 척도

(가장 싫어하는 동료(LPC)에 대한 평가)

			점 수
쾌활한 사람	8 7 6 5 4 3 2 1	불쾌한 사람	_____
다정한 사람	8 7 6 5 4 3 2 1	다정하지 못한 사람	_____
배타적인 사람	1 2 3 4 5 6 7 8	포용력이 있는 사람	_____
긴장하는 사람	1 2 3 4 5 6 7 8	여유 있는 사람	_____
거리감이 있는 사람	1 2 3 4 5 6 7 8	친근한 사람	_____
냉담한 사람	1 2 3 4 5 6 7 8	따뜻한 사람	_____
지원적인 사람	8 7 6 5 4 3 2 1	적대적인 사람	_____
따분한 사람	1 2 3 4 5 6 7 8	재미있는 사람	_____
호전적인 사람	1 2 3 4 5 6 7 8	조화로운 사람	_____
우울한 사람	1 2 3 4 5 6 7 8	즐거워하는 사람	_____
개방적인 사람	8 7 6 5 4 3 2 1	폐쇄적인 사람	_____
험담 잘하는 사람	1 2 3 4 5 6 7 8	충직한 사람	_____
신뢰할 수 없는 사람	1 2 3 4 5 6 7 8	신뢰할 만한 사람	_____
사려 깊은 사람	8 7 6 5 4 3 2 1	사려 깊지 못한 사람	_____
심술궂은 사람	1 2 3 4 5 6 7 8	신사적인 사람	_____
마음에 맞는 사람	8 7 6 5 4 3 2 1	마음에 맞지 않는 사람	_____
성실하지 못한 사람	1 2 3 4 5 6 7 8	성실한 사람	_____
친절한 사람	8 7 6 5 4 3 2 1	불친절한 사람	_____
		총 점	[ ]

자료: Fiedler(1976: 6-24).

PART 4-10

(3) 리더와 상황의 결합관계

피들러는 이와 같이 상황과 리더를 분류한 후에 각 상황에 적합한 효과적인 리더십을 발견하려고 했다. 그 결과가 [그림 10-5]에 나타나 있다. 이 그림에서 알 수 있듯이 LPC 점수가 63점 이하인 리더, 즉 과업지향적 리더는 I, II, III의 집단상황이 그에게 매우 호의적이든가 아니면 VIII과 같이 비호의적인 상황에서 일을 가장 잘 수행하는 경향이 있다. 그러나 LPC 점수가 73점 이상인 리더, 즉 관계지향적 리더는 IV, V와 같이 중간 정도의 호의적인 상황에서 가장 훌륭하게 일을 수행하는 경향이 있다. 즉 리더십의 과업지향형은 집단상황이 극히 유리하거나 극히 불리한 경우에 효과적이고 관계지향형은 유리와 불리의 중간상황에서 효과적이라는 것이다.

따라서 리더십 효과성을 제고하기 위하여는 리더의 퍼스낼리티나 욕구 구조를 변화시키는 대신 리더의 경험의 증대, 배치전환, 훈련 및 리더의 자질에 적합한 성원의 선발·배치, 상황조건에 적합한 과업의 구조화의 조작, 리더의 직위권력 강화를 위한 승진, 상벌권의 부여, 리더의 의사결정에 대한 전반적인 지지, 리더의 정보 집중 등의 조직기술에 의해 상황조건의 호의성을 수정하는 것이다.

2) 리더십의 규범이론

브룸과 예튼Vroom & Yetton, 1973은 리더십 연구에 있어서 종업원들의 참여 정도에 따른 분석모형인 규범이론normative theory을 제시하고 있다. 이 모형은 먼저 의사결정과정에서 종업원의 참여 정도를 다섯 가지로 나누고, 각 상황에서 의사결정에 가장 적절한 기준을 파악한 다음에 종업원의 참여수준을 결정할 수 있는 문제의 성격을 규명한다. 그 후에 리더가 실행 가능한 대안 중에서 최종적인 선택을 할 수 있는 규칙을 제시한다.

(1) 의사결정의 유용성

브룸과 예튼의 모형은 리더의 의사결정행동이 의사결정의 질과 종업원의 수용에 어떠한 영향을 미치는가에 대한 분석에 그 이론적 근거를 두고 있다.

① 의사결정의 질: 의사결정의 질은 집단성과를 촉진하는 데 있어서 중요한 정도

를 가리키는 것으로서, 질이 높은 의사결정이란 여러 대안 중에서 가장 적절하고 유용한 대안을 선택하는 결정이다.

② 종업원의 수용도: 종업원의 수용이란 종업원이 의사결정사항에 대해 나타내 보이는 충성의 정도를 가리키는 말이다.

(2) 리더의 의사결정 스타일

브룸과 예튼은 [표 10-2]에서 볼 수 있는 것처럼 리더가 활용 가능한 다섯 가지 의사결정 스타일을 제시하고 있다. 이는 리더가 혼자서 결정을 하는 전제적 스타일에서부터 완전참여에 이르는 다섯 가지 등급으로 구성되어 있다.

[표 10-2] 의사결정 스타일

의사결정 스타일	정 의
A Ⅰ	활용가능한 정보를 이용하여 리더 자신이 문제를 해결하고 의사결정을 한다.
A Ⅱ	종업원들로부터 필요한 정보를 수집하여 혼자서 문제의 해결방안을 결정한다. 이 경우 리더는 종업원들에게 문제가 무엇인지를 알려 줄 수도 있고 알려 주지 않을 수도 있다. 의사결정 시 종업원들의 역할은 필요한 정보를 제공하는 것이지 문제해결의 대안을 창안하거나 평가하는 것은 아니다.
C Ⅰ	집단적이 아닌 개별적으로 종업원과 문제를 함께 공유하며 아이디어나 제안을 얻은 다음 리더가 의사결정을 한다. 이때 리더는 종업원들의 아이디어나 제안을 의사결정에 반영할 수도 있고 반영하지 않을 수도 있다.
C Ⅱ	종업원들과 집단적으로 문제를 토론하고 그들의 집단적인 아이디어와 제안을 받아 보고 나서 리더가 의사결정을 한다. 이 경우에도 집단의 아이디어나 제안이 의사결정에 반영될 수도 반영되지 않을 수도 있다.
G Ⅱ	종업원들과 집단적으로 문제를 토론하고 집단이 함께 참여하여 대안을 창안하고 평가하여 해결방안에 대한 의견의 일치에 도달하게 된다. 이때 리더는 의장의 역할을 수행하며, 리더 자신이 제안한 해결방안을 집단이 채택하도록 영향력을 행사하지 않는다. 그리고 전체 집단이 지지하는 어떤 해결방안이라도 기꺼이 받아들여 실행에 옮기겠다는 자세를 취한다.

자료: Vroom & Yetton(1973: 13).

PART 4-10

(3) 전략선택을 위한 진단절차

적절한 전략선택은 의사결정문제의 성격에 좌우되는 것이므로 리더는 문제의 성격에 대한 진단을 먼저 실시해야 한다고 한다. 상황을 진단하는 데 이용될 수 있는 규칙을 제시하면, ① 리더의 정보규칙, ② 목표합치의 규칙, ③ 비구조화된 문제규칙, ④ 수용규칙, ⑤ 갈등규칙, ⑥ 공평성규칙, ⑦ 수용우선규칙 등이 있다Vroom & Jago, 1978: 151-162.

이 규칙 중 ①, ②, ③은 결정의 질을 확보하려는 규칙이고 ④, ⑤, ⑥, ⑦은 결정의 수용도를 보호하려는 규칙이다.

▼ 그림 10-6 브룸과 예튼의 의사결정과정 흐름도

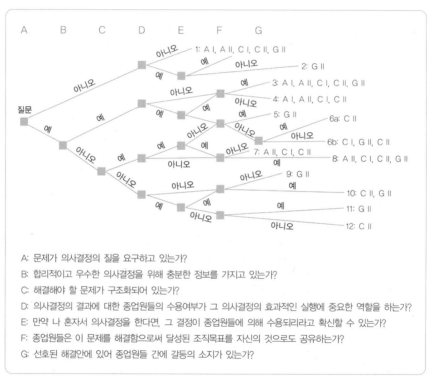

A: 문제가 의사결정의 질을 요구하고 있는가?
B: 합리적이고 우수한 의사결정을 위해 충분한 정보를 가지고 있는가?
C: 해결해야 할 문제가 구조화되어 있는가?
D: 의사결정의 결과에 대한 종업원들의 수용여부가 그 의사결정의 효과적인 실행에 중요한 역할을 하는가?
E: 만약 나 혼자서 의사결정을 한다면, 그 결정이 종업원들에 의해 수용되리라고 확신할 수 있는가?
F: 종업원들은 이 문제를 해결함으로써 달성된 조직목표를 자신의 것으로도 공유하는가?
G: 선호된 해결안에 있어 종업원들 간에 갈등의 소지가 있는가?

자료: Vroom(Winter, 1976: 19).

브룸과 예튼은 이러한 규칙을 이용하여 의사결정문제와 관련된 질적인 요구와 수용도를 고려하여 적절한 전략을 선택하는 과정을 [그림 10-6]에 나오는 의사결정수decision tree의 형태로 제시하고 있다.

리더는 위에 기술된 일곱 가지 질문에 '예', '아니요'라고 대답하면서 앞으로 나아가다 보면 특정 상황에 알맞은 가장 적절한 전략에 도달하게 된다. 예컨대 질이 중요한 것은 아니나^{A: 아니오} 수용은 중요한데^{D: 예} 혼자서 내리는 결정으로는 수용이 안 된다면^{E: 아니오} G II, 즉 완전참여만이 유일하게 가능한 전략이 된다.

결론적으로 브룸과 예튼의 규범이론은 리더의 실제적인 의사결정과정에 대한 이해력을 높여 주고 높은 질의 의사결정을 위한 방향을 제시했다는 점에서 의의가 있다고 할 수 있다.

3) 경로-목표이론

하우즈^{Robert J. House}는 에반스^{M. G. Evans}의 연구를 발전시켜 동기부여이론 중 기대이론에 기초를 두고 경로-목표모형을 개발하였다. 이 모형은 리더가 효과적으로 리더십을 발휘하기 위해서는 특정 상황에 가장 적절한 유형을 선택하여야 한다는 것이다^{House, 1971: 321-338}. 이 모형에 따르면, 리더는 종업원들이 직무에서 만족감을 향상시키며, 실적수준을 증가하도록 노력하여야 한다.

리더는 과업의 성격을 명확히 하고 과업수행상의 장애요인을 제거함으로써 종업원들의 만족감을 보다 용이하게 증가시킬 수 있다. 따라서 종업원들은 리더가 이런 역할을 얼마나 잘 수행하느냐에 따라 직무에서 동기부여가 되며, 과업달성이 자신의 높은 가치를 두는 일을 성취하게 할 때 만족감이 충족된다는 것이다^{Luthans, 2008: 420-422}.

PART 4-10

(1) 리더십 스타일

경로-목표이론에 의하면 리더가 취할 수 있는 행동, 즉 리더십 스타일에는 다음의 네 가지가 있다.

① 지시적 리더십(directive leadership): 이 유형은 리피트와 화이트의 권위주의적 리더와 오하이오 대학연구의 구조주도형과 유사하다. 즉 종업원들은 자신에게 기대되어지는 것을 정확히 알고 있고, 리더는 종업원들에게 구체적인 지침을 제공하며, 종업원에 의한 참여는 이루어지지 않는다.

② 후원적 리더십(supportive leadership): 이런 유형의 리더는 종업원들에게 다정하며, 종업원들의 복지에 진실한 관심을 보여 준다. 그리고 종업원들 간에 상호만족스러운 인간관계발전을 강조한다. 이런 유형은 오하이오 대학연구의 배려형과 유

사하다.

③ 참여적 리더십(participative leadership): 리더는 종업원들이 문제에 대한 제안을 하도록 하며 이를 이용하지만 최종적인 결정은 아직도 리더 자신이 한다.

④ 성취지향적 리더십(achievement-oriented leadership): 리더는 종업원들에게 도전적인 목표를 설정하고 그들이 이러한 목표를 능히 달성할 것이라는 확신을 보여준다. 경로-목표이론에서는 동일한 리더가 상황에 따라 실제로 네 가지 스타일을 자유로이 사용할 수 있다고 본 점에서, 리더십을 비교적 고정적으로 본 피들러 이론과 차이가 난다.

▼ 그림 10-7 하우스의 경로-목표모형

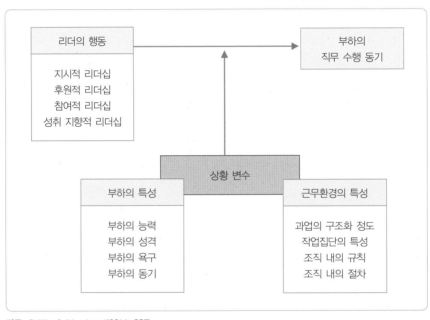

자료: Griffin & Moorhead(2014: 337).

(2) 상황요인

① 종업원의 개인적 특성: 종업원의 개인적 특성으로는 능력, 통제의 위치, 욕구 등을 들 수 있다. 즉 자신이 능력이 있다고 지각하는 종업원들은 지시적 리더보다는 오히려 성취지향적 리더의 행동을 더욱 수용하려고 한다. 통제의 위치에 있어서는

일반적으로 내재론자들은 참여적 리더십에 만족하는 반면, 외재론자들은 지시적 리더십에 만족한다. 종업원이 갖는 욕구도 리더의 행동에 영향을 미치는데, 예컨대 자존의 욕구가 강한 종업원들은 후원적 리더십이나 참여적 리더십의 행동을 더욱 선호한다.

② 환경적 요인: 환경적 요인에는 과업, 공식적 권한체계, 작업집단 등이 있다. 그 중에서 과업은 가장 중요한 변수로서, 구조화가 안 되어 있는 과업의 경우에 종업원들은 지시적 리더십을 선호한다. 이는 지시적 리더십이 그들의 목표달성을 위한 경로를 분명히 해 주기 때문이다. 반면 구조화된 과업의 경우에는 지시적 리더십은 부적절하며 오히려 후원적 리더십이 바람직한 역할을 한다.

하우스에 의하면 상황요인에 따라 리더는 네 가지 유형 중 하나를 사용하면서, 종업원의 인식에 영향을 미치고 그들을 동기부여하려 한다. 그리고 이는 종업원들이 역할명료성, 목표기대, 만족감과 실적을 가져오게 한다. 그러나 이런 경로-목표관계를 성취하기 위해서는 리더는 상황적 변수에 적합한 리더십 유형을 사용해야 한다.

경로-목표이론의 결점으로 지적되고 있는 것은 이론 자체가 너무 복잡하여 이론의 검증이 어려워 이론 전체의 타당성은 아직 입증되지 못했다는 점이다Moorhead & Griffin, 2004: 354. 반면에 이 이론은 상황에 따라 어떤 스타일의 리더가 효과적인가 하는 이유를 밝혀 주고 있으며, 또한 리더십과 동기부여이론을 결합시켰다는 평가도 받고 있다.

PART 4-10

4) 허시와 블랜차드의 상황이론

허시와 블랜차드Hersey & Blanchard, 1996의 상황이론은 관리망이론을 발전시킨 것으로, 초기에는 이를 생애주기이론life-cycle approach이라고 하였다. 허시와 블랜차드는 관리망이론과 오하이오 대학의 리더십 연구를 토대로 하여 우선 다음과 같은 두 가지 유형을 파악하였다Hersey, Blanchard & Johnson, 2013: 114-137..

(1) 과업형(task style)

과업형의 리더는 종업원의 역할을 조직하고 정의한다. 리더는 각 종업원에게 과업, 과업수행시기, 장소 및 방법 등을 설명한다.

(2) 관계형(relation style)

리더는 집단구성원들과 밀접하고 개인적인 관계를 유지한다. 리더는 종업원들에게 개방적인 의사소통을 보여 주며, 심리적·정서적 후원을 보낸다.

허시와 블랜차드는 이 모형에 추종자의 성숙도Maturity of the followers를 추가하였다. 이 성숙도의 수준은 성취동기 정도, 책임지려는 의사 그리고 교육과 경험 정도의 세 가지 기준에 의해 정의되고 있다.[3]

이에 따라 이들의 모델은 리더의 과업행동, 관계행동 및 종업원의 성숙도의 삼차원으로 구성된다. 여기서 유효성과 관련시켜 이들의 모형을 설명하면 [그림 11-8]과 같다. 이 모형에서 리더십 유효성의 핵심은 바로 적절한 리더십유형을 가지고 상황에 조화시키는 것이다.

① S1형: 종업원의 성숙도가 낮은 수준M1, 즉 책임을 맡을 능력도 없고 의욕도 없을 때에는 지시적 리더십이 효과적이다.

② S2형: 종업원의 성숙도가 보통 수준M2, 즉 책임을 맡을 능력은 없으나 의욕이나 자신감이 있을 때에는 설득적 리더십이 효과적이다.

③ S3형: 종업원의 성숙도가 보통 수준 이상M3, 즉 리더가 원하는 일을 수행할 능력은 있으나 자발적인 의욕이 없을 때에는 참여적 리더십이 효과적이다.

④ S4형: 종업원의 성숙도가 높은 수준M4, 즉 책임을 맡을 능력도 있고 자발적인 의욕이나 자신감이 있을 때에는 위임적 리더십이 효과적이다.

이 이론은 가정된 관계에 대한 논리가 빈약하며, 또한 추종자의 성숙도를 단지 피상적으로 인식함으로써 상황을 지나치게 단순화시키고 있다는 비판을 받는다. 또한 관리망이론에 대한 비판과 마찬가지로 허시와 블랜차드의 상황이론은 경험적으로 검증되지 않았다는 점에서 많은 비판을 받고 있다.

하지만 이 이론은 리더십 행사에 있어서 상황에 따라 융통성을 발휘해야 한다고

---

3 후에 이들은 부하의 성숙도 대신 준비성(readiness)이라는 용어를 사용했으나 구체적 내용은 거의 대동소이하므로 여기에서는 원래의 성숙도의 개념을 사용해 설명하기로 하겠다. 참고로 이들은 준비성의 개념을 "부하들이 특정한 업무를 수행할 능력과 의지를 발휘하는 정도"로 정의하고 있다.

지적하고 있는 점과 리더에게 영향을 미치는 다양한 변수들을 고려하고 있다는 점에서 그 가치가 인정된다고 할 수 있다.

▼ 그림 10-8   리더십의 유형

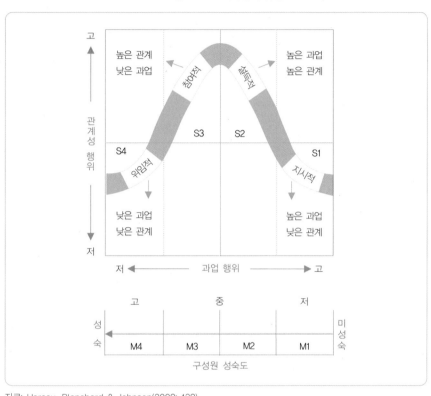

자료: Hersey, Blanchard & Johnson(2008: 138).

5) 리더십의 새로운 이론

(1) 카리스마적 리더십이론

카리스마charisma의 개념은 원래 '신이 부여한 은총의 선물'이라는 신학적 개념이었다. 베버M. Weber는 이러한 카리스마의 개념을 리더십을 설명하는 데 원용하여, 카리스마적 리더란 위기에 직면했을 때 사람들을 구원할 수 있는 해결책을 지니고 출현하는 신비스럽고, 자아도취적이며, 사람들을 끌어들이는 흡인력을 지닌 인물로 보았다. 그는 조직에서 한 사람의 특출한 능력이 신 대신 동료나 하위자들에 의해 부여됨으로써, 조직이 형성되고 발전되어 나가는 것을 이해하기 위하여 그러한 개념을 적용시켰던 것이다Trice & Beyer, 1986: 113-164.

그러나 카리스마적 리더와 추종자의 관계는 표현적이고 감정적인 측면에 초점을 맞추고 있기 때문에 근본적으로 불안정하다. 따라서 안정성을 확보하고 카리스마적 리더의 영향을 지속적으로 유지시켜 주기 위해서는 조직의 규칙과 제도에 의해서 관례화routinization되어야 한다고 베버는 생각했던 것이다Weber, 1947. 즉 카리스마적 권위는 그 성격상 안정성을 띨 수 없으므로 전통적 권위의 형태나 합법적 권위의 형태로 변형되어야만 한다는 것이다.

지금까지 제시된 카리스마적 리더십 관련 연구들 중에서 하우스House의 이론을 중심으로 설명하고자 한다오세덕 외, 2013: 146-149. 먼저, 하우스는 사회과학 문헌들을 고찰하여 카리스마적 리더가 어떻게 행동하고, 다른 사람들과는 어떻게 구별되며, 또 그들이 가장 효과적인 경우는 언제인가 하는 상당히 포괄적인 이론 구축을 시도하고 있다.

그는 카리스마를 '개인적인 능력에 의해서 부하들에게 특별한 영향을 미칠 수 있는 리더'로 기술하면서, 어떤 리더가 카리스마적 리더로 인정되는지의 여부는 다음 여덟 가지의 요인들에 의해 결정된다고 했다. 즉, ① 리더의 신념이 옳다는 부하들의 신뢰, ② 리더 신념과 부하 신념과의 유사성, ③ 리더에 대한 부하들의 무조건적인 수용, ④ 리더에 대한 부하들의 애착, ⑤ 리더에 대한 부하들의 자발적인 복종, ⑥ 조직의 사명에 대한 부하들의 감정적인 몰입, ⑦ 부하들의 높은 성과 목표, ⑧ 조직 임무의 성공에 기여할 수 있다는 부하들의 신념이 그것이다. 나아가, 하우스는 기존의 정치학 및 사회학 문헌들을 검토해 카리스마적 리더의 특징적 행동으로서 효과적인 역할 모범, 능력과 성공을 나타내는 인상 형성과 행동, 이념적 목표의 명확한 표현, 추종자들의 높은 기대감과 확신의 전달, 동기 유발적 행동 등 다섯 가지를 제시했다.

하우스의 이론에 추가하여, 배스Bass, 1985는 카리스마적 리더의 행동 패턴에 대한 여러 설문 조사 결과를 종합한 후 다음과 같은 사실을 발견했다. 즉 카리스마적 리더는 ① 모든 사람들에게 자신들이 맡은 바에 열熱과 성誠을 다하도록 만들며, ②

조직에 대한 충성심을 고취시키며, ③ 모든 사람들로부터 존경을 받고, ④ 무엇이 진정으로 중요한지를 알아내는 특출한 능력을 지니고 있을 뿐 아니라, ⑤ 사명감을 갖고 있으며 부하들에게 흥분을 불러일으킨다는 것이다. 카리스마적 리더의 행동 특성을 다시 요약한다면 ① 뛰어난 비전, ② 개인적 위험의 감수, ③ 관습에 얽매이지 않는 전략의 구사, ④ 상황에 대한 정확한 평가, ⑤ 부하들에 대한 계몽, ⑥ 자신감의 전달, ⑦ 개인적 권력의 활용 등이 그것이다Conger & Kanungo, 1987: 637-647.

(2) 변혁적 리더십이론

번스J. M. Burns는 리더십을 "리더와 추종자가 점점 더 높은 수준의 도덕성과 동기 수준으로 서로를 이끌어 가는 상호관계를 포함하는 과정"이라고 보았다. 변혁적인 리더transformational leader는 인본주의·평등·평화·정의·자유와 같은 포괄적이고도 높은 수준의 도덕적인 가치와 이상에 호소해 부하들의 의식을 더 높은 단계로 끌어올리려 한다. 마슬로우의 이론에 의한다면 변혁적 리더들은 부하들의 고급 욕구를 활성화시키는 것이며, 부하들은 '일상적인 자아'에서 '더 나은 자아'로 상승하는 것이다. 변혁적 리더십은 개인 간의 미시적인 영향력 과정이거나, 혹은 사회 체제나 관습의 변화를 위한 권력의 이동이라는 거시적인 과정으로 볼 수도 있다. 번스Burns, 1978에 의하면, 변혁적 리더십은 하나의 과정이기 때문에 반드시 리더와 부하와의 관계만이 아닌 동료들 간이나 혹은 하위 리더들 간의 영향력 과정도 포함된다. 즉 변혁적 리더십은 조직 내의 어느 위치에 있는 사람에게도 발휘될 수 있는 것이다. 배스는 변혁적 리더십을 부하에 대한 리더의 영향력의 측면에서 정의한다. 리더는 부하들에게 과제의 결과에 대한 가치나 중요성을 상기시키거나, 부하들의 고차원적인 욕구를 자극하거나, 부하들이 조직을 위해 개인적인 관심을 초월하도록 유도함으로써 부하들을 변환시킨다. 이러한 영향력의 결과로 부하들은 리더에 대한 신뢰와 존경을 느끼게 되고, 이전보다 훨씬 더 동기화된다오세덕 외, 2013: 169.

배스는 변혁적 리더십을 카리스마와는 다른 그 이상의 것으로 보았다. 그에게 카리스마란 리더가 부하들에게 강한 감정과 동일시를 유발시켜서 영향력을 미치는 과정으로 정의된다. 배스는 카리스마를 변혁적 리더십에 필요조건이기는 하지만 충분조건은 아니라고 보았다. 영화배우나 유명한 운동선수와 같은 카리스마적인 사람들은 추종자들에 대해 어떤 체계적이고 변혁적인 영향력을 가지고 있지는 않다. 배스와 아볼리오Bass & Avolio, 1990에 의하면, 변혁적 리더십은 크게 네 가지 요인으로 구성되어 있다.

[표 10-3] 변혁적 리더십의 네 가지 구성요인

요 인	내 용
카리스마적 리더십 (charismatic leadership)	리더가 난관을 극복하고 현재 상태(status quo)에 대한 각성(disenchantment)을 확고하게 표명함으로써 부하들에게 자긍심과 신념을 전달
영감적 리더십 (inspirational leadership)	리더가 부하로 하여금 도전적 목표와 임무, 미래에 대한 비전을 열정적으로 받아들이고 계속 추구하도록 격려
개별적 배려 (individualized consideration)	리더가 부하에게 특별한 관심을 보이고 각 부하의 특정한 요구를 이해해 줌으로써 부하에 대해 개인적으로 존중한다는 것을 전달
지적 자극 (intellectual stimulation)	리더가 부하로 하여금 형식적 관례(conventional practice)와 사고(thinking)를 다시 한 번 생각하게 함으로써 새로운 관념을 촉발

변혁적 리더는 부하들이 발전하고 고양되는 것을 추구하는 반면에 카리스마적 리더는 때로는 그 반대인 경우도 많다. 즉 많은 카리스마적 리더들은 부하들을 약하고 의존적으로 만듦으로써 이상에 대한 몰입commitment보다는 개인적인 충성을 얻으려 한다. 사실 카리스마적 리더십과 변혁적 리더십 간의 구분은 아직 불분명하다. 카리스마적인 리더는 극단적으로 존경을 받고 부하들로 하여금 무조건적으로 복종하고 신뢰하게 하는 리더인 반면에 변혁적 리더는 부하로 하여금 더욱 자율적·자기지시적·자아실현적이고 이타적이 되도록 하는 리더라고 할 수 있으며, 이러한 차이로 인하여 두 가지 형태의 리더는 요구되는 상황이 각기 달라진다.

예컨대 비정상적인 육체적·감정적 노력을 요구하는 상황이나 위기가 항상 존재하는 전투상황 같은 경우에는 카리스마적 리더가 적합한 반면, 급변하고 불확실한 환경에 대한 적응력과 업무에 대한 창의력이 요구되거나 부하들의 자발성과 책임성이 요구되는 상황에서는 변혁적 리더가 적합할 수 있을 것이다.

(3) 수직쌍 연결모형과 리더-구성원 교환모형

기존의 리더십이론은 감독자와 부하 간의 대인관계적 차이의 가능성에는 거의 관심을 두지 않고 있다. 즉 리더와 특정한 부하들과의 관계에서 나타나는 각기 다른 상황의 가능성은 고려하지 않고 있다. 바로 이런 측면에 착안한 이론이 그랜

Graen, 1975 등에 의해 개발된 수직쌍 연결Vertical Dyad Linkage: VDL모형이다.

수직쌍 연결모형의 가장 큰 특징은 리더나 감독자가 부하직원들을 모든 동일한 방식대로 다루지는 않는다고 가정하고 있다는 점이다Moorhead & Griffin, 2004: 358. 리더는 두 부류의 부하직원 집단을 발전시키는데, 한 부류는 리더가 어떤 특정 부하직원과 더 밀접한 대인관계를 유지하는 것으로 이를 내집단in-group이라 부른다. 또 다른 집단은 리더가 부하직원과 어느 정도의 거리를 두고 있는 경우로서 이를 외집단out-group이라 부른다. 따라서 이 모형에서는 리더와 부하직원 간의 쌍관계 혹은 이원적 관계에 초점을 둔다. 여기서 수직적이라는 용어를 사용하는 이유는 리더와 부하직원 간의 관계가 계층제의 상하관계에 기초를 두고 있기 때문이다 Steer & Black, 1994: 418-419.

▼ 그림 10-9 수직쌍 연결모형

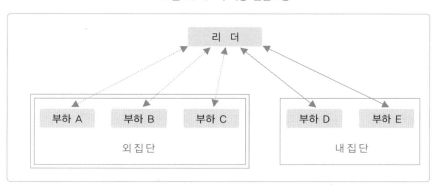

[그림 10-9]에서 보듯이 리더는 모든 부하직원들을 동일하게 취급하는 것이 아니라, 집단의 일부 구성원 간에는 밀접한 연결을 발전시킨다. 내집단 구성원들은 리더와의 관계에서 상호신뢰·애정·상호영향·목표의 공유와 공동 운명체로서의 인식 등과 같은 관계를 발전시켜 나간다. 반면에 외집단 구성원들은 리더와 이런 특성을 공유하지 않으며, 대개 중요한 결정이나 활동에서 제외된다.

이와 같은 내집단 혹은 외집단관계가 어떤 이유로 나타나는지에 대해서는 명확하지 않지만, 대개 개인적인 조화나 적합성compatibility 및 부하직원의 능력에 기인할 수도 있다. 이 모형에서는 집단들이 리더와의 관계에서 내집단/외집단관계를 갖고 있으며, 내집단 구성원들이 그들의 리더 혹은 감독자에 대해 더 많은 만족을 하고 더 많은 영향력을 갖고 있다는 점을 보여 준다. 게다가 내집단에 속한 구성원의 규모가 클수록, 즉 감독자나 리더에 대해 친밀하다고 느끼는 구성원의 비율이 크면 클수록, 집단 전체의 생산성이 높아진다. 따라서 리더의 역할은 이러한 쌍관계의 존재를 명확히 인식하고, 외집단에 속한 성원과의 관계에 따른 부정적인 영향을 극소화시키는 일이다.

그러나 이 모형은 동기부여에 관한 공정성이론과는 다소 모순되는 문제를 갖고 있다. 즉 리더가 부하직원들에 따라 상대적으로 그들의 행태를 달리할 경우에, 부하직원들은 상황을 불공정하다고 인식할 가능성이 높기 때문에 동기부여에 문제가 발생할 소지가 있다는 점이다. 이런 측면을 고려할 때 리더는 부하직원과 적절한 쌍관계를 결합시키는 것이 바람직하지만 어디까지나 부하직원이 이를 공정하다고 인식할 수 있는 방향으로 행동해야 할 것이다.

수직쌍 연결모형의 관점은 리더와 구성원 각자의 관계의 질에 대해 더 관심을 가지는 리더-구성원 교환Leader Member Exchange: LMX모형으로 발전하게 된다. 즉 리더가 단지 몇 사람 부하보다는 모든 부하와 양질의 교환관계를 구축해야 한다는 것을 강조한다. 그래서 모든 구성원이 자신들을 내집단의 구성원으로 느끼도록 해야 한다는 것이다. 이렇게 함으로써 공정성으로 인한 문제를 피할 수 있고 구성원들이 외집단에 있는 데서 오는 부정적 관계를 없앨 수 있다고 주장한다.

결국 LMX의 수준이 높을수록 직무와 관련하여 리더와 구성원 간에 상대를 존중하는 정도가 높고, 교환관계에 대한 신뢰도가 높으며, 구성원 헌신에 대한 리더의 보상과 지원이 확고하다고 할 수 있다강정애 외, 2010: 177-178. 리더와 구성원 간의 관계 발전 과정은 다음과 같은 세 단계로 나누어 제시할 수 있다Graen & Uhl-Bien, 1991; Northouse, 2013: 166-168.

① 첫째 단계는 이방인stranger 단계로서, 리더-구성원 간의 교류가 정해진 규칙이나 공식적인 역할의 한계를 넘지 않는다. 구성원은 계약이나 규칙으로 정해진 일만 수행하며, 리더에 대해 상급자에 대한 기본적인 대우만을 한다. 또 집단보다는 자신의 이익을 앞세운다.

② 둘째 단계는 면식acquaintance 단계로서, 리더-구성원 간에 더 많은 자원, 직무, 개인적 정보의 공유로 좀 더 친숙한 관계를 형성하게 된다. 구성원은 팀이나

집단의 문제에 대해서도 주의를 기울이게 된다.

③ 셋째 단계는 파트너십mature partnership 단계로서, 이 단계에서는 리더-구성원은 서로 광범한 측면에서의 영향을 교환하며 상호신뢰와 존경, 의무감을 갖게 된다. 개인과 조직 양자에 긍정적인 결과를 가져올 수 있는 긴밀한 유대감과 일체감을 형성하며, 개인보다는 집단의 이해를 더 중시하는 태도를 보인다.

리더와 구성원 간의 관계발전 과정은 일종의 '리더십 만들기' 과정으로서 리더십에 대한 처방적 접근법이라 할 수 있다. 이를 통해 리더들은 조직 전체에 걸쳐 파트너관계의 연결망을 만들 수 있고, 이는 궁극적으로 조직목표달성에 기여할 수 있다. 즉, 리더-구성원 교환관계가 바람직한 형태를 보일 때 리더, 구성원, 조직의 목표달성이 모두 촉진된다는 것이다Northouse, 2013: 166-168.

(4) 서번트 리더십

서번트 리더십servant leadership은 리더의 주요한 역할을 부하가 원하는 바를 해결해 주며, 부하를 지배하기보다는 섬기는 리더십이다. 보이어G. B. Boyer는 서번트 리더십을 섬세하고 경청하는 리더, 부하와 동료의 발전을 장려하고 권한 부여를 중시하는 리더로 정의하고 있다. 이 개념을 최초로 제시한 그린리프Greenleaf, 1970에 따르면 서번트 리더십은 리더가 "타인을 위한 봉사에 초점을 두고 구성원, 고객, 지역사회를 우선으로 여기고 그들의 욕구를 만족시키기 위해 헌신하는 역할"을 해야 한다. 따라서 섬기는 리더가 되기 위한 덕목으로 봉사, 약자에 대한 관심, 불평등과 불공정의 해소, 통제력 행사의 최소화, 구성원의 참여 유도 등이 중요하다.

이러한 서번트 관점을 리더십에 포함하는 것은 부하를 지휘하고 통솔하는 것을 기본으로 보아왔던 기존의 리더십 패러다임을 반박하고 부하 중심으로 리더와 부하의 관계 형성이 이루어질 때 진정한 리더십이 작동될 수 있다고 보기 때문이다. 즉, 리더는 부하들에 대한 배려, 봉사와 희생을 통해 부하로부터 신뢰를 얻음으로써 부하들을 목표 지향적 행위로 유도할 수 있다고 본다강정애 외, 2010: 218-219.

조직 운영에 적용시킬 수 있는 서번트 리더십의 기본 원칙은 다음과 같이 네 가지로 제시할 수 있다Daft, 2011: 158.

① 자기 관심사를 초월하여 봉사한다. 서번트 리더는 자신에게 크게 도움이 되지 않는다 하더라도 다른 사람에게 의미가 있는 일이라면 봉사하는 모범을 보인다.

② 타인의 말을 경청한다. 서번트 리더는 다른 사람이 직면한 문제에 대해 경청하고 그들이 의도하는 바를 파악하려고 노력하며 구성원에게 최선의 결과를 가져올 수 있는 방법을 모색한다.

③ 신뢰감을 형성한다. 리더 자신이 할 수 있는 일을 최선을 다해 정직하게 했을 때 신뢰적 관계가 형성된다. 정보를 공유하고 자신의 이익보다 집단의 이익을 먼저 생각하며, 자신의 권한을 강압적으로 행사하지 않을 때 신뢰가 형성된다.

④ 상대방을 육성시키고 발전시킨다. 서번트 리더는 구성원들을 아끼고 배려해야 하며, 나아가 구성원들이 발전적인 방향으로 나아갈 수 있도록 그들의 잠재력을 길러 주고 고통을 공유할 수 있어야 한다.

(5) 셀프리더십과 수퍼리더십

만즈C. C. Manz와 심스H. P. Sims, Jr.는 자율적 경영팀 체계에서 강화 요인을 통제하던 상사의 행동이 부하에 의한 자율통제로 대체된다는 셀프 매니지먼트self manage-ment이론을 제시했다강정애 외, 2010: 240. 즉, 셀프 매니지먼트이론은 리더십을 조직의 통제 수단으로 보는 리더십 대체이론적 관점에 기초해 리더십을 부하의 행동을 관리하는 강화 요인의 외적 통제 메커니즘으로 정의하고 있다. 따라서 그러한 리더십 행동은 다른 것에 의해 대체될 수 있는데, 그것이 바로 부하에 의한 자율통제라는 것이다. 여기서 자율통제란 단순히 직무 수행이나 내용과 관련된 책임을 담당하는 것만이 아니라 자신의 직무에 관한 관리적 측면에 대해서도 책임을 지는 것을 의미한다. 특히 자율통제의 핵심적인 사항은 보상에 대한 자기관리self-administration of rewards이다.

그러나 관리자 통제가 항상 자율통제로 대체될 수는 없다. 관리자 통제와 자율통제는 기술이나 조직구조의 특성에 따라 변화한다. 즉, 불확실한 기술이나 유기적 조직구조의 상황에서는 부하에 의한 자율적 관리가 관리자 통제, 특히 상사의 지시적 행동을 대체할 수 있으나 확실한 기술이나 기계적 조직구조의 상황에서는 계속해서 상사의 행동이 부하를 통제하는 데 중요한 역할을 한다. 따라서 상사가 부하를 통제하는 데 사용하는 지시적 리더십 행동이 부하에 의한 자율통제로 대체되는 상황이 존재하며, 이 경우 상사는 부하의 셀프 매니지먼트를 촉진시키는 새로운 역할을 수행해야 한다.

셀프 리더십self leadership이 작용하는 상황에서 상사는 부하의 셀프 리더십을 촉진시키는 역할을 수행해야 한다. 즉, 상사는 자아 목표 설정과 생산적인 사고 패턴의 촉진, 셀프 리더십의 강화, 건설적인 질책, 셀프 리더십을 육성하는 문화의 촉진, 사회 기술적 시스템 및 팀의 설계를 통해 부하가 셀프 리더가 되도록 장려해야 하는데 이를 수퍼 리더십super leadership이라 한다.

4. 리더의 역할과 과제

최근에는 리더의 퍼스낼리티에 대한 다양한 차원들을 상세히 파악하려는 체계적인 노력이 진행되고 있다Gordon, 1992: 252-253. 오늘날 조직 내에서의 리더십은 리더의 정당성에 대한 의문제기, 자원의 부족과 대내외적 환경의 변화 등으로 인하여 상당한 제약을 받고 있다.

하지만 아직도 대부분의 종업원들은 리더의 지위를 열망하고 있으며, 또한 급변하는 환경에 조직이 효과적으로 대처하려고 한다면, 리더가 매우 중요한 역할을 한다는 것은 틀림없는 사실로 여겨지고 있다. 따라서 과거와는 달라진 여러 가지 상황에도 불구하고 리더의 역할은 지속적이고 논리적인 관심을 받고 있다.

1) 리더의 인성적 자질

(1) 감정이입

리더는 집단성원들의 정서적 요구에 대한 호응성을 가져야 한다. 다시 말하면, 종업원들이 무엇을 원하는가를 알아야 하고 또한 그들의 기분과 상통할 수 있어야 한다.

(2) 화합성

리더는 종업원들로부터 집단의 한 구성원으로서 수용될 수 있어야 한다. 종업원들이 늘 리더를 멀리하는 한, 리더로서 인정받기는 어렵다.

(3) 상황적 통찰력

리더는 자신과 조직이 처해 있는 현재의 입장과 장래의 전망을 살펴볼 수 있는 능력이 있어야 한다.

(4) 사려성

여기서 사려성이란 남의 감정이나 기분의 이해를 말하는 것이 아니라 집단이나 또는 종업원이 어떤 문제를 당면했을 때 무엇을 해야 할 것인가 하는 실제적 해결 방법을 강구해 나갈 수 있는 능력과 관계된다.

(5) 활발성

리더는 집단의 다른 성원들보다도 더욱 명랑하고 열의가 있고 또한 표현능력을 갖출 것이 요망된다.

(6) 정서적 안정성

리더는 항상 마음의 균형과 침착성을 잃지 않고 집단 내외로부터 자신에게로 향하는 공격, 노기, 냉담 등의 문제를 처리할 수 있는 아량을 갖지 않으면 안 된다.

(7) 기타요건

기타요건으로는 ① 열망과 명예심, ② 지능, ③ 실력, ④ 일관성, ⑤ 자신감, ⑥ 지도적 역할의 분담능력 등을 들 수 있다.

2) 리더의 과제

리더가 수행하여야 될 역할이나 과제를 살펴보면 다음과 같다_{Gordon, 1992: 241-254}.

(1) 개인과 조직의 목표를 조화시키는 역할

리더십의 본질적인 역할은 조직 내의 수많은 활동들을 응집성 있게 유지하는 것이다. 이는 종업원들에게 그들의 업무가 조직의 공통목적에 맞는 방향으로 이루어지게끔 설득함으로써 조장된다. 즉 개인의 목표와 조직의 목표를 조화시킬 필요가 있는 것이다. 리더가 개인의 목표와 조직의 목표를 조화시키는 방법은 주로 이 양자 간의 심리적 중복상태를 창출하는 것이다. 리더가 조직성원으로 하여금 조직 전체의 목적을 내면화하게 할 수 있다면, 이런 과제는 대부분 성취될 수 있게 된다.

(2) 동기부여자로서의 역할

종업원들을 동기부여시킨다는 것은 리더십에 있어서 매우 복잡한 과제이다. 종업원들이 리더에게 반응하는 유형 중 명확하게 정의되고 상당히 설득력이 있는 연구들이 있지만, 일반적으로 이에 적용할 보편적인 규칙은 존재하지 않는다. 따라서 리더가 조직 내에서 일어날 수도 있는 동기부여와 관련된 문제를 효과적으로 대처하려고 한다면, 리더는 항상 조직 전체의 상황에 주의를 기울이고 있어야 한다.

(3) 조정자 혹은 통합자로서의 역할

오늘날 리더의 역할 중에서 그 중요성이 점점 증가하고 있는 것은 바로 전문화된 종업원들의 다양한 기능과 과업을 조정하고 통합하는 일이다. 리더들은 전문성에 기초한 종업원들의 능력에 의존해야 하지만, 이와 동시에 이를 하나의 응집성 있는 전체로 조직하려는 노력을 기울여야 한다.

이 중 가장 주의해야 할 것으로는 전문가인 개인이 자기 자신의 업무에 대한 협소한 시각을 가지는 경향인데, 이로 인하여 조직성원은 자신의 과업에 대해서는 가치를 인정하지만, 조직의 다른 활동들의 중요성은 인정하지 않으려는 경향이 나오게 된다는 점이다. 조직성원들은 자신의 다양한 기능들이 조직 전체의 맥락에서 어우러져야 한다는 인식을 가져야 하는데, 리더는 조직성원들에게 이런 시각을 주입시킬 책임을 분명히 인식하고 있어야 한다.

PART 4-10

(4) 촉매자 혹은 쇄신자로서의 역할

리더의 과제 중에 조직에서 일을 부추기는 사람, 즉 점화장치와 같은 역할에 대한 개념은 전통적으로 폭넓은 인정을 받아 왔고, 이는 오늘날에도 상당히 타당한 것으로 받아들여지고 있다.

오늘날 조직에서 수행되는 많은 과업들은 비구조화되고 보다 시간소비적인 경향이 있다. 이런 상황에서도 종업원들이 조직의 목표를 이해하고 지원하며, 리더가 개인의 활동으로 하여금 조직목표를 증진시킬 수 있게끔 하는 방법을 명확히 인식하게 된다면, 그는 성공적인 촉매자 혹은 쇄신자로서의 과제를 수행할 수 있다.

(5) 외부에 대한 대변인으로서의 역할

리더의 가장 중요한 과제 중의 하나는 외부환경에 대해 조직의 관점과 이익을 대변하는 것이다. 이에는 조직외부의 사람들에게 조직의 공식적인 입장을 분명히 밝히는 것이 포함된다. 또한 조직이 새로운 자원을 추구하거나 기존의 자원을 유지하려고 할 때, 주창자의 역할을 수행하는 것이 포함된다.

(6) 위기관리자로서의 역할

최근에 여러 기관의 리더들은 재정압박의 증가로 인한 조직의 위기를 관리하는데 초점이 맞춰져 있다. 이러한 재정압박과 관련하여 등장한 감량경영cutback man-agement의 확대가 리더의 위기관리책임을 더욱 어렵게 만들고 있다. 하지만 모든 계층의 조직리더는 자기가 속한 부서에서 발생하거나 자신의 고객에게 심각한 영향을 미치는 문제를 해결할 책임이 있다.

제2절 인간존중 리더십의 실제

1. 사람을 잘 따르게 하기 위하여

사람을 지도하는 사람은 직책에서 나온 권한을 앞세워서 강압적으로 끌고 나가는 것보다 인간성의 법칙에 입각해서 이끌어 나가는 것이 훨씬 수월하고 또 효과적이라는 것을 알아야 한다. 여기에 지도와 관련된 몇 가지 인간성의 법칙을 살펴보기로 한다.

1) 바람직한 행동에 보상을 하라

인간의 모든 행동 뒤에는 욕구가 숨어 있다. 즉 욕구는 인간행동의 원동력이 되는 것으로서 심리학자들은 이러한 욕구가 없는 행동은 있을 수 없다고 한다. 그런데 인간에게는 일단 어떠한 한 가지 방법에 의해서 그의 어떤 욕구가 충족되었다면, 그 방법을 되풀이하고자 하는 심리적인 경향이 있다. 이것을 효과의 법칙Law of effect이라고 부른다. 그러므로 리더는 부하직원을 지도하기에 앞서 그의 간절한 욕구가 무엇인가를 알고 그것을 충족시킬 수 있는 올바른 방법을 강구하고 또 그 방법을 일관성 있게 유지함으로써 그의 만족도를 높일 수 있는 동시에 그의 행동양식을 대체적으로 일정화시킬 수 있는 것이다. 여기에서 리더가 유의해야 할 점은 조직의 목적을 가장 효과적으로 달성할 수 있다고 생각되는 행동에 대해서 시상의 원칙을 고수하여야 한다는 것이다. 만일 부하직원의 승진을 능력에 치중한다면, 능력의 발휘가 상받는 행동이라고 인식될 것이지만, 근무연한에 치중한다면 능력의 발휘보다는 오랜 기간 책상만 지키고 있는 것이 상받는 행동이라고 인식될 수도 있다.

2) 모방심리를 활용하라

인간은 누구를 막론하고 모방심을 갖고 있다. 이것을 잘 활용하면 한 마디도 말하지 않고 자기가 원하는 방향으로 일을 잘 처리시킬 수도 있다. 모방은 우리들의 일상생활에 있어서 도처에서 발견된다. 하나의 예로서 조용한 교회나 강당에서 예배를 볼 때, 어느 한 사람이 조용한 적막을 깨뜨리고 기침을 하면 수많은 사람이 따라서 기침을 하는 것을 흔히 볼 수 있다.

루스벨트 대통령이 카사블랑카에서 극비밀회담을 하고 있었을 때, 경호원들은 모방행위를 이용하였다고 한다. 즉 경호원들이 탄 한 대의 지프차가 대통령이 탄 장갑차에 선행하였다. 경호원들은 노상에 있는 군중의 시선을 대통령으로부터 유리시키기 위하여 전원이 전방의 하늘의 어떤 일정한 곳을 쳐다보고 있었다. 그랬더니 노상에 있는 여러 군중들의 시선도 역시 경호원들이 바라보는 동일한 곳으로 향하였다. 그러므로 군중들은 대통령을 볼 수 없었다는 것이다.

화를 잘 내거나 또는 높은 소리로 떠들썩하게 이야기하는 사람과 대화를 할 때

평소보다 아주 낮은 목소리로 말을 건넨다면 그도 이것을 모방하게 될 것이다. 인간의 이러한 모방심은 남이 행하고 있는 것을 왜 그렇게 하는가를 생각할 여유를 주지 않고 자기 자신도 그것을 행하게 하는 것이다. 그러므로 리더는 그의 모범적 행동을 실제로 부하직원에게 보여 줌으로써 그들로 하여금 그의 행동을 자연스럽게 모방시킬 수 있다.

3) 의사결정에 부하를 참여시켜라

사람은 본래 다른 사람의 일방적 지시나 결정을 좋아하지 않는다. 즉 아무리 훌륭한 결정이라 하여도 자기의 주체성과 참여가 인정되지 않는다면, 그것은 남을 위한 것이지 자기를 위한 것이라고 생각하기는 어렵다. 그러므로 리더는 여건이 허용하는 한 주요결정에 관련된 부하직원을 그러한 결정에 참여시킬 필요가 있다.

그렇게 함으로써 부하직원은 그 결정이 어느 누구에 의하여 일방적으로 주어진 것이 아니라 나의 결정 또는 우리의 결정이라고 생각하게 되며, 또한 그 결정을 실행에 옮길 때에 유쾌한 마음으로 일을 하게 되는 것이다.

4) 상대방을 인정하라

사람이라면 누구나 주위 사람으로부터 훌륭한 사람이라는 인정을 받기를 원한다. 정말 인간은 누구나 어떤 점에 있어서는 남보다 훌륭한 그 무엇을 갖고 있다. 이러한 장점이 타인으로부터 솔직히 인정받는 가운데 자신의 중요성을 느끼게 된다. 특히 남이 자기에게 많은 관심을 갖고 그가 하는 일을 믿어 주고 또 성실하게 자기의 이야기를 들어 줄 때에 보람 있는 존재로서의 흐뭇한 감을 느끼게 되는 것이다.

따라서 리더는 항상 부하직원에게 인간적 흥미를 갖고 그만이 갖고 있는 유일한 장점을 솔직하게 인정해 주며 또한 그가 하는 일에 대하여 변함없는 인간적 관심을 기울임으로써 중요한 존재로서의 느낌을 굳혀 줄 수 있다.

5) 부하의 발전에 적극적 후원자가 되라

사람은 누구나 어제보다 낫고 오늘보다 내일이 나을 것이라는 믿음을 가질 때 인생의 보람됨을 느낄 수 있다. 어제나 오늘이나 또 내일도 똑같은 일이 다만 반복될 뿐이라는 느낌을 갖는다면, 인생이 무의미해지는 것이며 또한 인생이라기보다 오히려 생명의 연장이라고 느낄 뿐이다. 그러므로 리더는 부하직원의 발전을 소홀히 하여서는 안 되며, 그들 각자에게 자신이 발전하는 모습을 보여 줄 필요가 있다.

6) 변화의 필요성과 내용을 사전에 잘 설명하라

사람은 발전을 원하지만 변화는 싫어 한다. 그러나 변화가 없는 향상이나 발전은 있을 수 없다. 즉 자기의 현재의 태도·습관 등의 변화가 없이 발전이 있을 수는 없다. 그러므로 리더는 조직에 새로운 변화를 도입할 때, 우선 발전과 결부된 변화의 필요성과 변화의 성질을 사전에 잘 알려 줌으로써 이에 대한 저항을 완화시켜 주어야 한다. 특히 현실에 대한 안일감과 미지의 공포가 결부될 때, 부하직원은 변화에 대하여 더욱더 끈질긴 저항을 하게 된다.

그러나 그 변화의 성질을 잘 알고 또한 그러한 변화가 자기 자신의 향상을 촉진시켜 줄 수 있을 것이라고 믿게 될 때에는 그것을 기꺼이 받아들이게 되는 것이다.

PART 4-10

7) 부하들의 개인차를 인정하라

사람은 여러 가지 면에서 개인차를 갖고 있다. 따라서 사람은 부득이 남이 하는 그대로 그 자신을 깎아 맞출 수는 없으며 남이 좋아하거나 싫어하거나 어느 정도 자기 나름대로의 행동을 하게 된다. 그리고 자기의 그러한 행동이 허용될 때 긴장이 풀리고 평안한 마음을 갖게 된다. 따라서 사람을 획일적으로 다룬다면 개인으로서의 가치를 인정받지 못하게 된다. 개인의 가치가 부정된 곳에 개인의 발전이 있을 수 없고 또한 인생으로서의 즐거움이 있을 리 없다. 오히려 사람은 자기의 개인차가 허용되고 또한 그것을 발전시켜 나아가는 데서 인생의 진가를 발견하게 된다고 말할 수 있다. 그러므로 리더는 부하직원의 개인차에 관심을 기울이고 그것을 잘 보살펴 줌으로써 능력의 신장을 도모하여야 한다.

2. 집단을 잘 이끌기 위하여

집단을 다루는 방법에는 관점에 따라 여러 가지가 있을 수 있는데, 미국의 경영심리학자 레어드Laird, 1958: 85-87는 성공한 집단들과 실패한 집단들500개의 대상집단 중 365개는 성공한 집단이고 135개는 실패한 집단이었음을 비교분석한 끝에 성공의 요인을 다음과 같은 여섯 개의 직무수행을 원활히 한 것으로 결론짓고 있다.

1) 부하직원과 함께 집단목표를 세우는 일

① 우리의 상사는 우리의 의견을 이따금 문의해 본다.
② 그는 앞으로 다가올 변경에 관하여 우리와 함께 논의한다.
③ 그는 우리의 좋은 제안을 채택한다.
④ 그는 현재 집단이 계획하고 있는 것을 가르쳐 준다.
⑤ 우리는 업무상의 제반문제를 위하여 흔히 집단토의직장회의를 갖는다.

2) 부하직원이 집단목표에 도달하도록 원조하는 일

① 나의 상사는 내가 도움을 필요로 할 때 나를 도와 준다.
② 그는 우리들집단이 훌륭한 일을 했을 때 우리와 더불어 일하고 있는 것이 자랑스럽다고 말한다.
③ 그는 우리 과업의 기술적 애로에 대하여 우리를 도와준다.
④ 그는 우리의 불평을 들어 주고 그것을 신속히 해결해 준다.
⑤ 그는 우리가 필요로 할 때 장비와 자료를 입수할 수 있도록 노력한다.

3) 부하직원들을 상호협조시키는 일

① 우리의 상사는 권한의 위임을 현명하게 행한다.
② 그는 우리들이 상호협조하도록 한다.
③ 그는 우리들 모든 사람을 정실에 흐름이 없이 공평하게 대한다.
④ 그는 우리들 각자가 수행하는 일의 중요성을 인식시킨다.

4) 부하직원 각자를 집단에 적응화시키는 일

① 우리의 상사는 우리의 감정을 이해해 준다.
② 그는 우리들이 적재적소에서 상호협조하도록 돌봐 준다.
③ 그는 내가 동료와 더불어 원만히 지내도록 나를 돌봐 준다.
④ 그는 우리들에게 인간적 흥미를 갖고 있다.
⑤ 그는 나에게 실력을 발휘할 수 있는 기회를 준다.

5) 자신이 아니고 집단에 관심을 기울이는 일

① 나의 상사는 나와 조직체의 중간에 서 있는 사람이 아니다.
② 그는 우리의 질문에 대하여 성실히 답변하며 결코 책임전가를 하는 사람이 아니다.
③ 그는 우리의 권익을 보호하기 위하여 몸과 마음을 다하는 사람이다.

6) 인간으로서의 정을 나누는 일

① 우리의 상사는 대하기도 쉽고 말하기도 쉽다.
② 그는 우리에게 무엇을 요구하는 데 있어서나 또는 규칙을 적용하는 데 있어 항상 정당하다.
③ 나는 개인적 문제에 관해 언제든지 그와 자유롭게 말할 수 있다.
④ 그는 우리가 훌륭한 일을 했을 때에 항상 칭찬을 잊지 않는다.

⑤ 나는 그를 잘 알고 있는 것같이 느껴진다.

3. 사람을 성내지 않게 비판하기 위하여

사람의 잘못을 고치기 위해서 우리는 남을 비판해야 할 때가 있다. 남을 칭찬하기는 쉬워도 남을 비판한다는 것은 유쾌한 일이 아니며 피하는 사람이 많다. 그러나 업무상 부득이한 경우도 있다. 그러므로 남을 화내지 않게 비판하는 방법을 터득해야 하는데 아래에서 몇 가지 요령을 살펴보기로 한다.

1) 잘못을 확인하고 비판은 개인적으로 은밀히 하라

비판하기에 앞서 그가 확실히 비판받을 만한 일을 저질렀는지를 확인한다는 것이 중요하다. 남의 잘못을 뒤집어쓴다는 것보다 분노심을 자극하는 것은 없다. 또한 비판은 아무리 온건한 것이라도 다른 사람들이 보는 앞에서 해서는 안 된다. 그 비판이 아무리 당연한 것이라도 동료들이나 다른 사람 앞에서 한다면 그는 체면을 잃게 되는 것이기 때문에 반발심이 생기며 또 원한을 사기가 쉽다.

2) 우선 좋은 점을 칭찬하라

사람을 비판할 때 우리는 흔히 "이것은 당신을 아끼는 뜻에서 하는 말인데 …" 하면서 말머리를 시작하는 것을 본다. 이런 말은 남을 위하는 척하면서도 사실은 남을 깎아내리고 무의식 중에 자기 자신의 자존심을 높이려는 것이다. 따라서 상대방은 불쾌한 심정을 갖게 되므로 그 말을 받아들일 수용자세가 형성되지 않는다. 수용자세가 안 되어 있는 한 잘못된 행동이나 태도를 고친다는 것은 어렵다. 그러므로 우선 그의 장점을 찾아내어 칭찬을 해 주어야 한다. 한 가지 단점을 지적하려면 아홉 가지 칭찬을 해 줘야 한다는 옛말이 있다. 칭찬은 남의 말을 받아들이는 심리적 수용범위를 넓히는 효과가 있다. 비판의 진정한 목적은 상대방의 감정에 상처를 입히는 데 있는 것이 아니라 더욱 좋은 업적을 올리는 데 있다는 것을 잊어서는 안 된다. 칭찬은 상대방으로부터 최고의 것을 기대할 수 있기 때문에 비판의 필요가 생겼을 때에도 그는 이해력이 좋아진다는 것이다.

칭찬을 해 주는 방법에도 여러 가지가 있을 수 있다. 만일 평소에 일을 열심히 하던 부하직원이 아주 게으름을 피기 시작한다면 "○○○씨, 이제까지 나를 참 잘 도와주었어, 그런데 요사이 신상에 무슨 일이 있는게 아니야?"라든가 또는 "자네가 작성한 월말보고서는 참 잘 됐어. … 그런데 이거 하나만 고쳤으면 좋겠는데 …" 등의 화술은 상대방에게 부담을 주지 않고 그의 잘못을 고칠 수 있는 방법이 될 것이다.

3) 가능하면 간접적으로 주의를 주라

철강왕 카네기A. Carnegie 밑에서 연봉 100만 달러의 고액을 받고 일하던 사람 가운데 슈웹Charles Schwab이란 사람이 있었는데 그는 제철의 기술을 가진 사람이 아니라 사람 다루는 솜씨가 뛰어난 사람이었다. 그는 어느 날 점심 때 공장을 둘러보고 있을 때, 몇 명의 종업원들이 담배를 피우고 있는 장면을 마주쳤다. 그들의 머리 위에는 금연이란 표기가 붙어 있었다. 슈웹은 "자네들에겐 저 글씨가 안 보이나?" 하고 호통을 치지 않고 그들에게 다가가서 담배 한 개피씩을 나누어 주고 "자, 밖에들 나가서 피우고 오게" 하고 말했다. 카네기는 사람을 바로잡는 비결로서 간접적으로 주의를 주는 것이 효과적인 방법이라고 제시하고 있다Carnegie, 1981: 24.

4) 자신의 잘못도 말해 주라

남의 잘못을 꼭 지적해 주어야 할 때는 과거 자기도 같은 실수를 범했던 사례를 이야기해 주는 것이 좋다. 특히 남에게 잔소리를 할 경우 겸허한 태도로 그 자신도 결코 완전치 못해서 실수할 때도 있다는 것을 전제한 다음 잘못을 주지시키면 상대방은 그다지 불쾌한 생각을 하지 않게 된다는 것이다.

5) 상대방의 인간성을 나무라지 말고 행위를 나무라야 한다

기블린Giblin, 1979: 138은 누군가를 바로잡아 주어야 할 필요가 있을 때에는 항공사의 관제탑이 파일럿의 잘못을 지적하는 법을 배우라고 말한다.

관제탑에서의 교정지시는 관제사의 자아만족을 위한 것이 아니라 항공사와 파일럿을 위하여 좋은 결과를 얻기 위하여 있다는 사실을 명심해야 한다. 관제사는 결코 파일럿의 인격을 건드리거나 또 잘못을 뒤집어씌우지 않는다. 그리고 그는 절대로 파일럿의 인간을 비판하지 않고 그 행위만을 비판한다. 예컨대 "그 착륙방법은 잘못된 것 같군" 하고 말하지 않고 "너무 저공비행을 하고 있어요"라고 말한다.

파일럿은 관제사에게 영합하기 위하여 행위를 요구당하는 것이 아니다. 그는 관제사의 비판을 받아들임으로써 혜택을 받겠다는 자기중심적 동기를 갖고 있는 것이다. 따라서 그는 관제사의 말에 화를 내기는커녕 오히려 이것을 고맙게 생각하고 있는 것이다.

여기서 또 한 가지 고려해야 할 점은 남을 비판할 때는 비판단적 태도로 임해야 한다는 것이다. 이러한 태도는 특히 비판의 대상이 될 문제의 내용이 주관적인 경우 더욱 그러하다. 이따금 어떤 사건의 내막이나 사람의 행태는 외관상의 추측과 전혀 다른 경우가 있을 수도 있다. 따라서 사건의 전말을 정확하게 파악하지도 않고 비판적인 태도를 취한다면 그의 협력을 이끌어 낼 수가 없는 것이다.

6) 올바른 방법을 가르쳐 주고 상대방의 면목을 세워 주라

직접적으로나 간접적으로 상대방의 잘못을 지적할 경우에는 올바른 방법도 가르쳐 주어야 한다. 무엇을 어떻게 하는지를 명백히 말해 주지 않고서 다른 사람의 잘못에 대하여 야단만 치는 것처럼 기분을 상하게 하는 것은 없다. 상대방의 잘못을 고쳐 주기 위해서는 우선 마음을 가라앉히고 조용하고 침착한 어조로 올바른 방법을 알려 주고 상대방에게 면목을 세울 수 있는 기회를 준다면 설령 저지른 잘못에 대하여 변명을 좀 한다 하더라도 마음속으로는 진실로 반성을 하게 될 것이다.

아무튼 결과가 우호적으로 끝나지 않는다면 상대방의 마음을 풀어 주지 못한 것이나 다름이 없다. 면담에 대한 상대방의 마지막 인상이 야단맞은 것이 아니라 위로를 받았다고 느끼게 하여야 한다.

제3절 존경과 신뢰를 얻는 방법

한 사회가 건전하게 지탱되려면 사회의 여러 계층에 존경받는 사람들이 많아야 한다. 여기서 리더가 존경과 신뢰를 얻을 수 있는 몇 가지 조건을 살펴보자.

1) 사람을 위할 수 있어야 한다

사람을 위하지 않고 사람으로부터 존경을 받을 수 없다. 이것은 근본적으로 사랑에 그 뿌리를 두고 있다. 공자의 수신제가치국평천하修身齊家治國平天下에서의 가르침을 현대의 조직사회에서 음미해 보면, 평생 부끄럽지 않은 인간이 되기 위하여 나를 소중히 여겨 내 마음을 갈고 닦아 사랑의 마음이 샘솟게 하여 피붙이를 사랑하고, 이웃을 사랑하고, 직장의 상하동료를 사랑하고, 지역사회를 사랑하고, 민족을 사랑하고, 인류를 사랑하라는 것으로 확대 해석할 수 있다.

이것은 또한 사람을 대할 때 인자한 마음가짐이 필요하다는 것으로 볼 수도 있는데 일찍이 공자는 인仁을 도덕규범의 정수로 내세운 바 있다. 인이라는 문자는 두 사람 사이에 지켜야 할 도리로서의 사랑을 나타내는 것임을 알 수 있다. 인의 실천에 대하여 논어 양화편良貨篇에 다음과 같이 기록되어 있다. 인에 대한 자장子張의 물음에 공자는 공·관·신·민·혜恭·寬·信·敏·惠의 다섯 가지를 천하에 능히 행할 수 있는 자는 인을 알 뿐만 아니라 인을 행하는 사람이라고 설파했는데, 즉 공손하면 모욕을 당하지 아니하고恭則不侮, 너그러우면 대중이 그를 따를 것이요寬則得衆, 믿음이 있으면 사람이 그에게 일을 맡길 것이요信則人任焉, 민첩하면 공을 이룰 것이요敏則有功, 은혜를 베풀 줄 알면 사람을 부릴 수 있다惠則足以使人는 것이다.

이는 오늘날 이기주의가 팽배하고 서로 믿을 수 없는 사회에 살고 있는 우리 모두에게 특히 사람을 지도하는 지도층에게 훌륭한 교훈이 될 것이라고 생각된다.

PART 4-10

2) 정직하고 성실하고 또 능력개발에 힘써야 한다

현대사회는 고도로 분화되고 전문화된 사회이다. 이러한 전문화는 각계각층에서 유능한 일꾼을 요구한다. 또 전문화된 사회에서 대부분의 일들은 다른 사람의 일과 밀접한 관련을 맺고 있는 고도의 사회적 성격을 갖고 있으므로 맡은 바의 직능을 정확히 수행하지 못하면 다른 사람의 직능수행도 방해하게 된다. 또한 이런 사회에서는 한 사람 한 사람이 모든 인간관계를 밀착시킬 수 있는 시멘트 역할을 할 수도 있고 또 그 반면에 모든 인간관계를 파괴시킬 수 있는 다이너마이트 같은 존재도 될 수 있다.

근래 매스컴에서 자주 오르내리는 컴퓨터 범죄는 유능이 성실을 결한 경우 나타나는 현상을 보여 주는 것이다. 따라서 오늘날의 조직사회에서는 유능이 정직과 성실에 의하여 뒷받침되지 않는다면 그 사람은 해충과 같은 존재가 되어 버린다. 특히 지도층은 자기가 종사하는 전문분야에서 최첨단의 지식을 갖도록 부단히 공부하여야 한다. 뒤떨어진 지식을 갖고 조직에 봉사한다면 뒤떨어진 조직밖에 만들 수 없다. 이것이 전문가 시대의 논리이다. 그러나 그 전문지식이 성실과 유리된다면 결코 좋은 리더가 될 수 없다.

존경받을 수 있는 조건으로 여러 가지가 열거되지만 현재 우리나라에서 절실히 요구되는 바는 성실성, 즉 조직사회에서 자기에게 맡겨 준 일을 통한 성실한 봉사와 전문가적인 능력이다. 그 분야의 전문적 식견을 갖고 있지 않은 사람이 그 자리에 붙어 있으려고 애쓰는 것도 병리현상의 하나이다. 항상 자기 자신을 최첨단화시키기 위하여 끊임없이 공부하여야 한다. 사실 성실한 인간관계란 성誠자를 형성하고 있는 언言과 성成이 뜻하는 바와 같이 자기 말이 이루어지도록 행동을 하는 인간관계를 의미한다. 따라서 말만 번지르르하게 잘하고 행동이 뒤따르지 않는 인간관계는 남을 기만하는 인간관계가 된다. 또 리더의 무능은 조직에 몸담고 있는 모든 사람에게 패배감밖에 안겨 주는 것이 없다.

정직한 생활, 성실한 생활, 능력향상을 위하여 노력하는 생활자세가 존경을 받을 수 있는 최소한의 조건이다.

3) 사람들과의 접촉의 폭을 넓혀 나가야 한다

남의 존경을 받으려면 우물 안의 개구리가 되어서는 안 된다. 좋은 사람들과의 교제를 통하여 자기의 인간관계의 폭을 넓혀나가야 한다. 교제라는 것은 한편으로는 자기를 상대편에게 알리는 것이고 다른 한편으로는 상대방을 아는 일이다. 따라서 자기의 소개에만 급급한 나머지 상대방의 소개에 귀를 기울이지 않는다면 훌륭한 교제가 이루어지지 않는다.

교제란 자기 자신이 어떤 사람이고 또 어떤 재능과 취미를 가졌는가를 다른 사람으로 하여금 알게 하고 또 그와 동시에 상대방은 어떤 사람이며, 어떤 재능과 어떤 취미를 갖고 있는가를 알게 됨으로써 그를 인정해 주는 계기가 된다. 적극적으로 교제의 폭을 넓히기 위하여는 어려울 때 서로 도울 수 있는 일뿐만 아니라 소외된 사람들을 돕는 여러 봉사활동이나 건전한 오락·취미·스포츠 활동에 적극적으로 동참할 필요가 있다.

예나 지금이나 사회에서 성공한 사람들을 잘 살펴보면 거의 다 누군가가 그의 재능을 높이 사서 세상에 내보냈다는 것을 알 수 있다. 물론 남에게 자기를 알리기 위해서는 남을 위한 봉사를 아끼지 말아야 한다. 즉 봉사를 통하여 그를 잘 사귀고 또 그 사람들로부터 자기를 적극적으로 도와줄 수 있는 심리를 갖게 할 수 있는 것이다. 벤자민 프랭크린B. Franklin은 "내가 나만을 위하여 일할 때 나를 위하여 일하는 사람은 오직 나밖에 없다는 것을 알았다"라는 말을 우리에게 남겨 놓았다.

4) 이웃을 적극적으로 도와주는 사람이 되어야 한다

우리 주변에는 가난한 사람, 억울한 사람, 또 병고에 시달리고 있는 사람이 너무나 많다. 가진 자와 못 가진 자의 사회적 간격을 메꾸는 일에 마음을 쓰는 사람이 아니면 오늘날 존경받을 수 있는 사람이 되지 못한다. 이것은 돈의 많고 적음보다는 인간애에 관한 문제이다. 여기 한 가지 사례를 든다.

> 우리 직장에서는 간부들이 승용차를 같이 타고 출퇴근을 한다. 언제인가 한 간부가 나에게 이런 말을 했다. "음악계에서 이름 있는 어느 작곡가가 마산 결핵요양원에서 폐병을 앓고 있다가 가망이 없어서 달동네 집으로 나와 있는데 참으로 안 됐어! 벌어 놓은 돈도 없으니 죽을 날만 기다리는 것이 아니겠어?" 나는 그 이야기를 듣고 우리 직장의 몇 사람이 모여 만든 '밝은사회클럽'이 생각나서 회장을 불러, 모은 돈이 있으면 그분에게 얼마라도 보내 주는 것이 어떠냐고 하니까 쾌히 승낙을 해서 4만 5천 원(그때 쌀

한 가마 값이다)을 그 간부를 통해 보냈다. 그로부터 2주일 만에 편지가 왔다. "생면부지의 은인으로부터 거액의 성금을 받습니다. 내가 이 돈으로 어떻게 해서든지 병마를 물리치고 선구자에 버금가는 좋은 작곡을 해서 선생님께 드리겠습니다." 그러나 그는 기어이 일어나지 못하고 불귀의 객이 되었다.

위의 사례는 마지막까지 중병과 싸우는 용기 있는 모습을 보여 준다. 그리고 불과 4만 5천 원이란 작은 돈이 천군만마와 같은 원군으로 그를 위로하고 또 용기를 북돋아 주었다. 바로 이 사례는 선구자의 작곡가 조두남 씨가 투병생활을 했을 때의 이야기다.

5) 자기의 장점관리를 잘 해야 한다

사람이 남으로부터 존경을 받는다는 것은 남이 갖고 있지 못한 어떤 재능이나 인격상의 어느 특징 또는 장점이 있기 때문이다. 그러나 그것을 다른 사람 앞에서 지나치게 과시하면 남의 눈총을 받게 되며 이윽고 그의 장점은 단점이 되어 버린다. 그러므로 사람은 남으로부터 칭찬을 받을 때 자기를 다시 한 번 돌이켜 봐야 한다. 또 남이 자기의 재능을 추켜세워 주면 머리를 한 번 수그리고 두 번 추켜세워 주면 두 번 수그린다는 마음가짐이 필요하다.

사람은 시기심·질투심을 갖기 일쑤이다. 모처럼 남의 재능이나 장점을 추켜올려 주다가도 자만심을 발견하면 그 장점 자체를 혐오하게 된다. 그러나 너무 지나친 겸손도 단점이 된다. 일단 자기의 재능이 인정되고 그 재능발휘가 필요시되는데도 자꾸 사양하는 경우에는 오히려 오만으로 오해받는 수도 있다. 사람은 때에 따라 어느 정도 고자세를 취할 수 있는 자존심이 있어야 한다. 그러나 자존심이 남에게 불쾌감을 자아내는 자만심을 불러일으켜서는 안 된다.

사람들이 여럿 모이면 곧 자기 집 또는 자기자랑을 늘어놓는 버릇이 있는 사람이 있다. 무엇인가 남이 못 가지고 있는 것을 보이려고 애쓴다든지 또는 보잘 것 없는 장점을 과대평가한다든지 함으로써 남에게 우월감을 나타내려고 한다. 이런 행위는 다른 사람으로부터 존경을 받기는커녕 비웃음을 사기 일쑤다. 보편적으로 돈이 많다든지 지위가 높다든지 또는 비상한 재능을 갖고 있는 사람은 남의 시기대상이 되는 경우가 많으므로 존경보다는 적대감을 자극하기가 쉽다.

"벼이삭은 익을수록 고개를 숙인다"는 속담과 같이 부가 많아진다거나 또는 지위가 높아질 때 자기를 더욱 낮출 줄 아는 사람을 사회는 존경한다. 겸손을 모르는 사람은 자기를 과대평가하는 경향이 많으나 이는 오히려 남의 비웃음을 산다.

6) 남의 성공에 열성적이 되어라

이 세상에서 자기가 성공할 수 있도록 이끌어 준 사람의 은혜는 잊을 수가 없는 법이다. 아무 대가도 바라지 않고 남을 도와 재능을 계발하고 그것을 사회에서 인정받을 수 있도록 도와준 사람들은 많은 존경을 받는다. 따라서 남의 성공을 위해 항상 주위 사람들에게 관심을 갖고 열성적으로 도와주는 일이야 말로 존경을 받는 지름길이다.

7) 자기의 잘못을 솔직히 시인할 수 있는 사람이어야 한다

사람들은 자기의 잘못을 시인하고 그것을 뉘우칠 수 있는 용기가 있는 사람을 존경한다. 어떤 사람은 자기가 저지른 행동이나 결정사항이 옳지 못하다는 것을 알면서도 체면 때문에 이리저리 둘러대는 사람이 있는데 그런 태도는 불리한 상황을 일시적으로는 모면할 수 있을지 모르지만 정직성에 커다란 의문을 남기므로 존경받을 수 없는 인물이 되고 만다.

공자는 "잘못 그 자체가 잘못은 아니다. 잘못을 저질렀다는 것을 알면서도 고치지 않는 것이 잘못이다"라고 말한다. 한 가지 거짓말을 위하여 열 가지 거짓말을 꾸며대는 심적 고통을 면하는 길은 정직뿐이다. 공인으로서는 '정직이 최상의 방책 Honesty is the best policy'이라는 교훈을 늘 염두에 두어야 한다.

제4절 협력을 얻는 방법

평소에 남을 위하여 많은 일을 한 사람들은 어려운 일을 당할 때 남의 협력을 얻기가 쉽다. 그러나 남으로부터 100%의 협력을 얻는다는 것은 보통 부러운 일이 아니다. 이러한 협력을 얻는 데는 몇 가지 비결이 있다.

1) 상대방의 육체와 두뇌가 함께 작동하도록 하라

산업심리학자들의 연구에 따르면 사람은 육체와 두뇌를 함께 활동시키는 일이 아니면 전력을 기울여 협력해 줄 수 없다고 한다. 이것이 인간성의 기본법칙이라는 것이다. 그러므로 사람에게 도움을 청할 때는 "좀 곤란한 일이 생겼는데 좀 도와주지 않겠습니까" 또는 "어떤 좋은 아이디어가 없을까요?" 하고 묻는 것이 단순한 육체적인 도움의 요청보다 효과적이라는 것이다.

2) 문제를 자기 자신의 문제처럼 생각하게 하라

사람은 누구나 남의 문제보다는 자기 자신의 문제에 대하여 깊은 관심을 갖고 있다. 따라서 해결을 부탁받은 문제가 자기 자신의 문제처럼 생각되게 해 줄 것이 필요하다. 여기에서 활용될 수 있는 동기부여방법 중 문제해결을 통한 성취감이나 그의 현명성에 대한 인정감 등의 욕구만족이 기대될 수도 있다.

위스콘신 주 매리넷트에 있는 Ansul Chemical Co.의 후드Rohert C. Hood 사장은 감량경영문제에 당면했을 때 설교나 꾸중이나 또는 경비절감의 명령조차 하지 않았다. 그의 철학은 '인간은 자기가 협력하여 만들어 낸 것을 지지한다'는 것이다. 따라서 그는 현장감독들로 위원회를 구성케 하고 그들 자신의 아이디어를 작동시키도록 하였다. 위원회에서는 회의결과 출장비, 전신전화비 등 심지어는 우표까지 절약하자는 의견마저 나왔다는 것이다Giblin, 1979: 119.

3) 사람들의 지혜를 모으라

우리는 아이디어의 시대에 살고 있다. 오늘날 이상적인 경영자는 창조력에 있어서가 아니라 오히려 대인관계에서 천재적인 소질을 발휘하여야 한다.

즉 다른 사람의 아이디어를 가지고 자기의 아이디어를 배가시킬 수 있는 능력이 있는 사람이어야 한다. 사실상 경영에서 뛰어난 두뇌는 중역실에만 모여 있는 것이 아니라 일반 종업원에게도 있으며 그들에게 적절한 자극만 주면 멋진 아이디어를 내놓을 수 있는 것이다. 이것은 앞에 말한 경영에 참여를 시킴으로써 가능하다. 참여는 남의 일을 자기의 일처럼 생각하게 한다. 미국의 어떤 부호는 그가 모은 남의 지혜의 혜택을 다음과 같이 말한 바 있다.

> "내가 많은 재산을 만들 수 있었던 것은 내 머리의 덕분이 아니라 두뇌트러스트(Brain Trust)의 덕분이었습니다. 다시 말하면 내가 다른 사람들로부터 얻은 아이디어의 덕분이었던 것입니다. 조언이나 아이디어를 부탁받는다는 것은 인간으로서 여간 기쁜 일이 아니지요."

사람은 남의 도움 없이 자기 혼자만의 힘으로 큰 성공을 거두기 어렵다. 철강왕 카네기의 자작의 묘비에는 다음과 같은 글이 새겨져 있다고 한다.

> "이 묘 속에는 위대한 인물을 자기의 주변에 모은 한 사람의 남자가 잠들고 있다."

역사상 위대한 사람들은 한 개인의 능력에는 한계가 있다는 것을 일찍이 깨닫고 남의 아이디어를 모은 비상한 능력을 가진 사람들이라는 것을 알 수 있다.

4) 조언을 진지하게 들어라

남의 조언이나 의견을 들으러 오는 사람 가운데는 자기 생각이 옳다는 것을 확인하러 오는 사람들도 있다. 그런 사람들은 남의 이야기를 들으려 하지 않고 자기와 의견이 다르면 남의 말을 고맙게 생각하지도 않는다. 그러므로 상대방에게 조언이나 의견 또는 안案을 청할 때는 마음을 비워 놓고 진심에서 청하지 않으면 안 된다.

자기가 옳은가를 확인하기 위한 것이라면 다른 사람의 조언을 청하지 말아야 한다. 또 동정을 바라는 것이라면 조언이나 의견을 청하지 말아야 한다. 그렇게 하지 않으면 문제해결은커녕 사람들로부터 미움까지 사게 된다^{Giblin, 1979: 126}.

 사례연구

얼마 전 어떤 회사의 임직원 특강에서 질문을 던졌다. "당신은 내성적이지만 겸손하고 강인한 의지의 소유자와, 보스 기질에 자기 PR도 잘하는 인기 있는 관리자 중에 누구를 사장으로 모시고 싶은가?" 참석자의 대부분이 전자를 선택했다. 의외였다. 많은 사람들이 여전히 보스 기질을 리더의 조건으로 여기고, 그렇게 되고자 애를 쓰고 있다는 사실을 감안하면 뜻밖의 결과였다.

그렇다면 요즘 시대가 요구하는 진정한 리더는 어떤 사람일까. 리더십 분야의 권위자 스티븐 코비가 미국에서 200년 동안 나온 성공과 관련된 문헌들을 연구한 결과 건국 이래부터 1940년까지 150년 동안은 대부분의 책과 문헌이 '내적 성품(Character)'이 훌륭한 사람이 성공한다고 보고 있는 것으로 나타났다. 하지만 최근 50년 동안에는 인간의 '외적 성격(personality)'을 내세운 처세술을 성공의 비결로 강조하고 있는 것을 발견했다.

벤저민 프랭클린의 자서전처럼 내적 성품을 강조하는 문헌들은 언행일치나 겸손 · 충성 · 절제 · 용기 · 정의 · 인내 · 근면과 같은 덕목을 강조한다. 반면에 외적 성격 중심의 사고는 대인 관계를 원활하게 해주는 성격 · 대중적 이미지 · 화술 · 기법과 요령 등을 강조한다.

그러나 성격 위주의 처세술이 최근까지 미국의 조직 운영이나 기업 경영에 활용되면서 크고 작은 부작용을 초래해왔다. 스티븐 코비는 리더십이 다시 '내적 성품'을 중시하던 과거로 돌아가야 한다고 강조한다. 진정한 리더십은 자신이 먼저 '신뢰성'을 갖춰 다른 사람으로부터 신뢰를 얻은 뒤 상대방의 잠재능력을 최대한으로 발휘할 수 있도록 해주는 능력이다. 즉 조직원들에게 동기를 부여해 시너지를 내 조직을 성공하게 하는 것을 말한다.

현재와 미래의 새로운 리더는 끊임없는 자기 개발을 통해 내적 성품의 덕을 갖춘 인격자이자 특정 분야의 전문가로서 원칙에 바탕을 둔 리더십으로 주위의 유혹을 물리치고 강한 의지로 실천하는 사람이다. 관리자로서의 리더는 규정과 지침으로 직원들을 통제·관리하는 게 아니라 직원들의 잠재력을 충분히 발휘할 수 있도록 여건을 마련해 줘야 한다. 외적 성격이나 권위주의를 버리고 겸손한 자세로 직원들에게 접근해 열린 마음을 보여야 한다. 지침보다는 '원칙'이 되는 지혜를 강조하고 자율과 효과, 지속적인 성과를 추구하는 경영자가 진정한 리더이다.(경향신문 2003.11.6.일자)

:: 토의과제
1. 위의 사례를 읽고 자신이 생각하는 바람직한 리더십은 어떤 것이 있는지를 함께 논의하고, 본인이 되고자 하는 리더의 모습을 구체적으로 제시하시오.
2. 일반인들에게 잘 알려진 리더를 선정해 그의 리더십을 몇 가지 요소로 나누어 평가하고, 오늘날 요구되는 리더의 역량과 성품은 어떤 것이 있는지를 각 해당사례를 찾아 정리하여 발표하시오.
3. 인간존중의 리더십을 갖기 위해 필요한 성품과 자질을 토의하고 발표하시오.
4. 윤리적 리더와 비윤리적 리더의 사례를 찾아 정리하고, 그 결과를 발표하시오.

PART 5
사회와 직장의 인간관계

화목한 직장을 만드는 방법

제1절 직장과 집단

1. 집단의 의의와 유형

1) 집단의 개념과 특성

직장에서의 인간관계를 이해하기 위해서는 직장의 여러 종류의 집단에 대한 정확한 파악과 이해가 선행되어야 하는데, 인간관계연구에서 집단에 대한 연구는 주로 소집단의 연구를 말한다. 일반적으로 집단이란 행태를 규제하는 일련의 가치 또는 규범을 가지고 빈번한 상호작용을 하면서 공동의 이익과 목표를 공유하는 개인들로 구성된 사회적 집합체를 말한다Middlemist & Hitt, 1981: 184-185.

따라서 소집단small group이란 2명~20명의 구성원을 가지고, 공동의 목적을 달성하기 위해 친근한 대면적인 협력과 결합을 특징으로 하는 집단, 또는 상호대면적으로 접촉할 수 있는 적절한 수의 사람들이 모여 일정기간에 걸쳐 커뮤니케이션을 행하는 집단이라고 정의할 수 있다. 소집단은 조직의 문제해결, 의사결정 및 생산성에 직접적으로 영향을 미치고 있으므로 이들 소집단에 대한 이해는 필수적이다Organ & Bateman, 1991: 453.

이들 소집단은 공식적 조직이나 자생적 조직의 어떤 형태로든 존재할 수 있지만, 대체로 조직행태의 비공식적 측면과 결부되는 예가 많다고 볼 수 있다. 집단행위를 이해하기 위해서는 분석체계가 필요한데 여기에서는 그들의 기본행동을 활동, 상호작용, 감정, 내부의 사회적 구조, 효과성이라는 측면에서 살펴보고자 한다Homans, 1950: 43-50.

① 소집단 활동을 소집단 구성원들이 어떠한 일과 역할을 하고 있으며, 그 관계는 어떠하며 그 결과는 어떠한가를 통하여 이해하는 것이다. 구성원들의 활동을 통하여 그들 간의 상호관계가 긴밀해지고 호의적으로 받아들여지면 보다 많은 활동을 자발적으로 수행하게 되고, 따라서 상호관계도 더욱 친밀해지는 동시에 지속화된다.

② 소집단 구성원들의 활동에서 나타나는 그들 간의 상호작용은 그 결과로 나타나는 감정여하에 따라서 새로운 활동과 상호작용을 갖게 됨으로써 상호작용의 빈도가 높아지고 지속기간은 길어진다.

③ 구성원들 간의 상호작용은 그들로 하여금 어떤 감정을 갖게 하며, 이 감정은 장래의 상호관계에 영향을 미치게 한다. 여기서 감정이란 타인이나 물적 대상에 대한 개인의 정신적 · 정서적 반응으로서, 개인의 심리적 느낌과 태도 및 동기를 의미한다.

④ 소집단도 내부적으로 어떤 자생적 조직구조가 형성되기 때문에 구성원들 간에 역할, 지위 및 상호 간의 관계가 맺어지며, 그들 간에 기대되는 공통적인 행동규범과 각자에게 기대되는 특수한 역할과 행동이 형성된다.

⑤ 소집단의 효과성effectiveness은 생산성productivity, 만족감satisfaction, 성장growth 등을 통하여 측정할 수 있다.

2) 집단의 유형과 기능

(1) 집단의 유형

집단은 다양한 기준에 의거하여 분류될 수 있으나, 대부분의 학자들은 이를 공식적 집단formal group과 비공식적 집단으로 대별하여 설명하고 있다Randolph, 1985: 386-387; Griffin & Moorhead, 2007: 234-236.

공식적 집단이란 조직의 공식적인 임무와 관련된 특수한 목적과 과업을 달성하기 위하여 조직이 의식적으로 만든 집단이다. 따라서 분업의 원칙에 기반을 두고 있고 기능적인 상호작용이 대표적인 활동이 되며, 공식적인 조직 도표에 나타나는 집단이다Organ & Bateman, 1991: 456. 이러한 공식적 집단에는 프로젝트 집단, 위원회, 태스크포스, 품질관리분임조QC 등이 포함된다. 공식적 집단은 그 존속기간에 따라 전체조직에 특수한 서비스를 제공하는 영속적 공식집단permanent formal group과 잠정적인 특수한 직무를 수행하기 위하여 생기는 임시적 공식집단temporary formal group으로 분류되기도 한다. 영속적 공식집단 또는 조직의 예로서는 이사회, 각 부문의 작업단위, 참모집단, 상설위원회 등을 들 수 있고, 임시적 공식조직의 예로서는 임시위원회, 태스크포스 등을 들 수 있다.

비공식적 집단은 공식적 조직에 의하여 정해진 사람들이 배치나 상호관계를 계기로 자연적으로 발생하는 소집단을 말한다. 이들 비공식적 집단은 조직이 무시할 수 없는 강력한 세력이 될 수 있기 때문에 관리자들은 이들에 대한 관심을 가질 것이 절대적으로 필요하다. 조직의 구성원들은 부분적·합리적 인간이 아니라 전인적·정서적 존재로서 타 구성원과 다양한 인간관계를 맺으면서 그들의 감정적·정서적 욕구를 충족하기 위하여 자연발생적으로 비공식집단을 형성하는 것인데, 이러한 비공식집단은 다음과 같이 세분할 수 있다Schein, 1965: 69.

① 수평적 집단(horizontal clique): 대체로 유사한 지위에 있고 동일한 장소에서 근무하는 조직구성원 간에 형성되는 집단을 말한다.

② 수직적 집단(vertical clique): 서로 다른 계층의 사람들에 의하여 구성된 집단으로서 보통 상의하달적·하의상달적 커뮤니케이션의 통로역할을 한다.

③ 혼합집단(mixed clique): 이 집단에는 여러 부류의 지위, 부문, 지리적 위치의 구성원이 포함되어 있다. 그러므로 이러한 집단은 공통의 욕구·관심을 충족시키거나 조직에 의하여 충족될 수 없는 기능상의 요청에 대응하기 위해서 구성된다.

PART 5-11

(2) 집단의 기능

샤인Schein, 1965: 70-71은 소집단의 기능을 조직의 기본임무를 수행하는 공식적·조직적 기능과 집단성원의 다양한 욕구를 충족시키는 비공식적 기능인 심리적·개인적 기능으로 대분하고, 실제적으로는 이들 기능이 혼합되어 나타난다고 설명하고 있다.

① 공식적·조직적 기능(formal, organizational function): 조직의 기본적인 임무수행과 관련되는 공식적 기능이란 공식적 집단의 업무수행, 기획, 연락 등에 대하여 공식적인 책임을 지는 과제를 말한다.

② 심리적·개인적 기능(psychological, personal function): 조직의 구성원은 여러 가지 심리적·개인적 욕구를 가지고 있는데, 그들은 이러한 욕구를 소집단 형성을 통해서 충족시키고 있다. 소집단이 그 구성원을 위하여 수행하는 심리적 기능을 살펴보면 다음의 다섯 가지를 들 수 있다.

㉠ 소속감affiliation need; 우정, 애정, 지지를 구하는 욕구의 충족

㉡ 일체감sence of identity의 조성, 강화

㉢ 확인과 자존심self esteem의 유지

㉣ 안정감과 유력감의 강화

㉤ 구성원 간의 위로, 격려, 상부상조 또는 신입자 등의 포섭 등

③ 다원적·혼합적 기능(multiple or mixed function): 대부분의 집단은 조직의 목표 달성에도 기여하고 또한 각 구성원의 욕구도 충족시키는 다원적 또는 혼합적인 기능을 가지고 있다. 즉 소집단은 공식적 기능과 비공식적 기능을 함께 수행한다. 소집단은 조직의 목표와 개인의 욕구의 통합을 조장하는 중요한 단위라고 할 수 있다.

2. 집단형성의 이유와 발전

1) 집단형성의 이유

사람들이 왜 집단을 형성하는가를 이해하는 것은 집단 내의 개인의 행동을 연구하는 데 있어서 매우 중요하다. 여러 학자들의 견해를 종합하면 일반적으로 다음과 같은 것들을 집단형성의 이유로 열거할 수 있다Szilagyi, Jr. & Wallce, Jr., 1984: 170-171; Jex & Britt, 2008: 340-341; Robbins & Judge, 2015: 277.

(1) 욕구의 충족

개인들은 개인적으로 충족시킬 수 없는 욕구를 충족시키기 위해서 집단을 형성하게 된다.

(2) 과업달성

집단은 과업달성을 위해 형성되는데, 이는 조직에서 공식적 집단이 존재하는 본질적인 이유이다.

(3) 이념과 목표

사람들은 어떠한 이념이나 목표에 찬동하여 집단을 형성하거나 구성원이 되기도 한다.

(4) 문제해결

조직의 문제를 해결하기 위하여 집단이 구성되기도 한다.

(5) 가까움과 친근감

사람들은 장소적으로 근접한 곳에 근무하면서 이로 인한 접촉의 기회가 잦으면 친근감을 갖게 되기 쉬우며, 이 경우 집단을 형성할 가능성도 커진다.

(6) 경제적 이유

PART 5-11

혼자보다는 집단으로 협동하여 작업을 할 때 힘이 덜 들며, 생산성이 향상되어 경제적 이득을 볼 수 있다는 점이 사람들로 하여금 집단을 형성하게 하는 요인이 된다. 또한 임금협상과 같은 경우 개인보다는 집단을 형성하는 것이 유리하다는 점 역시 사람들이 집단을 형성하도록 만드는 이유가 될 것이다.

이 밖에도 여러 구조적인 요인과 환경적인 요인들이 집단의 형성에 영향을 준다. 아울러 이러한 요인들은 상호배타적인 것이 아니며 상호복합되어 집단의 형성에 영향을 미친다고 할 수 있다.

2) 집단발전의 단계

대부분의 집단들은 대개 다음과 같이 형성단계, 집단 내 갈등단계, 규범화단계, 수행단계, 해산단계의 다섯 단계를 거치면서 발전하게 된다Slocum, Jr. & Hellriegel, 2007: 221-224.

(1) 형성단계(forming stage)

형성단계는 개별 구성원들이 목표의 규정과 과업을 달성하기 위한 절차를 개발하는 단계이다.

(2) 집단 내 갈등단계(storming stage)

이 단계는 집단구성원들이 갈등을 일으키고 이것이 표면화되는 단계이다. 또한 집단구성원들이 집단의 리더나 상호 간에 적대의식을 느끼며, 각자의 개성을 표현하려고 하며 집단구조의 형성에 저항하게 되는 단계이기도 하다.

(3) 규범화단계(norming stage)

규범화단계는 정보의 공유, 상이한 의견의 수용, 집단의 목표에 대한 동의 또는 타협을 적극적으로 시도하는 단계이다. 또한 이 단계에서는 집단의 단결을 위한 감정이입empathy, 관심과 감정의 적극적인 표현에 초점을 두게 되며, 아울러 협력과 공유된 책임이 강조된다.

(4) 성과창출단계(performing stage)

성과창출단계에서는 구성원들이 집단의 임무와 목표에 대해 전략적으로 인식하고 확실히 이해한다Nelson & Quick, 2008: 206. 이 단계에서 집단은 그들의 과업을 얼마나 효과적이고 효율적으로 수행할 수 있는가를 보여준다. 이 단계에서 개별 구성원의 역할이 인지되고 수용되는데, 구성원들은 그들이 언제 독립적으로 일을 수행해야 하고, 언제 타인을 도와야 하는지를 인식한 단계이다. 이 단계에서 어떤 집단은 그들의 경험과 새로운 투입으로부터 학습하고 발전함으로써 그들의 능률성과 효과성을 높이게 되는 반면 어떤 집단은 그들의 생존에 간신히 필요한 성과 밖에 얻지 못하는 경우가 발생한다Crouch, 1987. 이들이 저조한 성과를 내는 이유는 집단구성원의 이기적인 행태, 효과성과 능률성을 방해하는 규범의 개발, 빈약한 리더십 등의 요인이 작용한 결과이다.

(5) 해산단계(adjourning stage)

해산단계는 과업의 종결과 집단구성원 관계의 해소와 연관된다. 예를 들면 태스크포스처럼 정해진 기간 동안 임무를 완수하고 해산하는 경우를 들 수 있다. 이 단계에서 집단구성원들은 불안과 같은 여러 감정들을 경험할 수 있는데 그 이유는 이들이 헤어지고 결국엔 집단이 해체되기 때문이다. 그러나 조직 내에서 계속 존재해야 하는 집단은 이 단계를 거치지 않고 이전 단계인 성과창출단계에 머물러 있기도 한다George & Jones, 2008: 328. 즉 집단이 태스크포스 팀이나 프로젝트 팀과 같은 임시적 특성을 가지지 않는다면 해산하지 않는 경우가 대부분이다.

3. 집단구조의 각 요소분석

집단구조란 어떤 집단을 다른 집단과 구별하게 하는 안정된 특질을 의미하는데, 이러한 집단구조를 이루는 주요요소로서는 규범, 지위, 역할, 리더십을 들 수 있다.

1) 규범(norms)

규범이란 집단구성원들의 행동을 규제하는 기준으로서, 구성원들의 합의를 통해 발전되는 것이다Forsyth, 2010: 145. 즉 이는 집단의 구성원들 간에 공유된 행동의 기준이라고 볼 수 있으며 집단의 목적을 이룩하고 구성원 간의 동질성을 유지하는 데 매우 중요한 역할을 한다. 규범은 여러 가지 유형이 있는데, 지시적prescriptive 규범은 어떤 것이 바람직하고 승인되는 행동인지를 밝혀 주는 역할을 하며, 금지적 규범은 금지되고 처벌받는 행동의 기준이 무엇인가를 제시한다. 기술적 규범은 특정 상황에서 사람들이 전형적으로 행동하고, 느끼고, 생각하는 방식을 기술하는 기준이며, 강제적 규범은 사람들이 의무적으로 해야 하는 행동들을 제시한다Forsyth, 2010:

규범은 집단을 보존하고 집단구성원의 사회적 욕구와 자율적 욕구를 충족시켜 주는 역할을 수행한다. 규범은 집단에서 구성원의 동질성 유지는 물론 복잡한 세계에 대한 이해의 준거틀을 제공할 뿐 아니라 집단의 유지와 목표를 달성하기 위한 통일된 행위를 가능하게 해 준다. 또한 규범은 구성원의 행태를 예측 가능하도록 해 주고 집단의 핵심가치를 표현함으로써 다른 집단과 구별을 용이하도록 해 준다Griffin & Moorhead, 2007: 243. 그런데 일단 규범이 성립되면 이를 준수하도록 하는 압력이 가해지게 된다. 이러한 압력은 구체적인 제재의 형태로 나타나는데 제재는 보상과 처벌의 양면성을 띠고 있다.

2) 역할(role)

역할은 특정 직위를 가진 사람에게서 기대되는 일관성 있는 행동들의 집합이다Forsyth, 2010: 149. 이러한 역할은 공식적으로 정해져 있기도 하고 명시적으로 규정되어 있지 않아 애매한 경우도 있다한덕웅 외, 2005: 257. 또 역할구조role structure는 이러한 역할의 집합이며, 역할 간의 상호연결된 체계이다.

역할은 공식적으로 부여받은 과업과 직무에 의해서 주로 정해지며, 개인의 특성에 따라 부여받지는 않는다. 그리고 역할이 집단구조를 형성하는 기본적 단위인 것은 이들 역할의 체계가 곧 집단의 구조이기 때문이다.

그런데, 역할을 모호하게 규정하거나 구성원에게 전달했을 경우 역할모호성role ambiguity이 발생하는데 이는 조직과 개인 양자에 모두 심각한 문제로 대두될 가능성이 크다. 이 경우 특히 집단의 상위계층에서 더욱 곤란한 문제로 나타나게 되는데 상위계층일수록 역할의 규정에 유연성을 가질 수 있기 때문이다. 반면 역할갈등role conflict은 주로 이러한 역할에 대해 개인이 수용한 메시지가 상반되거나 모순이 있을 경우 발생된다.

---

1 기술적 규범을 따르지 않는 사람은 이상한 사람으로 취급되지만, 강제적 규범을 어긴 사람은 나쁜 사람으로 평가되어 제재를 받는다.

3) 지위(status)

집단에도 조직에서와 마찬가지로 지위체계가 존재한다. 집단에서의 지위란 집단 내에서의 개인의 위치와 특성을 중심으로 부여된 사회적 서열이라고 규정할 수 있다. 요컨대 지위는 개인의 직위와 권한, 재직연수, 대우 등 공식적인 요소와 개인의 인격과 성격, 교양과 실력, 나이와 가족배경 등 개인적 특성을 중심으로 개인에게 부여되는 집단구성원 상호 간의 자생적인 서열관계인 것이다Kast & Rosenzweig, 1974: 275. 따라서 지위는 수직적인 계층구조를 가지고 있다고 볼 수 있다.

지위가 공식적 요소에 의거해서 개인에게 부여되는 경우 이를 조직적 지위or-ganizational status라 하고, 개인적 특성에 의한 지위는 사회적 지위social status라고 부른다Scott, 1967: 185. 집단에 있어서의 지위는 이 두 가지 지위의 총체적 합에 의해서 결정된다고 할 수 있다.

지위와 관련하여 집단의 성과에 영향을 미치고, 집단의 갈등을 유발하는 현상이 이른바 지위불일치status incongruence 현상이다오세덕, 1987: 210. 지위불일치는 어떤 개인의 지위가 어떤 측면으로는 높으나 또 다른 한 측면에서 보았을 때는 낮은 경우에 발생되는데, 이는 집단의 갈등을 유발하여 조직의 효과성에도 부정적인 영향을 미치는 것으로 나타났다.

4) 리더십(leadership)

리더십 역시 집단의 구성요소 중 주요부분을 형성한다. 리더십은 모든 관리활동에 동기를 부여·촉진하고 다양한 집단 활동을 일정목표를 향하도록 일체감을 조성하는 중요한 역할을 한다Vanderveer & Menefee, 2006: 83. 대부분의 리더들은 집단 구성과 행동의 모든 측면집단 규모, 구성원의 역할, 규범, 목표, 환경에 영향을 미친다. 이러한 리더는 공식적 직무배분에 의한 공식적 리더와 자생적인 서열관계에 따라서 발휘되는 비공식적 리더로 구분할 수 있다Slocum Jr. & Hellriegell, 2011: 366.

비공식 리더는 집단 내에서 그의 영향력이 오랜 시간에 걸쳐 강화되며, 집단이 목표를 달성할 수 있도록 해주는 독특한 능력을 가지고 있는 인물이다. 물론 공식적 리더와 비공식적 리더가 명확히 구분되는 것은 아니며 이 둘은 동일 인물일 수

PART 5-11

도 있다. 이러한 리더십의 일치는 매우 중요한데, 공식적 리더십과 비공식적 리더십의 일치 또는 조화적 관계가 집단차원과 전체 조직적 차원에서 바람직하기 때문이다.

4. 집단역학

1) 집단역학의 본질

인간관계를 관리하는 데에는 개인의 관리에 관한 기법 이외에 집단적인 접근을 위한 기법이 필요하다. 이러한 집단의 동태를 지배하는 법칙을 탐구하는 집단역학group dynamics은 모레노Jacob L. Moreno의 소시오메트리sociometry기법에서 시사를 얻어 심리학자인 레윈에 의해서 발전된 사회심리학적 이론이다. 그는 소집단small group의 구조와 기능, 생성, 발전, 해체 및 집단 상호 간의 이합집산의 변화과정을 실험적으로 연구하고 그 역동적인 측면을 분석하는 데 크게 공헌하였다.

집단역학은 경영학, 심리학, 사회학 등에서 관점에 따라 상이한 정의를 내릴 수 있으나 집단연구라는 공통점을 발견할 수 있는바, 집단의 기능 및 그 구성원의 행동에 영향을 미치는 제 조건을 집단이라는 장field에 작용하는 힘이라는 면에서 해명하여 집단행동을 변화시킬 수 있는 방법을 찾아내려고 하는 것이라고 볼 수 있다.

2) 소시오메트리

소집단연구의 한 기법으로서 대표적인 방법 중의 하나가 소시오메트리이다. 이는 조직성원 간의 선호, 즉 서로 상대방에 대해서 가지는 심리적 '선호선택 · 견인 attraction' 또는 '비선호거부 · 배척, repulsion'의 감정을 포착하여 분석함으로써 조직구성원 간의 인간관계, 다시 말해서 비공식적 관계 또는 자생적 집단의 구조를 추정하려는 수단으로서 고안된 것이다. 소시오메트리 연구에서 얻은 자료는 소시오그램sociogram과 소시오매트릭스sociomatrix로 분석되어 소집단 내의 인간관계의 구조, 즉 상호관계유형, 집결유형, 선호관계 등을 파악하는 데 기여한다.

(1) 소시오그램(sociogram)

소시오그램은 집단 내의 선호관계를 한눈에 바라볼 수 있도록 도표화한 것으로서, 집단구성원 간의 전체적인 관계유형은 물론 집단 내의 하위집단들 간의 역학관계, 구성원 간의 사회적 서열관계 등을 쉽게 파악할 수 있도록 해 준다. 이러한 도표를 만들 때에는 여러 가지 상징적인 표식도형을 쓰게 된다.

▼ 그림 11-1 소시오그램의 예

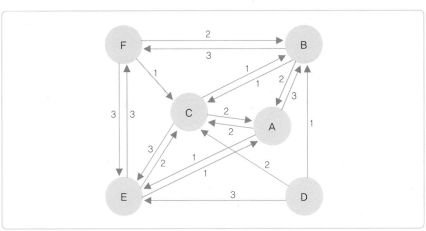

소시오그램의 간단한 예를 하나 보기로 한다. [그림 11-1]은 하나의 작업집단을 구성하는 여섯 명의 작업자에게 같이 일하고 싶은 사람을 셋씩 순위대로 선택하게 하여 얻어 낸 응답을 소시오그램으로 작성한 것이다.[2] 선택의 방향은 화살표로, 선택의 순위는 숫자로 표시되어 있다. 그림을 살펴보면 C는 제일 많이 선택받은 인기인물star 또는 자생적 리더의 지위를 차지하고 있어 C를 중심으로 하나의 세력집단이 형성되어 있음을 볼 수 있다. 또한 D는 하나도 선택받지 못한 고립자isolate임을 알 수 있다.

PART 5-11

| 2 소시오메트리 연구 시의 질문과 지시사항에 대해서는 Kerlinger(1986: 499-500) 참조.

(2) 소시오매트릭스(sociomatrix)

소시오매트릭스에서는 조직구성원 각자와 다른 구성원들 간의 관계를 선호[(1)], 무관심[(0)], 거부[(-1)]의 점수를 부여하고, 이를 종합하여 집단 내의 자생적 서열관계와 선호인물을 파악할 수 있도록 해 준다. 선호신분지수choice status index는 선호총수/(구성원수−1)의 공식을 사용하여 계산할 수 있는데, 여기서 가장 높은 수치를 얻은 구성원이 집단이 가장 선호하는 인물로서 그 집단의 자생적 리더라고 할 수 있다Lawless, 1972: 210. [표 11-1]에서 보면 B가 가장 높은 수치를 얻음으로써 집단의 자생적 리더임을 나타내고 있다.

[표 11-1] 소시오매트릭스의 예

선호거부구성원	A	B	C	D	E	F	G	신분서열(선호신분지수)
A	×	①	①					정규신분 A(0.50)
B	①	×	①					B(1.00)
C	①	①	×				−1	C(0.50)
D	1	1		×	①			주변신분 D(0.17)
E		1		①	×	−1		E(0.17)
F		1				×	−1	고립신분 F(−0.33)
G		1	1			−1	×	G(−0.33)
선호총계	3	6	3	1	1	−2	−2	응집성지수:
선호신분지수	0.50	1.00	0.50	0.17	0.17	−0.33	−0.33	$\frac{4}{_7C_2} = \frac{4}{21} = 0.190$ 선호: 1 거부: −1 상호선호: O

자료: 박내회(2004: 136).

소시오매트릭스는 집단의 응집성 측정에도 유용하게 사용할 수 있다. 소시오매트릭스를 이용한 집단의 응집성지수cohesiveness index는 다음의 공식을 사용하여 계산한다.

$$집단의\ 응집성지수 = \frac{실제\ 상호선호관계의\ 수}{가능한\ 상호선호관계의\ 수(_nC_2)}$$

이 공식을 사용하여 얻을 수 있는 응집성지수는 0.00에서 +1.00까지 가능한데, [표 11-1]에서 공식을 사용하여 계산해 낸 응집성지수는 0.190이다. 이 경우 집단의 크기가 작다는 점을 고려하면 응집성이 상당히 작다고 판단할 수 있을 것이다.

3) 집단응집성(group cohensiveness)

집단응집성은 집단의 일체성과 결속력, 소속감과 공동체감 및 상호협력 노력의 총합이라고 할 수 있다Forsyth, 2010: 118. 이는 쉽게 말해서 집단이 그 구성원을 이끌어 들이는 흡인력attraction이라고 표현할 수 있다. 응집성이 강한 집단에서는 집단구성원들이 공유된 가치와 행태를 갖고 있으며, 규범의 준수 정도가 높다. 또한 상호간의 태도가 긍정적이며, 소속집단에 대한 만족도가 높은 것이 일반적이다Athos & Coffey, 1968: 128-133. 집단의 응집성이 낮은 경우 협동이 부진하며, 그들의 목표를 달성하는 데 매우 어려움을 겪게 된다. 그러므로 관리자는 집단응집성을 증대시키는 요인과 감소시키는 요인을 파악하는 것이 필요하다. 집단의 응집성에 영향을 미치는 요인을 증대요인과 감소요인으로 나누어 살펴보면 [표 11-2]와 같다.

[표 11-2] 집단응집성의 증대요소와 감소요소

증대요소	감소요소
다른 집단과의 경쟁	
상호 간 매력	집단규모의 증대
호의적인 평가	목표에 대한 불일치
목표에 대한 동의	집단 내의 경쟁
빈번한 상호작용	소수에 의한 지배
과업성과의 강조	불유쾌한 경험
참여적 관리	

자료: Szilagyi, Jr. & M. J. Wallace, Jr.(1984: 193-199), George & Jones(2008: 372-373)을 종합하여 재구성.

그러나 집단의 응집성이 반드시 긍정적인 역할만을 하는 것은 아니다. 응집성은 변화에 대한 저항과 집단사고group thinking와 같은 부정적인 역할을 하기도 하므로 관리자들의 응집성에 대한 올바른 이해가 요망된다.

5. 비공식적 집단(자생적 집단)

1) 비공식적 집단 연구의 의의

1927년부터 1932년까지 실시된 호손실험의 성과는 직장상황의 한 측면에서 볼 때 공식적 집단 못지않게 비공식적인 자생적 집단informal group이 조직의 중요한 측면이라는 것을 알려 주었다. 이러한 비공식적인 자생적 집단은 인간상호 간의 접촉이나 친근성으로 인하여 자연발생적으로 형성되는 사실상의 인간관계이다Nigro, 1965: 152-153. 또한 실제 존재하는 현실적 인간상호관계나 인간의 욕구를 기반으로 하며, 구조가 불명확하나 공식적 집단에 비하여 신축성을 가진 조직이기 때문에 인간들에게 공통적인 사고방식을 부여하고 일정한 행위규범을 기초로 하여 결합되는 친밀한 사회집단으로서 행동하게 된다.

비공식적 집단은 공식적 집단에 있어서 직무상의 상호작용이 특정의 인간들 간에 집중적·반복적으로 이루어지므로 조직의 타인들과 단절된 관계의 발생으로 생겨난다. 비공식적 집단이 발생하는 기반은 공식적 집단이며 여기에 비공식적 집단이 존재해도 무질서한 상태가 되는 것이 아니라 조직구성원의 생산과 일에 대한 만족에 유리한 영향을 미친다. 또한 이는 조직성원의 일상적·사회적인 작용으로부터 발생하는 것이기 때문에 조직체 내에 영구적으로 존재하게 되며, 인간의 행동을 배후에서 규정하고 있기 때문에 그 통제력은 제도상의 통제력보다 강력하다고 할 수 있다.

그러므로 조직구성원들의 행동이나 태도를 올바르게 이해하기 위해서는 각종 비공식적 집단의 범위와 구조, 그들의 기능과 영향력, 그들의 발생과 변화 및 상호관계를 연구할 필요성이 있다.

2) 공식적 집단과 비공식적 집단의 특징과 관계

공식적 집단과 비공식적 집단의 특징을 비교해 보면 다음과 같다Simon, Smithburg & Thompson, 1950: 85-91; Davis, 1959: 235-238; Hodgetts, 1980: 132-137.

① 공식적 집단은 인위적으로 구성된 집단인 데 비하여 비공식적 집단은 자연발생적이다.

② 공식적 집단은 외면적·외재적으로 구성된 집단인 데 비해서 비공식적 집단은 내면적·내재적 집단이다.

③ 공식적 집단은 성문화된 제도적·가시적인 데 비하여 비공식적 집단은 성문화되지 않은 비제도적·불가시적이다.

④ 공식적 집단은 일반적으로 능률의 논리에 따라 구성되는 데 반하여 비공식적 집단은 감정의 논리에 따라 형성된다.

⑤ 공식적 집단을 전체적 질서라고 한다면 비공식적 집단은 부분적인 질서라고 할 수 있다.

⑥ 공식적 집단은 방대한 규모로 확대되는 경향이 있는가 하면 비공식적 집단은 현실적인 친밀한 인간관계를 필수조건으로 하는 소집단 상태를 특징으로 한다.

⑦ 공식적 집단은 권위의 하향성을 특징으로 하여 권위인정의 강제성과 규제성을 내용으로 하는 데 반하여 비공식적 집단은 권위의 상향성을 특징으로 하며 구성원 간의 사회심리학적 영향력을 주로 하여 권위인정의 자발성을 내용으로 한다.

공식적 집단과 비공식적 집단 간의 위와 같은 상이한 특징이 존재함에도 불구하고, 집단 혹은 조직은 공식적 측면과 비공식적 측면을 아울러 가지고 있으므로 공식적 집단과 비공식적 집단을 각각 독립된 별개의 존재로 인식해서는 안 된다. 이들 두 유형은 병립하고 있으며 서로 분리할 수 없는 존재인 것이다. 현실의 조직 혹은 집단에 있어서 어느 것이 공식적 집단이며 어느 것이 비공식적 집단인지를 구별하기란 곤란하며, 공식적·비공식적인 구조, 기능, 역할관계를 이분론적 도식만으로 파악할 수는 없다. 따라서 이 두 가지 유형의 집단은 동일한 상황을 별개의 관점에서 본 것에 불과하므로 상호배타적인 것이 아니라 상호보완적인 관계로 파악하여야 할 것이다.

3) 비공식적 집단의 기능

비공식적 집단에서 나타나는 순기능과 역기능을 고찰해 보면 다음과 같다[Gray & Starke, 1984: 413; Hodgetts, 1980: 142-145; Jex & Britt, 2008: 340-341].

(1) 비공식적 집단의 순기능

① 구성원으로 하여금 귀속감, 안정감, 일체감 등 심리적 욕구를 충족시킴으로써 작업집단을 안정화시킨다.

② 구성원 간의 협조에 의해 능률적으로 업무를 수행할 수 있다.

③ 구성원 사이에 정보나 경험 등이 교환되어 유효한 의사소통의 통로가 된다. 공식적 의사소통체계와는 달리 자생적 의사소통체계는 신축적이고 개인적 차원의 것이어서 신속하고 중요한 정보가 쉽게 교환될 수 있다.

④ 구성원들의 좌절감, 욕구불만 기타 정서적 불안문제에 대한 안전판의 역할을 한다.

⑤ 구성원이 창의력을 발휘하고 자기혁신을 기하게 하며, 책임자의 명령이나 능력에 결함이 있는 경우 이를 보완하는 역할을 한다.

⑥ 조직생리를 파악하는 유효한 수단이 될 수 있다. 즉 책임자는 비공식적 집단을 통하여 조직 내의 상황과 구성원의 업무태도를 정확하게 파악할 수 있다.

(2) 비공식적 집단의 역기능

① 비공식적 집단은 어느 개인의 불안과 불만을 작업집단 전원의 것인 양 유포시킬 우려가 있다.

② 공식적인 의사전달이 와전됨으로써 조직의 활동을 잘못된 방향으로 이끌어 나갈 수 있다.

③ 조직 전체의 이익보다는 소수집단의 이익을 앞세움으로써 파벌이 조성될 경우 조직의 평형을 파괴할 수도 있다.

④ 개인적 이익을 도모하기 쉬우며 정실주의를 조장할 우려가 있다.

⑤ 변동에 대한 저항을 일으킬 우려가 있다.

⑥ 정확하지 않은 풍문rumors을 유포할 가능성이 크다. 이는 비공식적 집단의 가장 바람직하지 않은 측면이라고 할 수 있다.

⑦ 이러한 제반 역기능과 관련하여 비공식적 집단의 응집성을 공고히 하여 외부에 적대적인 태도를 취할 경우 공식적 기능을 마비시킬 수도 있다.

4) 비공식적 집단의 통제

레아드D. A. Laird는 비공식적 집단의 종류를 두 가지로 대별하면서 하나는 리비도Libido적 집단과 다른 하나는 모르티도Mortido적 집단이라고 부르면서, 전자는 상호상찬相互賞讚을 토대로 하여 조직된 양성적 집단인 데 반하여 후자는 공동적인 원한을 토대로 하여 조직된 음성적 집단이라고 말한다.

양성적 집단은 집단성원 상호 간에 친목을 도모하기 위한 것이므로 공식적 집단 내에서 온당한 기능을 수행하는 것이라고 볼 수 있다. 그러나 음성적 집단은 관리층에 대한 불평불만과 반항을 일삼는 것이므로 관리자의 관심의 대상이 된다. 즉 비공식적 집단에 대한 통제라 함은 음성적 집단에 대한 통제를 의미한다고 할 수 있다. 비공식적 집단을 통제하기 위한 방안을 나열해 보면 다음과 같다.

① 비공식적 집단의 불가피성을 인정하고 비공식적 집단의 목표 및 규범을 공식적 집단의 목표 및 규범에 일치시키도록 한다.

② 비공식적 집단 간의 대립과 알력 및 지나친 경쟁을 방지하고 상호 간의 의사소통을 증진시킨다.

③ 직무에 대한 만족감과 공식적 집단에 대한 자부심을 갖도록 관리자는 민주적 리더십과 인간관계적 관리기술을 발휘한다.

④ 비공식적 집단의 지도자를 발견하여 공식적 목적을 이해시키고 이에 협조하도록 유도한다.

⑤ 비공식적 집단의 목표, 기능 및 규범이 공식적 집단의 목표달성에 유해한 경우 강제적 방법을 동원하기 전에 참여, 의사소통 등으로 이를 변동시키도록 유도한다.

⑥ 이러한 긍정적 통제방법이 불가능할 경우 전술한 바와 같이 직무의 절차나 내용을 변경시켜 자생적 집단의 관계를 약화시키거나 구성원의 전출, 격리 등 강제적 방법을 통하여 통제할 수도 있다.

그러나 이러한 비공식적 집단의 통제에는 다음과 같은 한계가 있다.

첫째, 그것은 조직의 전체적 관점에서 보면 어디까지나 부차적이라는 점이다. 따라서 집단을 효과적으로 관리하기 위해서는 공식적 집단에 대한 통제가 우선적으로 이루어져야 한다. 둘째, 비공식적 집단에 대한 통제는 불완전성을 갖는다는 점

PART 5-11

이다. 왜냐하면 비공식적 집단은 내재적·비가시적 조직이기 때문에 그 발견과 통제에 제약성이 따르기 때문이다.

제2절 직장에서의 효과적 면담

1. 면담(면접)의 의의

면담 또는 면접이란 사람과 사람이 일정한 환경situation에 있어서 직접 대면하여 주로 언사言辭를 매개로 하여 질문이라는 자극에 의하여 답이라는 반응을 얻는 상호적인 관계행동이라고 정의할 수 있다. 하이데거Heidegger는 "인간의 근본상태는 공존이란 점에 있다"라고 말한 바 있다. 인간이 무엇에 의하여 공존할 수 있는가에 관하여는 여러 가지 요인이 있다고 생각되나, 아마도 사람이 면접을 하고 면접을 당하고 또한 의사소통을 한다는 것이 인간의 공존을 가능케 하는 커다란 요인일 것이다. 사실 넓은 견지에서 본다면, 인간의 일생은 면담에서 시작하고 면담에서 끝난다고 말할 수 있다. 다시 말하면 인간의 일생은 면담의 연결이라고 볼 수 있는 것이다. 이러한 면담은 목적에 따라 여러 가지로 분류될 수 있으며 또한 면담의 방법과 기술 역시 개별적 목적에 따라 특색을 지니고 있다. 여기서는 직장면담에 한정한다.

직장에 있어서의 면담은 종업원이 관리자와 더불어 종업원의 신상문제나 직무를 둘러싼 문제를 의논하기 위하여 자신의 직무나 또는 작업장소에서 벗어난다는 견지에서 볼 때, 관리자와 종업원 사이에 있어서의 '현장을 떠난 비공식적인 개인접촉off the job contact'의 일종이라고 볼 수 있으며, 또한 상이한 태도를 가지고 있다는 의미에서 볼 때, 태도를 달리하는 두 사람 사이의 대화의 일종이라고도 볼 수 있는 것이다.

면담은 시간과 장소가 미리 마련되어 있다는 견지에서 볼 때, 관리자와 종업원 간에 이루어지는 직장 내외의 자유접촉보다 좀 더 공식성을 띤 동시에 민주적 관리기술의 제반 원리원칙을 직접 적용할 수 있는 좋은 기회이다. 사실상 면담은 모든 종업원이 갈망하고 있는 인간으로서의 인식을 가장 효과적으로 느끼게 할 수 있는 방법이다. 비록 관리자들이 종업원들을 인식하는 방법으로서 관찰이나 또는 근무성적에 관한 서류검토를 통하여 간접적인 상별수단을 강구하는 예도 허다하지만, 이는 우수한 면접수단을 통하여 이루어지는 우호적 분위기라든가 또는 직접적 효과에는 비할 바 못 된다.

전술한 바와 같이 면접 또는 면담이란 간단히 말해서 두 사람 사이의 대담의 일종이며, 이는 주로 서로가 이미 잘 알고 있는 사실을 논의한다든가, 상호 간의 태도와 행위에 영향을 준다든가, 또는 관리자와 종업원 간의 우호적 유대를 가일층 강화시킨다든가 하는 데 그 주요목적이 있는 것이다. 즉 면담의 주요기능을 분석하여 보면 다음과 같은 다섯 가지 기능으로 분류할 수 있다.

① 종업원의 상태, 종업원의 태도·고충 등에 관한 실태를 파악하기 위해,

② 기관의 방침, 근무평정의 실태, 기타 등에 관하여 사실을 알려 주고 또한 이에 관한 의견을 서로 교환하기 위해,

③ 종업원의 협력이나 집무태도를 개선하기 위한 자극을 부여하기 위해,

④ 종업원의 카운슬링자격으로서 일신상의 문제해결을 도와주기 위해,

⑤ 직장의 상황 및 종업원을 평가하기 위해서이다.

2. 면담의 종류와 진행방법

직장에서 상사와 부하종업원 간에 이루어지는 면담은 목적에 따라 여러 가지 종류로 분류할 수 있으며, 또한 면담의 진행요령도 그 목적하는 바에 따라 약간의 개별적인 특색을 지니고 있다. 그러나 여기서 모든 면담의 종류와 개별적인 요령을 상세히 논한다는 것은 불필요한 노력이므로 관리상 수시로 행해지는 몇 가지 면담과 또한 관리자가 그러한 면담을 행할 때에 특별히 유의해야 할 몇 가지 점만을 살펴보고자 한다.

1) 근무평정면담(인사고과면담)

근무평정은 종업원의 업무수행 상태를 측정하는 방법이며 또 그것을 통하여 관리층이 그것을 어떻게 생각하고 있는가를 알려 주는 방편이다. 근무평정은 여러 가지 목적이 있을 수 있는데, 대체적으로 행정적 목적과 통보적 목적의 두 가지로 분류할 수 있다. 전자는 조직의 인적 자원의 배분, 즉 승진과 배치전환의 대상자를 선별한다든가 또는 승급대상자를 결정하는 것을 말하며 후자는 종업원들에게 관리층이 그들의 근무상태를 어떻게 보고 있고 또 그들에게 기대하는 것이 무엇이라는 것을 알려 주는 것을 말한다. 근무평정은 이 두 가지 목적에 기여한다Halloran & Benton, 1987: 310-312.

근무평정의 양식과 방법은 조직에 따라 다를 수 있으나 어느 경우에나 평정자가 수행하는 직무내용을 수록한 직무기술서를 갖고 공정하게 행하여야 한다. 직무의 책임이나 내용을 모르고 인물만을 보고 평정한다는 것은 사람을 격분시키는 요인이 된다. 또 평정을 공개적으로 할 것인가 비밀리에 할 것인가 하는 것도 조직의 방침에 따라 다를 수 있으나 선진국의 근래의 경향은 공개리에 하는 편이다. 그렇게 하는 것이 이런 기회를 통해 종업원은 잘 한 일에 대해 칭찬을 받을 수 있는 기회를 가질 수 있으며 또 그에게 기대되는 것이 무엇인가를 분명하게 알 수 있다. 이것이 평정의 본래의 취지에 맞지 않는가 생각된다.

근무평정면접은 지시적 또는 허용적permissive일 수 있다. 다시 말하면 평정자 또는 종업원이 대담의 방향을 잡을 수 있다. 그러나 면담을 평정자나 피평정자가 공동의 목적을 위하여 무엇인가 공헌할 수 있어야 한다는 견지에서 평가한다면 두 가지 방법 모두 종업원의 직무수행상태를 평정자나 피평정자인 종업원이 어떻게 판단하느냐가 면담 전체의 내용이 되어야 한다. 따라서 성공적인 면담이 되기 위하여는 양방의 참여가 긴요하다.

우선 면담의 개시를 위하여 감독자인 평정자가 종업원의 현재 직무 또는 장래 계획에 대하여 의견을 묻는 것도 좋은 방법이다. 그 다음 감독자는 종업원에게 그 자신의 의견에 관하여 말할 수 있도록 격려해 준다. 가능하다면 종업원이 그의 직무수행상태를 분석하도록 하는 것이 좋다. 사실 사람은 그들이 지시받는 것보다 그 자신이 결정한 것을 믿는 경향이 있다. 필요하다면 감독자는 종업원이 말하는 것에 대한 이해를 돕기 위하여 그의 말을 존중하고 또 문제점을 명료화하는 것이 좋다.

어떤 경우에는 평정자인 감독자가 면담을 단정적으로 이끌어 가는 수도 있다. 이런 경우 감독자는 종업원의 근무상태가 어떻게 보이고 또 기준에 맞는지의 여부라든가 또는 미달된다면 어떻게 개선하는 것이 좋다는 등의 이야기를 해 줄 수도 있다. 아무튼 종국적으로 근무평정면접은 평정자나 피평정자가 어떤 문제점 해결을 위하여 둘 다 공헌하는 공동노력이 되어야 한다.

평정자가 그의 의도를 분명히 밝히고 또 종업원이 그에게 관계되는 문제점을 다시 살펴볼 수 있는 기회를 갖게 되었다면 평정면접은 끝을 맺게 된다. 끝난 뒤의 기록보관이나 보고 등의 절차는 조직에 따라 다를 수 있다. 그러나 어느 경우에도 감독자는 종업원에 대한 그의 관심을 재확인하고 또 다른 기회에 면담을 갖게 되길 바란다는 뜻을 알려 주는 것이 좋다.

근무평정을 위한 면담을 할 때에는 다음과 같은 요점을 유념해야 한다.

① 상대방이 안락한 기분을 갖도록 한다.

② 상대방이 말하는 것을 자꾸 비판적으로 해석하려 하지 말고 그 말을 다시 새겨서 논의를 올바른 궤도로 올려놓도록 한다.

③ 자기의 말에 열중하지 말고 상대방이 하는 말을 더 많이 들어라. 그의 이야기로부터 진상을 발견하고자 노력한다.

④ 상대방의 입장을 이해하려고 하는 빛을 보이면서 어느 정도 그의 태도에 대하여 관용적인 태도를 취한다.

⑤ 문제의 일부분보다 전체적인 면을 이끌어 낼 수 있는 질문방법을 사용한다.

⑥ 야기된 문제를 해결하는 데 있어서 상대방의 말문을 막지 말고 의견이나 견해를 발표하도록 한다.

⑦ 판단을 가하지 말고 자기가 알고 있는 정보사항이나 그에게 기대하는 바를 확실하게 얘기해 주어 스스로 업무에 대한 적응성을 분석하게 한다.

⑧ 비밀을 지킨다.

2) 배치전환면접

배치전환이라는 것은 어느 부서에 배치된 종업원을 여러 가지 사정으로 인하여 다른 부서 또는 다른 직책으로 이동시키는 것을 말한다. 배치에는 양적인 면과 질적인 면이 있는데, 전자를 인원배치, 후자를 적성배치라고 부른다. 인원배치에 있어서는 다만 인원수만을 고려한 것이고, 적성배치라 하는 것은 개인의 능력이나 적성 등을 고려하여 적재적소에 배치하는 것을 말한다. 배치전환은 본인이 원하여 이루어지는 경우도 있을 수 있고, 조직에 있어서 여러 가지 사정으로 인하여 이루어지는 부득이한 경우도 있다.

그런데 여기에서 논의하고자 하는 배치전환면담은 일상적인 직장생활에서 흔히 당면하는 전보, 즉 급료와 계급에 변동을 가져옴이 없이 한 직책으로부터 다른 직책으로 옮겨지는 배치전환에 관해서이다. 이러한 배치전환은 사람에 따라 여러 가지로 해석된다. 어느 종업원은 이러한 배치전환을 자신의 안정 또는 지위에 대한 위협으로 간주할지도 모르며 또 좌천으로 생각할지도 모르는 반면에 어느 사람은 그것을 일종의 승진으로 생각하는 수도 있다.

여하간 그 해석은 관리자에 대한 각자의 태도라든가 당해 종업원의 감정과 희망이라든가 또는 배치전환조치가 어떠한 방법으로 제시되었느냐 하는 것 등에 의하여 달라질 것이다. 그러나 상사는 부하직원들의 이러한 해석을 일일이 예측할 수 없기 때문에 배치전환면접을 가짐으로써 당해 종업원이 그의 배치전환 조치를 어떻게 해석하고 있는가 하는 것을 발견해 낼 수 있는 동시에 불필요한 사소한 근심을 덜어 줄 수 있다. 배치전환면담에 있어서는 무엇보다도 당해 종업원이 새로운 직책으로서의 전환을 어떻게 생각하고 있는가 하는 것을 우선적으로 발견해 내는 것이 중요하다. 이것을 발견해 내는 방법은 역시 다른 면담요령과 대동소이한 것이지만, 우호적인 분위기를 이룩하여 당해 종업원으로 하여금 자유스럽게 자기의 견해를 발표케 하는 것이다.

그리고 상사는 그 종업원의 발언으로부터 새로운 직책에 대한 그의 태도·흥미·기분 등을 알아내고자 노력해야 하며, 또한 그에게 새로운 직책에 연관된 사실 및 정보사항을 말해 줌으로써 불안과 의혹을 풀게 해야 한다. 어떠한 경우에 있어서든지 상사는 종업원의 발언이나 견해에 관하여 비현실적인 공포감을 갖고 있다고 논박한다든가 또는 쓸데없는 근심을 한다고 비판을 해서는 안 되며, 오히려 그로 하여금 그의 공포감이나 근심이 비현실적인 것이라는 것을 스스로 깨닫도록 해야 한다.

그러므로 면담과정을 통하여 당해 종업원으로 하여금 자신의 감정이나 의혹을 자유롭게 발표 또는 문의할 수 있도록 격려하는 동시에 그의 요구에 따라 새로운 직책에 관한 제반사항을 제공해 주어야 한다. 일단 그 종업원이 새로운 직책의 성질을 알고 또한 상사가 그 종업원의 생각하는 바를 이해한다면 양자 간에 공동관심이 확립될 것이다. 사실상 이러한 공동관심이 없이는 양자 간의 원만한 이해심이 성립되기 어렵다.

어느 조직을 막론하고 관리자들은 현 직책에 있는 어느 종업원이 여러 모로 보아 그 자리에 부적합한 사람이기 때문에 다른 직책으로 배치전환을 시키지 않으면 안 될 경우를 흔히 당면하게 된다. 그러한 경우에 있어서는 당해종업원과 함께 그의 기능·역량 및 조직 등의 요구를 검토해 봄으로써 그에게 알맞는 직책으로서의 전환을 현실적으로 인식시키는 것이 효과적이다. 당해 종업원이 자신의 장단점을 명백히 인식할 경우에는 대개 까다로운 문제가 그다지 제기되지 않는다. 그리고 이러한 면담의 경우에는 가능하다면 한 가지 이상의 전환직책을 제시하여 그로 하여금 마음에 드는 것을 선택하게 하는 것이 좋다.

3) 불만처리면담

부하직원들은 그들의 불만을 토로하기 위하여 이따금 상사를 찾아올 때가 있다. 그러나 상하의 구별이 너무나 심하고 또한 원만한 인간관계가 이룩되지 못하고 있는 직장에서는 대부분의 불평불만이 직접 상사에게 전달되지 않고 간접적인 정보망을 통하여 이리저리 해로운 풍문의 유포를 조장시키게 된다. 불평은 언뜻 보아 아무렇지도 않은 사소한 것같이 보이는 수가 많으며, 또한 그러한 불평은 관리자들로 하여금 신경질을 부리게 하는 경우가 많다. 누구나 윗자리에 있는 사람에게는 아랫사람들의 불평이 달갑게 들리지 않는다. 그러나 아무리 훌륭한 관리자라 할지라도 자기 일에 대하여 이따금 불평을 할 때가 있다는 것을 생각할 때, 불평이란 어쩔 수 없는 인간지사라고 생각하지 않을 수 없다. 물론 종업원들의 불만은 직장에 따라 여러 가지 원인을 갖고 있으며, 불평불만의 종류와 정도에 따라 중요성도 다르겠지만, 만일 어느 종업원을 괴롭히는 원인이 가상적이든 사실이든 간에 적절히 처리되지 못하거나 또는 그것을 야기한 제 환경이나 조건이 시정되지 못하고 방치된다면 불만이 더 높아질 것이며 궁극에는 혼란한 직장 분위기가 조성될 것이다. 이러한 사태는 급기야 종업원 간의 반목·알력·불화·해직·면직 또는 기타 징계조치를 요구하게 만드는 경우도 있다.

그것은 대부분의 경우 부하직원의 태도상의 변화를 관리자가 탐지하지 못했거나 또는 이에 대한 시정조치가 신속히 이루어지지 못했기 때문에 나타난 몇 가지 예에 지나지 않는다. 그렇다고 해서 관리자들이 모든 불평과 불만을 사전에 방지할 수 있다고 생각한다는 것은 너무나도 지나친 기대이다. 그러나 관리자는 불만이나 노기가 악화되기 전에 이에 대한 탐지를 게을리해서는 안 된다. 물론 탐지는 불만 처리를 위한 첫째 단계에 지나지 않으며 불만을 야기한 원인의 제거나 사태의 시정이 재빨리 수반되어야 한다.

불만의 원인에는 여러 가지 잡다한 것이 많은데, 그것을 우리는 직장의 정황과 종업원 자신으로부터 파생되는 것으로 나누어서 살펴보는 것이 편리하다. 전자, 즉 직장의 정황으로부터 파생될 수 있는 몇 가지 가능한 요인을 살펴본다면, 빈약한 도구와 장비, 불만스러운 작업환경과 조건, 불결한 업무, 불균형적 업무분담, 너무 쉽거나 너무 어려운 업무, 감독 면에 있어서 적절한 의사전달의 결여, 불공평, 정실적 인사, 과중한 압력, 역량과 능력을 초과한 생산의 요구, 적절한 지시의 결여, 약속불이행, 책임전가 등을 들 수 있으며 또한 인사면에 있어서 정직, 강등 등을 들 수도 있다. 그리고 후자, 즉 직원 자신으로부터 파생되는 원인에는 직무에 대한 태도, 담당직무를 감당할 만한 경력이나 교육훈련의 부족, 정서적 혼란과 불안과 경제적 빈곤이 있다. 또한 가족의 질병에 대한 근심 또는 좋지 못한 건강상태, 직무에 대한 기질적 부적합성, 과로, 휴식부족 등을 열거할 수 있다.

관리자는 부하직원의 불만에 대한 이상과 같은 예비지식을 가지고 그것을 미연에 방지하도록 노력해야 한다. 그러기 위해서는 부하직원 각자를 잘 알아야 하고, 친근성이 있어야 하며 우호적이고 공평하고 객관적이고 동정적이어야 한다. 그뿐만 아니라 관리자는 불만의 징후를 적시에 포착하고 이에 대하여 배려해야 하며, 부하직원에게 영향을 미치는 조치나 변화에 대해 잘 알려 주어야 하고, 부하직원에 대한 부당한 의혹을 야기하는 조건과 환경을 시정해 주어야 하며 또한 부하직원들과 더불어 효과적인 개인적 접촉을 유지해야 한다. 그러나 일단 불만이 야기되어 있는 경우, 관리자는 진지한 태도로서 이를 해결해야 한다. 여기에서 불만처리의 기초적 요령을 살펴보고자 한다.

(1) 개인적 접촉이 중요하다

부하직원의 불평이나 불만을 다루는 경우에는 무엇보다도 단 둘이서 면담을 하는 것이 중요하다. 그리고 대화의 대부분을 부하직원이 이어나가도록 해야 한다. 그렇게 함으로써 문제에 대한 전반적 줄거리와 사실 및 당면문제에 대하여 그가 어떻게 느끼고 있는가 하는 것을 관리자에게 말할 수 있도록 해야 한다. 그의 말을 뜻있게 하기 위하여 문젯거리나 불쾌한 감정이 일어난 시기와 이유에 관해서 질문하는 것도 효과적이다. 만일 그의 말에 앞뒤가 맞지 않는 점이 있다든가, 말하기를 꺼려한다든가 또는 당면문제에 대해서 명료하지 않고 혼동되어 있다면, 다시 되풀이해서 말하게 하는 것이 좋다. 이러한 경우 부하직원의 말문을 막는다든가 또는 그와 논쟁을 해서는 안 된다. 불만을 토로한다는 그 자체가 어느 정도 치료의 역할을 하는 것이다. 그러나 이것을 남용해서는 안 된다. 그에게 문제를 공정하게 다루겠다는 것을 확신시키고 또한 어느 것이든지 불합리한 태도를 가지고 해결되는 것이 없다는 것을 말해 줄 필요가 있다. 부하직원의 말이 끝날 무렵에는 그로 하여금 문젯거리의 주요점을 다짐하도록 하며, 그의 당면문제에 대하여 조속한 배려가 이루어진다는 것과 또한 적절한 시정조치를 구상하는 즉시 다시 면담할 것이라는 것을 확신시켜 주어야 한다.

PART 5-11

(2) 사실을 분석해야 한다

불평을 다루기 위한 어떤 결정을 내리기 전에 원인을 발견할 것이며, 속단판결을 내리는 일이 있어서는 안 된다. 즉 관리자는 결정을 내리기 전에 주요문제에 관한 정보의 원천과 관계사실을 조사해 보아야 한다. 가능한 한 부하직원 자신에 관해서 많이 알아야 할 것이며, 또한 그의 당면문제에 타 종업원이 연관되어 있다면 그러한 종업원의 의견도 들어 보아야 한다.

(3) 사실 자체의 비중을 달아 보는 동시에 그에 대한 신중한 고려가 이루어져야 한다

여기에 있어서 다음과 같은 것을 자문해 보는 것이 효과적이다.

① 만일 그렇다면 어떠한 시정조치가 이루어져야 하는가?

② 만일 그렇지 않다면 부하직원의 생각과 태도를 변경시키기 위하여 어떠한 단계를 밟아야 할 것인가?

③ 만일 내가 그의 입장에 있다면 어떻게 해 주기를 원할 것인가?

④ 만일 그의 요구를 들어준다면 타 종업원에 대해서 너무 일방적이 되지나 않을까? 타 종업원의 반응은 어떠할 것인가?

(4) 사실을 분석한 후에는 결정하고 당해 종업원과 상의하고, 시정조치를 취하여야 한다

(5) 취해진 시정조치에 관하여 당해 종업원에게 자세히 설명해 주어야 한다

만일 그의 요구가 허락될 수 없는 것이거나 또는 집단에게 좋지 못한 영향을 미치는 것이라면 그에게 충분한 이유를 설명해 주어야 한다.

(6) 취해진 시정조치가 요망되는 결과를 성취했는가의 여부에 대한 사후검토를 행해야 한다

만일 그러한 시정조치가 결과를 성취하지 못했다면, 상황을 다시 분석하고 추가조치를 취해야 한다.

4) 훈계면담

어느 직장을 막론하고 관리자는 직장의 질서를 유지하기 위하여 부하직원을 훈계한다든가 또는 그의 행동이나 태도를 시정해야 할 불유쾌한 경우에 부닥칠 때가 흔히 있다. 그러나 "약은 입에는 쓰지만 몸에는 이롭다"라는 말이 있는 바와 같이 올바른 방법으로 행해진 훈계는 훈계를 받는 사람에게 많은 감화를 줄 수 있는 것이다.

훈계는 꾸짖는 것 자체가 목적이 아니라 직장에서 수락될 수 없는 집무태도나 직장규범의 여러 가지 위반행위의 재현을 방지하고자 하는 데 있다. 그러므로 맹목적이고 감정적인 비판은 훈계의 본래의 의의를 상실하게 된다.

훈계 시 관리자가 취하는 태도는 그의 언사보다는 훨씬 더 중요한 의미를 갖게 된다. 또한 시간·장소·말투^{어조}, 그리고 표정 등의 제 요소가 종업원의 반응에 영향을 미치는 중요한 요소라는 것을 잊어서는 안 된다. 훈계면담의 요령은 다음과 같다.

(1) 훈계를 받을 만한 정당한 이유가 있는가를 재확인해야 한다

정당한 이유가 없을 때 훈계를 받는 것보다 의욕을 상실하게 하는 것은 없다. 만일 관리자가 그러한 실수를 범한다면, 관리자에 대한 신임과 충성 및 존경에 대하여 입힌 손해를 보상할 수는 없다. 그렇지만 이러한 경우, 관리자는 당해 종업원에게 정중한 태도로서 사과해야 한다. 훈계를 받을 만한 이유가 있을 때라도 그러한 훈계가 정황의 요구에 의한 것이라는 점을 명심해야 한다.

(2) 사적으로 면담해야 한다

훈계면담은 다른 종업원이 보거나 또는 듣지 않는 장소에서 단 둘이 행해져야 한다. 이것인 인간관계에 있어서 초보적 원칙이다.

(3) 종업원들은 개성을 가진 인간임을 잊어서는 안 된다

훈계에 있어서 개인차의 인식은 참으로 중요한 요소이다. 즉 종업원의 성격·근무성적·현재의 태도 등은 관리자가 훈계를 할 때에 참고해야 할 요소들이다.

(4) 비판단적 태도로 종업원을 대해야 한다

이러한 태도는 특히 훈계의 대상이 된 문제의 내용이 주관적인 것일 때에는 더욱 그러하다. 이따금 종업원의 좋지 못한 근무실태의 참된 원인은 외관상의 추측과 전혀 다른 경우가 있는 것이다. 만일 그러한 경우에 관리자가 비판적인 태도를 취한다면, 그의 협동심을 억눌러 버리게 될 것이며, 또한 문제의 참다운 원인을 토로하지 않을 것이다.

PART 5-11

(5) 종업원에게 면목을 세울 기회를 주어야 한다

대부분의 종업원은 관리자로부터 신랄한 비판을 받을 때보다 그의 지적·정서적 반성을 통해서 잘못된 것을 스스로 인식할 때에 얻는 점이 많다. 그러나 이것이 어느 누구에게나 다 통하는 것은 아니며 사람에 따라 다를 수도 있다. 그러므로 잘못된 일에 대하여 그의 면목을 세울 수 있는 기회를 준다면 설령 표면상으로는 변명한다 하더라도 마음속으로는 진실한 반성을 하게 될 것이다.

(6) 종업원의 인간성을 나무라지 말고 행위를 나무라야 한다

관리자들이 종업원을 훈계할 때 흔히 범하기 쉬운 잘못은 그러한 훈계가 종업원의 인간성을 대상으로 해서 행해진다는 것이다. 그러나 훈계의 올바른 방법은 종업원의 행위를 다루는 것이지 결코 인간 그 자체를 다루는 것은 아니다. 그리고 훈계를 할 때에 결코 다른 종업원의 집무방법과 비교하지 말고 조직이 공식적으로 내세운 표준이나 또는 규범과 비교를 해야 한다. 사람은 다른 사람보다 불리한 평을 받으면 분개심을 품기 쉽다.

(7) 사후검토를 행해야 한다

훈계를 줄 때에 특히 유의해야 할 점은 당해 종업원에게 바람직한 개선기준을 명확히 해 주고, 이에 대한 사후검토를 행해야 한다는 것이다. 즉 종업원의 자존심과 자신감을 꺾지 말고 그가 만족스럽게 업무를 수행할 수 있는 방향으로 그를 이끌어 주어야 한다.

제3절 보람 있고 화목한 직장생활

1) 보람 있는 직장생활을 위하여

직장에 있어서의 개인은 고립된 실체가 아니라 다른 사람과 인간관계를 맺고 있는 전체적인 개인이다. 다시 말해서 인간관계적 존재인 것이다. 바로 여기에 직장의 상하, 동료 간에 인간관계를 규율하는 공동체 규범이 존재하게 된다.

(1) 조직과 사람의 공동번영을 꾀하여야 한다

직장은 조직과 사람이 있는 생활공간이다. 조직의 유효성은 인간에 의하여 좌우되고 인간의 자아실현은 조직을 통하여 이루어진다. 즉 조직은 사람을 필요로 하고 사람은 조직을 필요로 한다. 따라서 훌륭한 조직을 원한다면 훌륭한 사람이 있어야 하고 그의 고차적인 욕구실현은 훌륭한 조직만이 그것을 보장할 수 있다.

(2) 서로 이해의 폭을 넓혀야 한다

오늘날 교통통신과 매스컴의 발달은 지역의 경계선을 무너뜨리고 지역집단으로서의 지역사회의 파괴는 주민의 인간관계마저 변화시키고 있다. 지난날 지역공동사회에서의 주민과 교제는 일상적으로 주민들 서로가 잘 알고 있는 전인적인 관계였다. 그러던 것이 오늘날 대도시에서의 상호무관심한 도시적 인간관계는 업무를 매개로 한 일면적인 접촉밖에는 할 수 없게 되었다. 이러한 상황 속에서 상호간의 이해는 많은 어려움에 봉착한다. 그러므로 직장에서는 상실되어 가는 대인적 기능을 의도적으로 되살리지 않으면 안 된다. 따라서 상하 동료 간에 성격이나 능력, 특기, 흥미, 관심, 취미, 가치관 등 개성에 대한 것을 비롯하여 장점이나 단점을 있는 그대로 파악하고, 그것을 이해하면서 접촉함으로써 생동감 있는 인간관계를 맺어가도록 하여야 한다.

(3) 서로의 인격존중이 이루어져야 한다

우리나라 사회구조는 종적縱的 사회라고 불릴 정도로 상하의 계층의식이 강하다. 사실 직책에는 상하가 있지만 인격은 평등한 것이다. 인격적인 평등은 상대방의 존재가치를 무조건 받아들이고 개성을 인정하면서 자유스러운 의사표현이 이루어질 수 있게 한다. 또한 인격존중이 이루어져야만이 진정한 인간 간의 화합이 이루어질 수 있고 인간 개인의 자아실현에 진정한 가치를 가질 수 있다.

(4) 서로 신뢰할 수 있어야 한다

사람 '人'자가 두 사람이 의지하고 있는 형상을 말하고 있듯이 사람은 서로 의존하고 살아간다. 직장에 있어서 서로 간의 신뢰는 안정감을 조성하며 인간관계의 '시멘트' 같은 역할을 한다. 사회심리학자 레이톤Alexander Leighton은 집단의 사기란 공동목적을 추구하기 위한 시종 끈기 있게 잡아당기는 인간집단의 행동용량이라고 개념을 정의하면서 그것은 ① 집단의 목적에 대한 신뢰감, ② 집단의 지도자에 대한 신뢰감, ③ 집단의 타 성원에 대한 신뢰감, ④ 집단의 능률에 대한 신뢰감에 의존되는 것이라고 하였다.

여기서 집단목표에 대한 신뢰감을 알아 보면 다음과 같은 이념을 지녀야 한다. 즉 집단의 목표는 조직의 상위목표와 하위목표의 목적·수단의 연쇄구조상의 한 점으로 표식이 됨은 당연하지만, 최상의 목표는 인류복지증진에 공헌하는 도덕성을 지녀야 하며 그 정신이 상하의 조직목표를 관통하고 있어야 한다는 것이다. 이러한 목표를 조직이 가질 때 조직구성원은 사명감을 갖게 된다. 조직의 목표가 어느 개인의 부질없는 야망을 충족시키는 것이라면 그런 것에 헌신을 요구한다는 것 자체가 도덕의 타락을 자초하는 행위가 된다.

(5) 서로 협력하여야 한다

조직이라는 것이 본래 개인이 혼자서 이룩할 수 없는 일을 여러 사람의 협력이라는 행위를 통하여 달성하기 위하여 만들어진 것이므로, 집단의 공동합의에 의하여 결정된 목표는 각자의 역할분담을 통하여 차질 없이 이루어져야 한다. 여기서 협력은 집단의 일원으로서의 의무의 실행이지 개개인의 선택사항이 아니라는 것에 특히 유의하여야 한다. 또한 집단성원 간의 협력은 일을 위한 협력뿐만 아니라 인간적인 협력이 이루어져야만 진정으로 성취될 수가 있다.

(6) 상부상조해야 한다

직장인은 서로 돕고 살아야 한다. 자기의 이해득실에 따른 약삭빠른 개인은 어려운 일을 당할 때 진정한 도움을 받지 못한다. 직장의 동료가 어려운 일을 당했을 때 자발적으로 도움의 손길을 뻗쳐야 한다. 또한 기쁜 일이 있을 때는 같이 기뻐해 주는 마음가짐을 지녀야 한다. 고통은 나눌수록 적어지고, 기쁨은 나눌수록 많아진다. 동료의 일이 자기의 일이라는 동일체의식이야말로 자신과 직장의 동료와의 정신적인 화합의 첩경이라고 할 수 있다.

(7) 선의의 경쟁을 해야 한다

현대를 살아가는 사람들은 어느 누구도 경쟁을 피할 수 없다. 그러나 이러한 경쟁이 공정치 못하거나 불공정한 수단에 의해서 이루어져서는 안 된다. 즉 공정한 수단에 의한 페어플레이 정신을 발휘해야만 진정한 선의의 경쟁이 이루어질 수 있다. 선의의 경쟁은 자기 자신을 발전시키는 원동력이 될 뿐만 아니라, 유능한 집단 형성의 지름길이 된다고 할 수 있다. 상사는 선의의 경쟁이 정착되게 하려는 자세, 부하는 선의의 경쟁을 통한 자아발전을 기하려는 자세가 조직의 발전에 중요한 영향을 미칠 것이다.

(8) 건설적인 비평을 수용할 수 있어야 한다

자기의 단점을 지적받는다는 것은 고통스러운 일일지 모른다. 그러나 그것을 올바로 받아들이면 자기는 그만큼 성장한다는 것을 깨달아야 한다. 비평을 받는 사람은 그 비평을 자신의 말로 되풀이하여 비평자가 자기를 주목하였기 때문에 자신의 단점에 대하여 비평을 하였다고 생각하고 감사히 받아들이는 마음을 가져야 한다. 또한 비판자에게는 자기에게 도움이 되는 특별한 시사를 해 줄 수 있도록 비판에 대하여 적극적이고 수용적인 자세를 취하고, 혹시 비판이 도움이 되지 않더라도 질문하는 것이 그 나름대로의 효과를 주는 것이므로 질문을 간단하게 하고 상대방의 이야기를 많이 듣는 것이 좋다.

(9) 공적을 혼자 독차지하지 말아야 한다

집단이 이룩한 공적을 독차지한다거나 아랫사람의 공로를 가로채는 일이 있어서는 안 된다. 오래전의 이야기이지만 미국의 유나이티드 에어라인스 회사에서는 정부로부터 항공안전에 대한 표창이 수여되었을 때, 사장이 그 공적을 혼자서 독차지하지 않았다. 그는 "항공안전이란 것은 팀워크에 달린 것이니까"라고 하면서 팀의 대표자로서 파일럿 1명, 정비기사 1명, 스튜어디스 1명에게 그 상을 받게 했다. 이 일이 있은 뒤에 회사 전 직원의 자존심이 몇 배로 향상되었다고 한다. 집단정신은 집단구성원 간의 단결과 이해의 폭을 넓힐 수 있으므로 집단의 생산성 향상을 기할 수 있다.

(10) 인재를 발굴하고 길러야 한다

인간성의 가장 깊은 원리는 칭찬을 받고자 하는 욕구라고 앞서 말한 바 있다. 적절한 칭찬은 사람을 분발시키고 또 그를 발전시키는 힘을 갖고 있다. 사실 부하를 키울 수 있느냐 없느냐의 여부에 따라서 그 인간의 지도성이 평가된다. 앞에서 이미 본 미국의 철강왕 카네기는 생전에 45명의 백만장자를 길러 낸 인물이다. 그는 칭찬과 참여의 마력을 일찍 깨닫고 있던 사람이다. 일인지배형, 즉 원맨쇼를 하는 사람은 아랫사람을 기르지 못하고 반감을 불러일으키거나 무기력한 조직을 만들어 낸다. 또한 부하의 결점만을 찾으면 소극적 생각만 심어 주게 된다.

(11) 일에 전력투구하여야 한다

어느 집단에서든지 자기의 임무에 전력투구하는 집단원의 모습이야말로 가장 아름다운 모습이라고 할 수 있다. 일에 전념한다는 것은 집단이 목적하는 바와 가장 근접한 결과를 산출할 수 있도록 노력하는 집단원의 일에 대한 적극적인 대응자세라고 할 수 있다. 따라서 가장 근접한 결과를 가장 훌륭하게 이루기 위해서는 집단원 각자는 자신의 분야에서 최고라는 전문가의식을 가질 수 있도록 최신의 전문지식과 기술을 습득하여야 할 것이다.

(12) 정직하고 공정한 처리가 정착되도록 노력하여야 한다

인간사의 모든 행위에는 순리와 질서가 있듯이 조직구성원이 조직의 직무를 수행하는 데 있어서는 반드시 공정하고 정직한 직무수행이 조직생존의 관건이라고 할 수 있다. 즉 조직의 내외의 업무처리에 있어서 내적으로는 공정한 인사·합리적인 의사결정, 외적으로는 민원처리의 공정성·업무처리의 공개성을 조직의 모든 분야에서 시행하고 시민이나 고객의 만족감을 증진시켜야 한다.

2) 상하 동료 간의 화목을 위하여

앞에서 언급한 내용과 다소 중복되는 감이 있으나 직장에서의 바람직스러운 근무자세를 위한 상하 동료 간의 인간관계적 측면에서 조직구성원들이 명심해야 할 언행을 살펴보면 다음과 같다.

(1) 동료와 잘 어울려 지내기 위하여

① 혼자 잘난 체 하지 말라.

② 당신에 대한 동료의 평가 여하에 따라 당신이 성공할 수도 있고 또 실패할 수 있다는 것을 유념하라.

③ 상급자연한 태도를 갖지 말라. 상급자가 되기를 원한다면 제1차적 자격요건은 동료와 더불어 사이좋게 지낼 수 있어야 한다. 왜냐하면 관리자는 여러 사람의 노력을 통하여 성과를 올리는 사람이기 때문이다.

④ 신입직원을 친절하게 지도하며 나쁜 습관이 싹트지 않게 하라.

⑤ 선임자의 지도에 고마움을 표시해 주어야 한다.

⑥ 자기의 담당직무를 도저히 훌륭하게 수행할 수 없다면 다른 직무로 옮겨가도록 자원하라.

⑦ 자기의 직분을 다하여야 한다자기에게 맡겨진 직분을 약간 상회할 정도로 끝나는 것이 좋다.

(2) 상사로부터 신임을 받기 위하여

① 상사는 일의 결과에 대하여 책임을 지는 사람이라는 것을 유념하라만일 그가 성과를 못 올린다면 그의 직책을 상실한다.

② 상사가 바라는 것 중에서 가장 중요한 것은 자기의 직책을 수행하는 데 필요한 조력이다.

③ 상사는 말하지 않아도 스스로 일하는 사람을 좋아한다.

④ 상사에게 동료의 험담을 해서는 안 된다.

⑤ 상사에게 많은 문젯거리를 넘기지 말고 잘 생각한 뒤 기발한 해결책을 제안하는 것이 좋다.

⑥ 상사는 변명을 듣기를 원하지 않는다. 그것은 상사의 상사가 변명을 듣기를 원하지 않기 때문이다.

⑦ 항상 예스 맨Yes Man이 되어서는 안 된다. 상사의 평소의 습성이나 사고방식을 잘 파악해서 그것을 활용하여 좋은 건의를 받아들이도록 하라.

⑧ 상사의 시간과 정력을 낭비하지 말도록 하라.

⑨ 고객을 즐겁게 하라. 그것이 상사를 즐겁게 하는 것이 된다.

(3) 부하를 잘 다루기 위하여

① 도덕적으로 올바른 습관을 길들여라.

② 관리자는 타인의 노력을 통하여 조직의 목표를 달성하는 사람임을 명심하라.

③ 부하직원 각자를 개성을 가진 사람으로 대우하라. 그도 중요한 인간이라는 것을 깨닫게 하라.

④ 명령보다 제의를 하거나 의뢰하는 것이 좋다.

⑤ 질책하기 전에 사정을 들어보는 것이 좋다.

⑥ 남 앞에서 꾸중을 하는 것을 삼가야 한다.

⑦ 개선안을 환영하라.

⑧ 이유를 분명히 밝힘으로써 사정의 변화에 의하여 영향을 받는 사람을 사전에 납득시켜야 한다.

⑨ 부하직원에게 현상을 인식시키고 개선의 길을 열어 놓아야 한다.

⑩ 사람을 신나게 할 수 있는 가장 좋은 방법은 질책보다는 좋은 행위를 칭찬하는 것이다.

⑪ 약속을 지켜라.

인간은 다른 자원과 달리 무한한 가능성을 갖고 있다. 능력개발이 잘 되고 적극적 동기가 부여되고 또 기율이 잘 서 있는 직장은 무엇과도 바꿀 수 없는 커다란 자산이다. 어느 직무건 직무를 담당함에 있어서 일취월장하는 과학기술이나 전문지식의 발전에 뒤떨어지지 않고 그가 섬기는 고객에게 최고의 서비스를 제공하기 위하여 항시 자기 자신을 최첨단화하는 자세가 필요하다.

마지막으로 포춘지Fourtune에 소개한 현대 경영자의 10대 인화조건을 여기에 옮겨 놓는다.

① 아무리 측근이라 하더라도 그에게 흠을 잡히지 말라.

② 사적 생활을 공적 생활에 연결시키지 말라.

③ 조직 속에 소외층이 생기는가에 민감하라.

④ 이용가치가 있는 사람이라 하여 드러나게 편애하지 말라.

⑤ 어느 일부의 결점으로 그 사람의 전인간적인 평가를 내리지 말라.

⑥ 학벌, 향벌, 혈벌, 규벌, 권벌 등을 초월하고 뿌리내리지 못하게 하라.

⑦ 아랫사람의 장점을 하나씩을 찾아내어 그것을 알아 주고 역할을 인정해 주는 데 인색하지 말라.

⑧ 자신의 단점이나 인간적인 허점을 허심탄회하게 인정해 보여라.

⑨ 아랫사람의 취미생활을 보장하고 조장해 주어라.

⑩ 일의 직무한계를 선으로 자르지 말고 역으로 폭을 주어 재량과 창의력을 발휘하게 하라.

제4절 직장예절

예절은 대인관계에서 공통적으로 이해되는 방법, 즉 관습적으로 이루어지는 사회 계약적 생활규범이므로 사회인으로서의 대인관계를 원만하게 하기 위해서 반드시 필요하다. 직장예절은 직장 사회에서 요구하는 조직의 목표와 규범에 맞추어 직장인으로서의 자기관리와 대인관계를 공동목표의 성취를 위한 방향으로 이루어 나가기 위한 것으로 더욱 엄격하다. 직장예절은 개인예절을 바탕으로 한 가정예절의 연장선상에 있으므로 기본예절과 개인예절, 가정예절 및 사회예절 등을 완전히 체득하고 있어야 한다.

1. 인사의 예절

① 밝고 활기찬 목소리로 먼저 인사한다. 아침에 출근했을 때 상사 동료 할 것 없이 "안녕하십니까?" "좋은 아침입니다" 등의 인사말을 한다. 퇴근할 때에는 상사나 동료가 남아 있는 경우 시간이 다 되었다고 훌쩍 나와 버릴 것이 아니라 "먼저 실례합니다." 하고 퇴근하는 정도의 예의는 지켜야 한다.

② 인사할 때에는 밝은 표정으로 한다. 예의 바르면서도 밝은 표정, 경쾌한 동작은 자신을 젊고 신선하게 만들어 주는 중요한 예절이다.

③ 상사의 부름을 받았을 때 "네" 하고 얼른 상사에게 다가가서 가볍게 고개 숙

여 인사한다. 간접적으로 부름을 받았을 때는 "부르셨습니까?"하고 부름을 받은 것을 확인한다. 별실인 경우에는 반드시 노크하는 것을 잊지 말아야 한다. 상사가 다가와서 지시를 할 경우는 즉시 일어서서 지시를 받도록 한다.

④ 복도에서는 가볍게 인사한다. 복도에서 몇 번을 만나더라도 매번 가볍게 고개숙여 인사를 해야 한다. 인사는 하면 할수록 친밀감을 주게 된다.

⑤ 악수는 손윗사람이 먼저 청한다. 악수하면서 동시에 절을 하지는 않고 자세를 바로하고 상대의 눈을 바라본다. 여성과의 악수는 여성이 먼저 손을 내밀어 청하면 악수한다.

⑥ 상대의 노고에 대한 인사를 한다. 상대방의 노고에 대하여 인사할 때, "수고했습니다." "고생 하셨습니다"라는 표현은 윗사람이나 같은 동료가 고생한 사람에게 경의를 표하는 인사이다. 아랫사람 입장에서는 윗사람의 노고에 대하여 "고맙습니다." "감사합니다."라고 인사하는 것이 적절하다.

2. 전화응대 시의 기본예절

① 신호가 울리면 즉시 응답하고 언제나 똑똑히 예의바르게 말한다. 아무리 바쁜 일을 하던 중이라도 전화벨이 세 번 울리기 전에 받아야 한다. 또 목소리는 상대방이 자신의 미소를 느낄 수 있을 정도로 친절하게 응대해야 한다. 바람직한 목소리는 낮으면서도 공손하고 활기찬 목소리이다.

② 회사명·부서명 혹은 상사의 이름이나 자신의 이름을 경우에 맞게끔 즉시 밝힌다.

③ 상대방의 신분을 파악해야 할 필요가 있을 때는 꼬치꼬치 묻는 것과 같은 인상을 피하고 재치와 요령을 발휘할 필요가 있다. 예를 들어 "누구십니까" 등의 직설적 물음보다는 "어느 분이 전화하셨다고 말씀드릴까요," "전할 말씀이 있으십니까" 등의 표현을 구사하는 것이 바람직하다.

④ 상사가 출장, 회의, 개인 용무로 부재 시에는 상대방에게 부재이유를 재치 있게 응답할 수 있어야 한다. 부정적인 이유나 지나치게 자세한 이유는 설명할 필요가 없는 것이다.

⑤ 가능한 한 상대방의 입장에서 협조적으로 말하고 도움이 될 만한 정보를 제

공하도록 한다.

⑥ 통화를 마칠 때까지 명랑하게 응대한다.

⑦ 회사 전화로 사적인 통화는 될 수 있는 대로 피하고, 피치못할 경우 3분 이상 길게 통화하지 않는다.

3. 명함을 받을 때의 예절

① 상대가 명함을 줄 때는 정중하게 다룬다. 두 손으로 명함을 받아 손가락으로 글자를 가리지 않도록 조심해야 하며 명함을 보면서 방문객의 회사명, 성명, 직책 순으로 읽은 후 상대방의 표정을 보면서 확인을 구한다.

② 상대와 명함을 교환할 필요가 있을 경우 손아랫사람이 먼저 내밀며, 자기 이름을 상대방 쪽에서 볼 수 있도록 명함의 방향을 돌려서 오른쪽으로 내민다.

③ 명함을 받을 때에는 두 손으로 공손히 받으며, 마주 교환하는 경우는 오른손으로 자신의 명함을 내밀며 왼손으로 상대방의 명함을 받는다.

4. 각종 내방객 응대 시의 예절

① 엘리베이터를 탈 때: 타기 전에 내리는 층을 알려 주고, 탈 때는 엘리베이터 문을 손으로 잡고 손님을 먼저 태운다. 승무원이 있을 경우에는 외부인이나 윗사람이 먼저 타고 내리지만, 승무원이 없는 경우는 아랫사람이 "먼저 실례하겠습니다"라고 말한 후 먼저 타서 문이 갑자기 닫히지 않도록 버튼을 누르고 있다가 손님이 탄 후 목적 층을 누른다. 엘리베이터에서 내릴 때는 승무원이 있는 경우와 마찬가지로 손님이 먼저 내리도록 한다.

② 응접실로 안내할 때: 문이 안으로 열리게 되어 있으면 "먼저 실례하겠습니다"란 인사와 함께 들어가서 문의 손잡이를 잡고 손님이 들어오도록 하고 밖으로 열리게 되어 있으면 문을 자기 앞쪽으로 당겨서 바깥쪽에서 손잡이를 잡고 손님을 먼저 실내에 들어가게 한다. 손님에게 상석을 권한다. 상석이라 함은 입구에서 제일 먼

쪽에 있는 자리 또는 제일 조용하고 마음을 편안히 가질 수 있는 곳을 말한다.

③ 자동차에서의 좌석 예절: 자동차 탑승 시에는 운전자 외 탑승 인원이 몇 명인가 혹은 운전자가 누구인가에 따라 상석이 달라진다. 이는 그림 [그림 11-2]와 같다.

▼ 그림 11-2 자동차에서의 좌석 배치

자료: 「비서실무」(서울: 대영문화사, 1994).

 생각해보기 : 직장에서의 팔로어십

직장 내에서의 리더와 추종자(부하)의 관계에서 전통적인 견해는 리더의 역할에 비해 추종자를 수동적이라고 보는데 반해, 현대적 견해는 그것을 능동적으로 본다. 팔로어십(followership)은 리더와 효과적인 추종자들 간의 상호작용을 하는 것을 강조한다. 효과적인 추종자들(effective followers)은 그들의 행태 면에서 적극적이고 책임적이며, 자율적이고 비판적인 사고를 한다는 것이다[Kelley, 1992].

켈리(Kelley)에 의하면, 추종자는 효과적 추종자, 소외적 추종자, 양(羊) 그리고 예스 맨으로 분류된다. 그는 추종자를 분류하면서 제1차원으로 적극성과 소극성을 제시했고, 제2차원으로 독립적·비판적 사고 대 의존적·비비판적 사고를 제시했다[민진, 2014: 222-224].

	독립·비판적	
소극적	소외적 추종자	효과적 추종자	적극적
	양(羊)	예스 맨	
	의존·비(非)비판적	

'소외적 추종자(alienated followers)'는 독립적·비판적으로 생각하나 아직 그들의 행동은 매우 수동적이며, 리더와 심리적·정서적으로 거리를 둔다. 이들은 잠재적으로 조직의 건강을 해치고 위협이 된다. '양(sheep)'은 독립적·비판적어로 생각하지 않으며, 행동은 수동적이고 리더가 말하는 대로 따를 뿐이다. 어느 의미에서는 그들은 시스템의 노예들이다. '예스 맨(Yes people)'은 독립적·비판적으로 생각하지 않으며, 행동은 매우 적극적이다. 그들은 열정에 차 있는 리더의 생각과 아이디어를 강화하며, 리더의 생각과 제안에 의문을 제기하지 않으며 도전하지 않는다. 예스 맨은 가장 위험하다. 그들은 잘못된 긍정적인 반응을 하기 쉽기 때문이다.

'효과적 추종자(effective followers)'는 리더나 조직에 가장 유익한 존재이다. 효과적 추종자들은 네 가지 필수적인 자질을 갖는다. 첫째, 그들은 자기 관리와 자기 책임을 실천한다. 리더는 효과적 추종자들에게 산출에 관해 걱정 없이 위임할 수 있다. 둘째, 그들은 자기중심적이거나 자기 세력 강화에 열중한다. 셋째, 효과적 추종자는 그들 자신의 능력과 전문성에 투자를 하며 최대한 효과를 내기 위해 에너지를 집중한다. 넷째, 그들은 용감하고 정직하며 신뢰할 만하다.

PART 5-11

:: 토의과제

1. 직장 내에서 '효과적 추종자'가 되기 위한 구체적 실천방안은 어떤 것이 있는지를 토의하고 그 결과를 발표하시오.
2. 직장상사가 올바르지 못한 지시를 부하들(팔로어)에게 내릴 때 부하들은 이를 따르지 않을 의무와 적극적 행동을 취할 의무가 있다는 주장에 대한 자신의 찬반 입장을 정리하고, 동의한다면 구체적인 행동방안은 어떤 것이 있는지 토의하시오.

창의적 문제해결의 방법

제1절 창의성의 의의

1. 창의성의 개념

오늘날의 모든 조직은 조직구성원의 창의적인 행위를 필요로 하고 있다. 창의성에 대한 관심이 날로 높아져 가는 것은 이것이 조직의 존속을 위해서 필요할 뿐만 아니라 성장의 기회를 제공할 수 있기 때문이다Evans, 1991: 4-5.

그러나 우리 주위의 조직에서 보면 구성원의 창의성 발휘와 관련하여 많은 문제점이 나타나고 있음을 알 수 있다. 즉 변화에 대한 저항감이나 기존의 고정관념 때문에 직장에서 창의성이 제대로 발휘되지 않는 경우가 많다. 흔히들 개인의 창의력을 전적으로 직관적이거나 천부적인 것으로 생각하고 있으며, 조직구성원 전체의 창의력을 개방하려 하지 않고 일부 전문가에게만 의존하려는 경향이 있다.

그러나 사실상 조직에 있어서 창의성 발휘란 최고관리층에서 일선 구성원에 이르기까지 조직 전체의 사람들이 인간본성의 발로로서 모두의 창의성을 발휘해야만 하는 것이다. 본래 창의성이라고 하면, 천재와 같은 사람이 무엇인가 새로운 것을 발견 또는 발명하는 것으로 여겨져 왔다. 그러나 창의성이란 아주 가깝고 사소한 것으로부터 발생하는 것으로서 새롭고 좀 더 효율적인 문서분류체계를 고안한 비서, 새로운 도구를 고안한 공장노동자, 책꽂이를 만들기 위해서 단단한 원통형의 블록을 이용하는 학생 등 이들 모두의 행위는 창조적인 활동을 하고 있다고 말할 수 있는 것이다Benton, 1998: 409. 한마디로 창의성이란 지금까지와 다른 새로운 가치가 있는 것을 만들어 내는 능력을 의미한다. 대부분의 창의성 개념에서 공통적으로 포함되는 요소는 새로움과 적절성이다문용갑, 2012: 334. 그리고 이것을 바탕으로 구성원들이 각자 업무의 참된 목적을 주체적으로 받아들이고, 그것을 달성하고자 독자적인 발상에 근거하여 혁신적으로 행동하는 것이 창의성의 참된 의의라 할 수 있을 것이다일본생산성본부, 1991: 16.

2. 창의성 개발의 과정

창의성 개발이란 개인이 지닌 창의적 잠재력을 개발하고 창의성이 구현될 수 있는 조직분위기를 조성하는 것을 말한다. 이러한 창의성 개발이 이루어지는 과정은 몇 개의 단계로 이루어진다. 물론 이러한 단계들이 완전히 분리되거나 항상 이러한 절차로 이루어지는 것은 아니지만, 대개 다음과 같은 단계를 거친다고 볼 수 있다DuBrin, 1984: 200-201; Benton, 1998: 413-416.

1) 문제인지(perception) 및 발견단계

문제인지 및 발견단계는 생각해 볼 만한 문제가 존재한다는 사실을 인지하거나 발견하는 단계이다. 주로 창의적인 사람들은 타인이 보지 못하는 곳에서 문제를 발견하고, 당연시하는 문제에 대해 의문을 제기하는 경향이 있으며, 보다 넓은 시야를 가지고 편견이나 관습에 구애받지 않는다. 또한 오래된 아이디어나 대안보다는 새로운 아이디어나 대안을 찾아냄으로써 문제해결을 하고자 한다.

2) 잠복단계(incubation)

무의식적으로 일어나는 창의적인 과정의 신비스러운 단계가 바로 잠복단계이다. 알 속에서 어린 새의 생명이 형성되듯이 혁신자의 마음속에는 수많은 자료들이 유형화·분류·조합되어 하나의 의미 있는 전체로 발달된다. 이러한 잠복단계는 심지어 꿈에서조차 지속된다고 할 수 있는데, 즉 개인이 문제해결을 위한 적극적인 노력을 안 하더라도 무의식 속에서도 끊임없이 노력이 이루어지는 것이다.

3) 영감단계(inspiration)

영감단계는 마치 끈기와 인내를 갖고 알을 품은 지 얼마 후 알이 쪼개지고 어린 새가 부화되듯이, 새로운 아이디어의 섬광이 머리에 떠오르는 단계로 영감 혹은 번득임illumination이라 한다. 영감이란 순간적이지만 사실 수시간, 수일 혹은 수년간 생각해 온 아이디어를 최고조로 나타내는 단계로서 잠복기를 통해서 형성되어 온 정신적인 긴장이 해소되는 순간이다.

4) 확인단계(verification)

확인단계란 아이디어를 검증하는 단계로 새로운 아이디어를 계속적으로 시험하고 재평가하여, 실제적이고 현실적인 세계와 아이디어가 조화를 이루게 되는 단계이다. 혁신가들이 좀 더 실제적인 성격을 지닌 사람들과 매우 밀접하게 일을 해야만 하는 것이 바로 이 단계이다.

제2절 창의적 문제해결(의사결정)

1. 문제해결(의사결정)의 의의와 과정

문제problem란 현재의 상태와 바람직하다고 생각하는 미래의 상태와의 차이gap를 말하며, 문제해결problem-solving이란 바로 이러한 차이를 극복하기 위한 의사결정을 하고 이를 실행에 옮겨 나가는 것을 의미한다. 그리고 이러한 차이를 구체화한 것이 목표이다. 결국 문제해결과 의사결정은 같은 의미를 지닌다고 해도 과언이 아닌 것이다.

의사결정decision making은 바람직한 목표를 달성하기 위하여 이용 가능한 여러 대안alternatives 중에서 최선의 대안을 선택하는 과정이다. 다시 말해서 모든 개인이나 조직체의 운영상 목표달성을 위한 최선의 대안을 선택하는 일련의 과정이라고 할 수 있다.

일반적으로 합리적인 의사결정의 과정은 다음과 같은 다섯 단계를 거치게 된다. 이러한 의사결정과정은 이른바 합리적 선택과정을 주로 의식한 것이기는 하지만 이것은 의사결정의 준거틀로서 어떤 의사결정모형에도 적용할 수 있는 과정이라고 생각된다.

(1) 문제의 인지와 분석

문제란 바람직한 상태와 현실의 상태 사이의 차이를 의미한다. 즉 의사결정을 하려면 우선 결정자가 문제의 성질을 명백히 인식하고 목표를 설정하여야 한다. 그리고 인지된 문제를 해결하기 위해서는 그 문제에 대한 분석이 뒤따라야 한다Benton, 1998: 424.

(2) 목표의 설정

목표란 달성하고자 하는 미래의 바람직한 상태를 의미한다. 다시 말해서 현재의 문제를 해결하여 조직구성원들의 심리적 긴장상태를 없애고 만족스러운 상태를 이끌어 낼 수 있는 구체화된 미래의 상태를 말하는 것이다. 이때 목표는 구체적으로 기술되어야 한다.

(3) 정보의 수집·분석

문제가 명확해지고 목표가 설정되고 나면 이에 대한 대책을 강구하기 위하여 정보와 자료를 수집하여 과학적으로 분석한다Lumsdaine & Lumsdaine, 1995: 156.

(4) 대안의 탐색 및 평가

목표의 달성을 위하여 모든 대체적인 방안을 탐색하고 평가한다. 대안을 탐색할 때에는 수집한 정보와 지식 및 경험도 중요하지만 이 일을 담당하는 사람의 창의성에 크게 의존하게 된다. 의사결정자는 가장 불리한 상황에서도 모든 가능한 대안을 개발하기 위하여 전력을 기울여야 한다. 대안이 탐색된 후에는 이들의 장단점과 대안들이 초래할 결과를 가급적 계량적으로 평가하여야 한다.

(5) 대안의 선택과 실행

대안의 선택은 여러 대안들 중에서 최선의 대안을 하나 선택하는 과정이다. 최선의 대안을 선택한다는 것은 최대의 이익과 최소의 불이익을 가져올 것을 목표에 비추어 선택한다는 것을 의미한다. 이러한 대안의 선택이 곧 의사결정이다. 대안이 선택되고 나면 이는 실행에 옮겨져야 한다. 이 단계에서는 실행담당자들의 실행의지가 무엇보다 중요하다.

2. 의사결정의 유형

1) 가치결정과 사실결정

사이먼Simon, 1957: 62-66은 의사결정의 대상을 가치values와 사실facts로 구분한다. 사실상 인간이 행하는 판단에는 가치중심적인 것과 사실중심적인 것이 있다. 가치중심적인 판단은 주로 당위Sollen에 관한 것이고, 사실중심적인 판단은 주로 존재Sein에 관한 것이다. 가치결정value decision이란, 즉 어떤 목표를 얼마나 중요시할 것인가에 관한 판단이라고 할 수 있다. 이러한 판단은 목표에 대한 욕구나 요구 또는 중요성과 필요성에 따라서 이루어지는데 이것을 가치전제value premises라 한다.

한편 선택된 목표가 어느 정도 달성될 것인가의 예측은 사실결정facts decision의 문제로서, 여기에서는 자료·정보·지식 등을 토대로 한 사실중심적인 결정을 하게 되는데 이것을 사실전제factual premises라 한다. 사실전제는 가치전제와 함께 결정전제decision premises를 이룬다.

2) 개인적 의사결정과 집단적 의사결정

개인적 의사결정individual decision making은 조직을 관리하는 개인의 판단에 의하여 선택행위를 행하는 것을 말한다. 집단적 의사결정decision making은 의사결정에 관련된 사람들이나 전문가들의 의견을 종합해서 대안의 선택행위를 행하는 것으로, 조직이 당면한 문제해결을 협동하여 결정하는 데 의의가 있다. 조직구성원에게 의사결정에 참여할 수 있는 기회를 부여하여 그들의 사기를 앙양하고 각자의 창의성 향상과 능력발전에 기여하게 된다. 참여의식을 고취시킬 필요가 있는 문제, 결정능력의 향상을 도모할 필요성이 있는 문제, 고도의 전문성과 기술성이 요구되는 문제의 결정에 적합한 방법이다.

3) 정형적 의사결정과 비정형적 의사결정

사이먼Simon, 1960: 5-8은 의사결정의 유형을 정형적인 것과 비정형적인 것으로 나누어 설명한다. 정형적 의사결정programmed decision이란 이미 확립된 선례, 계획, 절차에 따라 결정을 하는 것을 말하며, 비정형적 의사결정non-programmed decision이란 확립된 선례나 계획 및 절차가 없는 전혀 새로운 결정을 의미한다. 대체로 확실성certainty을 다루는 경우 정형적 의사결정과 관계가 있으며, 불확실성uncertainty을 다루는 경우에는 비정형적 결정과 관계가 있다March & Simon, 1958. 그리고 일상적routine인 일과 관계되는 결정은 정형적 결정과 관련되며, 비일상적 일과 관계되는 결정은 비정형적 결정과 관련되는 것이다. 뿐만 아니라 구조적인 업무와 비구조적인 업무도 위와 같은 관계를 갖는다.

3. 창의적 집단의사결정의 기법

1) 집단의사결정의 창의성 제고기법

(1) 명목집단기법(Norminal Group Technique: NGT)

명목집단기법은 문자 그대로 구성원 상호 간의 대화에 의한 의사소통이 이루어지지 않는다는 특징에서 비롯된 것이다. 이 기법은 다음과 같은 절차를 거쳐 이루어진다강근복, 1995: 128.

① 집단의 각 개인은 개발하고자 하는 정책대안에 대한 자신의 아이디어를 서면으로 제출한다.

② 각자가 제시한 아이디어를 칠판이나 플립차트flip chart에 나열해서 적는다. 이때 모든 아이디어가 기록될 때까지 토의를 벌이지 않는다.

③ 모든 아이디어가 기록되고 난 후에 각각의 아이디어의 장단점에 대한 토의를 진행한다.

④ 토의가 종료된 후, 각각의 아이디어에 대한 투표를 실시하여 가장 점수가 많이 나온 것을 집단의 결정대안으로 한다.

(2) 브레인스토밍(brainstorming)

브레인스토밍은 다수의 구성원이 한 가지 주제를 놓고 아이디어를 무작위로 개진하여 그중 가장 좋은 해결안을 모색하는 기법이다. 일반적으로 브레인스토밍을 실시할 때 지켜야 할 사항으로는 다음과 같은 것들이 있다문용갑, 2012: 345~346.

① 많은 아이디어를 얻기 위해 힘써야 한다. 될 수 있는 한 많은 아이디어를 얻을 수 있도록 분위기를 조성해야 한다. 엉터리이고 웃음거리가 될 아이디어라도 잘 이용하여 활용 가능한 아이디어를 유도하도록 노력해야 한다.

② 판단을 보류해야 한다. 브레인스토밍이 진행되는 동안 비판이나 평가를 해서는 안 된다. 많은 아이디어가 나온 다음에 가장 좋은 것을 선택해야 한다.

③ 앞에서 제시된 아이디어의 수정이나 개선안도 쾌히 받아들여야 한다. 발표한 아이디어에 새로운 아이디어를 결합시킴으로써 일종의 시너지 효과를 기대할 수 있는 것이다.

(3) 델파이기법(delphi method)

델파이기법은 불확실한 미래를 예측하고 이에 따른 의사결정을 효과적으로 하기 위해 고안된 집단의사결정기법이다. 이러한 델파이기법의 특징과 절차를 요약하면 다음과 같다.

① 델파이집단은 전문가집단으로 구성되어 있다. 어떤 문제나 쟁점에 관해 전문적인 지식이나 경험을 소유하고 있는 일단의 전문가들의 도움을 받아서 미래를 예측하고 대응해 나가자는 것이 이 기법의 요지이다.

② 이 집단은 익명의 명목상 집단이다. 즉 집단은 한곳에 모이는 법이 없고 누가 이 집단의 성원인지를 서로가 알지 못하도록 익명성을 유지함으로써 단지 명목상 으로만 집단 구실을 하게 되는 것이다.

③ 이 집단의 의사소통과정은 구조화되어 있다. 즉 각 집단성원에게 전달되는 커뮤니케이션의 내용은 설문화questionnaire되어 있고, 설문의 전달이나 회수는 반복적으로 통제된 상태에서 이루어진다.

④ 이 방법은 집단성원 간의 의견일치consensus를 추구한다. 즉 설문이라고 하는 매개체를 통해서 익명의 성원 간의 의견교환이 간접적으로 이루어지고 이러한 과정이 반복되면서 전문가집단의 의견일치가 유도되는 것이다.

(4) 지명반론자법(devil's advocate method)

이 방법은 '악마의 주장법'이라고도 지칭하는데, 집단을 둘로 나누어 한 집단이 제시한 의견에 대하여 반론집단으로 지명된 집단의 반론을 듣고 토론을 벌여 원래의 안을 수정하고 보완하는 일련의 과정을 거친 후 최종 대안을 도출하는 방법이다. 지명반론자는 반드시 집단일 필요는 없고 집단 내 2명~3명 정도가 반론자의 역할을 담당해도 된다백기복, 2007: 350-351. 여기서 '악마의 주장법'이라고도 하는 이유는 원래 천주교 성인 추대심사에서 추천된 후보의 성인추대 불가이유를 주장하도록 공식적으로 역할을 부여받은 사람을 '악마'라고 부른 데서 기인한다박원우, 1992: 78-85.

이 방법에서 중요한 것은 반론자들이 고의적으로 본래 안의 단점과 약점들을 지적해야 한다는 것이다. 이런 과정을 거치면서 선택된 대안은 고려할 수 있는 다양한 상황에 대한 대응방안까지를 포함하고 약점을 보완하게 되므로 보다 효과가 뛰어나고 현실적용성이 높아진다고 평가할 수 있다.

PART 5-12

(5) 마인드 맵핑(mind mapping)

1960년대 후반에 영국학습방법 연구회의 토니 부잔Tony Buzan이 고안한 마인드 맵핑은 두뇌활동이 주로 핵심개념들을 상호관련시키거나 통합하는 방식으로 이뤄진다는 연구 결과를 바탕으로 하는 시각적 사고기법이다. 마인드 맵핑이란 '생각 그물' 만들기로서 마음속에 넘쳐흐르는 사고력과 상상력, 그리고 읽고, 생각하고, 분석하고, 기억하는 모든 정보를 자기 자신만의 독특한 이미지와 핵심 단어, 색상 및 상징적 부호 등으로 자유롭게 펼쳐 보고, 독창적이고 종합적인 구조로 조직화해서 다양한 방식으로 표현한 것을 말한다.

즉 마인드 맵핑은 창의적이고 혁신적인 사고 방법을 개발하고, 분석력과 종합력, 문제 해결력, 의사 결정력 등 자기주도적 학습력을 길러 짧은 시간에 쉽고 재미있게, 능률적인 학습 효과를 고양할 수 있도록 고안된 창의성 기법이다. 창의성 계발을 돕고 사고력을 증진시킬 수 있는 프로그램으로 마인드 맵을 활용해 볼 가치가 충분히 있다. 또한 '어떻게 학습할 것인가'를 중시하는 열린 교육의 교육과정에 '학습하는 방법을 배우는 학습'으로서 마인드 맵의 활용이 아주 효율적이다.

2) 집단의사결정의 장단점

의사결정을 개인중심으로 하느냐 아니면 집단중심으로 하느냐에 따라 개인적 의사결정과 집단적 의사결정으로 나눌 수 있다. 오늘날의 조직에 있어서는 점차 집단의사결정의 비중이 높아지고 있는데, 위원회, 각종 팀, 회의 등이 모두 이러한 집단의사결정의 예에 속한다. 이렇게 집단의사결정이 증가하는 이유는 현대조직의 의사결정이 포괄하는 범위가 넓고 문제가 복잡해지고 있기 때문이다신유근, 1990: 372.

그러나 집단 의사결정은 장점 못지않게 여러 문제점을 포함하고 있는데, 그 중 가장 대표적인 것이 재니스Irving Janis, 1972가 제시한 '집단사고group think'이다Bowditch & Buono, 2005: 146-148. 그는 집단사고를 '응집력이 강한 집단에서 구성원들의 만장일치에 대한 노력이 현실적인 대안을 찾으려는 동기부여를 넘어설 때 발생하는 사고방식'이라고 정의한다Kinicki & Kreitner, 2008: 240. 재니스는 미국의 피그만 침공의 실패에 대한 연구를 통해 케네디 행정부 내에서 발생한 집단사고에 관한 연구를 행했다. 즉, 지나치게 응집적인 집단에는 ① 집단 성원들을 지나치게 낙관주의로 이끌고 고도의 위험성을 쉽게 받아들이도록 하는 '무결점의 환상illusion of invulnerability', ② 소속 집단은 가장 이상적인 목표를 가지고 있기 때문에 비판받아서는 안 된다는 감정인 '도덕성의 환상illusion of morality', ③ 대다수 집단구성원의 판단과 의견에 관한 공유된 '만장 일치의 환상illusion of unanimity' 등이 나타나 집단 의사결정 시에 이성적인 사고를 마비시킨다는 것이다Vasu, Steward & Garson, 1998: 134-135. 또한 재니스Jannis, 1982: 35-47는 이외에도 집단 내에서 집단사고가 팽배할 때 다음과 같은 행태들이 나타난다고 지적했다.

① 부정적 환류는 회피하게 되고 경고적인 암시들warning signals은 무시된다.

② 비판자들은 고립되거나 축출된다.

③ 만장일치가 중심적인 집단 규범이 된다.

④ 지도자에게 해가 된다고 여겨지는 외부 환경으로부터의 투입 요소로부터 지도자를 보호하기 위한 '심적 경호 역할'이 나타난다.

⑤ 자체 검열이 발생한다.

⑥ 자신들의 견해에 호의적이 아닌 정보는 합리화 과정을 통해 변형된다.

⑦ 집단 외부의 의견들을 고려해 보기 위한 어떠한 시도들도 행해지지 않는다.

그러나 집단 의사결정은 많은 장점도 아울러 갖고 있다. 집단의사결정이 효과적이 되기 위해서는 다음과 같은 네 가지 요건을 충족시켰는가와 밀접하게 관련 있다.

① 결정과 관련된 상황의 명확한 이해

② 효과적인 선택을 위한 제반 조건들의 명확한 이해

③ 문제해결을 위한 대안들의 장점을 정확하고 면밀하게 측정

④ 문제해결을 위한 대안들의 단점을 정확하고 면밀하게 측정

효과적인 최적의 집단 의사결정을 하기 위해서는 조직의 관리자, 집단 리더, 집단구성원들은 이러한 네 가지 요건을 갖추는 데 초점을 맞추어야 할 것이다Kinicki & Kreitner, 2008: 261.

집단의사결정의 장점과 단점을 요약하면 <표 12-1>과 같다박연호, 2000: 257-258; 백기복, 2014: 357.

[표 12-1] 집단의사결정의 장단점

장 점	단 점
① 다양한 지식·정보·아이디어를 활용	① 많은 시간과 에너지 소비
② 구성원 간의 상호자극	② 집단사고(group think)의 위험
③ 결정에 대한 수용도와 응집력 제고	③ 차선책 선택의 오류 가능성
④ 문제분담에 의한 전문화 가능	④ 결정이 특정인에 좌지우지될 가능성
⑤ 커뮤니케이션의 원활화	⑤ 의견이 불일치할 경우 갈등발생 우려
	⑥ 신속하고 결단력 있는 행동방해

다음의 문제를 조를 편성해서 해결해 보시오. 그리고 이를 토대로 개인적 의사결정과 집단적 의사결정의 장단점을 토론하고 발표하시오.

:: 달착륙사건

여러분들은 우주선을 타고 달에 착륙하는 중이었습니다. 그런데 우주선이 고장나 원래의 목표지점이 아닌 곳에 불시착을 하고 말았습니다. 착륙할 때 장비가 파괴되어 현재 당신이 달 기지에 연락할 수 있는 수단은 없습니다. 원래 목표한 지점, 즉 달 기지가 있는 곳까지 가려면 200km 가량 걸어야 합니다. 생존에 필요한 다음의 15개 품목을 중요한 순서대로 순위를 매기기 바랍니다.

1. 이때 1단계로 혼자 개인 순서를 매기고, 2단계로 조를 편성하여 조(집단)의 순서를 매기시오(정답을 가려서 보지 말고 순서를 정하기 바람).
2. NASA 전문가들이 제시한 정답과 비교하여 개인과 집단 중 어느 쪽이 더 창의적이며 합리적인 의사결정을 했는지 토의하시오.

항 목	1단계(개인)	2단계(집단)	정 답
성 냥			15
압축식량			4
나일론로프			6
낙하산			8
태양전지가 든 휴대용히터			13
45구경 권총			11
분말 무가당우유			12
산소탱크			1
별자리도			3
자동작동 구명정			9
나침반			14
물 20리터			2
신호용 화염			10
구급약품세트			7
태양전지 작동 FM송수신기			5

자료: Denhardt & Denhardt(2009: 363).

스트레스 관리의 방법

제1절 스트레스의 의의

일상적으로 사용되고 있는 스트레스란 용어를 개념적으로 정의하기는 어렵다. 스트레스란 단순히 환경에 대한 개인의 상호작용으로서, 개인차와 심리적 과정에 의해 영향을 받는 적응적 반응으로 정의할 수 있다. 스트레스는 개인에게 지나친 심리적·물리적 요구를 가하는 외부환경적 행동, 상황이나 사건의 결과로써 발생하는 것이다Ivancevich, Konopaske & Matteson, 2008: 224. 다시 말해서 스트레스란 개인의 능력이나 자원한계를 벗어나는 위협적인 환경적 요구에 봉착한 개인이 경험하는 긴장상태로 정의될 수 있다Berkman & Neider, 1987: 343.

스트레스의 영향에 대한 연구는 스트레스 연구의 아버지라고 일컬어지는 셀리에Hans Selye의 선구적 연구에 그 뿌리를 두고 있다. 그는 스트레스 상태가 점차 명확해지는 생리적 반응을 일반적응증후군General Adaptation Syndrome: GAS이라고 명명하였다Organ & Bateman, 1991: 370. 일반적응증후군은 경고단계, 저항단계와 소진단계라는 세 단계를 거친다.

경고단계에서는 외부의 자극이 신체의 내부기관을 자극한다. 이에 따라 호르몬이 분비되고, 심장박동수와 혈압이 증가하는 등 많은 심리적·화학적 반응이 나타난다.

스트레스가 지속된다면, 저항단계로 옮겨가게 되는데 신체는 스트레스의 충격에 대처하는 데 필요한 내부기관이나 체제를 모음으로써 신체의 항상성을 유지하려는 노력이 이루어진다. 하지만, 이 두 번째 단계에서는 주로 하나의 요인에 대해 많은 저항을 하며, 다른 요인에 대해서는 거의 저항이 없게 된다. 이것은 사람들이 극심한 감정적 긴장상태를 경험한 후 종종 몸살 등 다른 질병에 걸리는 것으로 알 수 있다.

마지막으로 스트레스가 장기간 지속되면, 소진단계로 들어가게 된다. 소진burnout이란 기능저하와 유사한 상태로서, 보통 직무와 관련되어 육체적 피로, 수면방해, 업무에 대한 긍정적 강화요인의 결여, 무기력감과 무용감, 그리고 직무와 관련된 일에 대한 냉소적 태도 등의 특징을 갖는 징후군을 말한다Organ & Bateman, 1991: 383.

따라서 스트레스는 그 원인이 얼마나 지속되느냐, 그 강도가 어느 정도인가, 그 회복력이 얼마나 강한가에 따라 일시적일 수도 있고 또 장기간에 걸칠 수도 있고, 그 정도가 약할 수도 심할 수도 있다. 스트레스가 일시적이고 그 정도가 세지 않다면, 대부분의 사람들은 스트레스의 영향을 금방 해소할 수 있을 것이다.

반대로 심각한 압력이 장기간 지속될 수도 있다. 이럴 경우에 문제가 일어나는데, 인간의 신체는 스트레스에 대처할 능력을 금방 다시 키울 수는 없기 때문에 스트레스와 싸우는 동안 신체적·심리적으로 약해지게 된다. 이런 상태가 바로 소진이다Davis & Newstrom, 1989: 484.

만성적으로 직무스트레스에 직면해 있는 사람은 쉽게 소진의 대상이 되는데, 특히 각종 문제를 가진 사람들과 계속 상호작용을 해야 하는 직종에 종사하는 경찰관, 교사, 사회복지사와 응급실 근무자들은 소진상태에 빠질 직업상의 위험이 크다. 사람들은 소진상태에 처하게 되면, 타인에게 불평을 하고 자기의 과실을 타인의 탓으로 돌리고 쉽게 화를 낸다. 이런 소외감으로 인하여 사람들은 직장을 그만둘까 생각하게 되며, 새로운 직업을 위해 훈련을 받을 기회를 찾게 되고 실제로 그만두는 사례가 발생한다.

제2절 스트레스의 원인

스트레스를 야기하는 것을 스트레스의 영향요인 또는 스트레스원源, stressor이라고 한다. 어떤 단일한 스트레스원이 스트레스를 일으킬 수도 있지만, 보통 스트레스로 진전될 경우에는 다양한 방식으로 여러 스트레스원이 사람들에게 압력을 행사한다.

1. 조직 외적 스트레스원

직무스트레스에 대한 대부분의 분석들이 조직 외적 요인들의 중요성을 무시하고 있지만, 점차 조직 외적 요인들이 지극히 중요한 영향을 미친다는 인식이 확대되고 있다. 조직에 대한 개방체제적 관점을 취한다면, 직무스트레스가 단지 직무시간 동안에 조직 내에서 일어나는 사건에 국한되지 않는다는 것은 명확하게 된다. 조직 외적 스트레스원에는 사회·기술적 변화, 가족문제, 이주문제, 경제적·재정적 상황, 인종과 사회적 계층문제 및 거주지나 지역사회의 상태 등이 포함된다Luthans, 2008: 249-250.

2. 조직적 스트레스원

조직 외부에서 일어나는 잠재적 스트레스원 이외에도 조직 자체와 관련된 스트레스가 있다. 조직은 개인과 집단으로 구성되어 있지만, 이를 거시적 수준에서 볼 때에는 조직정책, 구조, 물리적 조건과 과정 등이 스트레스의 원인이 된다. 또한 스트레스의 원인은 조직수준에 따라 상이하게 나타난다. 관리자들은 주로 단기간에 재정적 수익을 얻어야 하거나 적대적인 경쟁에 대한 위협 등으로부터 스트레스를 받게 된다. 감독자들은 상품의 질, 고객에 대한 서비스, 잦은 회의와 감독책임 등에 대한 압력으로부터 스트레스를 받게 된다. 일반성원들은 낮은 지위, 자원부족과 무과실에 대한 요구 등으로부터 스트레스가 온다Newstrom, 2007: 357-359.

3. 집단적 스트레스원

(1) 집단응집력의 결여

집단응집력은 호손실험의 연구로부터 시작하여 조직성원, 특히 하위계층의 성원들에게 매우 중요하다는 것이 잘 알려져 있다. 따라서 직무설계, 감독자의 제한이나 동료의 방해로 인하여 조직의 응집력이 떨어진다면, 이것은 조직구성원에게 스트레스를 유발하는 결과를 갖게 된다Luthans, 2008: 251.

(2) 사회적 후원의 결여

사회적 후원이란 친구나 가족, 직장동료나 관리자가 보여 주는 진정한 걱정, 존경 그리고 관심을 의미한다. 또한 사회적 후원의 초점이 업무일 수도 있고 게임이나 가벼운 농담과 같은 사회적 교환관계일 수도 있다. 사회적 후원은 개인이 심각한 스트레스에 직면할 경우에 자기가 혼자가 아니라는 감정을 갖게 함으로써 스트레스에 대처하는 데 큰 힘이 된다. 반대로 사회적 후원이 개인에게 결여되면, 사람은 소외감을 느끼게 되는데, 일상생활에서 대부분의 스트레스는 바로 이러한 소외감으로부터 나온다Quick, Nelson & Quick, 1987: 139-145.

(3) 개인 내, 개인 간 및 집단 간 갈등

갈등이란 개념적으로 스트레스와 매우 밀접하게 관련이 되어 있다. 갈등이란 보통 개인적 목표나 동기부여적 요구와 가치와 같은 개인 내적 차원과, 집단 내의 개인 간 그리고 집단 간의 양립되지 않고 적대적인 행동과 관련된다. 그러한 갈등은 개인에게 상당한 스트레스를 가져올 것이라고 말할 수 있다.

4. 개인적 스트레스원

개인적 스트레스원에 대해서는 많은 것을 들 수 있지만, 크게 역할특성, 개인적 특성, 생활과 경력의 변화 등으로 구분할 수 있다.

1) 역할특성

(1) 역할갈등

각 개인들은 많은 역할을 가지고 있으며, 이들 간에는 상충되는 요구와 기대를 갖게 될 수도 있다. 역할갈등이란 한 가지 역할을 수행하는 것이 다른 역할을 수행하지 못하게 하거나 불가능하게 하는 두 가지 역할에 대한 압력이 동시에 존재할 때 발생한다. 직무에 대한 개인의 활동에 거는 기대는 사람에 따라 다양한데, 이럴 경우 개인은 무엇을 수행해야 될지를 모르게 되고 기대를 충족시킬 수 없게 된다. 또한 직무역할에 대한 시간적 요구와 가족역할에 대한 시간적 압력이 양립될 수 없는 경우에 스트레스가 나타난다.

(2) 역할모호성

역할모호성이란 역할의 정의에 대한 불확실성, 즉 역할에 대한 타인의 기대에 관한 불확실성을 말한다Organ & Bateman, 1991: 386-387. 역할모호성은 개인의 역할과 관련된 충분한 정보나 지식이 결여되었을 때 나타난다. 또한 역할모호성은 부적절한 교육훈련, 빈약한 의사소통, 동료나 감독자에 의한 정보의 왜곡으로부터 나오기도 한다.

(3) 역할과중과 역할미발휘

역할모호성만큼 많은 관심을 받지는 않았지만, 역할과중과 역할미발휘는 스트레스를 일으키는 주요요인이 된다. 개인이 맡은 역할이 이상적인 생활 상태를 방해할 경우에 역할과중이 발생한다. 모든 사람들이 때때로 역할과중을 경험하지만, 직무에 따라 이것이 만성적으로 일어날 수 있다. 역할과중은 마감시간deadline과 같은 시간적 압력에 의해서도 일어난다. 물론 시간적 압력 그 자체가 부당한 스트레스를 만드는 것은 아니지만, 조직성원이 이를 불합리한 것으로 인식한다면, 그것은 스트레스의 원인으로 작용하게 된다.

역할과중은 제한된 시간 내에 수행할 수 있는 것보다 더 많은 양의 역할을 부여하는 양적 과중과 직무를 수행하는 데 요구되는 기술, 지식, 능력 등이 부족하여 나타나는 질적 과중의 두 종류로 나눌 수 있는데, 이는 특히 중·상층의 관리자들에게 가장 빈번히 스트레스를 야기하는 것으로 지적되고 있다Organ & Bateman, 1991: 384. 또한 개인이 지닌 능력이나 기술의 일부분밖에 사용하지 못하는 역할 미발휘도 스트레스의 유발요인이 된다.

2) 개인적 특성

(1) A형 퍼스낼리티

때때로 스트레스 상황에 대한 반응은 개인차 중에서 A형과 B형의 퍼스낼리티와 관련이 있다. A형 퍼스낼리티는 되도록 짧은 시간 내에 보다 많은 것을 성취하기 위하여 만성적으로 공격적인 투쟁에 관여하는 사람들에게서 관찰되는 행동-감정 복합체라고 정의된다Friedman & Rosenman, 1974. A형 퍼스낼리티는 일을 빨리 처리하려고 하고 한 번에 몇 가지 일을 하려고 하며 활용 가능한 시간 내에 최대한의 능률과 산출을 얻어 내려고 한다.

A형 퍼스낼리티의 사람들은 공격적이고 경쟁적이며 높은 기준을 설정하고 자신을 계속 시간적인 압력하에 둔다. 그들은 심지어 여가와 레크리에이션에 있어서도 자신에 대해 지나친 요구를 한다. A형 퍼스낼리티의 성취지향성, 성급함과 완결성은 다른 사람들에게는 비교적 스트레스가 없는 상황에서도 스트레스를 만들어 내는데, 이런 의미에서 그들은 자기 스스로가 스트레스를 유발하는 것이다. 그들은 계속적으로 느끼는 압력으로 인하여 심장마비와 같은 스트레스와 관련된 질병에 걸릴 확률이 높다Vanderveer & Menefee, 2006: 61.

B형의 사람들은 보다 여유가 있고 매사를 쉽게 생각하는 경향이 있다. 그들은 주어진 상황과 경쟁적으로 다투기보다는 상황을 받아들이고 그 안에서 업무를 수행한다. 그런 사람들은 특히 시간적인 압력에 대하여 여유가 있으며, 스트레스와 관련된 문제를 적게 갖는 경향이 있다.

한편, 직무상황에서 A형 퍼스낼리티는 초급, 중급 관리직으로의 성공에 이점이 있다. 즉 A형의 특성과 스트레스로 얻어지는 실적으로 인하여 조직에서 관리직으로 승진하는 데 유리하다. 하지만 최고관리자로 진입하는 데에는 A형의 성격이 그 유리한 영향력을 상실하게 되고 오히려 B형 퍼스낼리티의 소유자가 유리하게 된다Schermerhorn, Jr., Hunt & Osborn, 1985: 658-659. 따라서 최고수준의 관리자로 성공하기 위해서는 최고관리자의 역할이 요구하는 다양한 적응능력을 위하여 A형의 성격을 교정하거나 적어도 통제할 수 있는 노력이 필요하게 된다.

(2) 통제소재(locus of control)

스트레스에 대한 개인차를 나타내 주는 요인으로써 통제소재를 들 수 있다Vander-veer & Menefee, 2006: 60. 이는 통제의 방향에 따라 내재적 통제와 외재적 통제로 나눌 수 있는데, 어떤 결과를 전적으로 자신의 행동에 의한 것이라기보다는 행동, 기회와 운명 등 외적 환경에 의한 것이라고 해석할 때 이를 외재적 통제자라고 한다.

이와 반대로 결과를 자신의 행동에 달려 있다고 보거나 자신의 고정적인 특성에 따른 것이라고 본다면 이를 내재적 통제자라고 한다. 환경적 요인보다는 자신이 보다 많은 통제력을 갖고 있다고 생각하는 내재적 통제자는 스트레스 상황에서 위험을 덜 느끼기 때문에 지나친 부정적 반응을 보이지 않을 것이다. 즉 내재적 통제력을 갖고 있는 사람은 역할갈등을 덜 느끼고 직무에 보다 큰 만족감을 느끼게 된다.

3) 생활과 경력상의 변화

일반적이고 폭넓게 인정되는 스트레스의 원인은 개인이 적응해야 하는 생활과 경력상의 변화이다. 특히 해고나 전보 등과 같이 경력상의 변화와 배우자의 죽음과 같은 갑작스런 생활의 변화는 사실상 사람들에게 매우 강한 스트레스를 주는 것으로 밝혀졌다Holmes & Rahe, 1967: 213-218. 따라서 생활 및 경력상의 변화 정도와 이에 따른 개인의 건강 간에 명확한 관계가 있음을 알게 되었다.

[표 13-1]은 생활 및 경력상의 변화의 상대적인 지위관계를 보여 주고 있다. 이 표에 의하면, 1년 동안 개인이 겪은 사건의 스트레스 총합이 150점~199점인 사람은 '경미한 생활위기mild life crisis'에 처해 있으며 200점~299점인 사람은 '견딜 만한 위기moderate crisis', 300점이 넘는 사람은 '심각한 위기major crisis'에 놓여 있다고 할 수 있다. 즉 이 점수가 높을수록 병에 걸릴 위험이 높다는 것이다.

[표 13-1] 사회재적응 평정척도(Social Readjustment Rating Scale: SRRS)

생활사건	평점값	생활사건	평점값
배우자의 사망	100	자녀의 가출	29
이 혼	73	법률상의 분쟁	29
별 거	65	자신의 뛰어난 업적	28
징 역	63	배우자의 취직이나 퇴직	26
가족의 사망	63	배우자의 입학이나 졸업	26
자신의 부상이나 질환	53	생활조건의 변화	25
결 혼	50	개인의 습관의 교정	24
해 고	47	상관과의 분쟁	23
별거 후 재결합	45	근무시간 작업조건의 변화	20
퇴 직	45	주거의 변화	20
가족건강상의 변화	44	전 학	20
임 신	40	여가생활의 변화	19
성생활의 어려움	39	교회활동의 변화	19
가족수의 증가	39	사회활동의 변화	18
사업의 재적응	39	1만 달러 이하의 저당 대부	17
재산의 증감	38	식생활습관의 변화	15
친한 친구의 사망	37	휴 가	13
전 근	36	크리스마스	12
배우자와의 언쟁횟수변화	35	경미한 법률위반	11
1만 달러 이상의 저당	31		
저당권, 채권의 상실	30		

자료: Holmes, T.H. & Rahe, R.H.(1971: 224).

제3절 스트레스의 결과

1. 스트레스와 성과

스트레스는 그 정도에 따라서 직무성과에 도움을 줄 수도 있고 해를 끼칠 수도 있다. [그림 13-1]은 스트레스와 직무성과 간의 관계를 보여 주는 스트레스-성과 모형이다. 스트레스가 전혀 없을 때는 직무에 대한 도전이 없게 되고 성과는 낮게 된다. 스트레스가 증가함에 따라 사람들은 직무요건을 충족시킬 수 있는 자원을 동원할 수 있기 때문에 성과도 증가하는 경향이 있다. 이때 스트레스는 개인에게 긍정적인 자극이 된다. 결국 개인은 하루의 성과가 최고조에 달하는 스트레스에 이르게 된다.

이 P점 이후로 스트레스가 증가하게 되면, 이제는 스트레스가 성과를 방해하기 때문에 성과는 감소하기 시작한다. 개인은 스트레스에 대처할 능력이나 의사결정 능력이 저하되고, 행동이 불규칙적으로 된다. 스트레스가 최고수준 이상으로 증가하면, 성과는 0이 되는데, 이때 개인에게는 너무 아파서 일을 할 수가 없거나 해고, 사직하는 등 부정적인 결과들이 나타난다^{DuBlin, 2007: 283-285}.

▼ 그림 13-1　스트레스-성과모형

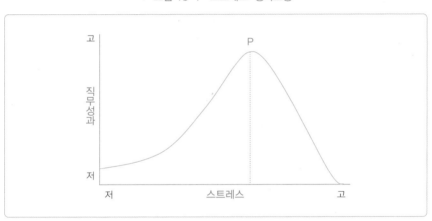

이와 같이 스트레스는 우리의 일상생활에서 부정적인 인상을 주지만, 실제적으로 스트레스에는 건설적 스트레스와 파괴적 스트레스라는 두 개의 국면이 있다. 건설적 스트레스란 개인과 조직을 위하여 긍정적인 방향으로 행동한다. 그림에서 보듯이 스트레스 강도가 낮은 곳에서부터 중간 정도까지는 건설적 방향으로 행동한다. 중간 정도의 스트레스는 직무상 노력을 강조하고 창조성을 자극하고 근면을 진작시킬 수 있다. 파괴적 스트레스란 개인이나 조직에 역기능적이다. 낮은 곳에서 중간 정도의 스트레스가 실적을 향상시킬 수 있는 반면, 지나치게 높은 스트레스는 사람의 육체적·정신적 체제에 무거운 짐을 지우게 하고 고장을 일으킬 수 있다. 사람들이 강한 스트레스로 인하여 생긴 질병을 겪게 될 경우 그리고 높은 스트레스로 인하여 태업, 이직, 과실, 사고, 불만족 등으로 반응할 때 성과는 감소하게 된다.

여기서 조직성과를 유지하기 위해 관리자들이 수행할 가장 어려운 과업 중의 하나는 최적의 스트레스 점을 찾는 것이다Behling & Darrow, 1984: 14-16.

하지만 사람에 따라 일상적인 업무의 사소한 변화나 혼동에 의해 쉽게 당황하는 사람들이 있는가 하면, 동일한 상황에서도 냉정하고 침착한 사람들이 있듯이, 스트레스 상황에 대한 개인의 인내 정도는 각기 다양하다. 따라서 스트레스의 부정적 효과가 나타나기 전에 사람들이 참을 수 있는 스트레스원의 수준인 스트레스 한계점stress threshold을 결정할 때에는 개인차를 민감하게 고려하여야 한다.

2. 개인에 미치는 영향

높은 수준의 스트레스로 인한 문제는 신체적·심리적·행태적으로 개인에게 나타날 수 있다.

(1) 스트레스로 인한 신체적 문제

스트레스에 대한 대부분의 관심과 기본적인 연구들은 스트레스가 개인의 건강에 미치는 영향에 기울어져 왔다. 지나친 스트레스는 고혈압과 높은 콜레스테롤을 동반하며 심장마비, 위궤양과 관절염의 원인이 되기도 한다. 심지어 스트레스는 암과도 관련될 수 있다Cummings & Cooper, 1979: 395-418.

(2) 스트레스로 인한 심리적 문제

스트레스로 인한 개인의 육체적 건강에 못지않게 정신건강에 대해서도 상당한 관심이 집중되고 있다. 정신건강 측면에서 볼 때 지나친 스트레스는 화, 걱정, 불안, 신경과민, 긴장이나 권태감 등을 수반할 수도 있다. 이들이 개인에게 미치는 영향은 기분과 정서 상태 등에 따라 달라지는데, 특히 성과, 자기존중심의 저하, 감독자에 대한 불만, 집중능력 및 의사결정능력의 소실과 직무불만족과 관련된다.

(3) 스트레스로 인한 행태적 문제

스트레스의 결과를 분석하는 데 있어서 행태적 단위에 대한 분석이 유용하다. 높은 수준의 스트레스에 따른 직접적 행태로는 지나치게 적거나 많은 식사, 불면증, 음주와 흡연의 증가와 약물남용 등이 포함된다. 이 중 음주와 관련된 문제는 오래전부터 제기되어 왔지만, 최근에는 약물남용에 따른 문제들이 주로 나타나고 있다.

또한 스트레스는 조직성원의 결근 및 이직과 밀접한 관계가 있다[Poter & Steers, 1973: 151-176]. 결근율이 증가하거나 이직률이 증가할 경우에 조직은 결근자를 보충하거나 이직한 자리를 대체해야 한다는 점에서 매우 비싼 비용을 치르게 된다.

 스트레스로 유발되는 부정적 행태 자가 측정 설문

I. 최근 6개월 이내에 있었던 일이면 + 칸, 없었으면, − 칸에 표시하십시오.
1. 술 때문에 가족이나 친구 사이에 금이 생긴 일이 있다. (+3.7 : −1.1)
2. 오늘 하루 만이라도 술을 마시지 않으려고 해도 잘 안 되는 경우가 많다. (+3.2 : −1.1)
3. 가족이나 친구들로부터 술고래라는 말을 들은 적이 있다. (+2.3 : −0.8)
4. 과음하지 않겠다고 해도 어느덧 만취가 된다. (+2.2 : −0.7)
5. 음주 다음 날 전날 밤의 일이 부분적으로 기억이 안 나는 때가 있다. (+2.1 : −0.7)
6. 휴일에는 아침부터 술을 마신다. (+1.7 : −0.4)
7. 이따금 숙취로 일을 쉬거나 중요한 약속을 지키지 못하는 경우가 있다. (+1.5 : −0.5)
8. 당뇨병, 심장병, 간장병의 진단, 치료를 받은 적이 있다. (+1.2 : −0.2)
9. 술에서 깨어날 때 땀이 나거나 손이 떨리거나 불안, 초조, 불면증이 있다. (+0.8 : −0.2)
10. 장사나 직업상 필요로 술을 자주 마신다. (+0.7 : −0.2 : 이따금 이면 0.0)

PART 5-13

11. 술을 안 마시면 잠을 이루지 못하는 경우가 많다. (+0.7 : -0.1)

12. 거의 매일 맥주 3병(大), 소주 1병(小), 정종 3홉 이상 반주를 한다. (+0.6 : -0.1)

13. 음주로 사고를 내 경찰서 신세를 진 일이 있다. (+0.5 : -0.0)

14. 취하면 화를 잘 낸다. (+0.1 : -0.0)

+ 합계_____ - 합계_____ = _____

II. 최근 다음과 같은 증세가 있었는가? 있었다면 가장 가까운 것의 점수를 표시하십 시오.

      0. 없었다   1. 때때로 있었다   2. 자주 있었다   3. 항상 있었다

1. 몸이 피로하고 나른하다. _____

2. 소음이 마음을 어지럽힌다. _____

3. 마음이 울적해지거나 무거워지는 일이 있다. _____

4. 음악을 들어도 즐겁지 않다. _____

5. 아침에 특히 기운이 없고 나른하다. _____

6. 토론이나 회의를 할 때 그 분위기에 열중할 수가 없다. _____

7. 목덜미나 어깨가 뻐근해서 못 견딜 때가 있다. _____

8. 머리가 아플 때가 있다. _____

9. 잠을 못 이루고 아침 일찍 잠이 깨는 일이 있다. _____

10. 사고나 실수로 다치는 일이 있다. _____

11. 밥맛이 없고 식사를 제대로 하지 못할 때가 있다. _____

12. 영화나 TV를 보아도 재미가 없다. _____

13. 숨이 막히는 것 같고 가슴이 답답할 때가 있다. _____

14. 목구멍 속에 무엇이 걸려 있는 것 같다. _____

15. 자기 인생이 가치 없고 재미가 없다고 느낀다. _____

16. 일의 능률이 오르지 않고 매사가 귀찮아진다. _____

17. 이전에도 지금과 비슷한 증세가 있었다. _____

18. 본래는 일에 성실하고 착실한 편이다. _____

합계 _____점

:: 자가 측정 채점기준

I. 음 주

  −5점 이하: 정상

   0점 이하: 조심단계, 절제필요

  +2점 미만: 문제음주자, 금주노력필요

  +2점 이상: 심각한 상태, 무조건 단주필요

II. 우울증

  15점 이하: 정상

  16점~20점: 경계선

  21점~25점: 경한 우울증

  26점 이상: 심한 우울증

자료: 김광일(1995: 174-175, 180-181).

제4절 스트레스의 관리전략

  일반적으로 말해서 스트레스에 대처하고 그 결과를 통제하는 데 유용한 두 개의 주요한 접근법이 있다.

  ① 개인적 관리전략으로서, 이는 성격상 자극에 대한 반응이다. 즉 이미 발생한 스트레스에 대처하는 방식이 된다. 육체적 운동 같은 개인적 전략은 반응적이며 적극적인 성격을 띠고 있으며, 이들은 대부분 이미 스트레스로 고통받고 있는 사람들에게 도움을 주는 방향으로 맞춰져 있다.

  ② 조직적 관리전략으로서, 이는 보다 적극적인 전략을 말한다. 조직적 관리전략이란 기존의 혹은 장래 가능성이 있는 스트레스원을 제거하고 또한 예방의학과 같이 스트레스의 발현을 미연에 방지하는 것이다.

1. 개인적 관리전략

(1) 운 동

규칙적인 운동은 근육긴장과 고조된 정신적 에너지를 경감시켜 주고 스트레스의 부정적 효과를 감소시킨다. 따라서 오늘날 운동에 있어 중요한 것은 이기고 지느냐의 문제가 아니고 어떤 운동이 좋으냐에 관한 것이다.

스트레스 감소를 위한 신체훈련으로는 조깅, 수영, 자전거 타기나 테니스 등과 같은 비경쟁적인 육체적 활동을 이용하는 것이 좋다.

(2) 긴장이완훈련

긴장이완훈련의 목적은 직접적인 스트레스 상황을 제거하거나 오랫동안 지속되어 온 스트레스 상황을 보다 효과적으로 관리하는 것이다. 일반적으로 이용되고 있는 긴장이완훈련으로는 명상meditation, 최면hypnosis, 요가yoga, 바이오피드백biofeedback 등이 있다. 이 중 명상이란 육체적으로 그리고 정서적으로 신체에 휴식을 주기 위한 조용하고 집중된 내면의 생각과 관련된다. 이는 개인으로 하여금 스트레스를 일으키는 세계로부터 떨어져 나오게 하고 스트레스징후군을 감소시키는 데 도움을 준다. 현대에는 명상이 매우 높이 평가되어 몇몇 조직에서는 직원들을 위한 명상룸을 설치하기도 하는데, 명상기법을 사용하는 많은 사람들이 스트레스 감소에 도움을 받았다는 연구결과들이 나오고 있다.

과도한 스트레스로 인해 마음이 불안할 때 다음과 같은 단계로 몇 분 동안 휴식을 취함으로써 정신적 긴장사태를 완화시킬 수 있다.

① 조용한 곳에서 눈을 감고 편안히 앉아라.
② 당신 마음속에 평화로운 말이나 구절을 천천히 반복하라.
③ 코로 들이쉬고 입으로 내쉬면서 완전하고 편안한 호흡을 하라.
④ 수동적인 정신자세를 유지함으로써 생각의 분산을 피하라.

(3) 행태적 자기조절

사람들은 자신의 행태적 결과를 조심스럽게 관리함으로써 자기조절력을 이룰 수 있다. 다른 말로 하면, 이런 전략은 상황이 자신을 통제하도록 내버려 두는 것이 아니라 자신이 상황을 통제하는 것이다.

상황을 통제한다는 것은 물론 최선은 다하지만 자신의 한계를 인지하고, 너무나 많은 일을 한 번에 하려고 하는 함정에 빠지지 않도록 실현가능한 목표를 설정하고 1분 단위가 아닌 1일 기준으로 일과를 융통성 있게 계획하고 관리하는 것이다.

(4) 인지치료요법

최근에 임상심리학자들은 인지치료기법에 많은 관심을 가지고 있다. 엘리스Ellis & Harper, 1997의 합리-행태치료rational emotive behavior therapy와 마이켄바움Meichenbaum, 1972: 370-378의 인지적 행태수정 등은 정신적 불안이나 걱정을 감소시키는 데 성공적으로 이용되고 있다. 엘리스는 우리의 정서적 문제는 환경에 대한 인식과 자신의 사고에 원인이 있는 것이라고 보고 있다. 따라서 감정적·행동적 부조화를 야기하는 파괴적 생각비합리적 신념들을 알고 바꿔야 불필요한 스트레스를 피할 수 있다고 제안한다. 마이켄바움은 사람들이 사고, 인지를 변화시키는 것을 학습한다면 자신들의 신체적인 반응과 행동을 훨씬 잘 통제한다고 주장한다. 즉 보다 논리적이고, 덜 스트레스를 받는 방식으로 생각하는 것을 학습하면 스트레스 수준은 줄어들고 자기통제 수준은 증가할 수 있다는 것을 제안하고 있다.

(5) 사회적 후원의 구축(Networking)

이는 자신의 문제, 위협요인, 좌절과 불안원인을 타인에게 개방하여 자유롭게 상의함으로써 사회적 후원을 의도적으로 구축하는 방법으로 스트레스의 충격을 크게 감소시킬 수 있다. 이러한 전략은 직무스트레스에 보다 잘 대처하는 데 도움을 줄 수 있을 뿐만 아니라, 보다 효과적이고 성공적인 관리자가 되게 한다Luthans, Rosen-krantz & Hennessey, 1985: 255-270.

2. 조직적 관리전략

조직의 관리전략은 조직성원의 직무스트레스를 예방하고 감소시키기 위해 조직수준의 스트레스원을 제거하거나 통제하도록 관리자에 의해 설계된다. 일반적 관리전략은 다음과 같다.

(1) 지원적 조직풍토의 창출

오늘날 대부분의 대규모 조직들은 경직되고 비인간적인 조직풍토와 더불어 고도로 공식화된 관료구조로 되어 있다. 이런 점은 조직성원에 상당한 직무스트레스를 가져올 수 있다. 조직의 대응전략으로는 참여적 의사결정과 상향적 의사소통과 더불어 조직구조를 보다 분권화하고 유기적으로 만드는 것이다. 이론적으로 이런 구조와 과정의 변화는 조직구성원에게 보다 지원적 조직풍토를 창출하며 직무스트레스를 예방하거나 감소시킬 수 있다.

(2) 직무설계의 확대

직무설계의 확대란 스트레스를 야기하는 기존의 직무형태를 조직성원의 능력과 기술 등 개인적 상황에 맞게 변경하는 것이다. 조직은 구성원의 동기부여방안으로서 직무확대나 직무충실화 그리고 신축적인 시간관리flex-time 등을 활용함으로써 개인의 직무만족도를 증진시킴과 동시에 스트레스를 감소시킬 수 있다.

(3) 조직역할의 명확화

역할갈등과 역할모호성은 직무와 과업의 속성상 불가피한 것으로서, 조직 내에서 완전히 제거할 수는 없지만, 역할갈등을 감소시키고 조직의 역할을 명확히 하는 것은 전적으로 관리자의 책임사항이라고 할 수 있다.

역할갈등과 역할모호성은 관리자들이 조직설계 시 다양한 역할 간의 관계를 적절히 고려하고, 역할모호성을 참지 못하는 사람들에게 특별한 관심과 지침을 제공한다면, 이는 합리적인 범위 내에서 유지될 수 있으며 역할에 따르는 스트레스를 상당히 개선시킬 수 있다.

(4) 카운슬링의 활용

개인은 목표달성이 좌절되었을 때 심각한 스트레스를 받게 되는데, 이 경우 카운슬링은 목표방해를 극복할 수 있는 행동과정을 선택하는 데 도움을 줌으로써 좌절을 감소시키고 스트레스를 해소시킬 수 있다.

자신의 스트레스 정도를 측정해 봅시다. 현재 본인의 스트레스 정도는 어떠하며, 본인에 맞는 적절한 스트레스 관리전략에 대해서 논의해 보고 이를 발표하시오.

:: 다음 질문에 깊이 생각하지 말고, '자주 있다=○(2점)', '가끔 있다=△(1점)', '없다=×(0점)'로 대답하여 총점을 내 보시오.

	질 문	답
1	감기에 잘 걸리고 잘 낫지 않는다.	
2	손, 발이 차다.	
3	손바닥이나 겨드랑이 밑에 땀이 많이 난다.	
4	갑자기 숨을 쉬기가 힘들어진다.	
5	가슴이 두근두근거려서 신경이 쓰인다.	
6	가슴이 아플 때가 있다.	
7	머리가 맑지 못하다(머리가 무겁다).	
8	눈이 쉽게 피로하다.	
9	코가 막힐 때가 있다.	
10	현기증을 느낄 때가 있다.	
11	일어설 때 현기증을 느낀다.	
12	환청이 들릴 때가 있다.	
13	입안이 헐거나 진무를 때가 있다.	
14	목이 아플 때가 있다.	
15	혀가 하얗게 될 때가 있다.	
16	좋아하는 음식이 있어도 식욕이 생기지 않는다.	

PART 5-13

17	항상 음식물이 위에 걸려 있는 것 같은 기분이 든다.	
18	배가 빵빵하거나 설사나 변비를 할 때가 있다.	
19	어깨가 결리거나 목이 뻐근할 때가 있다.	
20	등이나 허리가 아플 때가 있다.	
21	몸이 나른하고 피곤함이 좀체 가시지 않는다.	
22	체중이 줄고 마른다.	
23	뭘 하든 금방 피로해진다.	
24	아침에 기분 좋게 일어나지 못한다.	
25	일을 할 의욕이 생기지 않는다.	
26	쉽게 잠들지 못한다.	
27	수면 중에 몇 번씩이나 꿈을 꿀 때가 있다.	
28	심야에 잠이 깨고 나면 좀처럼 잠들지 못한다.	
29	사람을 만난다는 것이 귀찮게 여겨진다.	
30	대수롭지 않은 일에도 화가 나거나 초조해질 때가 있다.	
31	우울하여 기분이 가라앉을 때가 있다.	
32	즐겁지만 그것을 느끼지 못할 때가 있다.	
33	불안정하다고 느낄 때가 있다.	
34	불안을 느낄 때가 있다.	
35	기분이 나빠질 때가 있다.	
36	일을 할 때 자신감을 가질 수 없다.	
37	뭔가를 할 때 잘 안 되면 어쩌나 하고 불안해 한다.	
38	남을 믿을 수 없을 때가 있다.	
39	장래에 대해 희망을 가질 때가 있다.	
40	이것저것 쓸데없는 일만 생각하게 될 때가 있다.	
41	뭔가를 정할 때 우물쭈물하여 좀처럼 결정을 내리지 못한다.	
42	어떤 일을 적극적으로 해 내지 못한다.	
43	주위 사람들이 자신에게 거는 기대를 짐스러워 할 때가 있다.	
44	직책에 부담을 느낀다.	
45	어디서나 마음이 안 맞는 사람이 있어서 곤란할 때가 있다.	
46	여러 가지 규칙이나 관습이 매우 귀찮게 여겨진다.	
47	환경을 극복하고서 일을 진행해 나갈 수 있을까 불안해진다.	

48	힘들 때 언제든지 카운슬링할 수 있는 친구가 없다고 생각한다.	
49	내 노력을 정당하게 평가해 주는 사람이 있었으면 좋겠다고 생각한다.	
50	모든 것을 다 내팽개치고 싶어질 때가 있다.	

총점 _____점

자료: 배정숙(2002: 15~20).

앞의 '스트레스 조사표'에서 나온 당신의 총점을 다음의 '종합점수 5단계 평가표'에 적용하여 자신을 평가하고, 그 아래의 '스트레스 조사표' 평가에서 자신의 스트레스 정도를 확인하시오.

종합점수의 5단계 평가표						
평 가	19세 이하	20대	30대	40대	50대	60세 이상
5	54~100	53~100	54~100	53~100	49~100	42~100
4	40~53	38~52	38~53	37~52	34~48	27~41
3	27~39	23~37	22~37	21~36	19~33	12~26
2	14~26	8~22	6~21	5~20	4~18	0~11
1	0~13	0~7	0~5	0~4	0~3	–

스트레스 조사표의 평가		
1	Very Good 스트레스가 없는 상태	스트레스가 거의 없는 상태다. 몸도 마음도 건강하고 가볍다. 단, 너무 일하기 좋아하는 사람은 몸에 이상이 있어도 스스로는 잘 느끼지 못하는 경우도 있으므로 주위 사람들을 통해 체크를 받아 보자.
2	Good 거의 스트레스를 느끼지 않는 상태	가벼운 스트레스가 있지만, 거의 영향을 받지 않는 단계다. 평소의 식사, 휴양, 수면 등에 신경을 쓰자.
3	OK 평균적인 스트레스	다양한 스트레스에 시달리면서도 어떻게든 잘 처리할 수 있는 단계다(초기 스트레스 상태). 더 이상 스트레스가 쌓이지 않도록 주의할 필요가 있다.

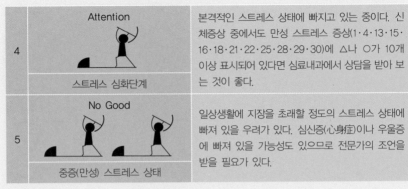

| 4 | Attention

스트레스 심화단계 | 본격적인 스트레스 상태에 빠지고 있는 중이다. 신체증상 중에서도 만성 스트레스 증상(1·4·13·15·16·18·21·22·25·28·29·30)에 △나 O가 10개 이상 표시되어 있다면 심료내과에서 상담을 받아 보는 것이 좋다. |
| 5 | No Good

중증(만성) 스트레스 상태 | 일상생활에 지장을 초래할 정도의 스트레스 상태에 빠져 있을 우려가 있다. 심신증(心身症)이나 우울증에 빠져 있을 가능성도 있으므로 전문가의 조언을 받을 필요가 있다. |

자료: 임영제 외, 인간관계의 이해(서울: 법문사, 2007), p. 227.

:: 다음을 토의해 봅시다.
1. 스트레스의 부정적 측면(역기능)과 긍정적 측면(순기능)을 자신의 경험을 들어 논의하시오.
2. 자신이 최근 겪었던 스트레스의 내용과 원인을 나열해보시오. 그 중 어떤 스트레스가 가장 다루기 힘들었으며 왜 그렇다고 생각했는지를 정리하여 발표하시오.
3. 학생들의 주요 스트레스 원인은 무엇인지 논의하고, 이에 대한 합리적 대처방안은 어떤 것들이 있을 수 있는지 토의하시오. 또 자신만의 독특하고 효과적인 스트레스 해소방안은 무엇이 있는지를 서로 발표하시오.

PART **6**
행복한 인생과
가정의 인간관계

우정과 친구관계

제1절 사람을 잘 사귀고 좋은 친구를 만들기 위한 전제조건

자기 주변에 좋은 사람들을 많이 사귀고 있는 사람은 참 행복한 사람이다. 어떤 사람들은 선천적으로 사람을 잘 끌어당기는 사람이 있다. 그런 사람을 잘 살펴보면 우리는 다음과 같은 비결을 배울 수 있다.

(1) 사람을 좋아하라

사람을 잘 사귀는 사람은 마음속으로 사람을 좋아한다. 미국의 명사였던 로저스Will Rogers가 남긴 명언은 "나는 이제까지 나를 좋아하지 않는 사람을 만난 적이 없다"라는 말이다. 좀 과장된 말이라고 생각될지 모르지만 로저스 자신은 그것이 과장이 아니었다는 것을 확신했다. 즉 그는 사람을 항상 좋아하고 있었기 때문에 마치 모든 꽃이 태양을 향하여 피듯이 모든 사람이 그에 대하여 마음을 열어 놓았던 것이라고 말할 수 있었다. 물론 어떤 사람에게는 호감이 가지 않는 사람도 있을 수 있다는 반론이 제기될 수가 있으나 사람을 깊이 있게 사귀어 보면 감탄할 수 있고 또 사랑스러운 어떤 자질을 갖고 있다는 것을 알 수 있다Peale, 1991: 197.

(2) 상대방을 생긴 그대로 받아들여라

사람을 가장 편하게 해 주는 비결이 있다면 그것은 사람을 생긴 그대로 받아들이는 것이다. 30여 년 전 저자와 함께 미국에서 유학을 하던 인도의 한 친구가 미국에

와서 수개월간 있으면서 느낀 것이 무엇이냐는 물음에 "accepting an individual as an individual사람을 있는 그대로 받아들인다"이라고 대답하는 것을 들은 적이 있다. 많은 민족이 모여 사는 미국문화의 한 단면을 정확하게 꿰뚫은 말이라고 생각한다.

한때 미국으로 이민갔던 많은 사람들이 "이민생활이 고단은 하지만 남의 눈치코치 보지 않고 편한 맛에 산다"라고 하는 말을 많이 들은 적이 있다. 사람의 솔직한 심정은 누구나 있는 그대로의 자기 자신을 받아들이는 사람과 함께 있기를 원한다. 즉 그와 함께 있으면 항상 마음이 편안하다는 느낌은 늘 긴장된 마음으로 사회를 살아가는 사람에게 더할 수 없는 마음의 안식처를 제공해 준다. 사실 사람은 이렇게 하거나 저렇게 하거나 자기를 늘 믿어 주는 사람, 또 아무 이해타산 없이 자기를 대해 주는 사람으로부터 은연중 많은 감화를 받는다. 이것이 사람을 성숙하게 할 수 있는 힘이 되는 경우도 많다. 사람을 움직이는 힘이 결여되어 있는 사람은 상대방을 있는 그대로 받아들이지 않고 받아들여지려면 자신을 바꿔야 한다는 생각을 상대방에게 강요하는 사람이라는 것이다.

어느 정신과 의사는 인간관계에 있어서 상대방을 받아들이는 문제가 화제에 올랐을 때 다음과 같이 말했다Giblin, 1979: 61.

> "만일 모든 사람들이 정말로 사람을 받아들이는 일을 원만하게 실천에 옮길 수만 있다면, 우리 정신과 의사들은 모두 문을 닫아야 할 것입니다. 정신분석요법의 진수는 바로 환자들이 자기를 받아들여 주는 사람, 즉 우리 같은 의사를 만나는 일에 있기 때문입니다. 환자들은 우리에게 생전 처음으로 자신들이 느낀 공포나 문제를 털어놓고 나서야 마음이 편해지는 것입니다. 의사들은 놀라거나 반박도 하지 않고, 또 도덕적인 판단을 가하지도 않고 환자들의 말을 진심으로 다 들어 주는 것입니다. 환자들은 자신의 수치스러운 문제나 결점을 말하는 자신을 받아들여 주는 사람을 만났기 때문에 자기 자신을 받아들일 수 있고 이윽고 정상적인 생활(better living)로 발걸음을 내딛게 되는 것입니다."

(3) 상대방을 인정하라(장점을 찾아라)

모든 사람이 지니고 있는 두 번째 갈망은 인정감이다. 이것은 사람을 받아들인다는 것보다 한층 더 적극적인 갈망이다Giblin, 1979: 63. 이것은 상대방의 결점이나 단점에도 불구하고 우정을 나누는 것보다 한층 더 적극적인 의미를 갖고 있다. 즉 상대방에게서 추켜 줄 수 있는 장점을 적극적으로 찾아내는 것이다.

　사람은 성격에 따라 단점만 들추는 사람이 있고 또 장점을 잘 찾는 사람도 있다. 전자는 부정적인 성격을 가진 사람이고, 후자는 긍정적인 성격을 가진 사람이다. 아무리 선천적인 소질을 갖고 있는 사람도 그를 길러 주는 방법에 따라 천재가 되기도 하고 둔재가 되기도 한다.

　레이드Laird, 1954: 134-136는 사람에게서 장점을 찾는 비결을 직설적으로 말하지 않고 다음과 같은 흥미 있는 사례를 제시하면서 그 속에서 비결을 터득케 하고 있다.

　이것은 어떤 가수에 관한 이야기이다. 이 가수는 이자벨이라고 불린다. 모든 사람들은 겨우 다섯 살밖에 안 된 이 소녀가 훌륭한 목소리의 주인공이며 이 지방의 일류 성악가들이 이구동성으로 그녀를 칭찬하고 있다는 소문을 전했다. 그녀에게 아주 열중해 버린 코러스의 지휘자는 그녀의 양친에게 이자벨은 장래 위대한 성악가가 될 것이라고 말한 바 있다. … 주립대학에 진학했을 때 내가 담당하는 클래스에 그녀가 있었으나 음악부의 지휘자도 그녀의 공간을 진동시키는 듯한 성량에 대하여 열광적인 탄성을 보냈다. 대학 내의 음악회에서는 그녀는 주역으로 참가하여 베테랑 가수보다 더 나은 침착한 태도로 노래했다. 대학을 나온 후, 그녀는 시카고에 가서 음악공부를 계속하면서 자그마한 노래공연 계약을 맺고, 교회의 코러스에 들어가서 노래를 불렀다. 그녀에게 음악을 가르쳐 준 교사의 한 사람은 고향에서 코러스를 지휘하고 있던 사나이를 연상케 하는 덥수룩한 머리의 사나이였다. 그녀는 이 늙은 프리츠를 훌륭한 인물이라고 사모하고 있었다.

　어느 날 오후, 레슨의 휴게시간 중에 프리츠가 소년시절 음악학원에서 고학하던 이야기를 하는 것을 듣고 있던 이자벨은 어느 사이에 그를 좋아하고 있는 것을 느꼈다. 몇 달이 지나서 그녀는 자기 아버지라 해도 좋을 만큼 나이 많은 사나이와 결혼했다.

　둘은 열렬히 서로 사랑했고 친구들도 두 사람의 연령 사이에 있는 차이를 잊을 정도였다. 이자벨이 스테이지에 섰을 때 프리츠는 언제나 청중으로부터 보이지 않는 곳에서 지휘를 했다. 집으로 돌아오는 길을 걸으며 그는 그녀의 잘못된 점을 지적하는 것이 상례였다. 그는 그녀를 어떤 방법으로든지 위대한 가수로 만들려고 애를 썼다.

　스튜디오를 겸한 아파트에서는 그녀의 연습시간을 지키기 위해 종이 울리는 자명종 시계를 놓아 두었다. 그녀가 연습하고 있는 동안은 그는 언제나 낡아빠진 그랜드 피아노 앞에 앉아서 건반을 두드리거나, 그렇지 않으면 칠이 벗겨진 피아노에 기대어 듣고 있거나 어느 편이든 아무튼 연습시간은 꼭 정해져 있었다. 훈련된 그의 귀는 어떠한 사소한 결점이라도 발견했다. 그리고 완벽하게 노래할 수 있을 때까지 같은 음절을 몇 번이든 연습시키는 것이었다.

연습만이 완전하게 만들 수 있다고 보통 말하고 있지만, 이자벨의 경우 이것은 들어맞지 않았었다.

교회의 지휘자들은 애매한 변명으로 독창자로서의 그녀를 몰아내려고 했다. 그녀의 음악동료들은 술을 마시면서 그녀의 성대에 나타나기 시작한 고음이 부자연스럽다고 비평했다. 그녀의 성대는 금이 갔다고 말하는 자도 있었다. 또 콧소리와 같은 느낌이 있다고 말하는 자도 있었다. 그러나 그들은 틀린 것이다. 이자벨의 정신은 동요하고 있었다. 그녀는 자신을 잃어버리고 있었다.

어느 비가 오는 저녁 프리츠는 빵가게에 갔다 온다고 나간 뒤, 몇 시간이 지나도록 돌아오지 않았다. 이자벨은 시간이 흐를수록 불안해졌다. 자정이 가까워질 무렵 경찰관 한 사람이 나타나서 그녀의 남편을 친 자동차가 때마침 쏟아진 폭우 속으로 사라졌다고 통보해 주었다.

이자벨의 친구들은 몹시 걱정한 나머지 그녀를 가만히 고향으로 돌려 보내려 했다. 그러나 이자벨은 그곳에 머물러 있었다. 그녀는 전처럼 연습을 하지 못했다. 이유는 연습할 때, 그녀의 잘못을 지적하여 주던 귀에 익은 목소리가 따라다녔기 때문이었다. 노래 공연의 계약은 적어졌지만, 그녀는 밝은 기분으로 생활을 계속해 갔다.

어느 날 저녁, 크리스테인의 집에서 그녀는 증권 세일즈맨인 활발하고 몸집이 뚱뚱한 로져어를 만났다. 이 사나이는 음악에 대해서는 거의 아무것도 몰랐지만, 이자벨의 노래를 퍽 좋아했다. 그는 또 한 곡, 또 한 곡, 그녀에게 부탁하는 것이다. 그는 어느 은행가의 연회석상에서 그녀를 노래하게 하는 계약을 맺었다. 그는 자기가 속해 있는 컨트리 클럽에 부탁해서 매년 1회씩 열리는 만찬회의 석상에서 그녀를 노래 부르게 했다. 그리고 그는 결혼을 신청했다.

로져어는 또한 그녀의 노래를 듣고자 일주일에 두세 밤은 연습하기를 설득했다. 그는 넋을 잃고 듣고 있다가 기운찬 박수를 보내면서 "부라보! 부라보!" 하고 큰소리로 외치는 것이었다. 가령 그녀의 음정이 두세 군데 틀렸다 해도 알아채지 못할 뿐만 아니라 로져어로서는 만일에 알아차렸다 하더라도 그것을 평하려 들지는 않았으리라고 생각한다. 이자벨은 이젠 연습시간을 지키기 위한 자명종이 필요없게 되었다. 그녀의 음악친구들은 그녀의 목소리에 새롭게 나타난 훌륭한 점에 대해서 말하기 시작했다. 지휘자들도 다시 계약을 맺으려 했다. "가엾은 프리츠는 우리들이 생각하고 있던 것보다도 뛰어난 코치였군" 하며 그들은 평을 했다.

그러나 그들은 또 한 번 잘못 판단한 것이었다. 사실 프리츠는 좋지 못한 교사였다. 그가 이자벨의 음성과 정신을 파괴해 버린 것은 그녀의 결점만을 들춰냈기 때문이다. 음악에는 완전한 문외한인 로져여야말로 이자벨이 곤란한 계단을 올라서서 명성을 떨치는 데 참된 역할을 다한 것이다. 그는 남의 흠을 들추어 내는 인간이 아니었다. 로져어는 그녀의 소리의 장점만을 발견했다. 그를 위하여 이자벨은 잘못을 피하려 하지 않고 좋은 결과를 얻기 위하여 노래한 것이다.

사실 이 세상에 누구를 막론하고 장점을 갖고 있지 않은 사람은 하나도 없다. 인간은 장단점을 다 갖고 있다. 그런데 세상에는 가장 나쁜 결점만을 지적하기 때문에 최선의 노력을 다하는 것을 포기하는 사람이 수없이 많다. 사람의 재능이란 것은 흠을 들추어 내면 시들어 버리고, 격려를 받으면 꽃을 피우는 법이다.

우리나라에서도 옛부터 사람을 잘 부리는 사람들은 남의 장점을 잘 발굴하는 소질이 있는 사람들이었다. 여기 재미있는 옛날이야기가 하나 있다.

옛날 어느 골에 부자 한 사람이 있었다. 그는 장기(재주) 있는 사람을 아껴주기로 소문이 나서 그에게는 날마다 한 가지씩 재주를 가졌다는 사람들이 모여들었다. 그러던 어느 날 한 사람이 찾아와서 "나는 고함을 잘 치는 장기가 있으니 여기 있게 해 주십시오" 하고 말하는 것이었다. 부자는 그렇게 하라고 했다. 그러나 1년이 다 가도록 고함을 칠 기회가 한 번도 없어 다른 재주를 가진 사람들이 그를 비웃고 손가락질하기 시작하였다.

어느 날 부자가 멀리 여행을 갔다 오다가 큰 강을 만나게 됐다. 날은 어둑어둑하게 저물어 오고 부근에는 강도들이 들끓는 곳이라 부자는 등골이 오싹해지며 크게 당황하였다. 그런데 바로 그때 수행원 가운데 고함 잘 치는 재주를 지녔다는 재주꾼이 썩 나서더니 우렁찬 목소리로 강 건너에 있는 나룻배를 불렀다. 너무 멀어서 수십 명이 불러도 들을 수가 없어 꼼짝 않고 있던 나룻배가 이 고함꾼의 한 마디 고함소리를 냉큼 알아듣고 강을 건너오는 것이 아닌가! 평소에 고함칠 일이 없다고 벌써 내쫓았다면 그 부자는 궁지에 몰렸을 때 도움도 받지 못하고 낭패를 당했을 것이다.

이 이야기 가운데서 우리는 인간을 한 단면만 보고 속단해서는 안 된다는 교훈을 배운다. 사람들은 흔히 상대방을 전인적으로 평가하지 않으려는 심리적 경향을 가지고 있다. 즉 자기의 목전의 요구에 맞춰 찾다보면 자기가 당장에 필요한 것밖에 보이지 않으므로 다른 사람들이 갖고 있는 장점을 간과하게 된다.

(4) 상대방을 중요하게 대하라

모든 사람들이 공통적으로 지니고 있는 세 번째 갈망은 다른 사람으로부터 중요시되는 것이다. 중요시된다는 것은 자신의 가치를 높이는 것이며 그래서 인간은 누구나 자기의 가치를 높게 평가해 주는 사람을 찾고 있는 것이다. 그러므로 상대방에게 그를 높게 평가한다는 느낌을 알릴 수 있는 좋은 방법을 개별적인 상황에 맞게 찾는다는 것이 중요하다. 다시 말해서 그를 각별한 사람으로 대하고 있다는 것을 인지시키는 것이 필요하다. 우리들은 일상적인 대인관계에서 사람을 중요하게 대하지 않고 그를 무심코 깎아내리는 수가 있는데 그것은 다음과 같은 경우이다.

① 약속을 해 놓고 사람을 기다리게 하는 경우: 연애 중 이런 일이 있으면 단교하는 경우가 흔히 있다.

② 찾아온 사람을 즉시 만나 주지 않는 경우: 즉시 만나 주지 못할 사정이 있다면 얼른 그 사정을 전하고 급한 일이 끝나는 대로 만나 주겠다는 말을 전하라.

③ 다른 사람 앞에서 상대방을 비판하는 경우: 다른 사람이 있는 앞에서 비판을 받았을 경우 반발감만을 불러일으키고 소기의 목적을 달성할 수 없을 것이다.

④ 남이 말을 붙였을 때 그것을 묵살하는 경우: 이 경우 상대방은 자신이 무시당했다고 생각하고 그를 멀리하게 될지도 모른다.

사람을 만나고 또 대화를 나눌 때는 상대방이 자기에게 보여 준 관심에 대하여 진심으로 감사의 뜻을 표해야 하며, 또 찾아와 준 모든 사람을 특별한 손님으로 대하여야 한다. 즉 사람은 누구나 특별한 존재로 인정받기 원하므로 그를 그저 여러 사람 중의 한 사람으로만 대하지 말고 각별하게 친근감을 주면서 대하여야 한다.

'손님은 모두 똑같다'라고 말하는 사람은 자신도 모르는 사이에 파산의 길로 내닫고 있는 것이다. 이율배반적으로 들릴지도 모르나 '사람은 모두 똑같다. 그러나 사람은 모두 다르다'라고 마음속에 새겨 두어야 한다. 즉 개인차의 인정은 사람에게 매우 중요한 의미를 갖는다.

(5) 도움이 필요할 때 자기 일같이 도와주라

사람은 혼자서 모든 문제를 해결하기는 어렵다. 특히 오늘날과 같이 전문화된 사회에서는 다른 사람의 도움이 필요할 때가 많다. 예컨대 건강문제는 의사에게, 법률문제는 변호사에게 도움을 구할 수 있다. 각 분야에 친구들이 있는 경우에는 별로 큰 힘을 들이지 않고 전문가의 도움을 받을 수 있다. 사람은 정신적으로나 물질적으로 곤경에 처했을 때 우정을 갈망하게 된다. 이런 경우 남의 일을 자기 일처럼 생각하고 나서 주는 사람의 우정은 영원히 잊을 수 없을 것이다. 여기에 한 사례를 소개한다.

> "나는 시골에서 농사를 짓다가 돈도 벌고 또 도회지에서 살고 싶어서 무턱대고 상경했다. 며칠 동안 일자리를 찾아볼 겸 오랜만에 친구들도 만나볼 겸해서 서울에서 출세했다는 몇몇 절친했던 고등학교 동창들을 찾아갔다. 잘 사는 사람들은 다 바쁘다면서 별로 반색을 하는 기미도 없고 그저 그런 만남뿐이었다. 나는 마지막으로 세차장에서 일한다는 동창을 찾아갔다. 그는 바쁜 틈에도 일손을 놓고 반색을 하면서 나를 반겼다. 그는 일이 끝난 뒤 식사를 사면서 나하고 긴 대화를 나눴다. 서울에서 밥벌이를 하기 위해서는 아무자리나 찾아야 하는 나에게 그의 조언이 많은 도움이 되었다. 고등학교 시절 나하고 별로 잘 어울려 지낸 친구는 아닌데 나에게 보여 준 그의 우정은 그렇게 고마울 수가 없었다. 지금 이만큼 잘 살게 된 나는 그때의 일을 잊을 수가 없다. 그래서 그를 위한 일이라면 무슨 일이라도 해 주고 싶다."

(6) 빈번한 만남을 통해 서로의 우애를 다져라

우정은 꽃밭 가꾸기처럼 하라는 말이 있다. 꽃밭에서 아름다운 꽃을 보려면 정성을 기울여 가꾸지 않으면 안 된다. 어느 사람은 우정을 산길에 비유하는 사람도 있다. 산길은 오래 사용하지 않으면 잡초가 우거져 길을 덮어 버린다. 우정도 자주 왕래가 없으면 자연히 기억 속에서 멀리 사라져 버린다. 친구의 경조사는 물론이려니와 일부러라도 시간을 쪼개서 우정을 돈독히 하는 만남을 마련해야 한다.

우정은 오가는 정이 있을 때 두터워진다. 특히 가족끼리의 만남은 우정의 깊이를 한층 더한다. 지리적으로 멀리 떨어져 있을 때는 종종 안부전화라든가 서신왕래가 있어야 한다. 외국여행을 간 친구가 생각지도 않았는데 그림엽서를 보내 왔을 때 기뻐한 경험이 있을 것이다. 이것은 비단 동년배 사이에서뿐만 아니라 선후배 사이에도 친교를 더하는 수단이 된다. 물론 웃어른에게는 깍듯한 예의를 갖추면서 자기 소식을 적극적으로 전해야 한다.

(7) 친구의 도움에 대하여 적극적인 감사를 표시하라

사람의 마음은 때로는 간사해서 아홉 번 신세를 진 사람도 한 번 섭섭하게 대접을 받으면 그것만을 되뇌이는 경우가 있다. 그리하여 친한 친구 사이에도 이러한 언짢은 감정이 잡초처럼 솟아나는 경우도 있다. 이 경우 언짢은 감정을 없애버리고 고마웠던 무수한 일을 생각하면서 그의 마음을 꽉 채워야 한다. 언짢은 감정은 언짢은 일만 부르고 고마운 마음은 고마워 해야 할 일만 부르게 된다. 우정의 참다운 평가는 그리 쉽게 내리는 것이 아니다.

좋은 친구로부터 은연중 받고 있는 심리적 감화는 자기도 모르는 사이에 자기를 좋은 길로 가도록 인도한다. 어느 성자가 제자들을 거느리고 길을 떠났다. 얼마동안 걷다가 길 바닥에 떨어져 있는 새끼줄을 보고 한 제자에게 그것을 주어서 냄새를 맡아 보라고 하였다. 성자의 물음에 제자는 비린내가 난다고 대답하였다. 또 어느 만큼 걷다가 길에 떨어진 종이를 보고 무슨 냄새가 나느냐고 물었다. 제자는 향내가 난다고 대답하였다. 성자는 드디어 말했다. "새끼줄은 생선은 아니로되 생선을 가까이 했으므로 비린내가 나고 종이는 향은 아니로되 향을 가까이 했으므로 향내가 난다"라고 하였다.

이 교훈은 우리에게 좋은 친구가 얼마나 소중한가를 일깨워 준다. 좋은 친구는 한순간에 왔다갔다 하는 것이 아니다. 자기의 변덕스런 마음을 통제할 수 있는 사람만이 인복을 누릴 수 있다.

제2절 인상관리의 의의와 구성요소

1. 인상관리와 자아표현

　인상관리impression management는 고프만E. Goffman의 연극학적 이론에 기반을 둔 것으로 인간은 대인관계에 있어서 상대방에 대해 자신의 인상을 관리하려는 속성을 가지고 있음을 전제하고 있다Rosenfeld, Giacalone & Riordan, 1995: 4. 이 관점에서 볼 때 개인행동은 대면관계에서 빚어지는 사건의 의미를 부여하고 그 의미를 견지하려는 노력에서 인상관리를 하게 되며, 이는 마치 연극에서의 공연과 같다. 연기자행위자는 청중상호작용의 대상 앞에서 흔히 다른 연기자들과 함께 연기를 보여 준다. 이 상호작용의 과정을 무대 위의 연극에 비유하여 설명하면서 고프만은 여러 가지 분석적 개념들을 사용한다. 이 같은 개념들은 개인관리와 사회관리의 두 측면으로 나뉘어 사용된다김병서, 1993: 269.

　인상관리는 그 과정을 연출의 내용에 비유하여 볼 때, 개인 연기자가 일정한 상황에서 청중에게 자아표현을 하는 데서 이루어진다. 공연 중의 개인은 청중에게 가장 좋은 인상을 보이기 위하여 자신의 의도를 적절히 조정하며 표현하게 된다. 그러므로 공연은 개인또는 여러 개인들로 구성된 집단이 탈을 쓰고 연기를 보일 때 관중들로 하여금 특정한 양식 또는 내용으로 뜻상황 정의을 터득하게 하는 과정이다.

　인상관리의 과정을 좀 더 구체적으로 살펴보면, 연기자는 우선 개인적인 측면에서 여러 가지 상황과 절차를 거쳐 상황 정의를 청중에게 전달하고 이를 견지한다. 한 연기자가개인이 다른 사람들 앞에서 공연을 할 때행동할 때 청중들이 자기의 연기를 믿어 주리라는 기대에서 최선을 다한다. 그리하여 표정을 조정하여 인상을 관리하고, 때로는 사실을 은폐시켜 좋은 점만 돋보이게 하려고 애쓴다. 고프만의 설명을 빌면, 공연 중의 개인이 이상적 표준에 따라 인상을 조정하기 위해서는 그 표준에 맞지 않는 행동은 감추고 맞는 행동만 보여 주어야 한다는 것이다. 또 그 표현과정에서 청중이 좋아하고 수용하는 예절에 따라 행동할 때, 가장 효과적인 연기를 하게 된다는 것이다. 이와 같이 개인과 타인들 간의 상호작용이 진행되는 과정에서 인상관리를 통하여 효율적으로 자아를 표현하게 된다는 것이다Rosenfeld, Giacalone & Riordan, 1995: 29.

그러나 인상관리는 여러 가지 대인지각에 영향을 주는 요인들 때문에 소기의 목적을 달성하지 못하는 경우도 많다. 이러한 대인지각에 영향을 주는 요소들로는 배경효과, 헤일로halo 효과, 첫인상 및 최근 인상, 고정관념stereotyping, 관대화leniency 경향 등이 있다Forgas, 1985: 66-75.

2. 인상관리의 구성요소

1) 대인적 매력

우리가 일상생활에서 특정인에게 매력을 느끼는 경우는 대체로 다음과 같은 요인이 하나 혹은 복수로 작용했을 경우이다설기문, 1997: 94-98; Adler & Proctor II, 2011: 102; Knapp & Vangelisti, 2009: 154-155.

① 신체적·사회적·과업적 매력: 신체적 매력이란 외모에 대한 매력으로서 일반적으로 예쁘거나 잘생긴 사람에게 매력을 느끼는 것을 말한다. 사회적 매력이란 사회적인 인기를 의미하며, 과업적 매력이란 일을 처리하는 방식에서 느끼는 매력을 말한다.

② 인접성: 이는 서로 자주 만나게 되면 친근감이 형성되고 매력을 느끼는 경우를 의미한다.

③ 동질성: 우리는 일반적으로 공통점이 많은 사람에게 친근함을 느낀다. 이는 어떤 특성이 같거나 비슷하다는 이유로 좋아하고 매력을 느끼는 원리를 말하는 것이다.

④ 이질성: 사람들은 일반적으로 자신이 갖지 못한 것을 동경한다. 사람과의 관계에서도 이러한 원리가 적용되기도 하는데 자신이 갖고 있지 못한 특성을 갖고 있는 사람에게 매력을 느끼고 좋아하게 되는 경우가 있는 것이다.

⑤ 상호성·호혜성: 상대방에게 특별한 매력을 느끼지 못하던 사람이 상대방이 자신을 좋아하고 잘 대해 주기 때문에 좋아하게 되는 경우가 생긴다.

⑥ 개방성: 일반적으로 사람들은 자기노출을 잘하는 개방적인 사람에게 친근감을 느끼고 가까이 하게 된다.

2) 인상형성과 특성의 역할

(1) 인상형성과 특성의 역할

타인의 전반적인 인상을 형성할 때 다른 특징보다 중요한 영향을 미치는 특성들이 있는데 이를 핵심특성이라 한다. 한 실험에서 참가자들에게 가상적 인물에 대하여 동일한 형용사들을 제시하고, 한 형용사만 바꾸어 한 집단에게는 '온화한'이라는 단어를 제시하였고, 다른 집단에게는 '차가운'이라는 단어를 제시하였다. 이때 참가자들은 '온화한'이라는 단어가 포함된 조건에서는 대상인물에 대해서 더 인간적이고 품성이 좋고 너그럽다고 평가하였고, '차가운'이라는 단어가 포함된 조건에서는 대상인물에 대해서 비사교적이고 인색하며 매정한 사람이라고 평가하는 경향을 보였다. 그러나 똑같은 종류의 형용사를 제시하면서 '온화한-차가운'을 '공손한-무례한'으로 바꾸어 제시한 경우에는 이러한 차이가 발견되지 않았다.

이러한 핵심특성이 인상형성에 미치는 영향력은 다른 연구에서도 나타나는데 심리학자 켈리Kelly의 연구결과를 보면, 그는 교실에서 초청강사를 두 집단의 학생들에게 소개하면서 한 집단에는 '차가운' 사람이라고 소개하였고 다른 집단에는 '온화한' 사람이라고 소개하였다. 이 경우 강의평가가 '온화한' 사람이라고 소개된 강사의 경우가 더 호의적이었으며 학생들의 토론의 참여도 역시 더 높았다.

이러한 실험결과들이 함의하는 바는 인상형성에 있어 다른 특성에 비해 더 큰 영향을 가지는 핵심특성이라는 것이 존재하며 사람들은 일반적으로 이러한 핵심특징을 중심으로 타인에 대한 전반적인 인상형성을 한다는 것이다.

(2) 인상의 형성과 변화

우리는 흔히 첫인상이 가장 중요하다고 말한다. 여기에 대해 한 흥미로운 실험결과가 있다. 1946년 사회심리학자인 애쉬Asch는 참가자들에게 특정 인물을 소개하면서 몇 가지 형용사를 제시하면서 그에 대한 인상형성을 유도했다. 한 집단에는 '똑똑한-근면한-충동적-비판적-질투심'의 순으로, 다른 집단에는 그 반대의 순으로 소개했는데 전자의 경우가 더 호의적인 인상을 갖는 것으로 나타난 것이다. 이러한 실험결과가 갖는 함의는 인상관리에는 일종의 초두효과가 큰 영향을 발휘한

PART 6-14

다는 것으로 사람들은 일반적으로 초기에 제시된 정보가 대상인물에 대한 차후 정보의 맥락을 형성하고 이 맥락에 기초하여 차후의 정보를 처리한다는 것이다. 따라서 호의적인 첫인상의 조성은 인간관계에서 매우 중요성을 띠게 되는 것이다^{Reece,}

<small>2011: 251-253</small>.

그렇다면 일단 형성된 인상은 계속 변하지 않고 유지되는가를 검토해 보아야 하는데, 이는 인지부조화이론을 이용하면 부분적으로 설명된다. 즉 사람들은 어떤 사람들에 대해서 자신이 알고 있는 정보와 배치되는 정보를 접하게 되면 긴장을 느끼고 당혹스럽게 생각하면서 이를 해소하기 위한 노력을 하게 된다. 즉 사람들은 인지부조화를 해소하기 위해 타인에 대한 인상을 바꾸게 되는 것이다. 또 선택적 지각을 이용해서도 다른 측면으로 설명을 할 수 있다. 즉 개인에 대한 자신의 인상과 일치하는 정보만을 받아들이고 나머지 정보는 애써 무시함으로써 일관성 있는 인상을 유지할 수도 있는 것이다. 그러나 일반적으로 사람들은 변화가 극적이고 분명하며 다른 원인을 찾을 수 없으면 특정 개인에 대한 인상을 변화시킨다.

제3절 좋은 인상을 심어 주는 방법

사람들은 누구나 다른 사람들이 자기를 좋아해 주기를 바라고 있다. 사실 우리는 자기를 좋아해 주는 사람들과 함께 있으면 마음이 편하고 행복하고 또 일도 잘 된다. 인간의 강한 감정의 하나는 자기가 사람들로부터 좋은 평가를 받고 싶어 하는 것이다. 따라서 다른 사람에게 좋은 인상을 심어 준다는 것은 매우 중요하다. 좋은 인상이란 잘생긴 얼굴만을 가리키는 것은 아니다. 얼굴은 비록 별로 잘생기지 못했다 하더라도 상대방에게 좋은 인상을 주는 사람은 많다. 즉 항상 즐겁고 바르게 또 상대방을 기분 좋게 대해 준다는 노력은 좋은 인상을 갖는 사람으로 만들어 준다.

(1) 사람을 대할 때 미소 띤 얼굴로 대하라

보스턴 대학의 존 다이버스^{John Thibus} 교수는 많은 실험적 연구 끝에 정상적인 상태에서 사람이 첫 대면에 느끼는 감정을 우애감이 46%, 무관심이 22%, 적대감이

32%라고 말한 바 있다. 지위가 높은 사람일수록 처신을 소홀히 하면 적대감이 상승한다. 그렇지만 미소 띤 얼굴은 우애감의 비중을 더 높여 줄 것이다.

우리는 누구나 미소 띤 얼굴, 깍듯한 예의·겸손과 활기 있고 상냥한 말투로 영접을 받는다면 첫 대면에 서먹서먹한 기분과 긴장은 일시에 풀리고 금방 우애감을 높일 수 있을 것이다.

첫인상이 좋은 사람은 예외 없이 언제나 미소를 짓고 있다는 것을 알 수가 있다. 즉 그들은 언제나 명랑하고 웃기를 잘 한다. 진심에서 우러나는 미소는 상대방의 우정을 그 자리에서 이끌어 내는 일종의 마술이다. 사실 마음으로부터 우러나온 기분 좋은 미소는 상대방에게 여러 가지 말을 해 준다. '당신을 좋아합니다', '당신도 나를 좋아할 것으로 생각합니다'와 같은 말을 해 주는 것이다Giblin, 1979: 74.

우리는 미소를 꽃에 비유하는 경우가 많다. 꽃을 싫어하는 사람은 없다. 누구 얼굴에 함박꽃 같은 웃음이 피었다는 말을 들을 때 듣는 사람에게조차 시원스럽고 흐뭇한 마음을 안겨 준다. 확실히 미소는 인생의 꽃이며 피로감을 금방 씻어 주며 생기를 북돋운다.

미소는 마음을 편하게 해 주고 자신감을 나타낸다. 미소는 상대방을 끌어들이는 자력을 갖고 있다. 마음이 초조한 사람이 절대로 못하는 것은 미소 짓는 일이라고 한다. 인간은 마음이 불안하거나 무슨 걱정을 안고 있으면 미소 짓는 일은 불가능하다. 이쪽에서 미소를 보이면 저쪽에서도 응답이 오지만 그것은 단순한 응답이 아니라 당신의 미소가 그에게 행복을 맛보게 했다는 것과 자신이 미소를 받을 만한 가치가 있는 사람이라는 중요감에 대한 감사의 응답인 것이다.

사실 고객의 잠재의식에 호소할 수 있는 미소는 외관상의 웃음이 아니라 마음속 깊은 곳에서 우러나오는 미소라야 한다. 이런 미소가 기적을 이끌어 낸다. 좀 오래 전에 네덜란드에서 있었던 일인데, 미소가 4만 달러의 행운을 안겨다 주었다는 기사가 있다.

네덜란드 어느 마을에 한 못생긴 농부가 살고 있었는데 얼굴이 너무 보기 싫어 동네 사람들이 그를 가까이 대해 주지 않았다. 그런데 그 마을에 사는 한 소녀만은 그에게 항상 미소를 지으며 친절하게 대해 주었다. 그는 그것이 너무 고마워서 그가 죽을 때에 소녀에게 4만 달러의 유산을 안겨 주었다.

대부분의 사람들이 별로 미소를 짓지 않는 이유는 자신의 감정을 억제하고 있기 때문이라고 한다. 특히 우리나라에서는 자신의 감정을 다른 사람에게 보이는 것은 천박스럽다는 이야기를 종종 들어왔기에 더 그렇다. 현대 대중사회로 돌입한 오늘날 이러한 낡은 태도는 변화되어야 한다.

좋은 미소를 짓기 위해서는 즐거운 감정을 표현하는 연습을 하는 것이 좋다. 그런 연습을 매일 거울 앞에서 하는 것이 좋다. 우선 즐겁고 유쾌했던 경험을 생각하면서 다정한 친구를 만나는 장면을 연상하고 좋은 기분을 느끼게 되면 그 감정을 미소로 나타내는 연습을 해 보는 것이다. 미국 톱 세일즈맨 중에는 항상 웃는 얼굴을 유지하기 위해 전화기 앞에 거울을 걸어 놓고 전화를 하는 사람이 많다고 한다.

프랭크 베트거Frank Bettger는 유어 라이프지Your Life에서 자기는 매일 아침 거울 앞에 서서 미소 짓는 연습을 하여 짧은 기간 동안에 성격개조를 했다고 말하고 있다. 미소는 확실히 즐거운 마음의 산물이다. 항상 즐거운 마음으로 사람을 대하다 보면 얽히고 설킨 인간관계상의 갖가지 고민도 쉽게 해결될 수가 있다.

기블린은 미소를 사용하지 않는 사람은 100만 달러의 돈을 은행에 예금하면서 예금통장을 가지고 있지 않은 사람과 같다고 말한다. 미소는 대인관계의 재산목록 중에서 100만 달러짜리 보물에 필적한다고 한다. 그는 미소의 효과를 배가시키기 위하여 다음과 같은 권유를 하고 있다Giblin, 1979: 78-79.

① 상대방을 칭찬한 다음 미소를 지어 보아라. 칭찬의 효과는 몇 배 더해진다.

② 상대방에게 무엇을 부탁한 다음 미소를 지어 보아라. 상대방은 당신의 부탁을 받아들이지 않을 수 없는 기분이 될 것이다.

③ 상대방의 부탁을 들어줄 때 미소를 지어 보아라. 상대방의 감사는 배가 될 것이다.

④ 귀에 거슬리는 말을 할 때 미소를 지어 보아라. 미소는 말의 가시를 제거해 준다.

⑤ 어떤 말을 하든지 미소를 지어 보아라. 그러면 당신의 말은 모두가 올바른 것으로 느껴지게 된다.

⑥ 첫 대면의 사람에게 미소를 지어 보아라. 그는 당신을 구면처럼 느낄 것이다.

아무리 돈 많은 부자라도 이 마술의 미소만은 돈으로 사지 못한다. 그러나 이 마술의 미소는 하느님이 모든 사람에게 거저 주신 것이다. 사람은 그것을 그냥 자기 자신 속에서 꺼내 쓰기만 하면 된다. 여기에 미소의 기적을 우리에게 보여 주는 생텍쥐베리의 단편소설 한 부분을 소개하고자 한다.

내가 처형될 것은 확실했다. 나는 극도로 신경이 곤두섰다. 죽음에 대한 공포 때문에 고통스러워 견딜 수가 없었다. 나는 담배를 찾아 호주머니를 뒤졌다. 몸 수색 때 발각되지 않은 게 있을지도 모른다는 기대에서였다. 다행히 한 개비를 발견했다. 나는 손이 떨려서 그것을 입으로 가져가는 데도 힘이 들었다. 하지만 성냥이 없었다. 그들은 모두 빼앗아 가 버린 것이다.

나는 창살 사이로 간수를 바라보았다. 그는 내 눈과 마주치려고도 하지 않았다. 이미 죽은 거나 다름없는 자와 누가 눈을 마주치려고 하겠는가. 나는 그를 불러서 물었다. "혹시 불이 있으면 좀 빌려 주겠소?" 간수는 나를 쳐다보더니 어깨를 으쓱하고 내 담배에 불을 붙여 주기 위해 걸어왔다.

그가 가까이 다가와 성냥을 켜는 순간 무심결에 그의 시선이 내 시선과 마주쳤다. 바로 그 순간 나는 미소를 지었다. 왜 그랬는지는 나도 모른다. 어쩌면 신경이 곤두서서 그랬을 수도 있고, 어쩌면 둘 사이의 거리가 너무 가까워서 어색함을 피하려고 그랬는지도 모른다. 아무튼 난 그 상황에서 미소를 지었다.

그 순간 우리 두 사람의 가슴속에, 우리 두 사람의 영혼 속에, 하나의 불꽃이 점화되었다. 물론 나는 그가 그런 것을 바라지 않았다는 것을 안다. 하지만 나의 미소는 창살을 넘어가 그의 입술에도 미소가 피어나게 했다. 그는 내 담배에 불을 붙여 주고 나서도 그 자리를 떠나지 않고 여전히 미소를 지은 채 내 눈을 바라보았다.

나 역시 그에게 미소를 보내면서 그가 단순히 한 명의 간수가 아니라 살아 있는 한 사람의 인간이라는 사실을 깨달았다. 그가 나를 바라보는 시선에도 새로운 차원이 깃들어 있었다. 문득 그가 나에게 물었다. "당신에게도 자식이 있소?"

"있지요, 여길 보세요." 나는 그렇게 대답하면서 얼른 지갑을 꺼내 허둥지둥 나의 가족 사진을 보여 주었다. 그 사람 역시 자신의 아이들 사진을 꺼내 보여 주면서 앞으로의 계획과 자식들에 대한 희망 등을 이야기했다. 내 눈에 눈물이 글썽거렸다. 나는 가족들을 다시 못 보게 될까봐 두렵고, 내 자식들이 성장해 가는 것을 지켜볼 수 없는 것이 무엇보다 슬프다고 간수에게 말했다. 이윽고 그의 눈에도 눈물이 글썽거렸다.

갑자기 간수는 아무런 말도 없이 일어나더니 감옥 문을 열었다. 그리고는 나를 조용히 밖으로 나가게 하는 것이었다. 그는 아무에게도 들키지 않게 소리 없이 감옥을 빠져나가 뒷길로 해서 마을 밖까지 나를 안내했다. 마을 끝에 이르러 그는 나를 풀어 주었다.

그런 다음 그는 한 마디 말도 없이 뒤돌아서서 마을로 걸어갔다. 그렇게 해서 한 번의 미소가 내 목숨을 구한 것이다.

진정한 미소는 사람 사이에 꾸밈없고 자연스런 관계를 맺어 준다. 우리가 비록 자기 주위에 온갖 보호막을 둘러친 채로 살아가고 있지만, 누구나 그 밑바닥 깊은 곳에는 진정한 인간이 살아 숨 쉰다고 나는 믿는다. 나는 그것을 '영혼'이라고 부르고 싶다.

당신의 영혼과 내 영혼이 알아본다면 우리는 결코 적이 될 수 없다. 생텍쥐베리의 '미소'는 두 영혼이 서로를 알아보는 기적의 순간에 대해 말하고 있는 것이다. 갓난 아기를 볼 때 왜 우리는 미소를 짓는가? 아마도 그것은 아무런 방어태세를 갖추고 있지 않은 한 인간을 우리가 보고 있기 때문일 것이다. 아무런 속임수 없이 순진무구함 그 자체로 우리에게 미소를 짓는 한 인간을 보고 있기 때문일 것이다. 그 순간 우리 안에 있는 아기의 영혼이 그것을 알아보고 환하게 미소 짓는 것이다Canfield & Hansen, 1993: 36-38.

(2) 상대방에게 성실한 관심을 기울여라

상대방에게 관심을 기울인다는 것은 앞서 대인관계의 기본원리에서 살펴본 인간과 사랑, 중요감뿐만 아니라 호감을 받을 수 있는 구체적인 방법이기도 하다. 카네기는 친구를 얻는 데는 상대방의 관심을 끌려 애쓰기보다는 상대방에게 순수한 관심을 기울이는 것이라고 말하면서 그를 즐겁게 했던 사랑스런 강아지로부터 얻은 통찰을 다음과 같이 적고 있다. "아무 일도 하지 않고 살아갈 수 있는 동물은 개뿐이다. 닭은 달걀을 낳고, 젖소는 우유를 생산하고, 카나리아는 노래를 불러야 하지만 개는 다만 애정을 사람에게 바치기만 하면 살아갈 수 있다Carnegie, 1981: 53."

내가 다섯 살 때 아버지가 노란 강아지 한 마리를 50센트를 주고 사 왔다. 당시 나에게는 그 강아지(티피)의 존재가 그 무엇과 바꿀 수 없는 기쁨이요, 광명이었다. 매일 그의 눈초리는 집 안쪽을 지켜보고 있는 것이다. 그러다가 내 목소리가 들리거나 도시락을 들고 있는 내 모습이 정원수 사이로 어른거리면 마치 총알처럼 달려와서 짖고 뛰어오르고 하면서 반가워서 어쩔 줄 모르는 것이었다. … 그런데 이 티피는 심리학 책을 읽은 일도 없고 또 읽을 필요도 없었다. 상대방의 관심을 끌려 하기보다는 이쪽에서 상대방에게 순수한 관심을 기울이는 편이 훨씬 더 많은 친구를 얻을 수 있다는 사실을 신통한 본능으로 알고 있었던 것이다.

친구를 얻는 데에는 상대방의 관심을 끌려고 애쓰기보다는 상대방에게 순수한 관심을 정성스럽게 기울이는 일이 필요하다. 미국의 루스벨트 대통령은 국민들로부터 절대적 인기를 얻고 있었으며 심지어는 그의 하인들에 이르기까지 그를 존경하지 않는 자가 없었는데, 그의 흑인 하인 제임스 에모스James E. Amos는 그의 작품 *Theodore Roosevelt, Hero to his Valet*「하인의 눈으로 본 영웅, 데오도르 루스벨트」라는 책에서 다음과 같은 경험담을 적고 있다.

어느 날 내 아내가 대통령에게 메추리는 어떤 새냐고 여쭈어 본 일이 있다. 아내는 메추리를 본 일이 없었던 것이다. 대통령께서는 메추리는 이러이러한 새라고 자세히 가르쳐 주셨다. 이로부터 얼마 뒤에 집으로 전화가 걸려 왔다(그때 에머스 부부는 오이스터 베이에 있는 루스벨트 저택 안에 있는 작은 집에서 살고 있었다). 아내가 수화기를 들어보니 대통령이었다. 그는 말하기를 지금 마침 그 창 밖에 메추리가 한 마리 날아와 있으니 창문으로 내다보라는 것이었다. 대통령은 일부러 그것을 전화로 알려 주셨던 것이다. 이 사소한 일 하나가 대통령의 인품을 잘 나타내 주고 있다. 대통령께서 우리들의 오막살이를 지나실 때면 우리들의 모습이 보이거나 말거나 반드시 "여, 애니! 여, 제임스!"라고 다정스런 말씀을 던져 주시는 것이었다.

사람들은 이쪽에서 진심으로 관심을 보이기만 하면 아무리 무뚝뚝한 사람이라도 관심을 기울여 주고 또 바쁜 틈이라도 내 주고 협력도 해 주게 된다. 인간은 누구나 자기를 존경하고 칭찬해 주는 사람을 좋아하게 마련이다.

(3) 친절한 봉사를 통해 친밀감을 느끼게 하라

어디를 가나 친절은 지나치는 법이 없다. 봉사자의 자세는 상대방에게 친절미가 넘치는 태도를 보임으로써 끝까지 상대방의 기분을 상하지 않게 하는 것이다. 친절감은 때로는 마력을 발휘할 때도 있다. 여기 한 좋은 사례가 있다.

미국의 J회사는 제2차 세계대전 중 원자탄 제조에 참가한 회사인데 전쟁 후 나일론 스타킹을 만드는 회사로 전환했다. 그런데 이 회사는 '살인회사'라는 별명이 붙어서 회사의 제품은 시장에서 인기가 없었다. 하루는 사장이 커다란 저택의 정원에 앉아서 무엇을 생각하다가 대문쪽을 바라보니까 어느 노파가 벌어진 문 사이로 정원을 들여다보고 있었다. 사장은 얼른 휠체어를 밀고 나가 노파를 태우고 그 넓은 정원과 대궐 같은 저택을 일일이 구경시켜 주었다. 이 소문은 삽시간에 장안에 퍼졌다. 매스컴이 그의 친절한 봉사정신을 널리 알려 주었던 것이다. 그런 일이 있은 지 며칠 되지 않아 회사의 제품은 여성들의 인기를 독차지하기 시작하였다.

(4) 매력 있는 개성을 지니도록 하라

주위 사람들이 자기를 좋아하게 만들기 위해서는 무엇인가 인간적인 매력을 지니고 있어야 한다. 잘생긴 남자나 아름다운 여인은 별로 노력을 하지 않아도 사람들의 눈길을 끌게 할 수 있다. 즉 그들 대부분은 자기가 스스로 노력을 하면서 개성을 연마할 필요성을 느끼지 않는다. 그러나 외관적인 점만 가지고는 오래가지 못한다. 사실 용모나 신체적인 점에만 의존하고 있는 영화배우에게는 쉽게 싫증을 느끼지만, 예藝를 연마한 배우는 오래오래 사랑을 받게 된다. 뚜렷한 개성 없이 사람에게 깊은 인상을 줄 수는 없다. 개성은 성격을 기초로 하고 있지만, 그것은 같은 것은 아니다.

개성이란 여러 가지 특성과 성격이 합쳐져서 다른 사람의 눈에 비친 한 개인의 반영이므로, 그것은 우리들이 남에게 준 인상이라고 말할 수도 있다. 이와 같이 우리가 다른 사람에게 주는 인상으로서의 개성은 사람과 접촉을 할 때에 커다란 역할을 한다. 어쨌든 이런 개성은 책임감·정직·인내 등의 성격에 의해서 뒷받침이 되지 않는다면 실패를 자초하기 쉽다.

우리가 흔히 듣는 매력적인 개성이라든가 사람을 끄는 개성 등은 그러한 성격을 만들고자 하는 적극적 노력의 소산인 것이다. 즉 그것은 적극적인 행위, 다시 말하면 활동적이고 기민하고 유쾌하고 의연한 태도 등에 스스로 나타나게 된다. 매력 있는 사람은 항상 타인을 위하여 생각한다는 사실에 주목하지 않으면 안 된다. 즉 그런 사람의 뚜렷한 성격은 사람들에게 친근감을 갖는다는 점이다. 친근감이란 그가 대하는 사람에게 따뜻한 기분과 또한 그를 조력하여 준다는 느낌을 갖게 하는 것이다. 그런데 사람에게 가까이 다가가려고 할 때 이를 방해하는 것은 그 사람으로부터 냉대당하면 어떻게 하나 하는 두려움이다. 그러므로 우리는 타인으로부터 호감을 받을 수 있다는 것을 기대하고 또한 거기에 자신을 가지고 타인에게 친근감을 표시하는 용기를 가져야 한다.

매력 있는 사람의 또 한 가지 특징은 활동적이고 열심히 일한다는 점이다. 맡은 바의 일을 열심히 하고 또 활동적이어야 한다는 것이 인생의 법칙이기도 하다. 이 법칙을 깨뜨리면 자연의 벌을 받는다. 아무것도 할 일이 없다는 것처럼 따분한 것은 없다. 이런 경우 사람들에게 문젯거리가 찾아온다고 한다. 돈 많고 여가가 많다는 것은 결코 행복하지 않다는 것을 깨닫게 한다.

정신신경과 의사의 진료실에는 아무것도 할 일이 없기 때문에 병이나 절망 등을 자기 스스로 생각해 내고 고민하는 사람들이 많이 찾아온다고 한다. 활동적이고 적극적으로 사는 비결을 터득한다는 것은 어렵지 않다. 가장 좋은 비결은 가까운 미래에 무엇인가 재미난 기대를 갖는다는 것이다. 희망에 넘치고 장래를 향하여 살고 있는 사람은 매력적인 사람이다.

운동시합이라든가 여행이라든가 즐거운 기대를 걸 수 있는 계획을 갖는다는 것도 매우 좋다. 이런 계획을 여러 개 갖고 있다가 하나가 실패하면 다른 것으로 대치할 수 있도록 하면 늘 활기에 찬 생활을 해 나갈 수 있다. 특히 많은 사람들이 공통의 목적을 가지고 하는 클럽활동·사회봉사 등은 팀워크의 정신을 배양하는 것인데, 그것은 동시에 매력 있는 개성을 쌓아 올리는 데에도 매우 중요한 역할을 한다.

(5) 이름을 기억하라

인간이란 다른 사람의 이름 같은 것에는 일체 관심을 갖지 않으면서도 자기 이름에 대해서는 큰 관심을 갖고 있다. 사실 사람은 저마다 독특한 개성을 지니고 있는데 자기의 이름은 남과 구별되는 뚜렷한 자아를 표시한다. 그러므로 누가 자기의 이름을 기억하고 있다가 그것을 불러 주면 더 말할 나위 없이 기분이 좋은 법이어서, 시시하게 칭찬하는 말보다 한결 효과적이다.

미국의 철강왕 카네기는 막상 철강에 관한 것은 별로 아는 것이 없었지만, 그보다 훨씬 철강에 대해서 잘 알고 있는 수백 명의 사람을 고용하고 있었다. 그렇지만 그는 사람 다루는 법을 잘 알고 있었고 바로 이것이 그를 거부로 만들어 주었던 것이다.

그는 어린 시절부터 사람들을 조직하고 통솔하는 재능을 보여 주었다. 그는 열 살 때 이미 인간이란 누구나 자기 이름에 대하여 비상한 관심을 갖고 있다는 사실을 발견하고 있었으며, 이 발견을 이용하여 사람들의 협력을 얻어냈던 것이다. 그에게는 이런 일이 있었다. 이것은 그가 아직 스코틀랜드에서 살던 소년 시절의 이야기다Carnegie, 1981: 77-78.

> 어느 날 그는 토끼 한 마리를 붙잡았다. 그런데 그 토끼는 새끼를 배고 있어서 이윽고 토끼장은 새끼 토끼로 가득 찼다. 그러나 이번에는 먹이가 모자랐다. 이때 그에게는 멋진 생각이 떠올랐다. 이웃 아이들에게 토끼가 먹을 풀을 많이 뜯어 오는 아이의 이름을 그 새끼 토끼들의 이름으로 붙여 준다고 말했던 것이다. 이 생각이 보기 좋게 적중했다. 카네기는 이때의 일을 절대로 잊지 않았던 것이다.

루스벨트가 대통령으로 당선된 데에도 사람의 이름을 기억하는 데 탁월한 재능을 가진 짐 화레이Jim Farley라는 청년의 도움이 컸다는 것이다. 그는 고등학교 문턱에도 못 가 본 사람이지만 마흔여섯 살 때에 네 개의 대학으로부터 명예박사 학위를 받았으며 민주당 전국위원장이 되고 나중에는 미합중국의 우정성장관을 지냈다.

화레이는 원래 석고회사의 세일즈맨으로 근무할 때 각지를 돌아다니고, 또 스토니 포인트의 동사무소에 근무하는 동안에 사람들의 이름을 기억하는 방법을 생각해 냈다. 그 방법은 아주 간단했다. 처음 만나는 사람에게는 반드시 그 이름과 가족관계와 직업, 그리고 정치에 관한 의견을 묻는다. 그리고 그것을 머리에 완전히 기억해 버리는 것이다. 그러면 다음에 만났을 때 그 사람의 어깨를 치면서 아내나 자녀의 안부를 묻거나 정원수에 관한 것까지 물어볼 수 있다는 것이다. 루스벨트가 대통령 선거에 출마하기 수개월 전에 화레이는 서부와 서북부 여러 주 사람들에게 매일 수백 통의 편지를 썼다. 다음에 그는 기차로 19일 동안에 20개 주를 순회했다. 한 도시에 도착하면 곧 그곳 사람들과 식사나 차를 나누면서 흉금을 터놓고 이야기를 주고받고 그것이 끝나자마자 곧 다음 도시로 달려가야 했다. 동부로 돌아오자 이번에는 자기가 순회한 도시의 대표자들에게 곧 편지를 띄워 회합에 모인 사람들의 명단을 보내 달라고 부탁했다. 이렇게 해서 그의 수중에 들어온 이름의 수는 수만 명에 이르렀지만 명단에 올라 있는 사람들은 한 사람도 빠짐없이 민주당 전국위원장 화레이로부터 친근감에 넘치는 편지를 받았다. 이러한 그의 재능과 정성에 감탄을 보내지 않을 사람이 어디 있겠는가? 카네기가 그를 면접했을 때 그는 5만 명의 이름을 기억하고 있었다고 말했다는 것이다Carnegie, 1981: 76.

우리는 이따금 은행이나 관청의 민원 창구에서 이름 대신 번호로 불리어지는 경우가 있다. 그때의 우리의 심정은 어떠했던가? 자기의 중요감이 상실된 허전한 기분이 들지 않았던가? 여기에 어느 공장에서 있었던 사례를 하나 소개한다.

M공장은 국내 각지의 동업공장에 비해서 생산량이 대단히 저하되고 있었다. 경영자는 이것을 시정하려고 몇 개의 방책을 실시했는데, 그것은 기업의 기술상의 개선책이 아니라 인간관계상의 개선책이었다. 그 후 얼마 안 가서 그 공장은 경쟁업체 중에서 최고 생산량을 올릴 수 있었다. 그 방책 중의 하나는 다음과 같은 것이었다. 그 공장에서는 종래 직공장이 아침에 인사과에 출두하여 "250번은 금일 결근입니다. 대체할 사람을 한 명 보내주시오"라는 식으로 말하는 것이 관례였다. 노무과 직원이 "그 번호의 임자가 누구입니까?" 하고 물어보면 직공장은 또다시 "누군지는 알지 못하지만 좌우간 250번이라는 것만 알고 있을 뿐이요"라고 말하는 것이었다. 경영자는 직공장과 노무과 직원이 주고받는 대화 가운데서 다음과 같은 것을 발견하였다. 즉 250번이라는 직공은 분명히 자기의 감독자가 자기를 인간으로 인식하지 않고 물건으로 취급하는 데 불만을 품었으리라고 생각했다. 그래서 경영자는 모든 직공장들에게 각자의 감독하에 있는 직공들 한 사람 한 사람에 관한 신상문제를 기입할 수 있도록 인사카드를 나누어 주고 부하직원의 성명·배우자명·자녀의 수·연령·직업·취미 등을 손수 기입하도록 지시하였다. 더욱이 그것은 부하직원에게 알리지 않고 그들에 관한 정보사항을 직접 수집하여 카드 위에 기입하는 것이었다. 그리하여 직공장들이 카드 정리를 다 끝마쳤을 때에는 부하직원 한 사람 한 사람에 대하여 여러 가지 사항을 알게 되었으므로 부하직원을 250번으로서가 아니라 비로소 인간으로서 인식하게 되었으며 상하 간의 인간관계가 개선되었다. 이것이 그 공장의 생산성을 향상시킨 한 가지 비법이었던 것이다.

PART 6-14

(6) 상대방의 말을 진지하게 들어라

남의 말을 경청한다는 것은 약간의 인내심이 필요하지만 그 보상은 대단히 크다. 미국에서 어느 정치지망생이 연방 대심원의 홈즈 판사Oliver Wendell Holmes에게 의회 의원에 당선되어 정계로 진출하려면 어떻게 하는 것이 좋은가를 물었다. 홈즈 판사는 다음과 같은 답장을 써 보냈다Giblin, 1979: 94.

> "다른 사람의 말에 동정과 이해를 가지고 귀 기울여 듣는 것이 사람들과 잘 접촉하고 오래도록 그들의 우정을 얻는 가장 효과적인 방법이라고 생각합니다. 세상에는 상대방의 말을 잘 들어 주는 마법을 쓰는 사람이 별로 없는 것 같습니다."

아무리 칭찬하는 말에 유혹되지 않는 사람도 자기 얘기를 성의껏 들어 주는 사람에게는 유혹된다. 그러므로 남의 이야기를 성의껏 들어줄 뿐만 아니라 여기에 덧붙여 칭찬까지 해 주면 말하는 사람의 마음이 얼마나 흐뭇하겠는가?

사실 상대방의 심정과 그의 의도를 올바로 알기 위해서는 우선 그의 이야기를 충분히 경청하면서 그의 마음의 움직임과 진의를 파악해야 한다. 상거래를 잘 한다는 평판을 받고 있는 실업가들은 남의 마음을 읽는 기술을 지니고 있다고 한다. 그러나 사실은 그들이 어떤 특수한 방법을 사용하고 있는 것이 아니라 그들이 하는 일은 상대방으로 하여금 계속 말을 하게 하고 그는 다만 입을 꽉 다물고 듣고만 있는 것이다. 그들은 프로이드가 밝혀 놓은 진리를 잘 터득하고 있는 것이다. 즉 상대방으로 하여금 마음껏 얘기하게 하기만 하면 그의 진짜 감정이나 동기를 숨길 수 없게 된다. 아무래도 자기 자신의 속셈을 드러내게 마련이라는 것이다.

또한 상대방이 말하는 것과 바라고 있는 것에 주의를 집중시키고 있으면 듣는 사람이 결코 상대방을 무시하거나 자기중심의 이기주의에 빠지는 일이 없게 되며 조화가 잡힌 인간관계를 유지할 수 있는 것이다.

「적극적 사고의 힘」의 저자 노만 필이 제시한 호감을 얻는 일곱 가지 법칙 가운데서 위의 말과 중복되지 않는 것을 간추려 보면 다음과 같다Peale, 1991: 200.

① 너그러운 사람이 되라. 어떤 일이 일어나도 혼란되지 않는 여유 있는 사람이 되라.

② 자기 본위적인 사람이 되지 말라. 자연스럽게 겸손한 사람이 되어야 한다.

③ 사람들이 당신에게서 값어치 있는 일을 배울 수 있는 재미있는 사람이 되라.

④ 당신의 인격에 흠이 될 수 있는 성질상의 결점을 제거하는 연구를 하라. 설사 그것을 당신이 잘 모른다 하더라도 그것을 알아내어 없애야 한다.

⑤ 오해는 곧 풀어야 한다. 불평불만을 빨리 잊어버려라.

⑥ 다른 사람의 성공이나 행운을 축하해 줄 기회를 놓치지 말라. 그리고 슬픔을 당한 사람이나 실망한 사람을 위로하여 정신적 친교를 맺어라.

⑦ 깊은 영적 경험을 가져라. 그리하여 다른 사람들이 그들의 생활을 더 활기 있고 효과적으로 살 수 있도록 도와주어야 한다. 그들에게 힘을 주기만 하면 그 보답으로 그들은 당신에게 애정을 줄 것이다.

제1절 인간과 사랑

1. 사랑의 의미와 중요성

프랑스의 철학자 파스칼Pascal은 개인과 사회는 천사가 되려고 하나 결국 짐승이되고 만다고 하였다. 그 당시 이러한 생각은 인간이 선천적으로 선하기보다는 악하다는 생각에서 나온 것이었으나, 최근에는 사랑과 평화에 대한 인간의 바람을 인간의 기본적 본성 중의 한 부분으로 강조하고 있다Ellenson, 1982: 5.

인간관계연구에서 사랑과 평화는 특별한 의미를 갖는다. 사랑은 상대방의 장단점을 다 알면서도 그를 너그럽게 감싸면서 그를 그가 되도록자아실현 정성을 다 기울여 주는 마음이라고 말할 수 있다.

프롬Erich Fromm은 그의 저서 「사랑의 기술The Art of Loving」에서 "사랑이란 인간에있는 적극적인 힘을 사용해서 우리를 타인과 분리시키는 벽을 허물어 버린다"라고기술하고 있다. 그는 또 "사랑은 인간을 결합시키며, 인간으로 하여금 고립감과 격리감을 극복하도록 도와주면서도 자기 자신의 본연의 모습을 가질 수 있게 하며또 자신의 완전성integrity을 유지할 수 있도록 해 준다"고 지적하고 있다.

프롬Fromm, 1956은 사랑을 인간의 감상적인 측면에서가 아니라 전체적인 측면에서논의하면서 다음과 같이 다섯 가지 형태의 사랑을 제시하고 있다.

(1) 대등한 사랑(love of equals)

이러한 유형의 사랑은 우애와 같은 사랑brotherly love이라고 부르며 가장 기본적이고 보편적인 형태의 사랑이다. 여기에는 타인에 대한 책임감, 보살핌, 존경, 이해 등과 타인을 보다 발전시키고자 하는 소망이 포함된다. 비록 대등한 사람들 간의 사랑이라고는 하지만 사랑의 욕구를 충족시키는 데 있어서 항상 서로 대등한 것은 아니며 서로가 도움을 필요로 하기 때문에 이번에는 내가 도와주고 다음번에는 네가 도와주는 관계이다.

이러한 사랑은 독점적exclusive인 것이 아니고 보편적universal인 것이다. 즉 그것은 단순히 상대방이 인간이라는 이유 때문에 제공하는 형태의 사랑이다.

(2) 무조건적인 사랑(unconditional love)

프롬이 모성애라고 부르는 무조건적 사랑에는 어린 아기가 살아서 성장하는 데 필요한 어머니의 보살핌과 책임감이 포함된다. 모성애 같은 사랑의 질과 태도는 감염적이다. 즉 어머니가 자녀의 삶을 사랑하고 자녀를 사랑하는 데서 행복을 느끼게 되면 이러한 어머니의 감정은 자녀에게 무의식적으로 전달된다.

이러한 형태의 사랑은 그것을 주고받는 것이 대등하지 않다는 점에서 우애와 같은 사랑과는 다르다. 즉 어머니는 항상 도움을 주기만 하고 자녀는 항상 도움을 받기만 한다. 아무런 조건 없이 어떤 타인이 행복하게 되기를 바라는 바람 또한 진실한 모성애와 같은 사랑이다.

(3) 이성 간의 사랑(erotic love)

이러한 유형의 사랑은 대개 독점하려는 사랑이다. 이것은 타인과 결합해서 하나가 되고자 하는 강렬한 사랑이다. 따라서 성격상 보편적인 사랑이 되지 못하고 독점하려는 유형의 사랑이 된다. 이성 간의 사랑에는 의지Will가 포함된다. 어떤 사람을 사랑한다는 것은 단순히 강렬한 감정이 아니라 일종의 결정이고 판단이며 약속인 것이다.

(4) 자기사랑(self-love)

사람들은 종종 다른 사람을 사랑한다는 것은 덕이고 자기를 사랑한다는 것은 악이라고 생각한다. 그리고 오래전부터 우리는 자신에 대한 사랑은 이기심이나 자만심 등과 관련시키는 경향이 있다. 그러나 우리는 건전한 방향으로 자기 자신을 존중할 줄 알아야 한다.

"네 이웃을 네 몸과 같이 사랑하라"는 이야기는 자기 자신의 고결성과 특이성을 존중해야 한다는 말이다. 자기 자신에 대한 이해와 사랑은 타인에 대한 존경과 사랑과 이해와 구별시킬 성질의 것이 아니다. 자기 자신에 대한 사랑은 타인에 대한 사랑과 불가분의 관계에 있는 것이다.

(5) 신에 대한 사랑(love of God)

종교적인 사랑은 분리의 불안을 극복하고자 하는 필요에 기인한 것이다. 서양의 지배적인 종교체제에 있어서 신에 대한 사랑은 본질적으로 신은 존재하고 정의로우며 사랑을 베푼다는 것에 대한 신앙과 똑같은 것이다. 동양의 종교와 신비주의에 있어서 신에 대한 사랑은 유일성oneness에 대한 강한 감정경험이며, 이러한 사랑의 표현은 일상적인 생활과 밀접하게 관련되어 있다.

이러한 다섯 가지 유형의 사랑 속에 나타나고 있는 이상적인 사랑은 우리들의 생활을 고결하게 해 준다. 그러나 사랑은 이러한 방식으로만 나타나지 않고 때로는 파괴적이고 병적으로 나타날 때도 있는데, 우리가 특히 경계해야 할 것은 바로 그런 것들이다. 신경증적인neurotic 사랑은 타인을 사랑하는 것보다 사랑을 받으려고만 한다. 이러한 구걸하는 형태의 사랑은 불가능한 것은 아니지만 충족되기가 어렵다. 건설적이고 효과적인 사랑은 사람들 간의 관계형성을 위하여 헌신적으로 노력하는 것을 의미한다. 올바른 사랑은 악을 선으로 전환시키는 신통력을 갖고 있다. 사랑은 받기에 앞서 주어야 되는 것이다.

수년 전 두 노인이 장기를 두다가 살인을 저질렀다는 기사를 읽은 적이 있다. 만일 두 노인 사이에 조금이라도 서로를 위하여 아끼는 마음이 있었던들 이러한 끔찍한 일이 일어날 수 있었겠는가? 실상 오늘날 물의를 일으키고 있는 많은 사회범

죄들의 대부분은 올바른 사랑의 결핍으로부터 야기된 것들이다. 우리 모두가 서로 사랑할 수 있을 때 우리가 사는 사회는 인간다운 생활을 할 수 있는 아름다운 곳이 될 것이다. 사랑은 받을 때보다 이웃에 베풀 때 그 고결하고 아름다운 모습을 드러낸다.

다음과 같은 일화는 타인에 대한 사랑과 배려의 중요성을 다시 한 번 생각하게 만든다고 볼 수 있다류시화, 1997: 18-20.

내가 십대였을 때의 일이다. 어느 날 나는 아버지와 함께 서커스를 구경하기 위하여 매표소 앞에 줄을 서 있었는데 마침내 매표소와 우리 사이에는 한 가족만이 남았다. 그 가족은 무척 인상적이었는데 열두 살 이하의 아이들이 무려 여덟 명이나 되는 대식구였다. … (중략) … 이때 매표소의 여직원이 남자에게 몇 장의 표를 원하느냐고 물었다. 남자는 목소리에 힘을 주어 자랑하듯이 말했다. "우리 온 가족이 서커스 구경을 할 수 있도록 어린이표 여덟 장과 어른표 두 장을 주시오." 여직원이 입장료를 말했다. 그 순간 아이들의 어머니는 고개를 떨구었고 남자의 입술이 가볍게 떨렸다. 남자는 다시 물었다. "지금 얼마라고 했소?" 여직원은 다시 금액을 말했다. 남자는 그만큼의 돈을 갖고 있지 않은 게 분명했다. 그러나 이제 와서 한껏 기대에 부푼 아이들에게 돈이 모자란다고 말할 순 없는 일이었다.

이때였다. 지켜보던 나의 아버지가 주머니에 손을 넣더니 20달러짜리 지폐를 바닥에 떨어뜨렸다. 그런 다음 아버지는 몸을 굽혀 그것을 다시 주워 들더니 앞에 서 있는 남자의 어깨를 두드리며 말했다.

"여보시오, 선생. 방금 당신 호주머니에서 이것이 떨어졌소." 남자는 무슨 영문인지 금방 알아차렸다. 그는 결코 남의 적선을 요구하지 않았지만 그 상황에서 아버지가 내밀어 준 도움의 손길은 실로 큰 의미를 가진 것이었다. 남자는 아버지의 눈을 똑바로 쳐다보더니 아버지의 손을 잡았다. 그리고 떨리는 목소리로 말했다. "고맙소, 선생. 이것은 나와 내 가족에게 정말로 큰 선물이 될 것이오." 남자의 눈에는 눈물이 글썽거렸다. 그들은 곧 표를 사 갖고 서커스장 안으로 들어갔다. 나와 아버지는 집으로 돌아와야 했다. 그 당시 우리집 역시 전혀 부자가 아니었던 것이다. 우리는 그날 밤 서커스 구경을 못 했지만 마음은 결코 허전하지 않았다.

지구상에 있는 모든 생물은 모두 사랑을 원하고 있다. 유명한 인류학자 사포스키는 정글 속에 있는 원숭이들을 대상으로 스트레스에 관해 연구한 바 있다. 표범의 습격이 지난 뒤 스트레스가 쌓인 원숭이들은 서로서로를 긁어 준다고 한다. 이러한 애무가 스트레스를 해소한다고 여겨진다. 그는 원숭이들을 조사해 본 결과, 서로 긁어 줌으로써 사랑을 표시하는 한 쌍의 원숭이들에게서는 스트레스 호르몬이 뚝 떨어져 있었으나, 긁어 줄 상대, 즉 사랑할 상대가 없는 외톨박이 원숭이에게서는 스트레스 호르몬이 매우 높게 올라간 사실을 발견했다고 한다. 이와 같이 사랑은 모든 생명체를 지탱하는 원동력이다.

2. 인간에 대한 사랑의 중요성

인간의 존엄성이라고 표현하건, 혹은 인성personality 또는 어떤 말로 표현하건 인간은 누구나 마음속 깊은 곳에 존경을 요구하는 중요한 그 무엇을 간직하고 있다. 모든 사람은 각자가 독특한 개성을 지니고 있으며 각자가 갖고 있는 가장 큰 충동은 외부의 침입으로부터 그 개성과 마음속에서 꼭 껴안고 있는 중요한 그 무엇중요감을 지키려는 힘이다. 그것은 군대의 힘이나 감옥의 힘보다도 더욱 강력하므로 인류 역사상 인간으로부터 이 개인적 가치를 박탈하려는 모든 시도는 실패로 끝나고 말았다Giblin, 1979: 12.

20세기가 낳은 위대한 심리학자 프로이드는 인간의 모든 행동은 두 가지 동기, 즉 성적 충동과 위대해지고 싶은 욕망에서 우러나온다고 말한 바 있다. 미국의 유명한 철학자이며 교육가이기도 한 듀이John Dewey도 인간이 지니고 있는 가장 끈덕진 충동은 '중요한 인물이 되고 싶은 욕구'라고 말한 바 있다. 자기의 중요감에 대한 욕구는 인간을 다른 동물과 구별되게 하는 중요한 인간의 특성이다. 만일 인간의 조상들이 이 불타는 듯한 자기의 중요감에 대한 욕구를 갖고 있지 않았다면 인류의 문명도 결코 생겨나지 않았을 것이다Carnegie, 1981: 20.

가난하고 교육도 받지 못한 한 식료품점 점원이 50센트를 주고 산 가재도구 속에서 법률책 등을 발견하고 그것을 공부하도록 분발시킨 것도 자기의 중요감에 대한 욕구였다. 그가 바로 후일 미국의 16대 대통령이 된 아브라함 링컨이다.

자기의 중요감을 만족시키는 방법은 사람에 따라 모두 다르다. 그래서 그 방법을 보면 그가 어떤 인간이라는 것을 알 수가 있다. 아무튼 자기의 중요감을 만족시키는 방법에 따라 사람의 위대성과 비열성이 판가름난다. 이것은 아주 중요한 선택이다.

위에서 본 바와 같이 인간의 보편적인 심리적 굶주림의 하나는 자기의 중요성을 확인하고 싶은 굶주림, 즉 인간으로서의 개인적 가치를 사람들로부터 인정받고 정당하게 평가받고 또 사람들의 주목을 끌고 싶은 데 대한 굶주림이다. 그런데 우리 인간에게는 상대방의 가치감정을 증가시켜 줄 힘이 있다는 것이다. 즉 상대방에게 자기 자신을 더 좋아하게 할 수 있는 힘, 그에게 자기는 정당한 평가를 받고 있다고 생각하게 할 수 있는 힘이 우리들 마음속에 있다는 것이다. 그래서 이 세상의 모든 사람은 대인관계에 있어서 억만장자라고 할 수 있는 것이다. 그러나 유감스럽게도 많은 사람들이 이 보물을 그대로 지니고 썩히거나 이용하기를 아까워하고 있다. 일상생활에 있어서 우리는 우리가 접촉하는 모든 사람, 즉 심리적 굶주림과 목마름에 허덕이고 있는 사람들에게 그것을 풀어 주어야 한다Giblin, 1979: 22.

성공한 사람이나 유명한 사람이라고 해서 자기가 중요하다는 감정을 바라지 않는다고 착각해서는 안 된다. 따지고 보면 예의나 예절은 인간으로서의 가치를 지니고 있다는 사실을 확인하기 위한 인간의 굶주림의 소산이다. 사실은 예의나 예절은 "나는 당신의 중요성을 인정합니다"라고 표현하는 방법으로 볼 수가 있다.

기블린Giblin, 1979: 24은 상대방에게 중요감을 주는 방법으로 다음의 세 가지를 제시하고 있다.

(1) 다른 사람들을 중요하게 생각하라

가장 실행하기 쉬운 방법은 다른 사람들이 중요하다는 것을 자신의 마음 속에 새기는 일이다. 그렇게 하면 그가 굳이 노력하지 않더라도 상대방이 반가운 태도를 취하게 되며, 아울러 성실한 인간관계가 맺어진다는 것이다. 반대로 마음에 은근히 상대방을 하잘것없는 사람으로 생각하고 있다면 절대로 상대방에게 중요감을 안겨주지 못한다. 사실 따지고 보면 이 세상에 사람만큼 중요한 것이 또 어디 있는가?

듀크 대학의 라인J. B. Rhine 박사와 그의 연구원들은 20여 년간에 걸친 과학적인 실험을 한 결과, 인간에게는 육체 이외의 그 무엇이 존재한다는 확증을 얻었다고 한다. 즉 이 과학자들은 인간은 단순한 살과 피를 지닌 육체적 동물 이상의 신비한 존재라는 사실이 판명되었다는 것을 우리에게 말해 주고 있다. 라인 박사는 이러한 발견이 세상에 널리 인식되어 사람들에 대하여 받아들여지는 날에는 우리들의 대인관계도 크게 변할 것이라고 말하고 있다. 정말 사람들을 잘 움직이는 사람은 진심으로 사람이 중요하다고 믿고 있는 사람이다.

(2) 상대방에게 관심을 기울여라

사람은 누구나 자신이 중요하다는 생각에만 주목한다. 그리고 자기에게 중요한 것만을 골라서 주목한다. 즉 자기가 중요하다고 여기는 것 이외에는 눈길을 돌리지 않는다. 그러므로 당신이 그 누구에게 관심을 기울이면 "당신의 중요성을 인정합니다"라고 말하는 것이 된다. 이로 인하여 두 사람의 마음은 가까워지고 서로 우호적이고 협력적인 관계가 이루어질 것이다.

미시간 대학의 조사연구소Survey Research Center에서 행한 연구에서는, 부하직원들에게 관심을 기울이고 있는 감독자 밑에서 일하는 종업원들이 생산에만 관심을 기울이고 있는 강압적 감독자 밑에서 일하는 사람보다 생산성이 높다는 사실을 입증한 바 있다. 생산을 강조할 때는 어느 정도 효과는 있지만 종업원들의 내재적 동기가 만족자기표현, 자주적 결정 및 타인의 가치인정될 때 더 좋은 결과를 얻을 수 있었다는 것이다.

(3) 상대방에게 뽐내지 말라

당신이 상대방의 중요성을 인정하고 있다는 것을 알리는 준칙에는 약간의 배려가 필요하다. 당신도 인간이며 또 당신도 다른 사람들과 똑같이 중요함을 필요로 하고 있다는 사실이다. 그 때문에 이것이 상대방에게 중요감을 느끼게 하는 데 손상을 끼치지 않도록 세심한 주의를 기울여야 하는 이유이다.

만일 어떤 사람이 자기가 세운 업적에 대하여 말하면 우리들은 곧 자기는 더 큰 업적을 세웠다고 말하고 싶어지게 마련이다. 즉 대인관계에 있어서는 자기의 중요성을 상대방에게 깊이 심어 주고 싶은 유혹이 따르게 마련이다. 사실 좋은 애기를 하는 사람이 있으면 자기의 중요감을 상대방에게 심어 주고 싶은 욕망 때문에 상대방을 작게 보이게 하고 자기 자신을 크게 보이게 하고 싶어지는 것이다. 이 장애물을 극복하는 데는 아주 간단한 규칙이 있다. 즉 다른 사람에게 좋은 인상을 주는 가장 효과적인 방법은 상대방에게 당신이 좋은 인상을 받았다는 사실을 알리는 일이다. 그래서 상대방이 그것을 깨닫게 되면 정말로 그는 '사람을 알아보는 안목을 가진 사람이군' 하고 호감을 갖게 될 것이다.

인간은 누구나 주위 사람들로부터 자기의 진가를 인정받고 싶은 욕구를 갖고 있다. 다시 말하면 그 나름대로 자기의 세계에서는 자기가 중요한 존재라고 느끼고 싶은 것이다. 속이 빤히 들여다보이는 입에 발린 칭찬을 듣고 싶지는 않지만 진정한 칭찬과 관심에는 허기가 져 있는 것이다. 다음의 예화를 한번 보자Canfield & Hansen, 1993: 18-20.

뉴욕의 한 학교 교사가 자신이 담임을 맡은 고등학교 3학년 학생들에게 상을 주기로 결정을 했다. 그녀는 학생들을 한 명씩 교실 앞으로 나오게 하고 그 학생들 각자가 반에서 얼마나 특별한 존재인가를 말해 주었다. 그런 다음 그녀는 학생들에게 일일이 파란색 리본을 하나씩 달아 주었는데, 리본에는 황금색 글씨로 "당신은 내게 특별한 사람입니다"라고 적혀 있었다.

이 일이 있고 나서 그 교사는 한 가지 계획을 더 세웠다. 학생들 각자에게 세 개의 파란색 리본을 더 준 다음, 그것들을 가지고 가서 주위 사람들에게 달아 주라고 말했다. 그런 다음 일주일 뒤에 그 결과를 보고하라고 하였다.

한 학생이 학교 근처에 있는 회사의 부사장을 찾아갔다. 그 학생의 진로문제에 대해 부사장이 친절하게 상담을 해 준 적이 있었기 때문이었다. 학생은 부사장의 옷깃에 파란 리본을 달아 준 다음 두 개의 리본을 더 주면서 말했다. "이 리본을 부사장님께서 존경하는 특별한 사람에게 달아 주세요. 그리고 나머지 하나는 그 사람의 특별한 사람에게 달아 주게 하세요. 그 결과를 일주일 뒤에 저에게 꼭 말씀을 해 주세요."

그날 늦게 부사장은 자신의 사장에게로 갔다. 사장은 직원들 모두에게 지독한 인물로 정평이 난 사람이었다. 하지만 부사장은 사장 앞으로 다가가 사장이 가진 천재성과 창조성에 대해 진정으로 존경을 표시했다. 사장은 무척 놀란 듯이 보였다. 부사장은 파란 리본을 꺼내면서 그걸 감사의 선물로 드리고 싶다고 말했다. 사장은 당황하면서도 기쁘게 말했다. "정말 고맙소." 부사장은 파란 리본을 사장의 가슴에 달아 주고 나서 나머지 한 개의 리본을 더 꺼냈다. 그리고는 말했다. "제 부탁을 한 가지 들어주시겠습니까? 이 여분의 리본을 사장님께서 소중히 여기는 특별한 사람에게 달아 주십시오. 한 학생이 이 리본들을 가지고 와서 제게 건네주면서 그런 부탁을 했습니다."

그날 밤 집으로 돌아간 사장은 열네 살 난 아들을 앉혀 놓고 말했다. "오늘 정말 믿을 수 없는 일이 일어났다. 사무실에 앉아 있는데 부사장이 들어오더니 내가 대단히 창조적이고 천재적인 인물이라면서 이 리본을 달아 주더구나. 생각해 봐라. 내가 창조적이고 천재적이라는 거야. 그는 '당신은 내게 특별한 사람입니다'라고 적힌 이 리본을 내 가슴에 달아 주었다. 그러면서 여분의 리본을 하나 더 건네주면서, 내게 특별히 소중하게 여기는 사람에게 달아 주라는 거야. 오늘밤 차를 몰고 집으로 돌아오면서 난 누구에게 이 리본을 달아 줄까 생각해 봤다. 그리고는 금방 널 생각했지." 이어서 그는 말했다. "난 하루 종일 눈코 뜰 새 없이 바쁘다. 그래서 집에 오면 너한테 별로 신경을 쓸 수가 없었다. 이따금 난 네가 성적이 떨어지고 방 안을 어질러 놓는 것에 대해 고함을 지르곤 했지. 하지만 오늘밤 나는 너와 이렇게 마주 앉아서 네게 이 말을 꼭 해 주고 싶다. 넌 내게 누구보다도 특별한 사람이야. 네 엄마와 마찬가지로 넌 내 인생에서 가장 소중한 존재이지. 넌 훌륭한 아들이고, 난 널 사랑한다."

놀란 아들은 흐느껴 울기 시작했다. 아들은 눈물을 그치질 못했다. 온몸이 떨리고 있었다. 고개를 들어 아버지를 바라본 아들은 울먹이며 말했다. "아빠, 사실 저는 내일 자살을 할 결심이었어요. 아빠가 절 사랑하지 않는다고 생각했거든요. 이젠 그럴 필요가 없어졌어요."

제2절 결혼 전의 이성관계

1. 사회적 관습으로서의 이성교제

모든 문화는 젊은이들이 미혼에서 기혼으로 사회화하는 어떤 종류의 의식이나 행동형태를 확립해 오고 있다. 이는 결혼에 이르는 사전작업이며 기초가 되는 이성교제라는 절차에서 알 수 있다. 이성교제는 결혼을 위한 주요한 목적도 일차적인 목적도 아니다. 십대의 청소년들은 보통 결혼을 이성교제와 관련시켜 생각하지도 않고, 오히려 이성과 동료로서 즐기며 자기 자신에 대한 수용을 강화시킬 수 있도록 젊은이들에게 제공되는 사회화의 절차로 생각한다Ellenson, 1982: 123.

이러한 이성교제는 시행착오의 과정을 겪게 되며, 이러한 과정을 거치면서 이성집단과 친해지며 편안한 감정을 느끼게 된다. 이성교제를 하는 당사자들은 대개

'자신의 순수한 모습'보다는 '좋은 인상을 상대방에게 주려는 데' 더 관심이 있기 때문에 여러 가지 면에서 비현실적인 상황을 보일 수 있다. 그래서 '위장된 매너'가 사용되며 상대방의 긍정적인 측면만을 보게 된다. 즉 상대방을 너무 '이상화시키는' 경향이 있기 때문에 그 사람의 결점이나 흠을 알아차리지 못하게 된다.

이성교제는 당사자로 하여금 점차적으로 독자성liberating force을 갖게 한다. 그리고 이러한 관계를 통해서 젊은이들은 본질적으로 자기 자신의 모습을 알 수 있게 된다. 여기서 긍정적인 이성교제관계는 자신감을 증대시켜 주지만 부정적인 이성교제관계는 반대효과를 준다. 그래서 자신에게 "내가 무얼 잘못했나?," "내가 이성교제를 왜 했지?" 하는 식의 자문을 하게 된다.

2. 결혼 전의 성에 대한 태도

최근 우리나라에서도 젊은이들 혹은 학생들 사이에 성에 대한 개방적인 태도나 가치관이 급속히 번져나가는 것을 보게 된다. 그리고 이에 대한 우려가 증가되고 있으며 앞으로도 계속될 것이다. 이에 대한 적절한 질문과 정답을 모두 찾을 수는 없을 것이다.

성적인 행동과 관련된 갈등은 일상적이거나 우연한 이성교제의 경우에는 일어나지 않으나, 계속적인 이성교제관계를 유지하거나 약혼의 단계에 이르면 종종 더 많은 갈등이 생긴다. 그리고 이러한 형태의 이성교제에서 상대방을 독점하고 또 상대방에게 독점되기를 바라게 되면 행동기준이 재정립되어야 한다.

성은 성의 확인 이상의 의미를 갖는다. 즉 성은 자신이 남자 또는 여자라는 인식을 갖게 하는 태도, 감정, 특성, 행동 등을 모두 포함한다. 성적 정체성을 확립하는 것은 청년기에 접어든 사람들에게는 아주 중요하다. 이성교제와 결혼 전의 성에 대한 태도는 성적 정체성 확립에 중요한 부분이다. 라이스Reiss, 1960: 83-84는 결혼 전의 성에 대한 태도를 다음과 같은 네 가지 범주로 구분하였다.

① 금욕(abstinence): 어떤 상황에서도 성교는 남녀 모두에게 잘못된 것이다.

② 애정이 있다면 가능(permissible with affection): 남녀 간에 약혼, 사랑, 강한 애정이 변함없이 지속할 수 있다면 결혼 전의 성교는 남녀 모두에게 정당한 것이다.

③ 애정이 없이도 가능(permissible without affection): 서로에게 육체적인 만족을 줄 수 있다면, 결혼 전의 성교는 애정이나 지속성 여부에 관계없이 남녀 모두에게 정당한 것이다.

④ 이중기준(double standard): 결혼 전의 성교는 남자에게는 있을 수 있지만, 여자에게는 있을 수 없고 잘못된 짓이다.

부모로부터 독립을 한다는 것은 자신이 안락한 감정을 가지고 책임감을 수반하는 도덕적이고 개인적인 규칙의 확립을 포함한다는 의미를 갖는다는 것을 항상 염두에 두어야 할 것이다.

3. 이성 간의 사랑과 유형진단

1) 존 리(John Lee)의 사랑의 유형

우리가 이성과의 사랑에 대해 이야기할 때 대부분 같은 용어를 사용하는 것 같지만 알고 보면 제각기 다른 내용과 의미를 갖고 있는 경우가 많으며, 심지어 그 행태도 다른 경우가 대부분이다. 따라서 여기에서는 이러한 사랑의 유형과 그 측정에 대해 살펴보기로 하겠다Lee, 1976; Knapp & Vangelisti, 2009: 215-220.

① 외모적 사랑(love of beauty): 이러한 유형의 사랑은 정열적이고 애욕적이며 격렬하다. 이러한 사랑에 빠진 사람들은 주로 직접적이며 강력한 육체적 매력에 이끌린 사랑을 하는 사람들이다. 그러므로 급속히 자아노출과 육체적·성적 친밀성을 증대시킨다.

② 유희적 사랑(playful love): 이러한 사랑은 마치 게임을 하듯 사랑을 하는 유형으로 종종 사랑을 다른 일상사보다 중요시하지 않는 것처럼 보인다. 그 결과 상대방에 대한 관여나 의지함이 별로 없다. 이들은 다양함과 즐거움에 관심을 갖는다. 상대방이 지나친 관심을 갖게 되면 다른 한편이 이를 부담스러워하게 되어 문제가 생기게 되기도 한다.

③ 동료적 사랑(companionate love): 이는 인내심이 강하고 끈기 있는 사랑의 유형이다. 이러한 사랑을 하는 사람들은 사랑을 자연스럽게 조용히 키워 나가고 상대방

의 매력에 서서히 빠진다. 동료적 사랑은 우정과 동료애에 기초를 두고 있다. 그러므로 격렬한 감정의 표현 같은 것은 보기 드물게 일어난다.

④ 강박적 사랑(obsessive love): 이 유형은 외모적 사랑의 욕망이 유희적 사랑에서 곧잘 발견되는 감정의 보류 및 관계조종의 욕망과 결합하였을 때 생긴다. 이러한 사랑의 유형은 마치 약물중독에 빠지는 것과 유사하여 일종의 중독적 사랑addictive love이라고 표현할 수도 있다Pel & Brodsky, 1974: 23-26. 따라서 상대방의 관심이 식었다고 생각되면 엄청난 심리적 고통과 분노, 질투심 등을 느끼게 된다.

⑤ 현실주의적 사랑(realistic love): 이러한 사랑의 유형은 동료적 사랑에 유희적 사랑의 통제와 조종이 결합된 경우이다. 양립성compatibility이 시험되며 실용성이 추구된다. 논리적 사고가 추구되며, 중요한 결정에 있어서 감정의 역할을 최소화하는 것을 중시한다.

⑥ 이타주의적 사랑(altruistic love): 이 유형의 사랑은 이타적이고 인내, 친절함, 관대함을 특징으로 하고, 질투를 하지 않으며 받는 것보다 주는 것을 중요시한다. 극소수의 사람들만이 이러한 사랑의 유형을 삶의 기간 동안 일관되게 유지할 수 있다.

지금까지 살펴본 것처럼 사랑은 다양하게 해석되고 있으며, 많은 사람들이 제각기 다른 방식으로 사랑을 이해하고 표현하고 사랑에 대한 나름대로의 정향 혹은 유형을 가지고 이를 삶의 양식과 연결시키고 있다. 어떤 사람들은 남성과 여성은 사랑에 빠지는 방식이 다르며 다른 방식으로 이를 표현한다고 한다. 이러한 유형의 측정에 대해서는 다음의 설문지를 이용해 측정할 수 있다.

 존 리의 사랑의 유형 측정 설문지

:: 다음의 질문에 대해 다음과 같이 응답하시오.

　강한 동의=5　동의=4　중간=3　부정=2　강한 부정=1
1. 나의 애인과 나는 처음 만나자마자 서로 매력을 느꼈다. ＿＿＿

PART 6-15

2. 나의 애인과 나는 육체적 "화학작용"을 느꼈다. ____
3. 우리의 사랑은 매우 격렬하고 만족스럽다. ____
4. 나의 애인과 나는 서로를 강하게 느끼고 있다고 생각한다. ____
5. 나의 애인과 나는 감정적인 융화가 쉽게 이루어진다. ____
6. 나의 애인과 나는 정말로 서로를 잘 이해한다. ____
7. 나의 애인은 외모(육체적)면에서 나의 이상형이다. ____
8. 나는 나의 사랑에 대해 상대방이 의심하지 않게끔 노력한다. ____
9. 나는 나의 애인이 나에 대해 잘 알지 못한다고 해서 상처받지 않을 것이라고
   믿는다. ____
10. 나는 종종 다른 사람들에게서 없는 것을 애인에게서 느낀다. ____
11. 나는 우리의 사랑을 쉽고 신속하게 종결시킬 수 있다. ____
12. 나의 애인은 내가 다른 사람과 관계를 맺었다면 우리의 관계를 끝낼 것이다. ____
13. 나의 애인이 지나치게 나에게 의존적일 경우 나는 소원하게 굴 것이다. ____
14. 나는 나의 애인과 다른 파트너들과 일종의 사랑의 게임을 하는 것을 즐기고 있다.
    ____
15. 나는 우리의 우정이 언제 사랑으로 바뀌었는지 정확히 말할 수 없다. ____
16. 우리의 사랑은 처음에는 돌보아 주는 것이었다. ____
17. 나는 애인이 친구로서의 역할을 해 주길 바란다. ____
18. 우리의 사랑은 오랜 우정에서 비롯된 것이기에 최고라고 생각한다. ____
19. 우리의 우정이 점차적으로 사랑으로 바뀌었다. ____
20. 우리의 사랑은 알 수 없는 감정이 아니고 깊은 우정에 바탕을 두고 있는 것이다.
    ____
21. 우리의 사랑은 좋은 우정에 기초를 두고 있기 때문에 매우 만족스럽다. ____
22. 나는 애인이 자신의 길을 알아서 개척하기를 바란다. ____
23. 나는 애인을 선택하기 전에 주의 깊게 내 인생의 계획을 세우겠다. ____
24. 나는 애인을 선택하는 데 있어서 비슷한 배경을 갖고 있는 것이 주요 기준이 된다
    고 생각한다. ____
25. 애인을 선택하는 데 있어 나의 가족들의 의견은 매우 중요하다. ____
26. 애인을 선택하는 데 있어 상대방의 부모들이 어떤 사람인가가 매우 중요하다.
    ____
27. 애인을 선택하는 데 있어 상대방이 나의 경력에 도움을 줄 것인지를 고려한다.
    ____

28. 애인을 선택하는 데 있어 상속이 중요하다. ____

29. 우리 사이에 일이 잘못되면 당장 소화가 안 된다. ____

30. 애인과 사이가 벌어진다면 자살을 시도할지 모른다. ____

31. 종종 나는 애인과의 일을 생각하면 잠을 못 이룬다. ____

32. 만약 상대가 나에게 관심을 가져주지 않을 때는 나는 무척 속상하다. ____

33. 사랑을 할 때는 아무것도 눈에 들어오지 않는다. ____

34. 애인이 혹시 다른 사람을 좋아하고 있다고 생각되면 불안해서 마음이 놓이지 않는다. ____

35. 만약 애인이 나를 무시한다면 그의 관심을 찾기 위해 무슨 짓이라도 할 것이다. ____

36. 나는 상대방을 어려운 시기에 항상 도우려고 애쓴다. ____

37. 나의 애인이 고통받게 하느니 내가 고통받는 게 낫다. ____

38. 나의 애인이 행복하지 않다면 나도 행복할 수 없다. ____

39. 나의 애인의 성공을 위해 희생할 각오가 되어 있다. ____

40. 나는 상대방의 선택을 따를 것이다. ____

41. 나의 애인이 나에게 화낼지라도 그를 일관되게 전적으로 무조건 사랑할 것이다. ____

42. 나의 애인을 위해 나는 모든 것을 인내할 것이다. ____

:: **채점 및 점수해석**

1~7: 외모적 사랑, 8~14: 유희적 사랑, 15~21: 동료적 사랑, 22~28: 현실주의적 사랑, 29~35: 강박적 사랑, 36~42: 이타주의적 사랑. 점수가 높을수록 그 유형의 사랑에 대해 동의하는 것이고 낮을수록 반대하는 것이다.

4. 스턴버그의 사랑의 삼각형모형

스턴버그Sternberg, 1986는 사랑의 기본적인 구성요소와 사랑의 형태를 친밀감intimacy, 열정passion, 헌신commitment과 결정의 세 가지 분류로 설명하고 있다. 사람들이 경험하는 사랑은 이 세 가지 요소가 서로 상호작용을 일으켜 여러 가지 다른 형태의 사랑의 느낌을 갖게 한다.

① 친밀감은 서로 가볍게 느끼는 감정과 소속감, 연결성 등이다. 이 감정은 서로 간에 따뜻한 정서를 불러일으킨다. 가깝고 편안한 느낌, 서로를 잘 이해함, 함께 공유함, 원활한 의사소통, 긍정적인 지지 등을 의미한다. 친밀감은 사랑의 정서적 측면을 반영하는 특성이다. 이러한 친밀감은 만남의 횟수와 교제기간에 비례하여 서서히 증가된다. 그러나 친밀감은 어느 정도 이상의 높은 친밀 수준에 이르면 더 이상 증가하지 않으며 서로 친밀하다는 것을 의식하지 않게 되는 상태로 발전한다.

② 열정은 낭만적인 어떤 느낌, 육체적인 매력, 성적인 자극성 등으로 인해 상대방을 향해 일어나게 하는 정서다. 즉 사랑의 '뜨거운' 측면이다. 열정은 연인들을 생리적으로 흥분시켜 들뜨게 하고 사랑하는 사람과 함께 있고 싶고 일체가 되고 싶은 강렬한 욕망을 불러일으킨다. 열정은 친밀감과 달리 급속히 발전한다. 때로는 상대방을 처음 만난 순간부터 강렬한 열정을 느끼게 되기도 한다. 그러나 열정은 오래 지속되기 힘들다. 연인과의 교제기간이 길어짐에 따라 열정의 강도는 감소하거나 다른 형태로 변화되는 것이 일반적이다.

③ 헌신과 결정은 상대방을 사랑한다는 느낌을 지니고 어떤 형태로든지 이루어지는 약속을 의미한다. 헌신은 사랑하는 사람과의 사랑을 지키겠다는 선택이자 결정이며 책임의식이기도 한다. 이러한 헌신은 사랑의 '차가운' 측면을 반영하는 동시에 사랑의 인지적 측면을 나타낸다. 아울러 사랑하는 사람과의 지속적인 관계를 위해 자신을 구속시키는 행위를 포함한다. 사랑의 가장 대표적인 헌신과 결정행위는 약혼과 결혼이며 그 밖에 사랑의 약속과 맹세, 사랑의 징표나 선물의 교환, 주변 사람들에게 연인을 소개하는 일, 연인과 함께 고통스런 일을 돕고 견디는 일 등이 이에 해당한다.

친밀감, 열정, 헌신과 결정의 요소를 삼각형의 각 꼭지점에 놓고 볼 때, 조화롭게 균형을 이룬 삼각형이 성숙한 사랑이며, 어느 한 요소에 치우치면 사랑은 균형을 잃게 된다. 요소들 간의 관계는 강도와 균형에 있어서 다양하고 또한 사랑의 삼각형의 크기와 모양도 다양해진다. 그러므로 상대에 대한 사랑의 삼각형 크기와 모양을 알면 그 사람이 상대를 어떻게 느끼고 있는지를 알 수 있게 된다.

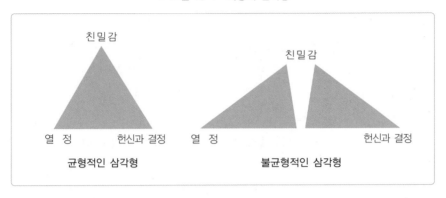

▼ 그림 15-1 사랑의 삼각형

친밀감

열 정   헌신과 결정

균형적인 삼각형

친밀감

열 정   헌신과 결정

불균형적인 삼각형

그리고 이상과 같은 사랑의 요소를 결합하면, 다음 [그림 15-2]와 같이 우애적 사랑, 낭만적 사랑, 도취적 사랑, 허구적 사랑, 공허한 사랑, 동료적 사랑으로 사랑의 유형을 분류할 수 있다.

▼ 그림 15-2 사랑의 요소와 사랑의 유형

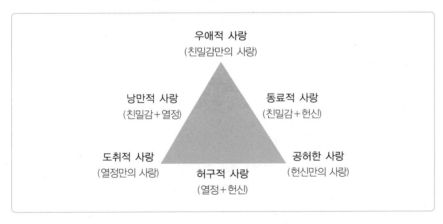

우애적 사랑
(친밀감만의 사랑)

낭만적 사랑   동료적 사랑
(친밀감+열정)   (친밀감+헌신)

도취적 사랑   공허한 사랑
(열정만의 사랑)   허구적 사랑   (헌신만의 사랑)
                    (열정+헌신)

① 우애적 사랑(Liking): 서로 간에 친밀감만을 경험할 수 있는 사랑이다. 이러한 사이는 진정한 친구들과의 관계에서 경험하는 감정으로 열정 없이도 결합되어 있

다는 느낌이나 따뜻함을 느끼며 지낸다. 예를 들어 남녀 공학의 대학생들이 특정한 이성과 연애감정은 아니지만 더 친하게 느껴지는 감정이 대개 여기에 속한다고 보면 되겠다. 손이 닿아도 전기가 안 오르는 상태다. 이성을 보기만 하면 눈에서 반짝 빛이 나면서 사랑에 빠진다고 믿는 건 사실이 아니다.

② 도취적 사랑(infatuation): 첫눈에 반하거나 망상으로 치우치는 사랑이다. 이 경우는 친밀감이나 헌신적인 것이 결여되고 열정만으로 이루어진 사랑이다. 상대를 있는 그대로 보는 것이 아니라 이상화하여 사랑하며, 사랑에 홀린 듯한 상태로 다른 일에 몰두하지 못하게 된다. 즉 로미오와 줄리엣 식의 사랑이다. 문자 그대로 가슴이 뛰고 정서가 완전히 바뀌는 상태로 들어가 다른 사람들 눈에 이상하게 보일 정도로 자신의 감정이 통제가 안 되는 상태로 들어간다. 짝사랑의 대상을 생각하거나 멀리서 보기만 해도 가슴이 뛰고 설레며 다리에 힘이 쭉 빠지는 등 신체적인 흥분상태를 수반하는 열정을 경험하게 된다.

③ 공허한 사랑(empty love): 친밀감이나 열정이 없는 상대를 사랑하려는 것이다. 오랫동안 서로 감정적 몰입이나 육체적 매력을 느끼지 못하는 관계로 사랑에의 헌신이 없다면 어려운 사랑이다. 이러한 공허한 사랑은 오래된 관계의 종말 부분이기도 하지만 중매결혼이 일반화되어 있는 사회에서는 서로 간의 헌신이 관계의 시작이 되기도 한다. 약속은 남아 있어 결혼이나 애인 상태는 유지하고 있지만 친밀감이나 열정은 이미 다 소진되거나 처음부터 없는 사랑도 있다. 대화도 통하지 않고 매력도 느끼지 않으면서 습관이나 사회적 편리성 때문에 함께 사는 경우이다. 열정과 친밀감 없이 돈과 사회적 명예를 가진 늙은 남자에게 결혼하는 젊은 여자도 이런 사랑의 한 사례가 된다. 서로 사랑이나 즐거움 등의 욕구가 잘 채워지지 않기 때문에 권태와 우울함에 빠질 확률이 높다.

④ 낭만적 사랑(romantic love): 친밀감과 열정이 있는 사랑으로 육체적 매력이나 다른 매력이 포함된 좋아하는 감정이다. 그러므로 서로가 육체적·감정적으로 밀착되어 있다. 이러한 밀착은 우정으로 시작된 좋아하는 관계에서 열정적인 사랑으로 발전될 수 있다. 또한 친밀감과 열정은 함께 있지만 어떤 형태로든 약속은 하지 않은 낭만적인 사랑도 있다. 별달리 사랑을 고백하지도 않고 두 사람이 특별한 관계라는 사실을 외부에 알리지 않고 있는 상태라고 볼 수 있다.

⑤ 동료적 사랑(companionate love): 동료적 사랑은 친밀감과 헌신에서 생긴다. 육

체적 매력이 약해지고 우정을 나누는 관계에서 볼 수 있는 사랑이다. 낭만적인 사랑은 종종 동료적인 사랑으로 변하게 되는데 열정은 사라지고 친밀감은 남아 있어서 세월이 거듭됨에 따라 깊은 헌신으로 바뀌게 된다. 나이가 들면 저절로 이런 형태의 부부관계로 들어가는 것이 바람직하다고 주장하는 학자들도 있다. 늦바람이 무섭다는 건 이 동반자적인 사랑을 뒤집어엎을 만큼 강렬한 열정을 불러일으키는 상대가 나타나는 경우이다.

⑥ 허구적 사랑(fatuous love): 이는 열정과 헌신이 결합되며 친밀감이 결여된 사랑이다. 남녀가 어느 날 만나 약혼하고 결혼하며 헌신하는 데 시간이 걸리는 그런 사랑이다. 도취적 사랑은 열정이 식어 가게 될 때 헌신으로 변한다. 이 헌신은 오랫동안 성숙되고 심화된다. 즉 헐리우드식 사랑이다. 사랑의 열정은 맹렬하나 우정의 감정은 별로 없다. 배우들이 함께 공연하면서 열정에 이끌려 쉽게 결혼하고 쉽게 이혼하는 경우이다.

⑦ 완전한 사랑(consummate love): 완전한 사랑은 친밀감과 열정, 그리고 헌신이 포함된 사랑이다. 낭만적 관계에 있는 사람들이 도달하려고 노력하는 사랑이다. 사랑은 육체적인 밀착뿐만 아니라 상대와의 일체감을 느낄 만큼 심리적으로 자기 자신에게 하는 것처럼 상대에게도 기꺼이 내어 주고 행할 수 있는 친밀감을 필요로 한다. 이와 같은 완전한 사랑이 어렵긴 하지만 서로의 노력에 의해 가까이 도달할 수 있는 것이라는 기대를 가지고 사랑해야 할 것이다. 예를 들어 이러한 사랑을 얻는 것은 마치 살을 빼는 노력과 같이 불가능하지는 않지만 아주 어렵다. 그러나 더욱 어려운 점은 살을 뺀 후에 그 뺀 체중을 유지하기 어렵듯이 이러한 사랑을 성취한 후 이러한 사랑을 유지하는 일이다.

스턴버그의 사랑의 유형 측정 설문지

스턴버그는 사랑의 세 구성요소를 측정하기 위해 '사랑의 삼각형 이론 척도'를 제시하였다. 아래의 척도를 이용하여 사랑의 삼각형모형을 확인하여 봅시다.

:: 아래의 설문문항은 현재 당신이 사귀고 있는 이성에 대한 당신의 심리상태를 기술한 것입니다. 여기서 ○○은 이성의 이름을 의미합니다. 각 설문에 대해 1에서 9까지 점수를 매기십시오. 1은 전혀 아님을, 5는 적당함을, 9는 아주 많음을 의미합니다.

1. 나는 실제로 ○○가 잘 살도록 지원하고 있다 ( )
2. 나는 ○○와 다정한 관계이다 ( )
3. 나는 필요할 때에 ○○에게 의지할 수 있다 ( )
4. 필요할 때에 ○○가 나에게 의지할 수 있다 ( )
5. 나는 나 자신과 나의 소유물들을 ○○와 기꺼이 나눌 수 있다 ( )
6. 나는 ○○에게서 정서적으로 많은 힘을 얻고 있다 ( )
7. 나는 ○○에게 정서적으로 많은 힘을 주고 있다 ( )
8. 나는 ○○와 의사소통이 잘 이루어지고 있다 ( )
9. 나는 나의 인생에서 ○○가 아주 많은 가치를 차지하고 있다 ( )
10. 나는 ○○에게 친근감을 느낀다 ( )
11. 나는 ○○와 편안한 관계이다 ( )
12. 나는 ○○를 정말로 이해한다고 생각한다 ( )
13. 나는 ○○가 정말로 나를 이해한다고 생각한다 ( )
14. 나는 ○○를 정말로 신뢰한다고 생각한다 ( )
15. 나는 ○○에게 내 자신의 정보를 숨김없이 털어놓는다 ( )
16. 나는 ○○를 보면 마음이 설렌다 ( )
17. 나는 하루에도 몇 번씩 ○○를 생각한다 ( )
18. 나와 ○○와의 관계는 아주 낭만적이다 ( )
19. 나는 ○○가 아주 매력적이라고 생각한다 ( )
20. 나는 ○○를 이상형이라고 여긴다 ( )
21. 나는 ○○만큼 나를 행복하게 해 줄 수 있는 사람을 상상도 할 수 없다 ( )
22. 나는 다른 사람보다 ○○와 있고 싶다 ( )

23. 나는 ○○와의 관계보다 더 중요한 것은 없다 ( )

24. 나는 ○○와 신체적인 관계(접촉)를 특히 좋아한다 ( )

25. 나는 ○○와의 관계에 끌리는 무언가가 있다 ( )

26. 나는 ○○를 흠모한다 ( )

27. 나는 ○○가 없는 인생은 생각할 수 없다 ( )

28. 나와 ○○와의 관계는 열정적이다 ( )

29. 나는 로맨틱한 영화나 책을 볼 때 ○○를 생각한다 ( )

30. 나는 ○○에 대한 공상을 하곤 한다 ( )

31. 내가 ○○에 대해서 염려를 하고 있다는 것을 알고 있다 ( )

32. 나는 ○○와의 관계를 유지하기 위해 전념하고 있다 ( )

33. 우리 사이에 다른 사람이 끼어들지 않도록 나는 ○○에게 헌신할 것이다 ( )

34. 나는 ○○와의 관계가 안정적이라고 확신한다 ( )

35. 나는 어떠한 난관에도 불구하고 ○○에게 헌신할 것이다 ( )

36. 나는 남은 인생을 ○○와 사랑하며 지내기를 바란다 ( )

37. 나는 ○○을 위하여 항상 강한 책임감을 느낄 것이다 ( )

38. ○○에 대한 나의 사랑은 확고한 것이다 ( )

39. ○○와의 관계가 끝난다는 것은 상상도 할 수 없다 ( )

40. 나는 ○○에 대한 나의 사랑을 확신한다 ( )

41. 나는 ○○와의 관계가 영원할 것으로 본다 ( )

42. 나는 ○○와 사귀는 것을 현명한 결정이라고 생각한다 ( )

43. 나는 ○○에 대한 책임의식을 느낀다 ( )

44. 나는 ○○와의 관계를 계속 유지할 계획이다 ( )

45. ○○와 갈등이 생긴다 해도 나는 여전히 우리의 관계를 유지할 것이다 ( )

:: 채점 및 점수해석

항목 1번~15번의 합: 친밀감

항목 16번~30번의 합: 열정

항목 31번~45번의 합: 헌신

세 가지 요소(친밀감, 열정, 헌신)들의 각 항목의 점수를 각각 합한 후, 각각 15로 나누면 각 항목의 평균점수를 구할 수 있다.

자료: Sternberg, 1990.

제3절 결혼에 대한 기대

1. 결혼을 하는 이유

아마도 대부분의 사람들이 결혼을 하는 이유는 사랑 때문일 것이다. '사랑'이란 매우 애매한 이유로 사람들이 흔히 '우리는 사랑하고 있다'고 말하는 경우 종종 다른 것을 의미하기도 한다.

결혼관계에서의 사랑은 조합된 형태의 사랑으로 여러 가지 형태의 사랑을 내포하고 있다. 그런데도 성숙하지 못한 사람은 이러한 측면을 인식하지 못하고 '사랑이 나를 위해 무엇을 해 줄 것인가', '사랑이 나의 욕구를 만족시켜 줄 수 있을까' 하는 측면에서 사랑을 보는 경향이 있다. 그러나 이러한 형태는 사랑을 받는 것으로만 생각하는 관점이다.

또 한 가지 우리가 주의하여야 하는 것 중의 하나가 사랑과 열정infatuation을 구분하는 것이다. 사랑과 열정을 구분하는 분명한 규칙은 존재하지 않지만 한 가지 확실한 것은 진실한 사랑은 '빠지는falling 것'이 아니라 '키워나가는growing 것'이다. 사랑에 '빠지게' 되었을 때 사람들은 종종 자신이 사랑하는 사람의 결점을 보지 못하게 되고 완전하고 이상적이며 심지어 신성한 존재로 생각하는 경향이 있다. 진실한 사랑을 하는 사람은 상대방의 '완전한 측면'과 결점의 양 측면을 모두 본다. 그러므로 '완전한 사랑'을 찾았다는 사람은 순간적이고 감정이 앞선 열병을 앓는 것이라 할 수 있으며, 진실한 사랑은 상대방의 결점을 알고 그러한 결점을 수용할 수 있게 해 주는 사랑인 것이다.

진실한 사랑은 사람들로 하여금 사랑하는 사람에 대해서 안정감과 신뢰감을 갖게 한다. 반면 열정은 '사랑하는 사람'과 떨어져 있을 경우 사람들로 하여금 불안정한 감정을 갖게 한다. 의심, 변덕, 불확실성, 이별에 대한 두려움은 열정이 수반하는 대표적인 감정이다. 이러한 경우 지속적인 사랑이 유지될 가능성은 희박한 것이다.

또한 진실한 사랑은 새로운 관계에서 생기는 상호이익의 감정과도 관련된다. '나는 당신을 필요로 해', '우리가 힘을 합하면 이 문제를 해결할 수 있을 거야'라는 태도가 사랑의 감정에 더 관련된다고 볼 수 있다. 즉 사랑의 감정은 진실하고 거짓이 없는 것으로, 이로 인해 사람들은 상대방의 관심을 자연스럽게 계발할 수 있는 것이다. 진실한 사랑이 비록 이상적인 것이라 하여도 사랑하기 위해 완벽하게 되어야 한다는 것을 의미하는 것은 아니다. 그러나 타인을 수용하고 존중하고 신뢰하도록 하기 위해서 진실한 사랑에는 어느 정도 자기수용, 자기존중, 자부심이 있어야 한다. 그리고 이를 바탕으로 존중, 신뢰, 보살핌, 상호보완의식, 동반자의식 등이 필요한 것이다.

지금까지 언급한 사랑이나 열정 이외의 결혼을 하는 이유로 성적 욕구의 충족, 타인 혹은 사회의 기대, 마음속에 잠재되어 있는 허전함을 떨치려는 욕구, 가족에게서 벗어나고자 하는 욕구, 명예에 대한 욕구, 경제적 욕구 등의 다양한 욕구가 작용하게 된다.

2. 배우자 선택이론

결혼에 있어서의 배우자 선택과 관련하여 1970년대까지는 단계모델sequence model 이 주요 관점으로 받아들여졌으나 1980년대 이후 특정한 배우자 선택을 강조하는 순환적 인과모델이 주목을 받고 있다한국가족관계학회, 2014: 172-177.

1) 배우자선택의 단계모델

(1) 여과망이론(filter theory)

우드리Udry, 1971는 처음 만남에서 결혼에 이르기까지 여섯 개의 여과망filter을 거치면서 점차 그 대상이 좁혀지고 최종적으로 한 사람을 선택하게 된다고 설명한다. 즉 근접성의 여과망부터 상호보완성의 여과망을 차례로 통과한 후 마지막으로 결혼준비상태라는 여과망을 통과함으로써 비로소 결혼에 이르게 된다는 것이다.

▼ 그림 15-3 배우자선택에 관한 여과망이론

가까이 살거나 접할 기회가 많은 남녀

1. 근접성의 여과망

서로 매력과 호감을 느끼는 남녀

2. 매력의 여과망

유사한 사회적 배경을 지닌 남녀

3. 사회적 배경의 여과망

유사한 가치관을 지닌 남녀

4. 의견일치의 여과망

상호보완적인 남녀

5. 상호보완성의 여과망

결혼준비가 된 남녀

6. 결혼준비상태의 여과망

결혼한 부부

자료: Udry(1971: 212).

(2) 자극-가치-역할 이론(stimulus-value-role theory, SVR이론)

머스타인Murstein, 1970이 여과망이론을 보완하여 제시한 것으로, 자극단계에서 보상이나 대가의 교환이 중요하다고 지적하고 있다한국가족관계학회, 2014: 174.

① 자극 단계(stimulus stage): 상호매력을 느낌으로써 상호작용이 시작되는 단계이다. 외모나 명성 등의 상대방의 관찰 가능한 특성을 평가하여 매력을 발견하는 단계로, 매력은 서로가 가진 가능성이나 자원의 동등한 교환으로부터 기인한다고 설명한다.

② 가치비교 단계(value stage): 상호가치관이나 태도를 비교하여 상호 유사함이 클수록 두 사람의 관계는 진전되고 다음 단계로 발전된다.

③ 역할조화 단계(role fit stage): 상호역할기대가 일치되고 적절하다고 판단될 때 결혼으로 발전하게 된다.

(3) 배우자 관계 형성 모델(premarital dyadic formation model)

루이스Lewis, 1973는 배우자 선택과정을 여섯 단계로 구분하여 배우자 관계 형성모 델을 제시하였다한국가족관계학회, 2014: 175.

① 유사성(similarity) 단계: 상호 사회적 배경·가치관·인성 등이 유사함을 지각한다.

② 일치감형성(rapport) 단계: 상호 긍정적 평가와 호감을 형성하며 친밀감을 느낀다.

③ 자기노출(self-disclosure) 단계 : 개방적인 자기표현을 바탕으로 상호 개방적인 관계가 형성된다.

④ 역할 획득(role taking) 단계: 역할수행에 대한 상호 정확한 개념과 능력을 파악 한다.

⑤ 역할 조화(role fit) 단계: 상호역할기대, 필요 역할 수행에 있어서의 상호 보완능 력, 유사점 등을 파악한다.

⑥ 상호 확고화(dyadic crystalization) 단계: 상호간의 역할영역이 결정되고 커플로 서의 정체성이 확립되며, 타인들에게 관계를 인정받는다.

2) 순환적 인과모델(circular-casual model)

순환적 인과모델에서는 개인의 신념이나 태도, 가치와 같은 인지적 요인을 의사 소통을 통해 변화하는 역동적인 것으로 간주한다. 의사소통을 통해 상호영향을 교 환하여 점차적으로 동화되고 이를 통하여 공유하는 문화체계가 형성됨으로써 상호 간의 유사성이 강화된다고 주장한다. 나아가 개인의 신념이나 태도는 가변적이고 역동성을 가지게 되기 때문에 상호 간의 유사성 역시 이에 영향을 받아 가변적이 된다고 본다.

3. 결혼에 대한 기대

두 남녀가 일단 결혼을 하여 같은 삶을 살아가기로 결정하게 되면 보통 공식적이거나 비공식적인 약혼을 하게 된다. 약혼은 결혼에 대한 최종적인 준비단계인데, 이러한 약혼기간은 결혼과 관련되어서 통념적으로 갖게 되는 많은 잘못된 생각과 그릇된 생각을 들추어내는 시간으로 사용되기도 한다. 이러한 잘못된 생각의 유형을 설명해 보면 다음과 같다.

① '우리는 서로를 완전히 이해하고 있다'는 생각
② '나는 당신과 결혼한 것이지 당신의 가족과 결혼한 것이 아니다'는 생각
③ '두 사람의 생활비는 독신생활비와 큰 차이가 없다'는 생각
④ '서로의 사랑이 충만하다면 해결하지 못할 문제가 없다'는 생각
⑤ '일단 결혼만 하면 모든 것이 변화하게 될 것이다'라는 생각
⑥ '결혼은 공통의 관심사를 만들어 줄 것이다'라는 생각
⑦ '내가 만난 사람은 나와 천생연분이다'라는 생각
⑧ '결혼은 나의 모든 문제를 해결해 줄 것이다'라는 생각

그러므로 결혼 후의 파국을 피하기 위해서 약혼기간에 반드시 금전, 자녀, 성에 대한 태도, 부모, 직업, 의사소통의 형태, 역할 등에 대한 진지한 논의가 되어야 하는 것이다. 물론 이러한 문제들 외에도 다른 다양한 문제들이 결혼 전에 양자 간에 진지하게 논의되고 어느 정도의 합의점과 양해가 이루어져야 하는 것이다. 왜냐하면 결혼에 앞서 이러한 문제들을 고찰하게 되면 이는 결혼 후의 적응에 아주 큰 도움을 주기 때문이다. 그리고 실제로 극복할 수 없는 문제가 발생하는 경우, 결혼을 취소하거나 최소한 그 간격이 수용될 수 있을 때까지 당분간 연기시키는 문제를 진지하게 고려해 보아야 한다.

결혼이 성사될 것인지에 대해서는 아무도 완전하게 확신할 수는 없다. 사랑은 때때로 증오와 혐오의 감정으로 돌변하기도 하고, 결혼은 종종 실패의 결과를 가져오기 때문이다. 물론 결혼은 사랑의 완성일 수도 있고, 성공적 인생의 출발점일 수도 있다. 그러나 이러한 실패의 가능성을 인정하는 것이 오히려 자신의 결혼을 성공적으로 이끌기 위해 노력하는 동기를 제공하게 될 것이다.

제4절 부부 간에 사랑이 깊어지는 방법

(1) 결혼을 정신적인 결합으로 인식하라

우리는 결혼예물과 관련하여 부부가 서로 싸우고 마침내 그 결혼생활이 파국을 맞이하였다는 보도를 종종 접하게 된다. 이는 물론 현대의 물질만능주의의 소산이기도 하지만, 오늘에 이르러 결혼에 대한 올바른 가치관이 흔들리고 있다는 증거이기도 하다.

명심보감 치가治家편에서는 결혼문제에 있어서 상대의 재산이 많고 적음을 저울질하여 정하는 것을 통렬히 비판하고 있다文仲子 曰, 婚娶而論財 夷虜之道也: 혼인의 일에 재물을 논함은 오랑캐의 도이다.

소크라테스는 이렇게 말하였다.

"네가 결혼을 하든 안 하든 너는 네가 한 일에 대해 후회할 것이다."

사실 결혼처럼 중대하고 위험한 모험은 없다. 오랫동안 서로 다른 사회적 배경과 가치관을 가지고 성장한 남녀가 만나서 부부생활을 할 때 일치와 조화보다는 갈등이 더 많게 마련이다.

우리나라에서는 결혼하는 다섯 쌍 중 한 쌍은 이혼한다는 통계가 있었다. 또 어느 TV보도에 의하면, 우리나라에서는 하루 123쌍이 결혼식을 올리는데 그중 32쌍이 이혼을 한다고 한다. 더욱이 이러한 이혼율은 더욱 증가하는 추세에 있다.

이러한 사실은 결혼생활이 흔히 생각하는 것처럼 쉽지 않다는 것을 말해 주는 것으로, 결혼을 단순히 인간적인 또는 육체적인 결합으로 인식하여 나온 결과이다. 그러나 진정한 의미의 결혼이란 육체적인 결합의 범주를 뛰어넘은 정신적 결합을 의미하는 것이다.

(2) 서로의 주어진 역할과 책임을 다하라

부부는 서로 사랑해서 결혼한 만큼 그 사랑을 더 잘 가꾸고 키워 나갈 의무가 있다. 그리고 자녀가 생겼을 때에는 그들을 사랑으로 키워야 할 막중한 책임이 뒤

따른다. 그런데 요즘 결혼식 준비에는 돈과 노력을 기울이면서도 한 여인의 남편이 되고 한 남자의 아내가 된다는 엄청난 변화에 대한 준비는 상대적으로 소홀한 사례도 종종 눈에 보인다. 미국의 존슨 대통령L. B. Johnson은 어느 날 그의 직계보좌관들과 와이셔츠 차림으로 회의를 하는 도중 어느 보좌관의 와이셔츠 칼라가 깨끗하지 못한 것을 발견하고 은밀히 그의 부인에게 전화를 걸어 남편의 와이셔츠의 사이즈를 물었다. 깜짝 놀란 부인이 이유를 묻자, "내가 그에게 와이셔츠를 선물하려고 한다"는 말을 했다. 그런 일이 있은 뒤 그 보좌관의 부인은 내조의 자세가 달라졌다고 한다.

(3) 서로 간에 솔직한 대화를 하라

부부 간에 서로 갈등과 오해가 빚어지고 마찰이 생기는 부분을 가만히 들추어보면 대부분 사소한 문제에 관한 대화부족에 기인하는 수가 많다. 모든 일이 다 그렇지만 부부가 원만한 가운데 가정을 잘 이끌고 나가려면 무엇보다 솔직한 대화가 필요하다. 설혹 말하다가 서로 다투는 일이 있더라도 솔직한 대화는 부부 사이에 무관심보다는 훨씬 낫다. 무관심이란 부부 간을 갈라놓는 실로 가장 위험한 적이다.

좋은 대화를 위해서는 상대의 이야기를 성심껏 잘 들어 주어야 한다. 상대방의 이야기를 하찮은 잔소리 정도로 치부하여 무시하기보다는 진실된 마음으로 들어줄 때 진정한 대화가 이루어지게 된다.

또한 부부가 한평생 한 번도 싸우지 않을 수는 없을 것이다. 그러므로 서로 간에 오해가 있을 때에는 싸우지 않으려고 순간을 피하기보다는 서로의 마음에 상처를 주지 않을 수 있도록 요령 있게 대처하는 법을 강구해야 한다.

(4) 행복하고 밝은 미소를 지어라

우리에게 행복한 부부의 얼굴을 머리에 그려보라고 하면, 부부 모두의 얼굴에 항상 웃음과 미소가 활짝 피어 있는 모습을 상상하게 될 것이다. 흔히 세상만사가 자리이타自利利他라고 한다. 이는 자기도 이롭고 남도 이롭게 하지 않고서는 결코 행복해질 수 없다는 것이다.

행복한 마음을 가진 사람 옆에 있으면 자신도 행복한 느낌이 드는 것을 누구나 한 번쯤은 경험해 보았을 것이다. 이는 일종의 정신감응의 파장현상이다. 부부가 항상 행복한 마음의 파장을 상대에게 보낸다면 그 가정은 항상 행복할 것이다.

(5) 부부는 정말로 일심동체가 되어야 한다

부부가 된다는 것은 둘이 합하여 하나가 된다는 것을 의미한다. 둘이 합하여 하나가 되기 위해서는 먼저 자기의 절반을 잘라내야 하는데 그것은 정말 고통스러운 일이다. 사랑은 상대를 굴복시키는 것이 아니고 자기를 포기하는 것이다. 또한 자기의 잘라낸 곳에 상대의 절반을 갖다 붙여야 하는데, 이는 관용과 이해를 말한다. 상대방의 실수와 약점과 단점까지도 받아들이는 관용이 필요하다.

부부가 서로에게 잃어버리기 쉬운 것이 존중이다. 결혼 후 처음에는 서로를 존중하고 인정하지만 몇 년 지나면 상대가 별것 아니라고 생각하기 쉽고 나보다 못하다고 여겨 존중하는 마음을 잃기 쉽다. 부부 모두 상대방에 대한 사랑과 존중을 잃지 않도록 노력하여야 한다.

(6) 서로의 성격을 잘 이해하여야 한다

원만한 부부생활은 상호 간의 성격을 잘 이해할 때 가능하다. 정말로 결혼이란 것은 성격과 생활습관이 서로 다른 남녀가 하나로 융합되는 과정이므로 때로는 신경을 건드리는 경우도 있을 수 있다. 흔히 같은 성격의 소유자끼리 결혼을 하면 행복할 것이라고 믿고 있다. 그러나 다른 성격의 소유자를 이해해 줄 수 있다면 더 많은 득을 볼 수도 있다.

융의 이론을 기초로 한 MBTI의 관점에서 살펴보면, 사실지향적인 감각형S은 가능성과 미래지향적인 직관형N을 다음과 같이 보완할 수 있다.

① 사실을 있는 그대로 볼 수 있게 한다.
② 현재의 문제에 과거의 경험을 적용하게 한다.
③ 현재가 주는 즐거움을 깨닫게 한다.

직관형은 감각형을 다음과 같이 보완할 수 있다.

① 새로운 경향이나 조류 등을 미리 예상할 수 있게 한다.
② 일의 대안 또는 맥락 속에서 전체 상황을 볼 수 있게 한다.
③ 미래를 향해 노력하는 것이 헛되지 않음을 알게 한다.

또한 논리적 사고지향적인 사고형T은 인정情과 가치지향적인 감정형F을 다음과

PART 6-15

같이 보완할 수 있다.

① 일의 결과에 대한 논리적 분석을 가능하게 한다.

② 일과 사람을 조직화할 수 있게 한다.

③ 반대에 부딪쳐도 정책을 일관성 있게 유지하게 한다.

감정형은 사고형을 다음과 같이 보완할 수 있다.

① 사람을 설득할 수 있게 한다.

② 다른 사람의 감정이나 마음을 이해하게 한다.

③ 옳은 것을 인정할 수 있게 한다.

한편 성격차이에 대한 너그러운 이해는 각 유형이 표출하는 반응양식을 이해할 때 더욱 증진된다. 왜냐하면, 인간관계에서 일어나는 대부분의 오해와 편견이 바로 우리가 세상을 보는 안목과 이를 표현하는 커뮤니케이션 스타일에 많이 좌우되기 때문이다. 이는 부부 간 그리고 가족 간에 있어서도 마찬가지라고 할 수 있다.

즉 감각형은 증거를 먼저 제시하는 실제적이고 현실적인 응용방법을 선호하며, 자신의 직접적인 경험에 기초하여 대화를 한다. 반면에 직관형은 논의를 진행하는 데 있어서 통찰력과 상상력에 의존하여 의제의 전체 체계를 먼저 제시한 연후에 세부적인 이야기를 하기를 선호하고, 미래지향적이고 비정상적인 관점에서 의제를 뛰어넘기를 선호한다.

사고형은 이야기를 진행할 때 주제와 관련된 간단하고 요약된 것을 선호하고, 대안에 대해 비판적이고 객관적이 될 수 있다. 반면에 감정형은 사교적이고 우호적인 것을 선호하고, 각 대안의 가치와 사람들에게 미칠 영향을 알고자 한다.

여기에서 사고형, 감정형, 직관형, 감각형의 성격유형을 가진 네 명의 가족이 출퇴근 시간을 잘 지키지 못하는 가정부의 신상문제에 관하여 발언한 대화의 내용을 살펴보자.

> 남편(T: 사고형) "그 가정부를 그만두라고 해요."(문제해결)
> 아내(F: 감정형) "그 사람은 어린애들이 다섯이나 되고 남편마저도 몸져 누워 있어요."(마음, 인정)
> 남편(T: 사고형) "그게 우리하고 무슨 상관이야. 그건 당신 책임이 아니야."(문제의 논리적 규정)
> 아내(F: 감정형) "내 책임은 집안 식구들뿐만 아니라 이웃도 보살피는 일이에요."(마

음, 인정)

장남(S: 감각형)　"도대체 그 가정부가 몇 시에 왔다가 몇 시에 가는데 그러세요."(사실지향)

차남(N: 직관형)　"그 가정부가 오지 못하는 시간에 혹시 다른 사람을 보내라고 하면 되지 않을까요?"(함축성과 가능성)

이렇듯 성격유형의 본질적인 특성이라는 관점에서 어떤 문제에 대한 개인의 반응을 이해한다면 오해를 줄일 수 있을 뿐만 아니라 행복한 가정생활을 영위할 수 있을 것이다.

(7) 잔소리를 하지 말라

이 세상에 어떤 사람도 상대의 잔소리를 웃어넘길 사람은 그리 많지 않을 것이다. 만성적인 불평과 잔소리는 상대의 신경을 곤두서게 하는 가장 큰 독소이다.

세계적인 대문호인 톨스토이는 재산이나 사회적 지위에 있어서 충분히 행복한 생활을 할 수 있었음에도 불구하고, 그의 노후의 생애는 비극적이었다. 그 원인은 가정불화에 있었다고 한다. 톨스토이는 부인과의 가정불화를 견딜 수 없어 집을 나와 어느 시골역 대합실에서 숨을 거두었다. 임종의 순간에 그가 마지막으로 한 말은 아내를 절대로 자기 가까이 오지 못하게 해 달라는 것이었다.

링컨 부인은 세상에서도 보기 드문 잔소리꾼으로 25년 동안이나 링컨을 줄곧 괴롭혀 왔다고 한다. 심지어 그가 암살당한 것도 그의 결혼생활에 비한다면 비극이랄 것도 없다고 말하는 사람도 있을 정도이다.

(8) 서로의 결점을 들추어내지 말라

모든 아내는 음식을 만들 때 온갖 정성을 기울이며 자기의 음식솜씨를 감상해 주기를 바란다. 그러므로 남편은 아내가 만드는 음식을 대할 때, 그 정성에 고마운 표정을 잊지 말아야 한다. 세계 최대의 제국을 지배한 러시아의 캐서린Catherine 여왕도 요리사가 고기를 지나치게 태웠을 때 한 마디의 잔소리 없이 웃으면서 먹었다고 한다.

부부는 자그마한 칭찬에도 상대가 만족스러워 한다는 사실을 잘 알고 있어야 한다. 또한 남편의 수입을 친구남편의 수입과 비교하거나 자녀들 앞에서 아내를 흉보는 등 서로 자존심을 건드리지 말아야 한다.

(9) 서로에 대해 작은 관심을 기울여라

부부 사이에 있어서 절대로 잊어버려서는 안 될 날이 있다. 이는 바로 서로의 생일과 결혼기념일이다. 부부생활을 하는 데 있어서 서로에 대해 조금만 더 관심을 기울인다면, 생일과 결혼기념일은 상대방에 대한 애정을 보여 줄 수 있는 절호의 기회가 된다고 할 수 있다. 아내에게 몇 송이의 꽃을 주기 위해 그녀가 병원에 입원할 때까지 기다릴 필요는 없다.

(10) 서로 자기를 낮추고 예의를 지켜라

행복한 부부생활을 영위하기 위해서는 서로를 지배하려고 하기 이전에 먼저 자신의 자세를 낮추어야 한다. 삼중三中 스님은 자기를 최대한 낮추면서 상대방에게 있는 것 중에 눈에 보이는 것만큼에 만족해야 하며, 상대방에게 없는 것을 바라면 다툼이 생긴다고 한다. 따라서 상대방의 마음을 내 마음속으로 가져오지 말고 내 마음을 상대방에 가져가는 것이 중요하다. 항상 무엇을 강요하거나 일방적으로 요구하는 데서 문제가 시작된다는 것이다.

부부 간에 있어 예의는 결혼생활을 부드럽게 하는 윤활유이다. 부부는 백년손님이란 말이 있다. 남 앞에서만 예의를 지킬 것이 아니라 집 안에 있을 때에도 부부 간의 예의를 지켜야 한다.

대인관계에서 가장 중요한 것은 사랑의 마음과 다정한 말씨이다. 사랑하는 마음과 다정한 말씨는 얼어붙은 마음을 녹인다. 여기에 어느 시인의 「말 한 마디」를 옮겨 놓는다.

> 부주의한 말 한 마디가 싸움의 불씨가 되고
> 잔인한 말 한 마디가 삶을 파괴합니다.
> 쓰디쓴 말 한 마디가 증오의 씨를 뿌리고
> 무례한 말 한 마디가 사랑의 불을 끕니다.
> 은혜스런 말 한 마디가 길을 평탄케 하고
> 즐거운 말 한 마디가 하루를 빛나게 합니다.
> 때에 맞는 말 한 마디가 긴장을 풀어 주고
> 사랑의 말 한 마디가 축복을 줍니다.

다음의 글을 읽고 토의하시오.

:: 화성에서 온 남자, 금성에서 온 여자

먼 옛날 화성 사람(남자)과 금성 사람(여자)이 주인공이다. 이들은 만나자마자 첫눈에 반해 무엇이든 함께 나누며 기쁨을 나누지만 지구에 정착한 뒤 시간이 흐르면서 갈등에 빠진다. 서로 다른 세계에서 왔다는 사실을 잊어버린 채 서로의 존재를 인정하지 않았기 때문이다.

남녀가 서로 차이를 인정하지 않고 상대방이 나와 비슷해지기를 기대할 때 긴장과 원망과 불화가 생겨난다. 마치 다른 행성에서 온 사람을 대하듯 서로 차이를 이해하려고 노력하는 것 자체만으로도 많은 문제가 풀릴 수 있다.

사실 "남자가 '동굴'이라면 여자는 '우물'이다. 남자는 고민이나 스트레스가 생기면 혼자만의 공간에서 해결점을 찾지만 여자는 누군가에게 고민거리를 털어놓으면서 기분을 회복한다. 이처럼 남자와 여자는 서로 다른 객체다." (중앙일보, 2000. 1. 20. 일자)

1. 남성과 여성의 차이에 대해 사례를 들면서 토의하시오.
2. 바람직한 부부 간의 인간관계를 형성하고 행복한 가정을 만들기 위해서 각각 어떤 노력을 해야 할지에 대해 토의하고 그 결과를 발표하시오.

| 참고문헌 |

I. 국내문헌

강근복(1995). 「정책분석론」. 서울: 대영문화사.

강정애 외(2010). 「리더십론」. 서울: 시그마프레스.

권석만(2012). 「젊은이를 위한 인간관계의 심리학」. 서울: 학지사.

권중돈·김동배(2005). 「인간행동과 사회환경」. 서울: 학지사.

김경희(1995). 「정서란 무엇인가」. 서울: 민음사.

김광일(1995). 「스트레스가 즐겁다」. 서울: 웅진출판.

김병서(1993). "연극적 분석론." 김동일(편), 「사회과학방법론 비판」. 서울: 청람문화사.

김종운·박성실(2012). 「인간관계의 심리학」. 서울: 학지사.

김종재(2006). 「인간관계론」. 서울: 박영사.

김혜숙 외(2000). 「인간관계론」. 서울: 양서원.

노안영·강영신(2011). 「성격심리학」. 서울: 학지사.

류시화(역)(1997). 「마음을 열어주는 101가지 이야기」. 서울: 이레.

문용갑(2012). 「갈등조정의 심리학」. 서울: 학지사.

민 진(2014). 「조직관리론」. 서울: 대영문화사.

박경애(1997). 「인지·정서·행동치료」. 서울: 학지사.

박내회(1992, 1993, 2004). 「조직행동론」. 서울: 박영사.

박연호(1989). 「교사와 인간관계론」. 서울: 박영사.

박연호·오세덕(1990). 「조직관리론」. 서울: 법문사.

박원우(1992). "집단의사결정상의 문제점과 그 개선책에 관련된 용어."「인재개발」, 12.

배정숙(역)(2002). 「더 이상 스트레스는 없다」. 서울: 다리미디어.

백기복(1998). 「조직행동연구」. 서울: 법문사.

_____(2007, 2014). 「조직행동연구」. 서울: 창민사.

설기문(1997). 「인간관계와 정신건강」. 서울: 학지사.

신유근(1990, 1993). 「조직행위론」. 서울: 다산출판사.

양창삼(1999). 「인간관계론」. 서울: 경문사.

여성가족부(2010, 2013). 「보도자료」.

_____(2012, 2014). 「청소년백서」.

오석홍·정홍익(1997). 「조직행태론」. 서울: 한국방송통신대학교 출판부.

오세덕(1987). "갈등모형과 갈등관리전략에 관한 연구." 「경희법학」, 22(1).

오세덕·이명재·강제상·임영제(2013). 「행정관리론」. 서울: 대영문화사.

원호택·박현순(2000). 「인간관계와 적응」. 서울: 서울대학교출판부.

윤재풍 (2014). 「조직론」. 서울: 대영문화사.

이수원 외(1993). 「심리학: 인간의 이해」. 서울: 정민사.

이학종(1998). 「조직행동론」. 서울: 세경사.

이학종·박헌준(2005). 「조직행동론」. 서울: 법문사.

이훈구(역)(1984). 「현대심리학 개론」. 서울: 정민사.

임영제(1997). "정보기술(IT)과 조직 내 인간관계의 제 문제." 「한국인간관계학회보」, 2(1).

임영제 외(2007). 「인간관계의 이해」. 서울: 법문사.

임창희(2009). 「조직행동」. 서울: 비앤엠북스.

_____(2010). 「조직론」. 서울: 학현사.

정진선·문미란(2011). 「인간관계의 심리」. 서울: 시그마프레스.

정태연 외(2017). 「사회심리학」. 서울: 학지사.

지용근 외(2004). 「인간관계론」. 서울: 박영사.

최광선(2006). 「개인관계의 사회심리학」. 서울: 시그마프레스.

최승희·김수욱(2013). 「심리학」. 서울: 박영사.

최 연(2001). 자기희생적 리더십: 연구 현황과 과제. 「인사관리연구」, 24(2).

한국가족관계학회 편 (2014). 「가족학」. 서울: 도서출판 하우.

한규석(2018). 「사회심리학의 이해」. 서울: 학지사.

한덕웅(2002). 「집단행동이론」. 서울: 시그마프레스.

한덕웅 외(2010). 「사회심리학」. 서울: 학지사.

홍대식(2011). 「성공적 인간관계」. 서울: 박영사.

홍명희(역)(1996). 「EQ」. 서울: 해냄.

홍용기(2007). 「조직론」. 서울: 형설출판사.

_____(2008). 「인간관계론」. 서울: 한올출판사.

황규대 외(2007). 「조직행동의 이해」. 서울: 박영사.

II. 국외문헌

Adams, J. S. (1967). Toward on Understanding of Inequity. *Journal of Abnormal and Social Psychology*, 67.

Adler, R. B. & Proctor II, R. F. (2011). *Looking Out Looking In*. Fort Boston, MA: Wadworth Cengage Learning.

Adler, R. B. & Towne, N. (1990). *Looking Out Looking In*. Fort Worth, TX: Holt, Rinehart & Winston.

Alderfer, C. P. (1972). *Existence, Relations and Growth*. New York, NY: The Free Press.

Allport, Gordon W. (1937). *Personality; A Psychological Interpretation*. New York, NY: Holt, Rinehart & Winston.

Athos, A. G. & Coffey, R. E. (1968). *Behavior in Organizations*. New Jersey: Prentice-Hall.

Bammer, K. & Newberry, B. H. (Eds.). (1982). *Stress and Cancer*. Toronto: Hogrefe.

Barbour, Ian G. (1993). *Ethics in an Age of Technology*. New York, NY: Harper Collins.

Barnard, C. I. (1946). *The Nature of Leadership: Human Factors in Management*. New York, NY: Harper.

_____ (1948). *Organization and Management*. Cambridge: Harvard University Press.

Barney, J. B. & Griffin, R. W. (1992). *The Management of Organizations*. MA.: Houghton Mifflin Co.

Behling, O. & Darrow, Arthur L. (1984). *Managing Work Related Stress*. Chicago: Science Research Associates.

Benton, Douglas A. (1998). *Applied Human Relations: An organizational and Skill Development Approach*. Englewood Cliffs, New Jersey: Prentice-Hall.

Berkman, Harold W. & Neider, Linda L. (1987). *The Human Relations of Organizations*. Belmont, CA: Wardsword, Inc.

Berne, E. (1964). *Games People Play*. New York, NY: Grove Press, Inc.

Blake, Robert R. & Mouton, Jane S. (1964). *The Managerial Grid*. Houston: Gulf Publishing Co.

Bowditch, James L. & Buono, Anthony F. (1985). *A Primer on Organizational Behavior*. New York, NY: John Wiley and Sons.

Brehm, J. W. (1972). *Responses to Loss of Freedom: A Theory of Psychological Reactance*. New York, NY: General Learning Press.

Britz, L. (1960). *The Servants Power*. Middletown, Conn.: Weslyan University.

Canfield, Jach & Hansen, M. V. (1993). *Chichen Soup for the Soul: 101 Stories to Open the Heart and Rekindle the Spirit*. Deerfield Beach, FL.: Health Communications, Inc.

Carnegie, D. (1981). *How to Win Friends and Influence People*. New York, NY: A Division of Simon and Schuster, Inc.

Cartwright, D. (1968). "The Nature of Group Cohesiveness." In D. Cartwright & A. Zander (Eds.), *Group Dynamics*. New York, NY: Harper & Row.

Colquitt, J.A., Lepine, J.A. & WEsson, M.J. (2015). *Organizational Behavior*. New York: McGraw—Hill.

Conger, J. A. & Kanungo, R. N. (1987). "Toward a Behavioral Theory of Charismatic Leadership in Organizational Settings." *Academy of Management Review*, 12(4).

Crouch, A. (1987). "An Equilibrium Model of Management." *Academy of Management Review*, 12.

Cummings, Thomas G. & Cooper, Cary L. (1979). "A Cybernetic Framework for Studying Occupational Stress." *Human Relations*, May.

Daft, R. L. (2007, 2013). *Understanding the Theory and Design of Organizations*. Mason, OH: South-Western Cengage Learning.

_____ (2011). *Leadership*. OH: South—Western Cengage Learning.

Dalton, M., Hoyle, D. G. & Watt, M. W. (2011). *Human Relations*. Mason, OH: South-Western Cengage Learning.

Davis, K. (1959). "Informal Organization." In Koontz & O'Donnell (Eds.), *Readings in Management*. New York, NY: McGraw-Hill.

_____ (1967). *Human Relations in Business*. New York, NY: McGraw-Hill.

_____ (1987). *Human Behavior at Work*. New York, NY: McGraw-Hill.

Davis, K. & Newstrom, John W. (1989). *Human Behavior at Work: Organizational Behavior*. New York, NY: McGraw-Hill.

Davis, L. E. (1966). "The Design of Jobs." *Industrial Relations: A Journal of Economy and Society*, 6(1).

Dawson, P. P. (1985). *Fundamentals of Organizational Behavior*. Englewood Cliffs, New Jersey: Prentice-Hall.

Denhardt, R. B. & Denhardt, Janet V. (2009). *Public Administration: An Action Orientation*. Belmont, CA: Thomson Wadsworth.

Drafke, M. (2009). *The Human Side of Organizations*. Upper Saddle River, New Jersey: Pearson Prentice-Hall.

DuBrin, A. J. (1984). *Foundations of Organizational Behavior: An Applied Perspective*. Englewood Cliffs, New Jersey: Prentice-Hall.

_____ (2007). *Human Relations: Interpersonal Job-Oriented Skills*. Upper Saddle River, New Jersey: Pearson Prentice-Hall.

Ellenson, A. (1982). *Human Relations*. Englewood Cliffs, New Jersey: Prentice-Hall.

Ellis, Albert & Harper, R. A. (1997). *A Guide to Rational Living*. CA: Wilshire Book Co.

Evans, James R. (1991). *Creative Thinking*. Ohio: South-Western Publishing Co.

Fiedler, F. & Chemers, M. M. (1974). *Leadership and Effective Management*. Glenview, Ill.: Scott, Foresman and Company.

Fiedler, F. E. (1967). *A Theory of Leadership Effectiveness*. New York, NY: McGraw-Hill.

_____ (1976). *Improving Leadership Effectiveness*. New York, NY: John Wiley & Sons, Inc.

Forgas, Joseph P. (1985). *Interpersonal Behavior: The Psychology of Social Interaction*. New York, NY: Pergamon Press.

Forsyth, D. R. (2010). *Group Dynamics*. Belmont, CA: Wadworth, Cengage Learning.

Friedman, M. & Rosenman, Ray H. (1974). *Type A Behavior and Your Heart*. New York, NY: Alfred A. Knopt.

Garson, G. D. (1993). "Human Factors in Information Systems." In R. T. Golembiewski (Eds.), *Handbook of Organizational Behavior*. New York, NY: Marcel Dekker.

George, Jennifer M & Jones, Gareth R. (2008). *Understanding and Managing Organizational Behavior*, New Jersey: Pearson Prentice Hall.

Ghiselli. E. & Brown, C. W. (1955). *Personal and Industrial Psychology*. New York, NY: McGraw-Hill.

Giblin, L. (1979). *How to Have Confidence and Power in Dealing with People*. Englewood Cliffs, New Jersey: Prentice-Hall, Inc.

Gibson, J. L., Ivancevich, J. M. & Donnelly, J. H. (1982). *Organizations*. Texas: Business Publications.

Gibson, J. L., Ivancevich, J. M., Donnelly, Jr. & Konopaske, R. (2006). *Organizations: Behavior, Structure, Processes*. Boston, MA: McGraw-Hill Irwin.

Goleman, D. (2006). *Social Intelligence: The New Science of Human Relationships*. New

York, NY: Bantam Book.

Gordon, George J. (1992). *Public Administration in America*. New York, NY: St. Martin's Press.

Graves, C. W. (1970). "Levels of Existence: An Open System Theory of Values." *Journal of Humanistic Psychology*.

Gray, J. L. & Starke, F. A. (1984). *Organizational Behavior: Concept and Application*. Ohio: Charles E. Merrill Publishing Company.

Griffin, R. W. & Moorhead, G. (2007). *Organizational Behavior*. Boston, MA: Houghton Mifflin Company.

_____ (2014). *Organizational Behavior*. OH: South−Western Cengage Learning.

_____, Pillips, Jean M. & Gully, Stanley M.(2020). *Organizational Behavior* .Singapore: Cengage Learning.

Halloran, Jack & Benton, D. (1987). *Applied Human Relations*. New Jersey: Prentice−Hall, Inc.

Hammer, W. C. & Organ, D. W. (1978). *Organizational Behavior: An Applied Psycho−logical Approach*. Texas: Business Publications., Inc.

Hare, A. P. (1976). *The Handbook of Small Group Research*. New York, NY: Macmillan.

Harris, T. (1969). *I'm OK—You're OK: A Practical Guide to Transactional Analysis*. New York, NY: Harper & Row.

Heger, K. W. (2012). *Modern Human Relations at Work*. Mason, OH: South−Western Cengage Learning.

Hellriegel, D., Slocum, Jr., J. W. & Woodman, R. W. (1989). *Organizational Behavior*. New York, NY: West Publishing Co.

Hersey, P. & Blanchard, K. H. (1982). *Management of Organizational Behavior: Utilizing Human Resources*. Englewood Cliffs, New Jersey: Prentice−Hall.

Hersey, P., Blanchard, K. H. & Johnson, Dewey E. & Johnson, Dewey E. (2013). *Management of Organizational Behavior*. New Jersey: Pearson.

Herzberg, F. (1959). *Motivation to Work*. New York, NY: John Wiley & Sons.

_____ (1964). "The Motivation−Hygiene Concept and Problems of Manpower." *Personnel Administrator*, 27.

Hobfoll, Steven E. & Shirom, A. (2001). "Stress and Burnout in the Workplace." In R. T. Golembiewki (Ed.), *Handbook of Organizational Behavior*. New York, NY:

Marcel Dekker.

Hodgetts, R. M. (1980, 1984). *Modern Human Relations*. Hinsdale, Illinois: The Dryden Press.

Hodgetts, R. M. & Heger, K. W. (2008). *Modern Human Relations at Work*. Mason, OH: Thomson Higher Education.

Holmes, T. H. & Rahe, R. H. (1967). "Social Readjustment Rating Scale." *Journal of Psychosomatic Research*, 11.

Homans, G. C. (1950). *The Human Group*. New York, NY: Harcourt, Brace and World, Inc.

House, R. J. (1971). "A Path-Goal Theory of Leadership." *Administrative Science Quarterly*, 16.

_____ (1977). "A Theory of Charismatic Leadership." In J. G. Hunt & L. L. Larson (Eds.), *Leadership: The Cutting Edge*. Illinois: Southern Illinois Univ. Press.

House, Robert J. & Mitchell, Terence R. (1974). "Path-Goal Theory of Leadership." *Journal of Contemporary Business*, Autumn.

Huse, Edgar F. & Bowditch, James L. (1977). *Behavior in Organizations: A Systems Approach to Managing*. Boston: MA: Addison-Wesley.

Ivancevich, J. M., Konopaske, R. & Matteson, M. T. (2008). *Organizational Behavior and Management*. New York, NY: McGraw-Hill Irwin.

Ivancevich, John M. & Matteson, Michael T. (1987). *Organizational Behavior and Management*. Plano, Tex.: Business Publication.

James, M. & Jengeward, D. (1971). *Born to Win*. Reading, Mass.: Addison Wesley.

Jex, S. M. & Britt, T. W. (2008). *Organizational Psychology*. Hoboken, New Jersey: John Wiley & Sons, Inc.

Johns, G. (1983). *Organizational Behavior*. Illinois: Scott, Foreman and Co.

Johnson, D. W. (2013). *Reaching Out: Interpersonal Effectiveness and Self-Actualization*. Upper Saddle River, New Jersey: Pearson Prentice-Hall.

Kast, F. E. & Rosenzweig, J. E. (1974). *Organization and Management*. New York, NY: McGraw-Hill.

Kelley, R. (1992). *The Power of Followership*. New York: Doubleday.

Kelman, H. C. (1963). "Three Process of Social Influence." In E. P. Hollander & R. G. Hunt (Eds.), *Current Perspectives in Social Psychology*. New York, NY: Oxford University Press.

Kerlinger, F. N. (1986). *Foundations of Behavioral Research*. New York, NY: Holt,

Rinehart and Winston.

Kinicki, A. & Kreitner, R. (2008). *Organizational Behavior: Key Concepts, Skills & Best Practices*. New York, NY: McGraw-Hill Irwin.

Knapp, Mark L. & Vangelisti, Anita L. (2009). *Interpersonal Communication and Human Relationship*. Boston, MA: Pearson Education.

Koontz, Harold, O'Donnell, C. & Weihrich, H. (1980). *Management*. New York, NY: McGraw-Hill.

Laird, Donald A. (1958). *The New Psychology for Leadership*. London: Diamond Publishing Company.

Laird, Donald A. & Laird, Eleanor C. (1954). *The Technique of Handling People*. New York, NY: McGraw-Hill Book Co.

Lawless, D. J. (1972). *Effective Management: Social Psychological Approach*. Englewood Cliffs, New Jersey: Prentice-Hall.

Lee, J. A. (1976). *The Color of Love*. Englewood Cliffs, New Jersey: Prentice-Hall.

Leonard, R. (1964). "Organizational Conflict: A Framework for Reappraisals." *Industrial Management Review*, Fall.

Lewin, K. (1947). "Frontiers in Group Dynamics: Concept, Method and Reality in Social Science; Social Equilibria and Social Change." *Human Relation*, 1(1).

_____ (1957). *Field Theory in Social Science*. New York, NY: Harper & Row.

Lippitt, R. & White, Ralph K. (1958). "An Experimental Study of Leadership and Group Life." In Eleanor E. Macoby, et al. (Eds.), *Readings in Social Psychology*. New York, NY: Holt.

Luft, J. (1961). "The Johari Window." *Human Training News*, 5(1).

Lumsdaine, Edward & Lumsdaine, M. (1995). *Creative Problem Solving: Thinking Skills for a Changing World*. New York, NY: McGraw-Hill.

Lussier, Robert N. (1996). *Human Relations in Organizations: A Skill-Building Approach*. Chicago: Irwin.

_____ (2008). *Human Relations in Organizations: Applications and Skill Building*. New York, NY: McGraw-Hill Irwin.

Luthans, F. (1977, 1989, 2008). *Organizational Behavior*. New York, NY: McGraw-Hill.

Luthans, F., Rosenkrantz Stuart A. & Hennessey, Harry W. (1985). "What Do Successful Managers Really Do? An Observation Study of Managerial Activities." *Journal of Applied Behavioral Science*, 21(3).

Maier, Norman R. E. (1959). *Principles of Human Relations Applications to Management*. New York, NY: John Wiley.

March, J. G. & Simon, H. A. (1938). *Organization*. New York, NY: John Willy & Sons.

Maslow, A. H. (1954). *Motivation and Personality*. New York, NY: Harper & Row.

May, R. (1953). *Men's Search for Himself*. New York, NY: W. W. Norton & Company, Inc.

McClelland, D. C. (1961). *The Achieving Society*. Princeton, New Jersey: Van Nostrand.

_____ (1962). "Business Drive and National Achievement." *Harvard Business Review*, 40.

McKay, M., Davis, M. & Fanning, P. (1995). *Messages: The Communication Skills Book*. Oakland, CA: New Harbinger Publications, Inc.

Mealiea, Laird W. & Latham, G. P. (1996). *Skills for Managerial Success*. Chicago, Irwin.

Meichenbaum, D. H. (1972). "Cognitive Modification of Test Anxious College Students." *Journal of Consulting and Clinical Psychology*, 39.

Middlemist, R. D. & Hitt, M. A. (1981). *Organizational Behavior: Applied Concepts*. Chicago: Science Research Associates.

Miller, K. (2012). *Organizational Communication: Approaches and Processes*. Boston, MA: Wadsworth Cengage Learning.

Miller, N. E. & Dollrd, J. (1941). *Social Learning and Imitation*. New Haven: Yale University Press.

Miltenberger, R. G. (2009). *Behavior Modification*. Belmont, CA: Cengage Learning.

Moorhead G. & Griffin, R. W. (1992). *Organizational behavior*. Mass.: Houghton Mifflin Co.

Murphy, J. (1963). *The Power of Your Subconscious Mind*. Englewood Cliffs, New Jersey: Prentice-Hall.

Myers, Isabel B. & McCaulley, Mary H. (1989). *Manual: A Guide to the Development and Use of the Myers Briggs Type Indicators*. Palo Alto, Cal.: Consulting Psychologists Press.

Myers, david G. (2013) *Social Psychology*, 이종택 외 역(2015). 「마이어스 사회심리학」, 서울: 한올.

Nahavandi, A., Denhardt, R.B., Denhardt, J.V. & Aristigueta, M.P. (2015). *Organizational Behavior*, California: SAGE.

Nelson-Jones, R. (2006). *Human Relationship Skills*. East Sussex: Routledge.

Nigro, F. A. (1965). *Modern Public Administration*. New York, NY: Harper & Row.

Northouse, Peter. G. (2013). *Leadership*. California: Sage.

Organ, Dennis W. & Bateman, Thomas S. (1991). *Organizational Behavior*. Boston, MA: Richard D. Irwin, Inc.

Overstreet, Harry A. (1925). *Influencing Human Behavior*. New York, NY: Norton.

Paul, Ecker et al., (1959). *Handbook for Supervisors*. Englewood Cliffs, New Jersey: Prentice-Hall.

Peale, N. V. (1991). *The Power of Positive Thinking*. Englewood Cliffs, New Jersey: Prentice-Hall.

Peel, S. & Brodsky, A. (1974). "Love Can Be an Addiction." *Psychology Today*, 8

Polsky, H. W. (1971). "Note on Personal Feedback in sensitivity Training." *Sociological Inquiry*, 41.

Porter, L. W. & Lawler, E. E. (1968). *Managerial Attitudes and Performance*. Homewood, Illinois: Richard D. Irwin.

Poter, L. W. & Steers, R. M. (1973). "Organizational Work and Personal Factors in Employee Turnover and Absenteeism." *Psychological Bulletin*, August.

Quick, Jonathan D., Nelson, D. L. & Quick, James C. (1987). "Successful Executives: How Independent." *Academy of Management Executive*, May.

Randolph, W. A. (1985). *Understanding and Managing Organizational Behavior*. New York, NY: McGraw-Hill.

Reece, Barry L. & Brandt. R. (2008). *Effective Human Relations*. Boston, MA: Houghton Mifflin Co.

Reece, Barry L., Brandt. R. & Howie, K. F. (2011). *Human Relations*. Mason, OH: South-Western, Cengage Learning.

Reed, S. K. (2010). *Cognition: Theories and Applications*. Belmont, CA: Wadworth Cengage Learning.

Reiss, Ira L. (1960). *Premarital Sexual Standards in America*. New York, NY: Macmillan.

Robbins, Stephen P. (1974). *Managing Organizational Conflict*. Englewood Cliffs, New Jersey: Prentice-Hall.

_____ (1983, 1986). *Organizational Behavior: Concepts, Controversies, and Application*. Englewood Cliffs, New Jersey: Prentice-Hall.

_____ (1990). *Organization Theory: The Structure and Design of Organi- zations*. Englewood Cliffs, New Jersey: Prentice-Hall.

Robbins, Stephen P. & Hunsaker, P. L. (2009). *Training in Interpersonal Skills: TIPS for Managing People at Work*. Upper Saddle River, New Jersey: Pearson Prentice-Hall.

Robbins, Stephen P. & Judge, T. A. (2009, 2015). *Organizational Behavior*. Upper Saddle River, New Jersey: Pearson Prentice-Hall.

Robbins, Stephen P. & Judge, T. A. (2015). *Organizational Behavior*. Essex: Pearson.

Rosenfeld, P., Giacalone, R. A. & Riordan, C. A. (1995). *Impression Management in Organizations*. London: Routledge.

Rush, H. M. F. (1975). *Job Design for Motivation: Experiments in Job Enlargement and Job Enrichment*. New York, NY: The Conference Board, Inc.

Schein, E. H. (1965, 1970). *Organizational Psychology*. Englewood Cliffs, New Jersey: Prentice-Hall.

Schermerhorn, Jr., John R., Hunt, James G. & Osborn, Richard N. (1985). *Managing Organizational Behavior*. New York, NY: John Wiley & Sons.

Scott, W. G. (1967). *Organization Theory*. Illinois: Richard D. Irwin.

Simon, H. A. (1957). *Administrative Behavior*. New York, NY: Free Press.

_____ (1960). *The New Science of Management Decision*. New York, NY: Harper & Row.

Simon, H. A., Smithburg D. W. & V. A. Thompson. (1950). *Public Administration*. New York, NY: Knopf.

Slocum, Jr., J. W. & Hellriegel, D. (2007). *Foundations of Organizational Behavior*. Mason, OH: Thomson South-Western.

Slocum, Jr., J. W. & Hellriegel, D. (2011). *Principles of Organizational Behavior*. Mason, OH: South-Western, Cengage Learning.

Stahl, O. G. (1962). *Public Personnel Administration*. New York, NY: Harper & Row Publishers.

Staw, B. M. (1984). "Organizational Behavior: A Review and Reformulation of the Field's Outcome Variables." *Annul Review Psychology*, 35.

Steers, R. M. (1984). *Introduction to Organizational Behavior*. Illinois: Scott, Foreman and Co.

Steers, R. M. & Black, J. S. (1994). *Organizational Behavior*. New York, NY: Harper Collins College Publishers.

Sutton, R. (2007). *No Asshole Rule: Building a Civilized Workplace and Surviving One That Isn't*. New York, NY: Business Plus.

Szilagyi, Jr., A. D. & Wallace, Jr., M. J. (1984). *Organizational Behavior and Performance*. California: Goodyear Publishing Co.

Tanenbaum, R. & Schmidt, Warren H. (1958). "How to Choose a Leadership Pattern." *Harvard Business Review*, March-April.

Tannehill, Robert. E. (1970). *Motivation and Management Development*. London.

Thomas, W. I. & Znaniecki, F. W. (1927). *The Polish Peasant in Europe and America*. New York, NY: Alfred A. Knopf.

Thompson, J. (1967). *Organizations in Action*. New York, NY: McGraw-Hill.

Toss, Henry L., Rizzo John R. & Carroll, Stephen J. (1986). *Managing Organizational Behavior*. Cambridge: Ballinger Publishing Company.

Trice, H. M. & Beyer, J. M. (1986). "Charisma and Its Routinization in Two Social Movement Organizations." *Research in Organizational behavior*, 8.

Udry, R. (1971). The Social Context of Marage. New York: Lippincott C.

Vandeveer, R. C. & Menefee, M. L. (2006). *Human Behavior in Organizations*. Upper Saddle River, New Jersey: Pearson Prentice-Hall.

Vasu, M. L., Stewart, Debra W. & G. David Garson. (1998). *Organizational Behavior and Public Management*. New York, NY: Marcel Dekker.

Vroom, V. H. (1964). *Work and Motivation*. New York, NY: John Wiley & Sons.

_____ (1976). "Can Leaders Learn to Lead." *Organizational Dynamics*, Winter.

Vroom, V. H. & Jago, A. G. (1978). "On the Validity of the Vroom-Yetton Model." *Journal of Applied Psychology*, 63.

Vroom, V. H. & Yetton, P. W. (1973). *Leadership and Decision Making*. Pittsburgh: University of Pittsburgh Press.

Wahba M. A. & Bridwell, L. G. (1973). "Maslow Reconsidered: A Review of Research on the Need hierarchy Theory." *Proceedings of Academy of Management*.

Weber, M. (1947). *The Theory of Social and Economic Organization*. New York, NY: The Free Press.

Williams, J. C. (1978). *Human Behavior in Organizations*. Ohio: South-Western Publishing Co.

Wilson, L. A., Hantz, M. & Hanna, M. S. (1992). *Interpersonal Growth Through Communication*. Dubuque, IA: Wm. C. Brown Publishers.

Yinon, Y., Bizman A. & Goldberg, M. (1976). "Effect of Relative Magnitude of Reward and Type of Need on Satisfaction." *Journal of Applied Psychology*, 61.

Yukl, G. (2013). *Leadership in Organizations*. Essex, England: Pearson.

三隅二不二(1966). 新しいりハダシップ: 集團指導의 行動科學. 東京: ダイヤモンド社.

日本生産性本部 創意性開發委員會(1991). 人間性と創意性の開發: やる氣を起こ內發的經營 への道. 東京: 日本生産性本部.

小野善生(2019). リーダーシップ理論 集中講義. 東京: 日本實業出版社.

齊藤 勇(2020). 人間關係の心理學. 東京: 誠信書房.

[공저자 약력]

박연호(朴璉鎬)

미국 하와이대학원에서 행정학(인사관리)을 연구하고 프랑스 국제행정대학원을 졸업한 후 프랑스 파리대학교(제2대학, 제7대학)에서 국가법학박사학위(행정학전공)와 문학박사학위를 차례로 취득하였다. 중앙공무원교육원 교수, 명지대학교 법정학부장, 경희대학교 법과대학장 · 행정대학원장 · 기획관리실장, 가톨릭대학교 부총장을 역임하였으며, 한국인간관계학회를 창설하고 초대 회장을 역임하였다.

[주요저서]

인간관계의 이론과 실제(한국생산성본부, 1962)
인간관계론(선명문화사, 1964)
현대인간관계론(박영사, 1977, 2000)
행정학신론(박영사, 1979, 2003)
현대행정관리론(박영사, 1981, 1999, 공저)
인사행정신론(법문사, 1982, 2001)
현대조직관리론(법문사, 1982, 1996, 공저)
현대사무관리론(법문사, 1983, 2000, 공저)
교사와 인간관계론(법문사, 1984)
조직행동론(박영사, 2000)
행정학개론(박영사, 2000, 2006, 2010, 공저)

이종호(李鐘浩)

경희대학교에서 행정학 박사학위를 취득하고, 미국 Texas주립대학교 LBJ School에서 수학하였다. 경희대 · 인천대 · 인하대 · 한국방송통신대 외래교수, 인천광역시인재개발원(공무원교육원) 및 청운대학교 산업대학(인천) 교수를 역임하였다. 주요관심분야는 리더십, 인간관계론, 공무원교육훈련 등이며, 현재 솔로몬역량개발원 원장으로 재직하면서 인천광역시인재개발원에서 강의와 연구를 하고 있다.

[주요저서와 논문]

현대사회와 행정(대영문화사, 2001, 2004, 공저)
행정학개론(박영사, 2010, 2013, 2015, 공저)
리더십(대영문화사, 2021, 공저)
인천공무원교육훈련체계의 진단과 방향설정(인천발전연구원, 2014, 공저)

임영제(林泳濟)

경희대학교에서 행정학 박사학위를 취득하고 경희대, 서울시립대, 숙명여대 등에서 외래교수와 겸임교수를 역임하였다. 학회활동으로는 한국행정학회 편집위원 및 총무위원, 한국인간관계학회 이사, 한국정책과학학회 연구이사, 안전행정부 정책자문위원 등을 역임하였다. 주요 관심분야는 리더십 · 갈등관리 · 전략기획 등이며, 현재 경희사이버대학교 보건의료관리학과에 재직하면서 강의와 연구 활동을 하고 있다.

[주요저서]

현대사무관리론(법문사, 2000, 공저)
현대사회와 행정(대영문화사, 2001, 2004, 공저)
행정기획론(박영사, 2001, 2003, 2007, 2010, 공저)
인간관계의 이해(법문사, 2003, 2007, 공저)
정보사회와 현대조직(대영문화사, 2004, 공저)
조직행태론(동림사, 2004, 공저)
행정학개론(박영사, 2006, 2010, 2015, 공저)
행정관리론(대영문화사, 2007, 2013, 2016, 공저)
조직행태론(윤성사, 2018, 공저)
조직론(윤성사, 2018, 공저)
리더십(대영문화사, 2021, 공저)

제11판
현대인간관계론

초판발행   1977년 10월 10일
제11판발행   2022년 1월 5일

지은이   박연호 · 이종호 · 임영제
펴낸이   안종만 · 안상준

편 집   양수정
기획/마케팅   손준호
표지디자인   박현정
제 작   고철민 · 조영환

펴낸곳   (주) **박영사**
                서울특별시 금천구 가산디지털2로 53, 210호(가산동, 한라시그마밸리)
                등록 1959. 3. 11. 제300-1959-1호(倫)

전 화   02)733-6771
f a x   02)736-4818
e-mail   pys@pybook.co.kr
homepage   www.pybook.co.kr
ISBN   979-11-303-1407-5   93350

정 가   29,000원